사사기 40일 묵상

계약 백성답게 살아가라!

Live like the People of the Covenant!

유요한 목사 성서강해 6

사사기 40일 묵상
계약 백성답게 살아가라!
Live like the People of the Covenant!

2022년 6월 1일 처음 펴냄

지은이 | 유요한
펴낸이 | 김영호
펴낸곳 | 도서출판 동연
등   록 | 제1-1383호(1992년 6월 12일)
주   소 | 서울시 마포구 월드컵로 163-3
전   화 | 02-335-2630
팩   스 | 02-335-2640
이메일 | h-4321@daum.net

ISBN 978-89-6447-808-0 04230
ISBN 978-89-6447-582-9 (유요한 목사 성서강해 시리즈)

사사기 40일 묵상

유요한 목사 **성서강해 6**

계약 백성답게 살아가라!

Live like the People of the Covenant! 유요한 지음

동연

사사기 40일 묵상

말씀 묵상의 길 찾기

누구나 그렇듯이 초보 목회자 시절 저에게 가장 큰 고민거리는 바로 설교였습니다. 매번 어떤 주제로 말씀을 전해야 할지 무척 고민스러웠습니다. 때로는 현실 속에서 성도들이 씨름하는 문제를 다루어보기도 했고, 때로는 시대적인 상황 속에서 불거지는 사회적 이슈에 대한 성경의 답을 찾아보기도 했습니다. 나름대로 최선을 다해서 준비했고 더러는 좋은 반응을 얻기도 했습니다.

그러나 설교는 언제나 일회성이 되었고, 그다음 설교는 늘 새로운 부담으로 다가왔습니다. 주제를 먼저 정하고 나서 그에 어울리는 본문을 찾으려다 보니 말씀을 깊이 있게 묵상하기보다는 이미 정해진 결론에 억지로 꿰어맞추는 식이 되기 일쑤였습니다. 그러던 중에 문득 작은 주제를 단편적으로 다룰 것이 아니라, 큰 주제의 말씀을 시리즈로 나누어 조금 길게 묵상해보면 좋겠다는 마음이 생겼습니다.

그렇게 얼마를 지내다 보니까 이번에는 아예 성경책을 한 권씩 통째로 묵상해보는 것이 어떨까 싶은 생각이 들었습니다. 처음에는 빌립보서나 야고보서처럼 비교적 얇은 책으로 시작했습니다. 그러다가 요한복음이나 창세기처럼 제법 두꺼운 책을 도전해보기도 했습니다. 그렇게 세월이 흘러 한 권, 두 권 말씀 묵상이 쌓여가면서 성경 전체를 통해서 흐르는 메시지가 보였습니다.

가장 먼저 발견한 키워드는 '하나님의 일하심'(God's working)이었습니다. 그 주제로 '창세기'와 '로마서'와 '요한계시록' 세 권을 묶어서 삼부작(三部作)

말씀 묵상을 완성하여 출판했습니다. 이 세상을 구원하기 위한 하나님의 일하심이 어떻게 시작되었는지, 그 일이 지금 어떻게 진행되고 있는지 그리고 앞으로 어떻게 완성될 것인지에 대한 구원사(救援史)의 전체적인 맥을 짚을 수 있었습니다.

그다음에 자연스럽게 발견한 키워드가 바로 '하나님의 백성'(the people of God)입니다. 이들은 하나님께서 세상을 구원하는 일을 함께하기 위해 특별히 불러내신 믿음의 사람들입니다. 하나님 백성이 탄생하는 이야기를 담은 '출애굽기' 묵상은 이미 출판되었고, 이번에 하나님 백성이 약속의 땅에 들어가는 일에 성공하는 '여호수아' 묵상과 그곳에서 계약 백성으로 사는 일에 실패하는 '사사기' 묵상이 나란히 출판되어 또 다른 삼부작을 완성하게 된 것입니다.

잠언에 이런 말씀이 있습니다. "우리는 원하는 삶의 길을 계획하지만, 그 계획대로 살 수 있게 하시는 분은 오직 하나님뿐이다"(잠 16:9, 메시지성경). 정말 그렇습니다. 지금까지 걸어온 말씀 묵상의 여정을 돌이켜보면 제가 한 일은 별로 보이지 않습니다. 그저 어떻게 하면 하나님이 맡겨주신 성도들에게 영의 양식을 풍성하게 먹일까 고민했을 뿐입니다. 그랬더니 참 좋으신 하나님께서 저를 여기까지 인도해오신 것입니다.

계약 백성의 정체성

하나님의 이끄심이 아니었다면 '사사기' 말씀을 이렇게 자세하게 묵상하지 못했을 것입니다. 그동안 제가 피상적으로 읽어서 알고 있던 사사기에는 너무나 충격적인 이야기가 많이 들어 있었기 때문입니다. 그런 책이 성경에 포함되었다는 사실 자체가 오히려 이상하게 느껴질 정도인데, 거기에서 성도들에게 필요한 영의 양식을 찾아낸다는 것은 꿈에서도 상상할 수 없는 일이었습니다.

그런데 출애굽기와 여호수아를 차례대로 묵상해오면서 제 눈길이 점점 사사기를 향하고 있다는 걸 느꼈습니다. 특히 여호수아 말씀 묵상을 통해서 '약속의 땅'에 대한 새로운 통찰을 얻게 되면서 더더욱 그랬습니다.

> "약속의 땅이란 하나님의 약속을 붙잡고 그의 말씀에 온전히 순종하며 살아가는 우리의 삶의 자리이다. 그렇기에 약속의 땅에 들어가는 것이 전부가 아니다. 그곳에서 하나님의 계약 백성으로서 어떻게 살아갈 것인가가 더 중요한 문제이다. 하나님은 믿음의 다음 세대를 통해서 약속의 땅의 지경을 계속 넓혀가기를 원하신다."

정말 그렇습니다. '약속의 땅'은 이스라엘 백성이 정복한 '가나안 땅'을 의미하지 않습니다. 하나님 백성이 하나님의 말씀 따라 순종하며 살아가는 삶의 자리입니다. 따라서 "약속의 땅으로 들어가라!"(Step into the Promised Land!)는 하나님의 명령은 "계약 백성답게 살아가라!"(Live like the People of the Covenant!)는 명령으로 이어질 수밖에 없습니다.

물론 사사기는 계약 백성답게 사는 일에 실패한 가나안 세대 이스라엘 백성의 이야기입니다. 그렇지만 신약의 하나님 백성으로서 또한 하나님에 대한 믿음을 이어가는 다음 세대로서 우리가 가나안 세대의 실패를 반복하지 않기 위해서라도, 그들이 무엇 때문에 실패하게 되었는지 정확하게 이해하고 있어야 합니다. 바로 그 이유로 인해서 사사기가 지금 우리의 손까지 전해진 것입니다.

결론은 아주 단순합니다. '정체성'의 문제입니다. 하나님의 계약 백성이라는 정체성을 잃어버린 것입니다. 사사기는 다음과 같이 사사 시대를 한 문장으로 요약합니다.

> 그 때에 이스라엘에 왕이 없으므로 사람이 각기 자기의 소견에 옳은 대로 행하였더라(삿 21:25).

그들에게 '왕'이 없었다고 합니다. 여기에서 '왕'이란 왕정 제도의 '왕'을 가리키는 말이 아닙니다. 이스라엘을 다스리는 진정한 왕은 오직 하나님 한 분이십니다. 그러니까 그들은 하나님의 계약 백성으로서 하나님의 왕 되심을 온전히 받아들이지 못했던 것입니다.

그래서 저마다 '자기 소견에 옳은 대로' 살았습니다. 하나님의 이름으로 그럴듯하게 포장하기는 했지만, 실제로는 사사로운 욕망에 사로잡혀 제멋대로 살았던 것입니다. 옳음을 앞세우고 정의를 외치기는 했지만, 실상은 죽고 죽이는 세상 문화를 그대로 답습했던 것입니다. 그래서 '약속의 땅'이 도로 '가나안 땅'이 되고 말았습니다.

하나님은 우리가 살아가는 삶의 자리를 '약속의 땅'으로 바꾸어 가도록 우리를 하나님의 백성으로 부르셨습니다. 따라서 '약속의 땅'에 들어가는 것이 전부가 아닙니다. 하나님과 계약을 맺은 백성으로서 우리의 정체성을 잃어버리지 않고, 하나님의 말씀에 온전히 순종하며 살아가는 게 더 중요합니다.

물론 가나안 세대 이스라엘 백성은 계약 백성으로 살아가는 일에 보기 좋게 실패했습니다. 우리가 사사기를 차근차근히 읽어나가면서 그 참혹한 실패의 현장을 하나씩 확인하게 될 것입니다. 그러나 그와 동시에 인간의 실패에도 불구하고 하나님이 어떻게 그들의 삶을 은혜로 채우시며 인도하셨는지 또한 확인하게 될 것입니다.

사사기 40일 묵상이 우리 모두를 하나님의 '계약 백성'으로 다시 한번 일으켜 세우는 기회가 되기를 간절히 소망합니다.

2022년 4월 10일
사사기 40일 묵상의 길을 시작하며
그리스도의 종 한강중앙교회 담임목사 유요한

말씀 묵상을 위한 팁

저는 한 지역 교회(a local church)를 섬기는 목회자입니다. 교회 안에서 목회자가 감당해야 할 많은 사역이 있지만, 그중에서 가장 중요한 것은 뭐니 뭐니 해도 '말씀 사역'일 것입니다. 지금까지 그 수를 헤아릴 수 없을 만큼 많은 설교를 해오면서 얼마나 많은 시행착오를 겪어왔는지 모릅니다. 말씀을 묵상하고 설교를 준비하는 일은 언제나 힘에 부치는 압박이었습니다.

그러던 어느 날 설교에 대한 새로운 원칙을 발견하게 되었습니다. 이 원칙은 성경을 대하는 자세와 말씀을 묵상하는 태도를 근본적으로 바꾸어놓았습니다.

"성경이 말하게 하라!"(Let the Bible Speak!)

그동안 저는 성경을 하나님의 말씀이라 고백하면서도, 성경이 직접 말하게 하지는 않았습니다. 오히려 시대적인 상황 속에서 또는 성도들의 현실 속에서 직면하고 있는 여러 가지 문제들에 대한 답을 성경에서 찾으려고 해왔습니다. 설교는 제가 찾은 근사한 답을 전하는 통로였습니다. 그러다 보니 새로운 설교를 만들어 내는 일이 점점 더 힘들어질 수밖에요. 그렇게 성경을 열심히 두리번거린다고 해서 말씀 묵상의 깊이가 더해지는 것도 아니었습니다. 성경 본문은 단지 필요에 따라서 취사선택하는 대상이고, 많은 경우에 미리 정해놓은 답을 증명하기 위한 수단으로 사용되었기 때문입니다.

그러던 저에게 "성경이 말하게 하라!"는 가르침이 아프게 부딪혀왔습니다. 그리고 그 앞에 무릎 꿇었습니다. 그렇습니다. 성경의 주인공은 하나님이십니다. 하나님은 지금도 성경을 통해서 우리에게 말씀하고 싶어 하십니다. 하나님이 우리의 목적을 달성하기 위한 수단이 아니듯이, 성경 또한 우리의 필요를 채우는 수단으로 사용하면 안 됩니다. 겸손하게 하나님의 말씀 앞에서야 합니다. 그리고 그 말씀에 귀를 기울여야 합니다.

따라서 저와 같은 설교자가 해야 할 일은 '성경을 잘 해석하여 전하는 것'이 아니라 '성경이 직접 말하게 하는 것'이어야 합니다. 성도들이 성경 본문에 대한 설교자의 해석을 듣게 할 것이 아니라, 성경이 말하려고 하는 메시지를 들을 수 있도록 도와주어야 합니다. 그러기 위해서 우선 성도들이 성경을 충분히 읽게 해야 합니다. 성경 이야기가 어렵게 느껴지지 않도록 해야 합니다. 그러면 하나님이 말씀하십니다. 그 말씀이 삶을 변화시킵니다.

어떻게 성경이 말하게 할 것인가 씨름하던 중에 제 나름대로 한 가지 방법을 터득하게 되었습니다. 그것은 바로 '성경을 성경으로 풀이하는 것'입니다. 이는 흔히 알고 있는 것처럼 신약이나 구약의 다른 부분의 말씀을 가져다가 본문에 대한 이해를 높이는 그런 방식이 아닙니다. 오히려 한 본문에 대한 여러 가지 성경의 번역을 직접 읽으면서 비교해 보는 것입니다.

성경 번역 그 자체에 이미 뜻풀이가 담겨 있기 때문에 그것을 자세히 들여다보는 것만으로도 본문의 메시지를 어느 정도 파악할 수 있습니다. 저는 '개역개정판 성경'을 주로 사용하지만, 그 외에도 한글로 번역된 다른 성경들을 반드시 참조합니다. 예전에는 '공동번역'과 '새번역'을 많이 읽었는데, 요즘에는 '메시지 성경'을 더 많이 읽고 있습니다.

필요한 경우에는 히브리어나 헬라어 원어 성경을 찾아보기도 하지만, 대부분은 영어 성경을 활용합니다. 제가 주로 활용하는 번역은 NIV(New International Version), KJB(King James Bible), NASB(New American Standard Bible), AMP(Amplified Bible), CEV(Contemporary English Version), ESV(English Standard Version), MSG(The Message) 등입니다. 그 외에도 사용 가능한 여러 가지 번역을 참조합니다.

그러다 보니까 한 본문을 묵상할 때에 저는 최소한 10개 정도의 번역을 읽게 됩니다. 특히 영어 성경은 그 어순이 성경의 원어와 거의 일치하고 있기 때문에 우리말 성경으로는 잘 드러나지 않는 메시지의 강조점을 발견하는 데 큰 도움이 됩니다. 물론 반드시 이렇게 해야 성경의 메시지를 발견할 수 있다고 주장하려는 것은 아닙니다.

저는 말씀을 묵상할 때마다 다음과 같은 원칙에 충실하려고 애써 왔습니다.

1. 성경을 직접 충분히 읽게 하자

성경 본문을 가능한 한 많이 기록해 놓았습니다. 여러분이 따로 성경을 찾으실 필요가 없을 정도입니다. 다른 내용은 그냥 눈으로 읽어가더라도 성경 본문이 나오면 반드시 소리를 내어 읽어 주십시오. 자신의 목소리가 귀에 들리도록 소리 내어 읽으면 그만큼 더 잘 이해가 되고 또한 은혜가 됩니다.

2. 본문을 잘 이해하게 하자

가능한 한 쉽게 본문의 내용을 이해할 수 있도록 애를 썼습니다. 필요한 부분에서는 영어 성경이나 다른 번역을 인용하기도 했습니다. 혹시라도 성경의 원어인 히브리어나 헬라어 또는 영어가 자주 인용되는 것에 거부감을 느끼는 분들이 있다면, 본문의 의미를 보다 잘 설명하기 위한 저의 선한 의도를 생각하여 널리 이해해주시기 바랍니다.

3. 목회자의 묵상이 먼저다

목회자가 성도들을 가르치려고만 하면 그 설교는 딱딱한 강의가 되기 쉽습니다. 목회자는 말씀을 가르치는 교사이기 전에 먼저 말씀을 묵상하는 사람이어야 합니다. 본문에 담겨 있는 메시지의 영적인 의미들을 깨닫고 그것을 먼저 자신에게 적용하려고 해야 합니다. 제가 말씀을 묵상하면서 받은 은혜를 성도들과 함께 솔직하게 나누려고 애를 썼습니다.

이것이 말씀을 묵상하는 유일한 방법이라고 말할 수는 없습니다. 단지 이 방법은 제게 주어진 목회의 자리에서 말씀을 붙들고 치열하게 살아온 삶을 통해 얻은 열매입니다. 이 묵상이 누군가에게 하나님의 메시지를 발견하는 통로로 사용되기를 소망합니다.

차 례

왕이 없는 백성

읽을 말씀: 사사기 1:1, 3:7, 21:25

새길 말씀: 그 때에 이스라엘에 왕이 없으므로 사람이 각기 자기의 소견에 옳은 대로 행하였더라(삿 21:25).

특별한 정치 시스템

'사사기'(士師記)는 말 그대로 '사사'(士師)들에 대한 '기록'(記)입니다. 그런데 우리말 사전에는 '선비 사'(士) 자와 '스승 사'(師) 자가 조합되어 있는 이 단어가 없습니다. 그래서 '사사'가 본래 무엇을 하는 사람이었는지 감을 잡기가 쉽지 않습니다.

옛날 중국에서 법령과 형벌을 맡아보던 관리를 '사사'(士師)라고 불렀다고 합니다. 그래서 중국어 성경에 보면 사사로 번역되어 있습니다. 그래서 아마도 처음 우리말 성경을 번역할 당시에 적절한 단어를 찾지 못하자 그 용어를 그대로 빌려온 것이 아닐까 싶습니다.

우리말 '사사'로 번역된 히브리어는 '쇼페팀'(shophetim)입니다. 이는 '판단하다' 또는 '다스리다'라는 뜻의 '샤파트'(shaphat) 동사에서 파생된 복수

명사입니다. 그러니까 쇼페팀이란 판단하고 다스리는 일을 하는 사람들이었다고 말할 수 있습니다. 이를 영어 성경은 '판사들'(judges)이라고 번역하는데, 이 또한 같은 의미입니다. 우리말 공동번역 성경은 '사사'라는 말 대신에 판단하는 관리라는 뜻의 '판관'(判官)을 사용하고 있는데, 이는 신라 시대나 고려 시대에 있었던 벼슬 이름이라고 합니다.

그러나 그 어느 말로도 '쇼페팀'의 의미를 충분히 담을 수는 없습니다. 왜냐면 쇼페팀은 이스라엘 이외의 다른 나라에서는 단 한 번도 경험한 적이 없는 아주 생소한 리더십이기 때문입니다. 그래서 우리말 성경으로 번역할 때 그 적절한 용어를 찾지 못해서 중국어까지 손을 벌리게 된 것이지요. 쇼페팀은 이스라엘이 약속의 땅에 정착하여 살기 시작하던 초창기 약 200년 동안에만 등장하는 아주 독특한 리더십입니다.

대개의 쇼페팀은 외적의 침입으로 인한 위기에 구원자로 등장합니다. 군대를 일으키고 전쟁을 치르는 군사 지도자의 역할을 하고 나서는, 백성의 존경을 받으면서 지냅니다. 그러다가 어떤 중요한 문제들이 생기면 적절하게 판단을 해주는 역할을 합니다. 그렇다고 해서 쇼페팀이 주변 나라들의 왕과 같은 역할을 한 것은 아닙니다. 만일 그랬다면 그 리더십은 세습되어야 했을 것입니다. 그러나 쇼페팀은 오직 당대에만 한정되었습니다.

사실 이와 같은 리더십은 인류 역사상 그 어디에서도 발견할 수 없습니다. 오직 하나님의 백성 이스라엘만이 약속의 땅에서 경험한 것이기 때문입니다. 어떤 사람은 쇼페팀이 리더십을 발휘하던 이 '사사 시대'를 '왕정 시대'로 넘어가기 위한 과도기와 혼란기로 평가하려고 합니다만, 그것은 대단히 큰 오해입니다. 오히려 이것은 이스라엘이었기에 가능했던 특별한 정치 시스템이었습니다. 왜냐면 '이스라엘'은 '하나님이 다스리는 나라'이기 때문입니다.

하나님이 다스리는 나라에서 사람은 왕이 될 수도 없고, 되어서도 안 됩니다. 왕이 무엇입니까? 사람 위에 또 다른 사람이 군림하여 목에 힘주는 것 아닙니까? 이스라엘 백성이 가나안에 정착하던 당시 대부분 나라에 왕정 제도가 세워져 있었습니다. 여호수아가 쳐서 멸한(defeated) 가나안 왕들은 모두 31명이었습니다(수 12:24). 그 왕들은 백성들을 억압하고 착취하는 자들이었습니다.

그러나 하나님을 믿는 신앙공동체, 이스라엘에서는 결코 그렇게 백성들 위에 군림하는 왕들이 있어서는 안 됩니다. 그들은 하나님의 은혜로 이집트 제국 파라오의 억압과 학대에서 해방되어 자유를 찾아 약속의 땅에 온 사람들이기 때문입니다. 그런 의미에서 사사 시대 당시 이스라엘은 '왕이 없는 백성'이라야 했습니다.

여호수아 말씀을 묵상하면서 살펴본 대로 이스라엘 12지파는 약속의 땅을 골고루 분배받았습니다. 어느 한 지파가 다른 지파 위에 군림하지 않도록 인구 숫자와 땅의 생산성을 고려하여 공평하게 제비를 뽑아 땅을 분배받았지요. 약속의 땅은 본래 그런 곳입니다. 서로의 자유를 침해하거나 침해받지 않으면서 평등하고 평화롭게 살아갈 수 있도록 하나님은 이미 제도적인 장치를 마련해 놓으신 것입니다.

쇼페팀은 그런 시스템에 가장 적합한 리더십이었습니다. 왕처럼 사람 위에 군림하지 않으면서, 어떤 필요가 생길 때 이스라엘 백성이 직면한 문제를 해결하도록 하나님이 세우신 지도자들이었습니다. 그렇게 본다면 쇼페팀이 리더십을 발휘하던 사사 시대야말로 지금까지 인류 역사에서 가장 높은 수준의 정치 시스템이 작동되던 시대였다고 말할 수 있습니다.

계약 백성의 정체성

문제는 '제도'가 아니라 '사람'입니다. 아무리 좋은 제도를 도입해도 그것을 운영하는 사람들의 민도(民度)가 떨어지면 결국 시스템은 엉망이 되고 사회적으로 큰 혼란이 생길 수밖에 없습니다. 사사기가 바로 그런 모습을 우리에게 증언해주고 있습니다. 만일 이스라엘 백성이 시내산에서 하나님과 계약을 맺은 백성(God's Covenant People)으로서 분명한 정체성을 가지고 살았더라면, 사사 시대의 역사는 전혀 다른 모습으로 기록되었을 것입니다.

무슨 이야기입니까? 하나님이 선택하신 이스라엘 백성이 '약속의 땅'에 들어가는 일에는 성공했지만, 그곳에서 '계약 백성'으로 살아가는 일에는 실패했다는 이야기입니다. 약속의 땅은 오직 하나님의 백성을 향한 축복이 약속된 땅입니다. 그렇기에 계약 백성답게 살지 못할 때는 같은 땅이지만 고통과 슬픔의 땅으로 바뀌게 되는 것입니다. 앞으로 사사기를 묵상해나가면서 우리는 그 참혹한 실패의 현장을 하나씩 확인하게 될 것입니다.

그러나 이스라엘이 경험한 실패의 역사가 하나님의 말씀으로 기록되어 우리에게 전해지고 있는 데는 적어도 두 가지 이유가 있습니다.

그 하나는 이스라엘 백성의 실패가 우리의 실패가 되지 않도록 경계하기 위함입니다. 하나님의 백성으로 살아가는 것은 결코 쉬운 일이 아닙니다. 지금까지 많은 사람이 계약 백성이 되기는 했지만, 끝까지 그렇게 살지 못하고 도중하차했습니다. 우리도 예외는 아닙니다. 우리 역시 같은 위험에 노출되어 있습니다. 그것을 이겨내기 위한 교훈과 지혜를 얻게 하려고 사사기가 기록되어 있는 것입니다.

다른 하나는 이스라엘 백성의 실패에도 불구하고 하나님은 절대로 실패하지 않으셨다는 사실을 확인하는 것입니다. 이스라엘의 실패가 하나님의 실패는 아니었습니다. 하나님은 그 크신 은혜로 이스라엘 백성의 부족함을 덮으시고 품으셨습니다. 그리고 한 치의 오차도 없이 구원의 계획을 계속 진행하셨습니다. 여기에 우리의 희망이 있습니다.

우리가 사사기 말씀 묵상을 통해서 발견해야 할 진정한 메시지는 바로 이것입니다. 우리는 때로 실패하고 넘어지지만, 하나님은 한없이 부족한 우리를 통해 여전히 이 세상을 구원하기 위한 계획을 계속 이루어가고 계시는 것입니다.

여호수아가 죽은 후

오늘 우리가 묵상할 본문은 사사기 세 곳의 말씀입니다. 사사기를 시작하는 1장 1절과 3장 7절 그리고 사사기를 끝내는 제일 마지막 21장 25절입니다. 이는 사사기 전체의 구조와 메시지를 이해하기 위해서입니다.

> **여호수아가 죽은 후에 이스라엘 자손이 여호와께 여쭈어 이르되 우리 가운데 누가 먼저 올라가서 가나안 족속과 싸우리이까(삿 1:1).**

여호수아가 죽어서 장사된 이야기는 이미 여호수아 24장 마지막 부분에 기록되어 있습니다(수 24:29-30). 따라서 '여호수아가 죽은 후에'라는 말로 사사기를 시작하는 것은 아주 자연스러운 연결입니다. 문제는 그다음에 유다 지파가 시므온 지파와 함께 자신에게 분배된 땅을 정복하러 올라가는 이야기가 기록되어 있다는 사실입니다.

이것은 여호수아가 죽고 난 다음의 일이 아니라, 죽기 이전에 이미 끝난 이야기입니다. 여호수아 21장에 보면 "여호와께서 이스라엘의 조상들에게 맹세하사 주리라 하신 온 땅을 다 주셨으므로 그들이 그것을 차지하여 거기에 거주했다"(수 21:43)라고 분명히 기록합니다. 분배받은 땅의 정복은 이미 완성된 것입니다. 그런데 사사기는 마치 '여호수아가 죽은 후에' 그 일이 시작된 것처럼 설명합니다.

게다가 사사기 2장에 보면 여호수아가 백십 세에 죽는 이야기가 또다시 반복되고 있습니다(삿 2:8). 그러니까 '여호수아가 죽은 후에'(삿 1:1) 이스라엘 지파들이 땅을 정복하러 올라갔고, 그 땅을 정복하고 나서 또다시 '여호수아가 죽은 것'(삿 2:8)으로 되어 있는 것입니다. 여기에는 어떤 설명이 필요해 보입니다.

그동안 이 문제를 해결하기 위해 많은 연구가 진행되었습니다. 그 결과 다음과 같은 사실이 밝혀졌습니다. 1장 1절의 첫 부분, 즉 '여호수아가 죽은 후에'라는 말 뒤에 직접 이어지는 본래의 말씀은 3장 7절이라는 것입니다. 그리고 그사이에 놓여 있는 말씀은 사사 시대 이스라엘 백성의 신앙적인 특징과 그들이 실패한 원인을 설명하기 위해서 후대의 편집자에 의해서 삽입된 사사기의 '서론' 부분이라는 것입니다.

실제로 1장 1절과 3장 7절의 두 본문을 이어서 읽어보면 훨씬 더 자연스럽게 연결된다는 사실을 알 수 있습니다.

1:1여호수아가 죽은 후에… 3:7이스라엘 자손이 여호와의 목전에 악을 행하여 자기들의 하나님 여호와를 잊어버리고 바알들과 아세라들을 섬긴지라(삿 1:1a, 3:7).

이를 통해서 우리는 여호수아가 죽은 후에 이스라엘 백성에게 심각한 신앙적인 위기가 닥쳐왔다는 사실을 알게 됩니다. 여호수아는 이스라엘 민족을 이집트에서 인도해낸 위대한 지도자 모세의 공식적인 후계자입니다. 출애굽 세대로서 광야 세대 이스라엘 백성을 이끌고 함께 약속의 땅을 밟았던 단 두 명의 생존자 중의 하나입니다.

여호수아는 가나안 땅을 분배하고 정복하는 일에 탁월한 지도력을 발휘한 사람입니다. 마지막 순간까지도 이스라엘 백성이 계약 백성이라는 사실을 잊어버리지 않도록 헌신했던 위대한 영적인 지도자였습니다. 그 영적인 지도자가 죽자마자, 이스라엘 백성은 자신의 정체성을 잊어버리고 우상들을 섬기기 시작했다는 것입니다. 이미 여호수아 말씀은 그 불길한 예감을 이렇게 기록합니다. "여호수아가 사는 날 동안에 여호와를 섬겼더라"(수 24:31).

이스라엘은 하나님을 알지 못하는 이방 민족이 아닙니다. 하나님의 특별한 선택을 받은 사람들입니다. 하나님과 계약을 맺은 백성입니다. 게다가 그들이 사는 곳은 이집트 땅이 아닙니다. 하나님이 오래전부터 약속하신 가나안 땅에 이미 들어왔습니다. 그런데 하나님의 계약 백성이 하나님이 허락하신 약속의 땅에 살면서 하나님을 잊어버리고 우상 숭배에 빠져들었던 것이지요.

바로 여기에서부터 사사 시대의 그 많은 실패와 비참한 삶이 시작되고 있다는 것을 사사기는 우리에게 말해줍니다. 물고기는 물속에서 살아야 하고, 계약 백성은 하나님 안에서 살아야 합니다. 그래야 생존할 수 있고 행복할 수 있습니다. '약속의 땅'은 아무에게나 주어지지 않습니다. 오직 하나님만을 섬기는 '계약 백성'을 위해 은혜의 선물로 주어진 땅입니다. 만일 약속의 땅에서 하나님을 섬기지 않는다면, 그 땅은 축복의 땅이 아니라 심판과 저주의 땅이 되고 마는 것입니다.

왕이 없는 백성

이 대목에서 궁금해지는 것은 이스라엘 백성이 자신의 정체성을 왜 그토록 신속하게 헌신짝처럼 내팽개치게 되었을까 하는 점입니다. 도대체 무엇이 약속의 땅에서 살기 시작하자마자 곧바로 하나님을 잊어버리게 만들고, 그들을 우상 숭배의 죄에 빠지게 했을까요? 그 결론적인 대답으로 사사기 말씀은 끝을 맺습니다.

> 그 때에 이스라엘에 왕이 없으므로 사람이 각기 자기의 소견에 옳은 대로 행하였더라(삿 21:25).

앞에서 이스라엘은 본래 '왕이 없는 백성'이어야 한다고 했습니다. 사람 위에 군림하는 사람 없는, 오직 하나님만이 다스리는 그런 나라가 바로 '이스라엘'의 독특한 점이라고 했습니다. 그런데 사사기의 마지막 결론은 "이스라엘에 왕이 없었기 때문에 각기 자기의 소견에 옳은 대로 행했다"는 것입니다. 이와 똑같은 말을 이미 세 번씩이나 반복해서 강조해 왔습니다(삿 17:6, 18:1, 19:1).

어떤 분은 이것을 '왕정 제도' 도입의 정당성을 부여하기 위한 언급이라고 생각합니다. 왕이 없어서 그랬으니 왕이 세워지면 좋아지지 않겠느냐는 것이지요. 그러나 사사기가 강조하는 메시지는 그게 아닙니다. 이스라엘에서는 물론 사람 위에 군림하는 사람은 없어야 합니다. 그래서 이스라엘은 '왕이 없는 백성' 이었습니다. 그렇다고 정말 왕이 없었던 것은 아닙니다. 눈에 보이지는 않지만, 이스라엘을 다스리는 왕이 있었습니다. 그분은 바로 여호와 하나님이셨습니다.

자, 그렇다면 "그 때에 이스라엘에 왕이 없었다"라고 반복하여 말하는 이유가 무엇입니까? 그것은 이스라엘 백성이 그들을 다스려야 할 하나님의 왕 되심을 거부하고 하나님 없이 제멋대로 살았기 때문입니다. 이것은 사사 기를 시작하는 "여호수아가 죽은 후에… 하나님을 잊어버리고 우상을 섬기 며 살았다"라는 선언과 조금도 다르지 않습니다. '왕이 없는 백성'은 곧 '하나 님을 잊어버린 계약 백성'을 가리키는 말입니다.

문제는 그다음입니다. 하나님의 왕 되심을 거부하니까 어떻게 되었습니 까? 그들은 '자기의 소견에 옳은 대로 행하며' 살게 되었습니다! 이 부분을 메시지성경은 이렇게 표현합니다. "사람들은 하고 싶다고 느끼는 것은 무엇 이든 했다"(People did whatever they felt like doing). 하나님 백성은 그렇게 살 면 안 됩니다. 기분 내키는 대로, 제멋대로 살면 안 됩니다. 하나님 백성은 오직 하나님의 말씀에 따라서 살아가야 합니다.

이미 하나님은 시내산 계약을 통해서 하나님 백성답게 살아가는 구체적 인 방법을 모두 가르쳐 주셨습니다. 그 속에는 이 세상을 구원하시려는 하나 님의 계획이 담겨 있습니다. 그것에 따라서 살아가야 '계약 백성'입니다. 그런 데 하고 싶은 대로 무엇이든지 다 할 수 있다고 생각하여 '자기의 소견에 옳은 대로 행하면' 어떻게 될까요? 그 마지막 종착역은 바로 우상 숭배가 되고 마는 것입니다.

이것은 사사 시대에서만 볼 수 있는 흘러간 역사가 아닙니다. 이 이야기 는 모든 시대마다 계속 반복됩니다. 하나님의 계약 백성으로 시작했다가 도 중에 하차하는 사람에게서 언제나 발견되는 모습입니다. 그들은 스스로 하나 님을 믿는다고 생각합니다. 교회를 다니면서 예배를 드리기도 합니다. 그러나 '자기의 소견에 옳은 대로' 신앙 생활합니다. 그것이 문제입니다.

그들은 하나님이 원하시는 일을, 하나님이 원하시는 장소에서, 하나님이 원하시는 방법에 따라서, 하나님이 원하시는 시간에 하려고 하지 않습니다. 오히려 자기가 원하는 일을, 자기가 원하는 장소에서, 자기가 원하는 방법에 따라서, 자기가 원하는 시간에, 자기가 원하는 만큼만 하면서 신앙 생활하려고 합니다. 그러다가 실족합니다. 아니 그러기에 실족할 수밖에 없습니다.

신앙공동체 안에서 왜 다툼과 분열이 일어날까요? 저마다 '자기 소견에 옳은 대로 행하기' 때문입니다. 서로 자기 의견만 옳다고 주장하기 때문입니다. 하나님의 뜻은 조금도 생각하지 않고, 오직 자기 생각과 자신의 사사로운 감정만 앞세우기 때문입니다. 몸은 하나님 앞에 나와 예배하고 있을지 모르나, 마음은 이미 자기 소견에 옳은 대로 결정해놓고 살아가는 그런 '왕이 없는 백성'이 교회마다 얼마나 많이 있습니까?

그런 의미에서 오늘날 한국교회는 또 다른 사사 시대를 반복하고 있는지도 모릅니다. 그러니 신앙 생활이 어떻게 행복할 수 있겠습니까? 하나님 앞에 나와서 예배하는 것이 즐겁지 않고, 하나님 말씀 따라 순종하며 살아가는 것이 행복하지 않다면, 자신의 영적인 상태를 정확하게 진단해 보아야 합니다. 우리의 삶을 다스리는 왕은 과연 누구인지 진지하게 물어보아야 합니다. 우리는 계약 백성으로 살고 있습니까? 아니면 '왕이 없는 백성'으로 우리 소견에 옳은 대로 살고 있습니까?

앞으로 40일 동안 사사기 말씀을 묵상하면서 우리에게 '하나님의 왕 되심'이 회복되는 은혜가 덧입혀지기를 간절히 소원합니다.

묵상 질문: 내 삶을 다스리는 왕은 과연 누구인가?

오늘의 기도: 말로는 하나님 백성이라고 하면서, 실제로는 하나님 백성답게 살지 못했습니다. 하나님의 왕 되심을 매 순간 인정하지 못했습니다. 중요한 일은 우리 소견에 옳은 대로 결정했고, 사소한 일은 아예 하나님께 묻지도 않았습니다. 그러면서 하나님을 믿는다고 생각했던 우리의 오만함을 크게 꾸짖어 주옵소서. 이번 사사기 묵상을 통해서 우리의 정체성이 바로 세워지도록 성령님 도와주옵소서. 예수님의 이름으로 기도합니다. 아멘.

계약 백성의
불완전한 순종

| 사사기 1-3장 |

유다 지파의 불완전한 순종

읽을 말씀: 사사기 1:1-7

새길 말씀: 유다가 그의 형제 시므온에게 이르되 내가 제비 뽑아 얻은 땅에 나와 함께
올라가서 가나안 족속과 싸우자. 그리하면 나도 네가 제비 뽑아 얻은 땅에
함께 가리라 하니 이에 시므온이 그와 함께 가니라(삿 1:2).

앞 장에서 우리는 사사기의 전체적인 구조를 살펴보면서 그 속에 담고
있는 중요한 메시지가 무엇인지 생각해보았습니다. 그러면서 이스라엘 백성
이 약속의 땅에서 계약 백성으로 살지 못한 가장 큰 실패의 원인은 바로 하나
님의 왕 되심을 거부하는 '왕이 없는 백성'이 되었기 때문이며 또한 '자기
소견에 옳은 대로' 신앙 생활했기 때문이라는 사실을 알게 되었습니다.

그러나 이러한 실패는 사실 '여호수아가 죽은 후에' 비로소 시작된 일은
아닙니다. 이미 그 이전부터 작은 실패들이 있었습니다. 그 이야기를 담고
있는 부분이 바로 1장 1절의 '여호수아가 죽은 후에'와 3장 7절 사이에 놓여
있는 '서론'입니다. 앞에서 설명한 것처럼 서론에 언급되는 이야기는 이미
여호수아의 생전에 일어났던 일들입니다.

그 이야기를 굳이 여기에서 다시 펼쳐놓고 있는 것은 사사 시대 이스라엘 백성이 그렇게 '왕이 없는 백성'이 되어 '자기 소견에 옳은 대로' 살아가게 되었던 이유가 무엇인지 설명하기 위해서입니다. 따라서 이 서론의 내용을 잘 이해해야 사사 시대의 나머지 역사를 잘 이해할 수 있습니다.

망설이는 지파들

사사기의 서론은 '유다 가문의 불완전한 순종'으로 시작됩니다.

> (여호수아가 죽은 후에) 이스라엘 자손이 여호와께 여쭈어 이르되 우리 가운데 누가 먼저 올라가서 가나안 족속과 싸우리이까(삿 1:1).

여기에서 '여호수아가 죽은 후에'는 본래 3장 7절과 연결되고 있는 말씀이라고 했습니다. 따라서 3장 7절이 사사기에서 아주 중요한 위치를 차지하고 있는데, 그 이유는 바로 여기에서부터 사사기(士師記), 즉 사사들에 대한 기록이 본격적으로 시작되기 때문입니다. 사사기에는 모두 12명의 '쇼페팀'이 등장합니다. 그중에 6명을 '대사사'(大士師)라고 하고 나머지 6명을 '소사사'(小士師)라고 부릅니다.

잘 알려진 '기드온'이나 '드보라'나 '삼손'과 같은 유명한 사람들은 모두 대사사에 해당합니다. 그러나 소사사의 이름은 잘 알려지지 않아서 모두 생소하게 느껴집니다. 사사기는 모두 21장으로 되어 있는데 기드온 이야기는 자그마치 세 장(6-8장)을 차지합니다. 반면 '삼갈'이라는 소사사에 대한 기록은 단 한 절에 불과합니다(삿 3:31). 이처럼 '대사사'와 '소사사'는 기록된 분량이 많은지 적은지에 따라서 구분한 것입니다.

사사기의 본론은 12명의 사사에 대한 기록입니다. 첫 번째 '쇼페팀'이었던 옷니엘 이야기(3:7-11)로 시작하여 마지막 '쇼페팀'이었던 삼손의 이야기 (16:23-31)까지 계속됩니다. 그다음에 17장부터 21장까지는 사사 시대에 이스라엘에서 일어났던 여러 가지 단편적인 에피소드를 묶어놓은 일종의 '부록'(appendix)입니다. 이처럼 사사기는 '서론'(1:1b-3:6)과 '본론'(1:1a; 3:7-16:31) 그리고 '부록'(17:1-21:24)과 '결론'(21:25)으로 구성되어 있습니다.

오늘 우리가 묵상할 본문은 서론을 시작하고 있는 부분입니다. 다시 본문으로 돌아옵니다. 이스라엘 자손이 여호와께 물었습니다. 여기에서 '물었다'(asked)는 것은 하나님의 뜻이 무엇인지 물어보았다는 것입니다. 무엇을 물었을까요? 이스라엘의 여러 지파 중에서 '누가 먼저 올라가서 가나안 족속과 싸워야 하는지'를 물었습니다. 그런데 이 상황은, 앞 장에서 이미 설명한 것처럼, 여호수아가 아직 살았을 때의 일입니다.

여호수아의 지도하에 이스라엘 백성은 6년 동안 가나안 땅을 정복하는 세 번의 캠페인을 벌였습니다. 첫 번째는 여리고성과 아이성을 정복하던 '중앙 캠페인'(The Central Campaign)이었고, 두 번째는 가나안 남부의 5개 도시 연합군을 정복하던 '남방 캠페인'(The Souther Campaign)이었고, 마지막 세 번째는 하솔왕 야빈이 주동하여 소집한 북부의 연합군과 싸우던 '북방 캠페인'(The Norther Campaign)이었습니다.

이 세 번의 캠페인을 통해서 가나안 땅에 대한 지배력을 어느 정도 확보하게 됩니다. 그렇다고 해서 '가나안 땅'이 실제로 이스라엘 백성이 살아가는 '약속의 땅'이 된 것은 아니었습니다. 그 땅을 지배하고 있던 왕들을 제거하기는 했지만, 그 땅을 기업으로 분배받은 지파들이 직접 들어가서 '약속의 땅'으로 완전히 접수하는 일은 아직 하지 못하고 있었던 것입니다. 그것을 성경은 "그 땅에 전쟁이 그쳤더라"(수 11:23)라는 상징적인 말로 표현합니다.

그래서 하나님은 여호수아를 통해서 '유산 분배 명령'을 내리신 것입니다 (수 13:1-7). 그러나 아무도 유산을 분배받으려고 선뜻 나서지 않았지요. 그때 용감하게 나선 사람이 바로 갈렙입니다(수 14:12). 그리고 갈렙이 속한 유다 지파가 유산 분배의 제비뽑기에 가장 먼저 참여하게 되었고(수 15:1), 그 후에 결국 다른 지파들도 모두 그 일에 참여해서 '땅 나누는 일을 마치게' 되었던 것입니다(수 19:51).

그런데 여호수아 말씀은 이스라엘 지파들이 땅의 분배를 마치고 난 후에 곧바로 "그들이 그것을 차지하여 거기에 거주하였다"(수 21:43)라고 하면서 그냥 건너뜁니다. 그사이에 실제로 어떤 일들이 있었는지는 자세하게 기록하지 않습니다. 오늘 사사기 본문은 바로 그사이에 벌어진 상황을 이야기하고 있습니다. 땅의 분배를 마친 후에 실제로 그 땅에 들어가기 위해서 '누가 먼저 들어가야 할지'를 하나님께 묻고 있는 것입니다.

사실은 이렇게 물을 필요가 없었습니다. 각 지파가 분배받은 땅이 서로 다른데, 거기에 올라가는 일에 무슨 전후(前後) 순서가 필요하겠습니까? 앞서 있었던 세 번의 캠페인이야 이스라엘 백성이 모두 함께 힘을 합해서 치러야 할 전쟁이었지만, 이번의 경우는 다릅니다. 각 지파가 알아서 들어가면 됩니다. 그런데 이렇게 하나님께 묻고 있다는 것은 그들이 여전히 주저하고 있었다는 이야기입니다. 서로 눈치만 보고 있었던 것이지요.

하나님의 지명

하나님은 그들의 속내를 잘 알고 계셨습니다. 그들의 주저함과 망설임과 불안한 마음을 너무나도 잘 알고 계셨습니다. 어떻게 보면 전혀 하나님 백성답지 못한 모습입니다. 믿음이 없는 연약한 모습입니다. 그런데도 하나님은 그들을 꾸짖지 않으시고 친절하게 대답해주십니다.

> 여호와께서 이르시되 유다가 올라갈지니라. 보라 내가 이 땅을 그의 손에 넘겨주었
> 노라 하시니라(삿 1:2).

하나님은 유다 지파가 올라가라고 지명하여 말씀하십니다. 그런데 왜 하필 유다일까요? 왜냐면 유다 지파가 유산 분배의 제비를 뽑는 일에 가장 먼저 참여한 지파이기 때문입니다. 그때 유다 지파의 자원하는 모습에 자극을 받아 다른 지파들이 유산 분배에 참여하게 되었습니다. 그러니 지금 유다 지파가 가장 먼저 나서게 된다면, 다른 지파도 용기를 얻어서 각자에게 분배받은 땅으로 올라갈 것입니다.

게다가 유다 지파에는 '백발의 청년' 갈렙이 있었습니다. 갈렙이 누구입니까? 갈렙은 출애굽 세대로서 여호수아와 함께 약속의 땅에 들어온 유일한 생존자입니다. 그의 나이는 85세였지만, "여호와께서 말씀하신 이 산지를 지금 내게 주소서!"(수 14:12)라고 용감하게 나섰던 장본인입니다. 바로 그 열정이 유다 지파와 다른 지파를 감동했지요. 그렇기에 갈렙이 있는 유다 지파가 가장 먼저 올라가야 한다고 하나님이 대답하신 것입니다.

그러면서 분명히 약속하셨습니다. "내가 이 땅을 그의 손에 넘겨주었노라!"(I have given the land into their hands!) 또다시 '완료형'의 약속을 하십니다. "넘겨줄 것이다"가 아닙니다. "넘겨주었다"입니다. 누가 그렇게 하실 수 있습니까? 오직 하나님만이 그렇게 하실 수 있습니다. 하나님을 정말 신뢰한다면 이와 같은 하나님의 약속을 붙잡고 그냥 올라가면 됩니다. 그러면 그 땅을 넉넉히 얻을 수 있는 것입니다.

하나님의 본래 기대는 이스라엘 모든 지파가 각자에게 분배된 땅으로 동시에 함께 나아가는 것이었습니다. 그러나 하나님은 억지로 강요하지 않으십니다. 대신 누군가가 앞장서서 그 일을 하라고 말씀하십니다. 그리고 그 말씀에 순종하는 사람에게 놀라운 은혜와 복을 주십니다. 유다 지파에서 다윗왕이 나오고, 그 후손에서 예수 그리스도가 태어나시게 된 것은 결코 우연한 일이 아닙니다.

자, 이제 공은 유다 지파에게 넘어왔습니다. 그들이 과연 어떻게 했을까요? 하나님의 말씀에 어떤 식으로 순종했을까요?

유다가 그의 형제 시므온에게 이르되 내가 제비 뽑아 얻은 땅에 나와 함께 올라가서
가나안 족속과 싸우자. 그리하면 나도 네가 제비 뽑아 얻은 땅에 함께 가리라 하니
이에 시므온이 그와 함께 가니라 (삿 1:3).

유다 지파는 혼자서 올라가려고 하지 않았습니다. 시므온 지파에게 '함께 싸우러 올라가자'고 제안합니다. 그러면 시므온이 제비 뽑아 얻은 땅에 그들도 함께 가서 싸워주겠다는 것이지요. 말하자면 '품앗이'를 제안하고 있는 셈입니다. 시므온 지파가 분배받은 땅은 유다 지파가 분배받은 땅에 둘러싸여 있습니다. 그러니 함께 연합군을 형성하여 싸우러 가자는 제안은 아주 실용적이고 합리적인 것처럼 보입니다. 시므온 지파는 유다 지파의 제안을 받아들여 함께 싸우러 갑니다.

사람들은 이 일을 '아름다운 연합'으로 생각할지 모릅니다. 어려운 일을 함께 짊어지는 '상부상조'(相扶相助)의 미덕으로 여길지도 모릅니다. 그러나 이것은 유다 지파의 '불완전한 순종'이었습니다. 하나님은 분명히 유다 지파에게 올라가라고 말씀했습니다. 그 땅을 이미 그들에게 넘겨주었다고 약속하셨습니다. 그런데도 유다 지파는 혼자 올라가는 것을 두려워했습니다. 누군가의 도움이 있으면 더 좋겠다고 생각했습니다. 물론 순종하지 않은 것은 아니지만, 하나님의 말씀에 온전히 순종하는 모습은 아니었습니다.

그리고 이스라엘 모든 지파가 각자에게 분배받은 땅에 올라가서 취해야 할 아주 중요한 이유가 있었습니다. 그것은 어느 한 지파가 다른 지파 위에 군림하지 못하게 하기 위해서였습니다. 생각해보십시오. 두 지파가 연합하여 세를 불리면, 자연스럽게 다른 지파들보다 힘이 세질 수밖에 없습니다. 그러면 지파들 사이의 균형과 평등이 깨지게 됩니다. 하나님은 해방공동체요 신앙공동체인 이스라엘이 그렇게 되기를 원하지 않으셨습니다.

실제로 시므온 지파는 훗날 이스라엘이 남북으로 분열되던 무렵에 대다수가 유다 지파에 흡수되어 사라지고 말았습니다. 무슨 이야기입니까? 유다

지파의 영향력이 지나치게 커져서 그 나머지 지파들과 비등하게 견줄 만큼 되었던 것입니다. 그러니까 지나치게 비대해진 유다 지파가 남북 분열의 빌미를 제공한 당사자가 되었던 것이지요. 그 일이 바로 오늘 본문에서부터 시작되고 있습니다.

유다 지파의 불완전한 순종이 가져올 이와 같은 결과를 하나님이 모르셨을까요? 아닙니다. 잘 알고 계셨습니다. 그러나 그렇다고 해서 유다 지파를 외면하거나 그들과의 약속을 철회하지는 않으셨습니다.

베섹과의 전쟁

유다 지파가 향한 곳은 베섹(Bezek)입니다.

> 4유다가 올라가매 여호와께서 가나안 족속과 브리스 족속을 그들의 손에 넘겨주시니 그들이 베섹에서 만 명을 죽이고 5또 베섹에서 아도니 베섹을 만나 그와 싸워서 가나안 족속과 브리스 족속을 죽이니…(삿 1:4-5).

본문을 잘 살펴보십시오. 누구의 도움으로 유다 지파가 대승을 거두게 되었습니까? 시므온 지파의 도움입니까? 아닙니다. 시므온 지파는 아예 이름도 나오지 않습니다. 하나님이 약속하신 대로 가나안 족속과 브리스 족속을 그들의 손에 '넘겨주셨기' 때문에 그들은 승리하게 된 것입니다.

특히 베섹에서 치른 '아도니 베섹'(Adoni-bezek)과의 전쟁에서 승리한 것을 자세히 기록하고 있는데, 사실 이곳은 지도에서 확인해 보면 유다 지파가 분배받은 땅의 끄트머리에 있습니다. 그런데 왜 사사기는 유다 지파가 중요한 도시들을 점령한 이야기를 소개하지 않고, 변방을 정복한 이 이야기를 가장 먼저 소개하고 있는 것일까요? 이것 또한 유다 지파의 '불완전한 순종'을 잘 드러내는 이야기이기 때문입니다.

6아도니 베섹이 도망하는지라. 그를 쫓아가서 잡아 그의 엄지손가락과 엄지발가락을 자르매 7아도니 베섹이 이르되 옛적에 칠십 명의 왕들이 그들의 엄지손가락과 엄지발가락이 잘리고 내 상 아래에서 먹을 것을 줍더니 하나님이 내가 행한 대로 내게 갚으심이로다 하니라. 무리가 그를 끌고 예루살렘에 이르렀더니 그가 거기서 죽었더라 (삿 1:6-7).

전쟁에서 승리한 후에 아도니 베섹의 엄지손가락과 엄지발가락을 잘랐습니다. 왜 그랬을까요? 엄지손가락을 자르면 칼을 잡을 수가 없습니다. 엄지발가락을 자르면 달릴 수가 없습니다. 이것은 적국의 왕을 잡아서 그렇게 손가락과 발가락을 잘라 자신의 수하에 두어 승전의 기념품으로 삼고 자신의 위대함을 증명하려는 아주 잔인하고 비인간적인 가나안의 관습이었습니다. 문제는 유다 지파가 바로 그 관습을 따르고 있다는 사실입니다.

유다 지파가 누구 때문에 전쟁에서 승리했습니까? 전적으로 하나님의 도우심 때문에 승리했습니다. 그렇다면 그들은 어떻게 해야 할까요? 하나님의 이름을 높여야 마땅한 일입니다. 그런데 그들은 그렇게 하지 않았습니다. 자신의 업적과 위대함을 나타내 보이기 위해 가나안 사람들의 잔인한 관습을 똑같이 따라 행했습니다.

사실 하나님의 명령은 가나안 원주민을 '진멸'하는 것이었습니다(수 11:20). 가나안 원주민을 다 죽이거나 다 내쫓으라는 것입니다. 사람들은 이 '진멸법'에 대해서 너무 지나친 것이 아니냐고 생각하지만, 사실은 손가락 발가락 잘라서 노리갯감으로 삼는 것이 더 잔인한 일입니다. 아도니 베섹이 예루살렘에 이르러서 '거기서 죽었다'(he died there)고 하는데, 이 말은 '거기서 죽였다'(they killed him there)가 아닙니다. 손가락 발가락 잘린 채 비참한 모습으로 살 만큼 살다가 거기서 죽었다는 뜻입니다.

유다 지파가 하나님의 명령을 거역하거나 불순종한 것은 아닙니다. 그러나 그들의 순종은 '불완전한 순종'이었습니다. 겉으로 드러난 표면적인 순종이면에는 그들 나름의 숨겨진 이유가 있었습니다. 그것은 바로 '제 소견에 옳은 대로' 선택하고 행동하는 것입니다. 그들은 합리적이라고 생각하여 시므온 지파와 연합했고, 그들이 좋게 생각하여 아도니 베섹의 손가락과 발가락을 잘랐습니다. 그러나 그들은 결국 온전한 순종을 원하셨던 하나님의 뜻에 따르지 않았습니다.

이스라엘 공동체의 균형과 평등을 원하셨던 하나님의 속뜻을 헤아리지 못했습니다. 가나안 민족들을 좇아내고 계약 백성다운 모습으로 살아가야 할 그들이 오히려 가나안의 잔인한 관습을 모방하여 따랐습니다. 바로 여기에서부터 사사 시대의 비극이 싹트기 시작하고 있었던 것입니다.

여호수아가 죽기 전까지는 이것이 큰 문제가 되지 않았습니다. 여호수아의 강력한 리더십이 그것을 막아주었기 때문입니다. 그러나 여호수아가 죽은 후에는 모든 것이 달라졌습니다. 계약 백성 이스라엘이 하나님의 왕 되심을 온전히 인정하지 않는 '왕이 없는 백성'이 되고 나니까 본격적으로 '각기 자기의 소견에 옳은 대로' 행하기 시작했고, 그로 인해 보기 좋게 실패하여 하나님의 심판을 자초하는 사사기의 고통스러운 역사를 만들었던 것입니다.

오늘 말씀을 통해서 우리는 '불완전한 순종'이 결국 '불순종'이 된다는 것을 알게 되었습니다. '이 정도쯤이야…' 하는 생각에 남겨둔 약간의 빈틈이 결과적으로 계약 백성으로서의 정체성을 완전히 잃어버리게 만드는 빌미가 됩니다. 포도나무와 가지는 100% 완전히 붙어 있어야 합니다. 그래야 풍성한 열매를 맺게 됩니다. 1mm라도 떨어져 있으면 가지는 말라버리고 결국 불쏘시개가 되고 마는 것입니다.

특히 승리했을 때, 잘 나갈 때, 선 줄로 생각하고 있을 때 그 속에 실패의 씨앗이 뿌려지지 않도록 조심해야 합니다. 계약 백성으로서 신앙 생활의 실패는 '완전한 불순종'이 아니라, '불완전한 순종'에서부터 출발하는 것입니다. 99%의 순종이나 1%의 순종이나 '불완전한 순종'이기는 매한가지입니다.

많든 적든 '이 정도쯤이야 괜찮겠지…' 하는 생각이 들지 않도록 우리는 늘 깨어 있어야 합니다.

묵상 질문: 나는 하나님의 말씀에 온전히 순종하고 있는가?

오늘의 기도: 불완전한 순종이 결국 불순종이 된다는 말씀을 무겁게 받아들입니다. 자기 소견에 옳은 대로 행하면서 스스로 하나님을 믿는다고 생각했던 우리의 어리석음을 용서하여 주옵소서. 이제부터 하나님이 어떤 말씀을 하시든지 그대로 순종하여 따를 수 있도록 우리의 삶을 온전히 다스려주옵소서. 예수님의 이름으로 기도합니다. 아멘.

사사기 묵상 3

쫓아내지 못하다

읽을 말씀: 사사기 1:8-21

새길 말씀: 여호와께서 유다와 함께 계셨으므로 그가 산지 주민을 쫓아내었으나 골짜기의 주민들은 철 병거가 있으므로 그들을 쫓아내지 못하였으며…(삿 1:19).

역사서에 대한 이해

사사기(士師記)는 역사서입니다. 역사(歷史)는 반드시 실제로 일어났던 역사적인 사실들(historical facts)에 기초하여 기록되어야 합니다. 물론 연대기적으로 사건들을 나열해 놓았다고 해서 역사가 되는 것은 아닙니다. 그 사건들이 함께 엮어져서 만들어가는 역사적인 의미(historical meaning)를 밝혀내는 것이 더 중요합니다. 따라서 역사는 어떤 관점을 가지고 있느냐가 관건입니다. 그 사관(史觀)에 따라서 역사의 의미가 얼마든지 달라질 수 있기 때문입니다.

사사기는 이스라엘이 가나안에 정착하던 초기에 대한 역사적인 기록입니다. 그런데 사사기는 그 하나로 독립하여 존재하지 않습니다. 바로 앞에 있는 '여호수아'와 그 뒤에 계속 이어지는 '사무엘상·하', '열왕기상·하'의 묶음 속에 '사사기'가 포함되어 있습니다. 이 여섯 권을 가리켜서 우리는 '신명기역사서'(the Deuteronomistic History)라고 부릅니다. 왜 '신명기역사서'라고 할까요? 왜냐면 신명기가 담고 있는 신앙적인 이해의 관점에서 이스라엘의 역사를 일관되게 기술하고 있기 때문입니다.

신명기신학의 주제는 아주 단순합니다. 하나님의 계명에 대한 순종과 불순종에 따라 이스라엘 백성에게 축복과 저주가 내려진다는 것입니다. 이러한 신명기사관에 따라서 이스라엘의 흥망성쇠를 설명하고 있는 책이 바로 '신명기역사서'인 것입니다. 따라서 신명기역사서는 단순히 역사적인 사건을 나열하거나 소개하려고 하지 않습니다. 그 역사 속에서 활동하시는 하나님을 소개하며, 회개와 순종을 통한 구원을 강조하려고 합니다.

앞으로 사사기와 같은 역사서를 읽어나갈 때 우리는 두 가지 점을 기억해야 합니다. 하나는 사사기에 담긴 기록이 틀림없는 '역사적인 사실'이라는 겁니다. 사람들은 성경 이야기를 제멋대로 각색된 신화처럼 생각합니다. 신앙적인 의미가 중요하지, 사실인지 아닌지는 그다지 중요하지 않다고 가르치는 사람도 더러 있습니다. 특히 두 개의 본문이 서로 다른 역사적인 사실을 말하고 있는 것처럼 보일 때, 그런 식으로 슬쩍 빠져나가려고 합니다.

그러나 조심하십시오. 그것이 바로 하나님의 말씀인 성경의 권위를 무너뜨리려고 사탄이 즐겨 사용하는 고도의 술수입니다. 하나님은 새로운 역사를 창조하시는 분이지, 실제로 일어나지 않았던 역사적인 사실을 왜곡하거나 조작하는 그런 분이 아닙니다. 성경은 하나님께서 역사 속에서 일하신 사실에 대한 기록입니다. 비록 우리가 온전히 이해할 수 없다고 하여 그 기록을 사실이 아니라고 말해서는 안 되는 것입니다. 사실이 아닌 것을 무조건 믿으라고 강요한다고 해서 믿음이 생길 수 있겠습니까?

다른 하나는 성경에는 아무런 의미 없이 그 자리에 놓여 있는 말씀은 하나도 없다는 사실입니다. 우리의 눈에 아주 무의미하게 보이는 건조한(dry) 기록일지라도 그것이 그 자리에 놓여 있게 된 데에는 분명한 이유가 있습니다. 그 '신앙적인 의미'를 놓치지 않고 발견해 내는 노력이 필요합니다.

물론 전문적인 신학 훈련이 되지 않은 분에게는 매우 어려운 일일 수도 있습니다. 그러나 '모든 성경은 하나님의 감동으로 된 것'(딤후 3:16)이기 때문에 우리가 성령의 도움을 간구하며 말씀을 묵상한다면, 그 속에 담긴 하나님의 '메시지'를 얼마든지 발견할 수 있습니다.

정리되지 못한 이야기

지금 우리는 '사사기'의 서론을 묵상하는 중입니다. '사사 시대'의 이스라엘이 '계약 백성'으로 살아가는 일에 실패한 것은 여호수아가 죽기 이전부터 이미 시작되었다고 했습니다. 그것을 한마디로 '불완전한 순종'이라고 표현할 수 있습니다. 이것이 유다 지파가 분배받은 땅에 들어가는 전쟁 이야기를 통해서 우리가 발견하게 된 메시지입니다.

여기까지 이해하는데 별문제가 없었습니다. 그러나 그다음이 문제입니다. 사사기는 계속해서 유다 지파가 분배받은 땅을 정복해 나가는 이야기를 이어갑니다. 그런데 그것들이 너무나 단편적이고, 심지어는 서로 상충하는 것처럼 보이기도 합니다. 역사서가 단순히 사건들만 나열해 놓은 것이 아니라고 한다면 여기에도 틀림없이 어떤 메시지가 있을 것이 분명한데, 그것을 찾기가 쉽지 않습니다.

8-15절까지는 유다 자손이 예루살렘과 헤브론과 드빌을 차례대로 정복하는 이야기가 기록되어 있습니다. 그중에는 갈렙이 사위를 맞이하는 이야기도 있습니다. 그러다가 16절에서는 갑자기 모세의 장인이 속한 '겐족 사람들'(the Kenite)이 유다 황무지에 정착하는 이야기가 나오고, 17절에는 유다가 시므온과 함께 스밧(Zephath)에 거주하는 가나안 족속을 진멸하는 이야기가 나옵니다.

그리고 18절에는 유다가 블레셋 지역의 세 도시를 점령하는 이야기를 하더니 20절에서는 앞에서 이미 언급한 헤브론을 갈렙에게 주었다고 합니다.

그리고 마지막 21절에서는 뜬금없이 베냐민 자손이 등장하여 그들이 예루살렘에 거주하는 여부스 족속을 쫓아내지 못했다고 합니다. 이것이 역사의 기록이라면 무언가 잘 정리되지 못한 것처럼 보입니다. 우선 일관성이 없습니다. 유다 지파의 이야기를 하려면 그냥 그 이야기만 할 것이지, 왜 다른 지파 이야기를 자꾸 끄집어내는지 잘 이해가 되지 않습니다.

특히 예루살렘 정복 이야기가 마음에 걸립니다. 처음에는 유다 지파가 예루살렘을 쳐서 점령했다고 하더니(삿1:8), 그다음에는 베냐민 지파가 예루살렘에 거주하는 여부스 족속을 쫓아내지 못했다고 합니다(삿1:21). 아니 유다 지파가 점령했으면 그만이지, 왜 느닷없이 베냐민 지파가 등장해야 합니까?

이런 궁금증은 신학 훈련을 받은 전문가들에게만 생겨나는 것은 아닙니다. 성경을 자세히 읽어보면 누구라도 가질 수 있는 질문입니다. 그리고 그렇게 질문하는 것이 잘못은 아닙니다. 오히려 질문이 있어야 그 속에 담긴 메시지를 발견할 수 있습니다.

성경의 기록은 '역사적인 사실'이며 그 속에는 어떤 '신앙적인 의미'가 담겨 있다는 것을 기억하면서 본문을 자세히 살펴보면, 여기에 '긍정적인 메시지'와 '부정적인 메시지'가 함께 섞여 있다는 사실을 발견하게 됩니다. 갈렙과 겐족 이야기가 긍정적인 메시지를 담고 있는 것이라면, 그 나머지 이야기는 부정적인 메시지를 담고 있다고 할 수 있습니다.

물론 이 두 가지 메시지 모두 우리에게 필요합니다. 그러나 일단은 따로 구분하여 묵상하는 것이 좋겠다는 생각입니다. 오늘은 먼저 '부정적인 메시지'부터 살펴보겠습니다.

> 8유다 자손이 예루살렘을 쳐서 점령하여 칼날로 치고 그 성을 불살랐으며 9그 후에 유다 자손이 내려가서 산지와 남방과 평지에 거주하는 가나안 족속과 싸웠고…
> (삿 1:8-9).

앞 장에서는 유다 자손이 '아도니 베섹'을 사로잡아서 엄지손가락, 엄지발가락을 잘라 예루살렘에 끌고 갔다(삿 1:7)는 이야기를 읽었습니다. 오늘 본문은 그다음 이야기입니다. 베섹 왕 '아도니 베섹'을 그런 식으로 처리하여 굳이 예루살렘으로 끌고 갔던 것은 예루살렘 거주민에게 공포심을 조장하려는 의도가 있었던 것으로 보입니다. 그러나 그것은 가나안의 잔인한 관습을 모방한 것이었고, 하나님의 명령에 대한 불완전한 순종이었습니다.

이때 유다 자손은 예루살렘을 쳐서 점령합니다. 칼날로 치고 성을 불살랐다고 하는 것을 보면 예루살렘을 완전히 정복한 것이 분명합니다. 여호수아가 광야 세대 이스라엘 백성을 이끌고 '남방 캠페인'(The Southern Campaign)을 할 때 가나안 남부의 5개 도시 연합군과 전투를 벌였지요. 남부 연합군 결성에 주도적인 역할을 한 사람이 바로 예루살렘 왕 '아도니세덱'이었습니다(수 10:1, 3-4).

물론 다섯 왕은 모두 죽임을 당하고, 그들의 도시 역시 모두 점령당했습니다(수 10: 22-37). 유일하게 점령당하지 않은 도시가 하나 있었는데, 그것이 바로 예루살렘입니다. 아마도 지형적인 조건으로 인해 여호수아 군사들이 단시간에 점령하기에 어려움이 있었을 것으로 추정됩니다.

그 예루살렘 성이 이번에 유다 자손에 의해서 완전히 정복된 것입니다. 이것은 사실 여리고성을 정복한 것에 견줄 수 있을 만큼 대단한 일이었습니다. 문제는 그다음입니다. 유다 자손은 어찌 된 일인지 예루살렘에 정착하지 않습니다. 그들은 계속해서 남방으로 내려가서 가나안 족속과 싸웠다고 합니다. 그러면서 헤브론(10절)과 드빌(11절)을 정복한 이야기가 이어집니다.

그러나 헤브론과 드빌을 정복한 사건에서 주인공은 사실 갈렙이었습니다. 물론 갈렙도 유다 지파에 속해 있기는 하지만, 헤브론은 오직 그에게 주어진 분깃입니다(수 14:13). 그렇기에 그 땅을 점령하는 것 또한 갈렙에게 주어진 과제입니다. 그리고 실제로 갈렙은 그 땅을 자신의 손으로 점령했습니다. 그 이야기는 이미 여호수아 15장에 자세히 기록되어 있습니다(수 15:13-19). 오늘 사사기 본문은 그것을 다시 반복하고 있는 것입니다.

그러니까 예루살렘을 점령하고서 거기에 그냥 눌러앉아 정착하지 않고 다른 곳으로 이동한 이유가 단지 헤브론과 드빌의 정복을 위해서였다고 말할 수는 없다는 이야기입니다. 이번 전쟁의 목표는 단지 그 땅을 정복하는 것이 아니라, 약속에 땅에 들어가서 사는 것이었기 때문입니다. 점령했으면 거기에 정착하는 것이 맞습니다. 그러지 못한 데에는 어떤 다른 이유가 있었음이 분명합니다. 그 이유가 무엇이었을까요?

베냐민 지파의 땅

궁금증은 잠시 마음에 보관해두고 계속해서 읽어나가겠습니다.

> 베냐민 자손은 예루살렘에 거주하는 여부스 족속을 쫓아내지 못하였으므로 여부스 족속이 베냐민 자손과 함께 오늘까지 예루살렘에 거주하니라(삿 1:21).

앞에서 이 부분을 언급했습니다. 유다 지파가 예루살렘을 점령했으면 그 만이지, 왜 베냐민 자손이 예루살렘에 거주하는 여부스 족속을 쫓아내지 못한 책임이 있듯이 말하는 것은 또 무엇일까요? 여기에는 다 이유가 있었습니다. 예루살렘의 위치는 남쪽의 유다 자손과 북쪽의 베냐민 자손에게 분배된 땅의 경계선에 있습니다. 그러나 엄밀하게 말하자면 베냐민 자손에게 분배된 땅입니다.

그 이야기가 여호수아 18장에 기록되어 있습니다.

> 15남쪽 경계는… 16르바임 골짜기 북쪽 힌놈의 아들 골짜기 앞에 있는 산 끝으로 내려가고 또 힌놈의 골짜기로 내려가서 여부스 남쪽에 이르러 엔 로겔로 내려가고…(수 18:15-16).

'여부스'는 바로 '여부스 족속의 도시'(the Jebusite city), '예루살렘'을 가리키는 말입니다. 그 남쪽에 있는 골짜기가 '힌놈 골짜기'(the Hinnom Valley)입니다. 그러니까 분명히 예루살렘은 베냐민 자손에게 분배된 땅이었던 것입니다. 그런데 왜 그 땅을 유다 자손들이 점령했을까요? 두 가지 가능성이 있습니다.

하나는 유다 지파가 시므온 지파와 품앗이 연합의 약속을 한 것처럼, 베냐민 지파와도 그 비슷한 연합을 했을 가능성입니다. 그러나 성경에 기록되지 않은 걸 굳이 추측할 필요는 없습니다. 다른 하나는 유다 지파의 넘치는 의욕입니다. 어차피 유다 지파는 지금 자신들이 분배받은 땅을 점령하기 위하여 가장 먼저 나서서 전쟁을 치르는 중입니다. 그러는 도중에 거치적거리는 예루살렘을 손볼 생각을 얼마든지 할 수도 있습니다.

무엇이 되었든지 유다 지파가 베냐민 지파를 대신하여 예루살렘을 점령했습니다. 그래서 그곳에 눌러앉아 정착하지 않고 훌쩍 떠난 것입니다. 그 후에 베냐민 자손이 예루살렘으로 들어와서 살기 시작했지만, 그러는 사이에 여부스 족속이 회복되어 예루살렘에 다시 거주했고 뒤늦게 들어온 베냐민 자손은 그들을 쫓아내지 못한 것이지요. 아니 '쫓아내지 못한 것'(couldn't drive out)이 아니라 '쫓아내지 않은 것'(didn't drive out)입니다. 그 역시 '불완전한 순종'이었습니다.

유다 지파는 의욕이 앞서서 다른 지파가 점령해야 할 땅까지 점령해버렸습니다. 물론 좋은 의도로 그랬을 것이라고 생각은 합니다. 만일 그들이 다른 지파의 땅을 차지하려는 욕심이 있었다면 거기에 계속 눌러앉았겠지요. 그러지 않은 것을 보니 나쁜 의도가 있었다고 말할 수는 없습니다. 그러나 좋은 의도로도 얼마든지 잘못된 선택을 할 수 있습니다. 이번이 바로 그런 경우입니다.

무엇보다 그들은 하나님의 명령을 온전히 순종하지 못했습니다. 그들에게 주어진 하나님의 명령은 자신에게 분배된 땅을 정복하는 것입니다. 다른 지파에게 분배된 땅까지 책임지려고 기웃거릴 필요가 없습니다. 그런데 그만 자기의 소견에 옳은 대로 행하였던 것입니다. 아무리 좋은 의도라도 '불완전한 순종'은 결국 '불순종'이 되고 맙니다.

그 결과 베냐민 자손들은 손가락 까딱하지 않고 '공짜로' 예루살렘에 들어와서 살게 되었습니다. 그러나 쉽게 얻은 것은 쉽게 사라지는 법입니다(Easy come, easy go). 만일 하나님의 명령에 순종하여 자신의 피와 땀을 쏟아가며 직접 예루살렘을 정복하여 거기에 살게 되었다면, 그런 식으로 아무 생각 없이 여부스 사람과 함께 살지는 않았을 것입니다.

그런데 어차피 자기들의 수고로 얻은 땅이 아닙니다. 그러니 여부스 사람과 조금 나눈다고 해서 크게 손해 볼 일이 없는 것이지요. 이 또한 '불완전한 순종'입니다 하나님의 명령은 이스라엘 모든 지파가 각자에게 분배받은 땅에 스스로 올라가서 취하는 것입니다. 베냐민 자손은 예루살렘에 올라가서 살기는 했지만, 그 땅을 자신의 손으로 취하지는 않았습니다. 그 '불완전한 순종'의 결과가 바로 여부스 족속을 '쫓아내지 않은 것'으로 나타난 것입니다. 이들 역시 '자기의 소견에 옳은 대로' 행하였던 것입니다.

쫓아내지 않다

예루살렘을 정복하였지만 머물지 않고 떠난 유다 자손들이 자기들에게 분배된 땅에서는 과연 어떻게 살았을까요?

> 18유다가 또 가사 및 그 지역과 아스글론 및 그 지역과 에그론 및 그 지역을 점령하였고 19여호와께서 유다와 함께 계셨으므로 그가 산지 주민을 쫓아내었으나 골짜기의 주민들은 철 병거가 있으므로 그들을 쫓아내지 못하였으며…(삿 1:18-19).

여기에 언급되는 '가사'(Gaza)와 '아스글론'(Askelon), '에그론'(Ekron)은 모두 지중해 해안가에 있는 도시들로서, 후에 블레셋의 거점이 됩니다. 그러나

이 당시에만 해도 해양 족이었던 블레셋(Philistines, the people of sea)이 아직 큰 영향력을 끼치지 못하고 있었습니다. 그 땅은 여호수아가 정복하지 못한 지역의 리스트에 포함되어 있던 곳입니다(수 13:3). 그런데 이번에 유다 자손이 그 지역을 모두 '점령'하는 일에 성공했던 것입니다. 참 잘한 일입니다.

그런데 그다음에 아주 묘한 말씀이 기록되어 있습니다. "여호와께서 유다와 함께 계셨으므로 산지 주민을 쫓아내었으나 골짜기 주민들은 철 병거가 있으므로 쫓아내지 못하였다." 이게 무슨 말입니까? 산지 주민을 쫓아낼 때는 하나님이 함께하시다가, 골짜기의 평지 주민들을 쫓아낼 때는 함께하시지 않았다는 뜻일까요? 아니면 하나님이 함께하셨지만, 철 병거는 어쩔 수 없었다는 뜻일까요?

물론 그런 뜻은 아닐 것입니다. 그러나 적어도 유다 자손에게는 '철 병거'가 하나님의 명령을 온전히 지키지 못하는 핑곗거리가 되었습니다. 사실 그것을 핑계 삼으면 안 됩니다. 가나안 북방 캠페인에서 이스라엘 백성은 이미 하솔의 야빈왕 2만 병거에 대승을 거둔 경험이 있습니다(수 11장). 유다 자손도 그 현장에 있었습니다. 하나님이 함께하시면 어떤 악조건에서도 승리할 수 있습니다. 그런데 유다 자손은 철 병거를 핑계로 평지 주민들을 쫓아내지 못했습니다. 아니, 쫓아내려고 하지 않은 것입니다.

여기에서도 예루살렘의 경우와 똑같은 공식이 등장합니다. "점령했지만 쫓아내지 않았다!" 그 이유가 무엇이 되었든지 간에 결국 하나님의 명령에 온전히 순종하지 못했습니다. 이것이 바로 유다 지파의 '불완전한 순종'이었습니다. 그리고 그 배경에는 역시 '자기 소견에 옳은 대로' 생각하고 행동하는 그런 못된 습관이 자리 잡고 있었던 것입니다.

우리에게는 그런 습관이 없는지 잘 살펴야 합니다. 지금은 별것 아닐지 모르지만, 그대로 놔두다가는 우리 신앙 생활이 그 못된 습관에 발목 잡히고 말 것입니다. 이스라엘 백성의 실패를 통해서 우리가 뼈저리게 새겨야 할 신앙적인 교훈입니다.

묵상 질문: 점령했지만 쫓아내지 않은 부분이 나에게는 없는가?

오늘의 기도: 그 어떤 일도 하나님의 말씀에 순종하지 못하는 핑곗거리가 되지 않게 하옵소서. 선한 의도라는 명분을 앞세워 자기 소견에 옳은 대로 행하는 어리석음에 빠지지 않게 하옵소서. 오직 하나님의 말씀에 온전히 순종하는 것만이 진정한 승리를 가져온다는 사실을 절대로 잊지 않게 하옵소서. 예수님의 이름으로 기도합니다. 아멘.

온전한 순종의 사람

읽을 말씀: 사사기 1:10-15

새길 말씀: 12갈렙이 말하기를 기럇 세벨을 쳐서 그것을 점령하는 자에게는 내 딸 악사를
아내로 주리라 하였더니 13갈렙의 아우 그나스의 아들인 옷니엘이 그것을 점
령하였으므로 갈렙이 그의 딸 악사를 그에게 아내로 주었더라(삿 1:12-13).

사사기(士師記)의 서론을 살펴보는 중입니다. 지금까지의 묵상을 통해서
'왕이 없는 백성'으로 '자기의 소견에 옳은 대로 행하는' 사사 시대 이스라엘
백성의 삶은 이미 여호수아가 죽기 이전부터 시작되고 있었다는 사실을 알게
되었습니다. 그것을 한마디로 표현하여 '불완전한 순종'이라고 했습니다. 이
는 순종하지 않는 것은 아니지만, 그렇다고 해서 온전히 순종하는 것이라
말할 수도 없는 그런 상태를 가리키는 말입니다.

특히 '불완전한 순종'은 분배받은 땅을 점령하기는 했지만, 가나안 거주
민을 완전히 쫓아내지 못하고 그들과 함께 거주하는 것으로 나타났습니다.
앞 장에서 살펴본 대로, 유다 자손은 자신이 분배받지 않은 예루살렘을 자기
소견에 옳은 대로 점령했고, 본래 그 땅을 분배받은 베냐민 자손은 뒤늦게

들어와 여부스 족속을 쫓아내지 못하고 함께 살았습니다. 또 유다 자손은 산지의 가나안 거주민들은 쫓아내었지만, 평지에 사는 거주민들은 '철 병거'를 핑계로 쫓아내지 않았습니다.

사사기의 서론은 이렇듯 하나님의 말씀에 순종하는 것 같으면서도 온전히 순종하지 않는 '불완전한 순종'의 씨앗이 결국 사사 시대 이스라엘 백성을 '왕이 없는 백성'이 되게 했다는 '부정적인 메시지'로 우리를 경고하고 있는 것입니다.

헤브론 점령

그것이 전부는 아닙니다. 그런 중에도 '긍정적인 메시지'를 담고 있는 이야기를 우리에게 전해줍니다. '불완전한 순종'의 사람들이 많았음에도 불구하고 '온전한 순종의 사람'이 더러 있었다는 것이지요. 이를 통해서 사사기는 이스라엘 백성을 향한 하나님의 마음과 기대를 이야기하고 싶어 합니다. 오늘 우리가 묵상하려는 말씀입니다.

> 유다가 또 가서 헤브론에 거주하는 가나안 족속을 쳐서 세새와 아히만과 달매를 죽였더라. 헤브론의 본 이름은 기럇 아르바였더라(삿 1:10).

헤브론은 갈렙에게 주어진 분깃이고 실제로 헤브론을 정복한 사람 또한 갈렙이었습니다. 그 이야기가 여호수아 15장에 기록되어 있습니다.

> 13여호와께서 여호수아에게 명령하신 대로 여호수아가 기럇 아르바 곧 헤브론을 유다 자손 중에서 분깃으로 여분네의 아들 갈렙에게 주었으니 아르바는 아낙의 아버지였더라. 14갈렙이 거기서 아낙의 소생 그 세 아들 곧 세새와 아히만과 달매를 쫓아내었고…(수 15:13-14).

헤브론의 옛 이름은 '기럇 아르바', 즉 '아르바의 도시'(the city of Arba)였습니다. 여기에 설명이 붙어 있는 것처럼 '아르바'는 거인족 '아낙'(Anak)의 아버지였습니다. 그리고 '세새'(Sheshai)와 '아히만'(Ahiman)과 '달매'(Talmai)는 아낙의 세 아들이었습니다. 헤브론은 본래부터 거인족이 거주하고 있던 도시였습니다.

갈렙이 여호수아를 비롯한 다른 정탐꾼과 함께 이곳 헤브론에 온 적이 있었습니다. 그 당시에 이곳에 아낙 자손 세새와 아히만과 달매가 이미 살고 있었습니다(민 13:22). 물론 갈렙은 "그들은 우리의 밥이다"(민 13:9)라고 하면서 하나님의 약속을 붙잡고 믿음으로 가나안 땅에 들어갈 것을 강력하게 주장했지만, 나머지 이스라엘 백성은 거인족 네피림의 후손인 아낙 자손이 그곳에 살고 있다는 소식에 낙심하여 하나님을 원망하다가 결국에는 가나안 땅에 들어가지 못했지요.

그러니까 헤브론을 점령한다는 것은 특별한 상징적인 의미가 있었습니다. 이스라엘 백성이 약속의 땅에 들어오지 못하게 하던 가장 큰 심리적인 장애를 없앤다는 뜻이기 때문입니다. 갈렙은 그 중요성을 잘 알고 있었습니다. 그래서 모두 주저하고 있을 때 가장 먼저 그 땅을 달라고 요구했던 것입니다. 그리고 실제로 갈렙은 헤브론을 점령하고 아낙의 세 아들을 모두 쫓아냈습니다.

이때 갈렙의 나이는 85세였습니다(수 14:10). 그가 정탐꾼으로 헤브론에 와서 아낙의 세 아들을 처음 목격했을 때의 나이가 40세였으니까(수 14:7), 45년 만에 그의 꿈을 이룬 것입니다. 갈렙은 45년 전이나 지금이나 한결같았습니다. 갈렙의 영(spirit)은 40세 때나 85세 때나 조금도 달라지지 않았습니다. 하나님의 말씀에 대한 확신이 있었고, 그 말씀에 온전히 순종하려는 열정이 있었습니다. '백발의 청년' 갈렙은 모든 사람이 인정하는 '온전한 순종의 사람'이었던 것입니다.

그런데 사사기 본문에서는 '갈렙'을 거명하지 않고 그냥 "유다가 가서 헤브론에 거주하는 가나안 족속을 쳤다"고 기록합니다. 그 이유는 유다 지파가 비록 '불완전한 순종'의 모습을 보이기도 했지만, 그 속에는 이처럼 '완전한 순종의 사람'도 있었다는 사실을 말하고 싶었기 때문으로 보입니다. 물론 '갈렙'이라는 이름을 굳이 언급하지 않아도 누구를 이야기하고 있는지 모두 잘 알고 있었을 테니까 말입니다.

사사기와 여호수아 본문을 비교해 보면 한 가지 차이점이 드러납니다. 여호수아 본문에서는 갈렙이 아낙의 세 아들을 '쫓아내었다'(수 15:14)고 하지만, 사사기 본문에서는 아낙의 세 아들을 '죽였다'(사 1:10)고 합니다. 이에 근거하여 갈렙이 헤브론을 두 번 점령했다고 주장하는 학자도 있습니다. 첫번째에는 세 아들을 그냥 쫓아내기만 했으나, 두 번째에는 유다 자손들의 도움을 받아서 완전히 죽일 수 있었다는 것이지요.

그것은 지나친 문자주의적 해석입니다. 우리말 '죽였다'에 해당하는 히브리어 '와야쿠'(wayyakku) 동사는 '죽이다'(kill)라는 뜻 외에도 '타격하다'(smite), '공격하다'(attack), '격퇴하다'(defeat)라는 뜻으로 사용되는 말입니다. 그러니까 죽였든지 쫓아내었든지 사실 크게 다르지 않습니다. 중요한 것은 갈렙이 헤브론을 점령하고 그곳에 정착하여 살았다는 사실입니다.

이 대목에서 우리는 '진멸법'에 대해서 다시 한번 생각해 볼 필요가 있습니다. 우리는 흔히 '진멸'(殄滅)을 남녀노소 구분하지 않고 모든 생명을 빼앗는 것으로 생각합니다. 그래서 가나안 족속들을 진멸하라는 하나님의 명령(신 7:2, 20:17)을 몹시 거북하게 여기는 사람들이 많습니다. 어떻게 사랑과 은혜의 하나님이 그토록 잔인한 일을 하나님의 백성에게 요구하실 수 있느냐고 하면서 말입니다.

그러나 성경이 말하는 '진멸'은 단지 목숨을 빼앗는 것만을 의미하지 않습니다. 오히려 그 땅에서 쫓아내는 것까지 포함합니다. 왜냐하면 '진멸법'의 주목적은 가나안 원주민과 접촉함으로써 발생하게 될 신앙적인 오염을 방지하고, 여호와 하나님에 대한 순수한 신앙을 지키는 것이었기 때문입니다(신

7:3). 그러니까 갈렙이 아낙의 세 아들을 그냥 쫓아내었다고 해서 하나님의 명령을 온전히 지키지 않은 것이라고 주장해서는 안 됩니다.

옷니엘과 악사의 순종

오늘 본문에서 특별히 강조하려고 하는 '온전한 순종의 사람'은 사실 따로 있습니다. 그 사람은 갈렙의 사위가 된 '옷니엘'과 갈렙의 딸 '악사'입니다.

> 11거기서 나아가서 드빌의 주민들을 쳤으니 드빌의 본 이름은 기럇 세벨이라. 12갈렙이 말하기를 기럇 세벨을 쳐서 그것을 점령하는 자에게는 내 딸 악사를 아내로 주리라 하였더니 13갈렙의 아우 그나스의 아들인 옷니엘이 그것을 점령하였으므로 갈렙이 그의 딸 악사를 그에게 아내로 주었더라(삿 1:11-13).

이 이야기는 여호수아 말씀에 이미 기록되어 있습니다(수 15:15-19). 그런데 왜 사사기는 사람들이 이미 다 알고 있는 똑같은 이야기를 여기에 인용하고 있는 것일까요? 그것도 유다 지파의 '불완전한 순종'에 대해서 설명하는 도중에 왜 한 집안의 결혼 이야기를 뜬금없이 끄집어내고 있는 것일까요? 왜냐면 이 이야기는 '약속을 붙드는 믿음'과 '순종에 따르는 축복'에 대한 가장 좋은 비유요 예화이기 때문입니다.

먼저 '옷니엘'(Othniel)을 보십시오. 그는 "기럇 세벨(Kiriah Sepher)을 쳐서 점령하는 자에게 자신의 딸을 아내로 주겠다"는 갈렙의 약속을 들었고, 그것을 확실하게 믿었습니다. 그리고 갈렙의 약속을 끝까지 붙들고 최선을 다해 힘써 싸워서 실제로 기럇 세벨을 점령합니다. 그랬더니 어떻게 되었습니까? 갈렙은 약속대로 자신의 딸 '악사'를 옷니엘에게 아내로 주었습니다.

이 이야기는 이스라엘 백성이 지금 왜 가나안 땅에 들어와 있으며 또한 여기에서 무엇을 하고 있는지를 비유적으로 알려줍니다. 그들은 하나님의 약속을 들었습니다. 젖과 꿀이 흐르는 가나안 땅을 주시겠다는 하나님의 약속을 붙잡았습니다. "이 땅을 그의 손에 넘겨주었다"(삿 1:2)는 완료형 약속을 믿었습니다. 그리고 그 약속을 위해서 지금 힘써 싸우는 중입니다.

그 결과가 어떻게 될까요? 갈렙도 자신의 개인적인 약속을 신실하게 지켰는데, 하물며 여호와 하나님께서 공공연하게 약속하신 것을 신실하게 지키시지 않겠습니까? 갈렙이 옷니엘에게 약속한 대로 그의 딸을 아내로 주었듯이 하나님의 약속을 붙잡고 끝까지 그것을 위해서 힘써 싸우는 자들에게 하나님은 반드시 당신의 약속을 신실하게 지키실 것입니다. 사사기는 이와 같은 긍정적인 메시지를 우리에게 전하려고 합니다.

게다가 옷니엘은 사사기 본론에 등장하는 첫 번째 '쇼페팀'이었습니다(삿 3:7-11). 아무리 '불완전한 순종'의 사람들이 판을 치는 세상이라고 하더라도, 하나님의 약속을 붙잡고 끝까지 헌신하는 옷니엘 같은 순종의 사람이 있게 마련입니다. 그런 사람들을 택하셔서 이스라엘 백성을 구원하시는 이야기가 바로 '사사기'(士師記)입니다. 그러니 사사기를 시작하는 서론에 이 옷니엘의 이야기보다 더 적합한 예화가 또 어디에 있겠습니까?

그러나 '옷니엘'의 순종은 사실 '악사'(Achsah)의 순종에 미치지 못합니다. 악사는 아버지 갈렙의 약속을 성취하기 위해서 자신의 삶을 희생해야 했습니다. 물론 당시의 가부장적인 문화 속에서 여식이 아버지의 뜻을 거역하는 건 쉽지 않은 일입니다. 만일 악사가 아버지의 뜻에 순종하지 않고 끝까지 버텼다면 과연 어떻게 되었을까요? 갈렙은 우스운 사람이 될 테고, 갈렙의 약속도 공수표가 될 것입니다. 그러면 악사를 아내로 얻기 위해서 목숨을 걸고 싸웠던 옷니엘의 수고도 헛된 일이 되고 말 것입니다.

다행히도 악사는 아버지의 뜻에 순종하기로 했습니다. 사실 '순종'이란 그런 것입니다. 자기 소견에 옳은 대로 행하는 사람들은 제대로 순종할 수 없습니다. 순종이란 자기가 원하는 때에, 자기가 원하는 방식으로, 자기가 원하는 일을, 자기가 원하는 만큼 하는 게 아닙니다. 자기가 원하지 않는 때에라도, 자기가 원하지 않는 방식이라도, 자기가 원하지 않는 일이라도 만일 그것이 아버지의 뜻이라면 즉시 따르는 것이 순종입니다.

순종에 따르는 축복

그리고 이와 같은 온전한 순종에는 축복이 반드시 따르게 되어 있습니다.

> 14악사가 출가할 때에 그에게 청하여 자기 아버지에게 밭을 구하자 하고 나귀에서 내리매 갈렙이 묻되 네가 무엇을 원하느냐 하니 15이르되 내게 복을 주소서. 아버지께서 나를 남방으로 보내시니 샘물도 내게 주소서 하매 갈렙이 윗샘과 아랫샘을 그에게 주었더라(삿 1:14-15).

악사는 아버지 갈렙에게 구합니다. "내게 복을 주소서." 악사가 구하는 복은 남방의 땅만 아니라 샘물도 달라는 것이었습니다. 여기에 '남방'이라고 번역된 히브리어는 사실 '네겝'(Negeb)입니다. 팔레스타인 남쪽에 있는 메마른 광야를 가리키는 말입니다. 갈렙이 사위와 딸에게 이곳의 땅을 결혼 선물로 주었던 것입니다. 그러나 네겝에 있는 척박한 땅이 무슨 선물이 되겠습니까?

그래서 악사가 아버지에게 구한 것입니다. "샘물도 내게 주소서." 즉, 샘물이 있는 땅을 달라는 것입니다. 그랬더니 놀랍게도 갈렙은 기다렸다는 듯이 '윗샘'과 '아랫샘'을 주었다고 합니다. '윗샘'(the upper springs)은 높은 지역에서 솟는 샘입니다. 그리고 '아랫샘'(the lower springs)은 낮은 지역에서 솟는 샘입니다. 무슨 이야기입니까? 산자락에 붙어 있는 약간 경사진 비옥한 초원을 그들에게 주었다는 뜻입니다.

바로 이것이 온전한 순종의 사람만이 구할 수 있는 기도요, 온전한 순종의 사람만이 받을 수 있는 복입니다. 한번 생각해보십시오. 아무런 헌신도, 아무런 순종도 없으면서 무조건 더 달라고 요구하면 누가 주겠습니까? 아무리 자기가 낳은 자녀라 하더라도 순종하지 않는 자녀에게 그렇게 더해주는 부모는 이 세상에 없을 것입니다. 그러나 순종하는 자녀가 하나를 요구하면 열 개라도 주는 것이 부모입니다.

악사의 이야기는 약속의 땅에서 계약 백성으로 살아가는 사람들에게 들려주는 하나의 비유요 예화입니다. 하나님의 말씀에 온전히 순종하는 자에게 하나님이 어떤 복을 내려주시는지 알려줍니다. 악사와 같이 하나님 아버지의 뜻에 온전히 순종하는 사람은 하나님께 당당히 복을 구할 수가 있습니다. 그리고 하나님은 구한 것보다 더 풍성한 복으로 넘치게 채워주시는 것입니다.

약속의 땅은 적당하게 순종하고 남들에게 욕먹지 않을 정도로만 눈치껏 신앙 생활 해도 잘 먹고 잘사는 그런 곳이 아닙니다. 그와 같은 '불완전한 순종'은 결국 '불순종'의 자리로 끌어 내려갑니다. 거기에서 '왕이 없는 백성'으로 '자기 소견에 옳은 대로' 살아가게 합니다. 그들에게 약속의 땅은 결코 축복의 땅이 될 수 없습니다.

그러나 하나님께 온전히 순종하는 자들은 무엇을 구하더라도 응답받습니다. 처음에 그들에게 선물로 주어진 땅이 비록 메마른 광야 네겝이라 하더라도, 하나님 아버지께 구하기만 하면 더 좋은 곳으로 인도해주십니다. 하나를 구해도 열 개를 더해주십니다. 그래서 약속의 땅이 축복의 땅이 되는 것입니다.

묵상 질문: 나는 온전한 순종의 사람으로 살고 있는가?
오늘의 기도: 다른 사람들은 하나님을 거역하며 자기 소견에 옳은 대로 살아간다고 하더라도, 우리는 하나님께 온전히 순종하는 사람으로 살아가게 하옵소서. 다른 사람들은 하나님의 말씀과 세상의 욕심 사이에서 적당히 타협하여 불완전한 순종을 선택하더라도, 우리는 오직 하나님의 말씀에 순종하는 길을 선택하게 하옵소서. 그리하여 하나님이 약속하신 복을 풍성하게 누리며 살아가게 하옵소서. 예수님의 이름으로 기도합니다. 아멘.

사사기 묵상 5

요셉 가문의 모방

읽을 말씀: 사사기 1:22-26

새길 말씀: ²⁵그 사람이 성읍의 입구를 가리킨지라. 이에 그들이 칼날로 그 성읍을 쳤으되 오직 그 사람과 그의 가족을 놓아 보내매 ²⁶그 사람이 헷 사람들의 땅에 가서 성읍을 건축하고 그것의 이름을 루스라 하였더니 오늘까지 그곳의 이름이 되니라(삿 1:25-26).

지금까지 살펴본 사사기 서론의 첫 부분(삿 1:1b-21)은 유다 지파가 그들에게 분배받은 땅을 차지하기 위해서 벌이는 전쟁 이야기입니다. 그들은 전쟁에서 승리했습니다. 베섹에서 자그마치 만 명을 죽이는 대승을 거두었고(4절), 난공불락의 성 예루살렘을 점령하기도 했습니다(8절). 헤브론에 살던 거인족을 쫓아내었고(10절), 드빌도 점령했습니다(13절). 시므온 지파와 함께 스밧을 초토화했고(17절), 지중해 해안의 여러 도시를 점령했습니다.

그러나 전쟁에서 승리하기는 했지만, 하나님의 명령에 온전히 순종하는 일에는 실패했습니다. 하나님의 약속에 대한 믿음의 부족을 실용적인 연합의 이름으로 포장하기도 했고, 전쟁의 승리에 도취하여 가나안의 잔인한 문화를 모방하기도 했습니다. 자신에게 분배되지도 않은 도시를 제 마음대로 점령하는가 하면, 철 병거를 핑계로 가나안 주민을 쫓아내지도 않았습니다. 한마디로 말해서 '불완전한 순종'의 모습을 드러낸 것입니다.

그렇지만 유다 자손들 속에는 '온전한 순종의 사람'이 더러 있었습니다. '갈렙'이 그랬고, '옷니엘'과 '악사'가 그랬습니다. 그들의 이야기는 사사기가 담고 있는 수많은 부정적인 메시지들 속에서도 희망을 품게 하는 한 줄기 빛이 되었습니다. 사사 시대가 비록 이스라엘 백성이 약속의 땅에서 계약 백성으로 온전히 살지 못해서 고통을 겪는 현실을 담고 있지만, 그 속에서도 여전히 하나님의 구원 역사가 계속되고 있다는 긍정적인 메시지를 우리에게 알려주고 있는 것입니다.

불순한 동기

유다 자손들이 분배받은 땅을 접수하기 위해 가장 먼저 나서자, 이에 고무되어 다른 지파들도 각기 자신들에게 분배받은 땅으로 나아갔습니다. 사사기는 유다 자손에 이어서 요셉 가문의 이야기를 다루기 시작합니다. 오늘 우리가 묵상할 말씀입니다.

요셉 가문도 벧엘을 치러 올라가니 여호와께서 그와 함께 하시니라(삿 1:22).

여기에서 '요셉 가문'(the house of Joseph)이라 함은 '에브라임 지파'와 '므낫세 지파'를 합해서 말하는 용어입니다. '에브라임'과 '므낫세'는 요셉이 이집트에서 얻은 아들로서 본래 '유다'나 '베냐민'보다 한 단계 항렬이 낮습니다. 그렇지만 약속의 땅을 분배받을 때는 똑같이 각각 한몫씩 차지했지요(수 16:5-10, 17:1-13). 이는 레위 지파가 땅 분배에서 제외되는 바람에 그 자리를 대신 메우게 된 것입니다.

그런데 므낫세 지파의 경우에 요단 동쪽과 서쪽에 각각 한몫씩 분배받았기 때문에 요셉 가문은 사실상 다른 지파들보다 세 배의 땅을 분배받은 셈입니다. 이와 같은 불공평의 특혜에 대해서는 여호수아 말씀을 묵상하면서 그 이유를 자세히 설명했습니다(31강 참조).

오늘 본문에서 우리가 주목해야 할 것은 "요셉 가문도 벧엘을 치러 올라갔다"라는 대목입니다. 이 말속에는 마치 유다 자손과 경쟁이라도 하듯이 요셉 가문이 행동하기 시작했다는 뉘앙스가 풍깁니다.

누차 언급한 것처럼 하나님은 이스라엘 지파들이 각자에게 분배받은 땅에 각각 따로 올라가기를 기대하셨습니다. 그런데 유다 지파가 시므온 지파에게 품앗이 연합을 제의했었지요. 그 숨겨진 동기는 하나님의 약속에 대한 부족한 믿음이라고 했습니다. 그리고 실제로 유다 지파는 시므온 지파와 연합하여 스밧을 정복하기도 했습니다. 그러나 이러한 일부 지파 간의 연합은 전체 지파들 사이의 균형과 평등을 깨뜨리는 빌미가 되었다고 했습니다.

그 우려가 '요셉 가문'의 연합군을 통해서 벌써 드러나고 있는 것입니다. 에브라임 지파와 므낫세 지파는 그들에게 각각 분배받은 땅으로 올라가야 했습니다. 그러나 그들은 그렇게 하지 않았습니다. 오히려 유다 지파의 선례를 따라서 자기들끼리 연합하여 분파적인 단체행동을 하기 시작한 것입니다. 여기에는 유다 지파가 시므온 지파와의 연합을 통해서 몸집을 불리는 것에 대해서 어떤 경쟁적인 심리가 작용하고 있었던 것으로 보입니다.

실제로 이 둘 사이의 경쟁은 그 이후로도 계속되었고, 결국 솔로몬이 죽고 난 후에 이스라엘이 남유다와 북이스라엘로 분열될 때, 유다 지파와 요셉 가문의 에브라임 지파가 각각의 중심 세력이 되었습니다. 그 분열의 조짐이 이스라엘이 약속의 땅에 정착하던 초기부터 이와 같은 방식으로 나타나고 있었던 것입니다.

게다가 요셉 가문이 연합하여 '벧엘'을 치러 올라간 것에 근본적인 문제가 있습니다. 왜냐면 '벧엘'은 에브라임이나 므낫세 그 어느 지파에도 분배된 땅이 아니었기 때문입니다. 예루살렘과 마찬가지로 벧엘은 베냐민 자손에게 분배된 기업이었습니다(수 18:21-22). 그런데도 요셉 가문이 연합하여 베냐민 자손의 분깃을 접수하러 올라간 것입니다. 왜 그랬을까요? 그 또한 유다 지파가 예루살렘을 정복한 선례를 모방하여 따르는 것이었습니다.

그래서 무엇이든지 처음 시작하는 사람이 잘해야 합니다. 첫 단추를 잘 끼워야 합니다. 만일 유다 지파가 하나님의 명령에 온전히 순종했더라면, 이런 불필요한 경쟁 구도가 만들어지지 않았을 것입니다. 물론 요셉 가문이 다르게 반응했다면 얼마든지 이야기가 달라졌을 것입니다. 여하튼 순수하지 못한 동기를 가진 '불완전한 순종'이 약속의 땅에서의 삶을 더욱 고통스럽게 만듭니다.

부정한 타협

불순한 동기로 시작했으니 일이 진행되는 과정 또한 문제가 많을 수밖에 없습니다.

> 23요셉 가문이 벧엘을 정탐하게 하였는데 그 성읍의 본 이름은 루스라. 24정탐꾼들이 그 성읍에서 한 사람이 나오는 것을 보고 그에게 이르되 청하노니 이 성읍의 입구를 우리에게 보이라. 그리하면 우리가 너를 선대하리라 하매…(삿 1:23-24).

요셉 가문은 먼저 정탐꾼을 보내서 벧엘을 정탐하게 했습니다. 이 이야기는 여호수아가 두 정탐꾼을 보내 여리고성을 정탐하게 하는 장면과 아주 비슷하다는 느낌이 들게 합니다. 그러나 실제 내용을 들여다보면 완전히 다릅니다. 여기에 등장하는 이름 없는 '내부자'는 여리고성의 라합과 달리 하나님에 대한 신앙이 없었을 뿐만 아니라 개종할 생각도 가지지 않았습니다.

여리고성에서는 라합이 먼저 자신과 자기의 집 식구들을 '선대'해 달라고 정탐꾼에게 요청하지만(수 2:12), 여기서는 오히려 '성읍 입구'를 알려주는 조건으로 그를 '선대'하겠다고 정탐꾼이 먼저 내부자에게 제안합니다. 우리말 '선대'로 번역된 히브리어가 아주 의미심장합니다. 그것은 바로 계약적인 관계의 사랑을 의미하는 '헷세드'(khehsed)이기 때문입니다.

여호와 하나님에 대한 신앙을 가진 사람들은 얼마든지 신앙공동체 이스라엘에 들어올 수 있습니다. 그러나 그렇지 못한 사람은 그 어떤 명분으로도 이스라엘에 들어올 수 없습니다. 그것이 하나님의 분명한 명령이었습니다.

2... 그들과 어떤 언약도 하지 말 것이요 그들을 불쌍히 여기지도 말 것이며 3또 그들과 혼인하지도 말지니... 4그가 네 아들을 유혹하여 그가 여호와를 떠나고 다른 신들을 섬기게 하므로 여호와께서 너희에게 진노하사 갑자기 너희를 멸하실 것임이니라(신 7:2-4).

하나님과 계약을 맺은 '계약 백성'은 그 순수한 신앙을 지키기 위해서 하나님을 믿지 않는 사람과는 어떤 '계약관계'에도 들어가면 안 된다는 것이 하나님의 뜻이었습니다. 가장 대표적인 '계약관계'가 바로 혼인입니다. 혼인은 단지 두 사람만의 결합이 아닙니다. 두 집안이 하나가 되기로 계약을 맺는 일입니다. 신앙이 다른 두 집안이 결혼을 통해서 하나의 믿음을 갖게 된다면 좋겠지만, 그것은 말처럼 쉽지 않은 일입니다.

이 말씀에 비추어 볼 때 요셉 자손을 대표하고 있는 정탐꾼은 지금 아주 큰 실수를 범하고 있는 것입니다. 가나안 족속과는 어떤 언약도 맺지 말라는 하나님의 명령을 거역하고 있기 때문입니다. 사실 여호수아도 기브온 사람들의 속임수에 넘어가서 그들과 계약을 맺는 실수를 범했지요(수 9:15-16). 한 번 계약을 맺으면 취소할 수 없기에 먼저 조심해서 잘 살펴보아야 합니다.

그런데 요셉 자손의 정탐꾼은 벧엘을 정복하기 위한 정보를 얻는 대가로, 지금 그 내부자에게 계약을 맺자고 먼저 제안하고 있는 것입니다. 목적이 정당하다면 그 목적을 이루는 과정과 방법 또한 정당해야 합니다. 그러나 요셉 가문은 순수하지 못한 동기로 벧엘을 정복하려고 했고, 그러다 보니 하나님을 믿지 않는 가나안 주민과 경솔하게 계약을 맺게 되었던 것입니다. 그 결과 어떻게 되었을까요?

> 25그 사람이 성읍의 입구를 가리킨지라. 이에 그들이 칼날로 그 성읍을 쳤으되 오직 그 사람과 그의 가족을 놓아 보내매 26그 사람이 헷 사람들의 땅에 가서 성읍을 건축하고 그것의 이름을 루스라 하였더니 오늘까지 그 곳의 이름이 되니라(삿 1:25-26).

'성읍의 입구'(the entrance into the city)는 '성문'(the gate of the city)이 아니라 성으로 몰래 들어갈 수 있는 취약한 부분을 가리킵니다. 말하자면 '비밀 통로' 같은 것입니다. 어쨌든 요셉 가문은 내부자의 도움을 받아서 벧엘을 점령할 수 있었습니다. 그리고 계약을 맺은 대로 내부자와 그의 가족들을 살려주었습니다. 여기까지는 여리고성의 경우와 거의 똑같습니다.

그러나 라합과 그의 가족들은 여호와 하나님에 대한 신앙을 가지고 이스라엘 신앙공동체에 안으로 들어왔습니다. 그리고 예수님의 족보에 그 이름을 올렸습니다. 이에 비해서 벧엘을 요셉 가문에 넘겨준 무명의 내부자는 그러지 않았습니다. 그의 변절에는 신앙적인 동기가 전혀 없었습니다. 그는 단지 동족을 배신하고 살아남았을 뿐입니다. 그런데 정말 아무런 이유나 대가 없이 단지 생존하기 위해서 하루아침에 동족을 배신했을까요? 다른 이유는 없었을까요?

그다음의 기록을 주목해야 합니다. 그 사람은 헷 사람들의 땅에 가서 성읍을 건축합니다. 다른 곳에 가서 집을 크게 짓고 살았다는 정도가 아닙니다. "성읍을 건축하였다"(He built a city)입니다. 한 도시를 세운 것입니다. 집 한 채를 지으려고 해도 적지 않은 돈이 필요한데, 한 도시를 세우려면 얼마나 많은 자금이 필요하겠습니까? 그리고 그 엄청난 비용을 이 사람은 어디에서 충당했을까요?

여기에서 우리는 이 내부자가 벧엘의 최고 통치자는 아니었지만, 그렇게 되고 싶어 할 만큼의 영향력을 가지고 있던 '유력자' 내지는 어떤 '관리'였을 것으로 추정할 수 있습니다. 그렇기에 성으로 몰래 들어갈 수 있는 비밀 통로를 알고 있었던 것이지요.

그리고 그는 요셉 자손으로부터 충분한 자금을 약속받았을 것이 분명합니다. 아니면 적어도 벧엘성의 창고에 쌓여 있던 재물의 지분을 약속받았는지도 모릅니다. 그렇게 해서 새로운 도시를 세울 만큼 충분한 자금을 확보한 후에 다른 곳에 가서 똑같은 이름으로 도시를 세우고, 그곳에서 주인 노릇을 하게 된 것입니다. 그 정도라면 동족을 배신하기 충분한 동기가 될 수 있지 않겠습니까?

그렇다면 무슨 이야기입니까? 요셉 가문은 벧엘을 점령하는 데 성공했는지 모르나, 그 나머지 모든 일에는 철저히 실패했습니다. 벧엘을 점령하는 명분도 없었고, 그 과정과 방법에서도 하나님의 계약 백성다운 모습을 전혀 찾아볼 수 없었습니다. 단지 세상 사람들이 그러듯이 술수와 기만과 뇌물과 배신으로 하나님을 믿지 않는 이방인과 타협했을 뿐입니다.

그 타협의 결과 요셉 가문은 옛 '루스'를 정복했지만, 또 다른 새 '루스'가 만들어졌습니다. 그리고 새로운 '루스'는 그들이 정복할 수 없게 되었습니다. 왜냐면 내부자와 맺은 계약 때문입니다. 더욱 기가 막힌 상황은 그 내부자가 '헷 사람의 땅'에 가서 새로운 성읍을 건축했다는 사실입니다. '헷 사람'이 누구입니까? 하나님이 가나안 땅에서 몰아내라고 명령하신 가나안 족속 중의 하나입니다.

> ¹⁶오직 네 하나님 여호와께서 네게 기업으로 주시는 이 민족들의 성읍에서는 호흡 있는 자를 하나도 살리지 말지니 ¹⁷곧 헷 족속과 아모리 족속과 가나안 족속과 브리스 족속과 히위 족속과 여부스 족속을 네가 진멸하되 네 하나님 여호와께서 네게 명령하신 대로 하라(신 20:16-17).

하나님은 분명히 헷 족속을 진멸하라고 하셨습니다. 그것도 가장 먼저 언급하셨습니다. 그런데 벧엘을 요셉 가문에 넘겨준 내부자가 이 헷 족속의 땅에 가서 새로운 성읍을 세우고 살고 있었으니, 어떻게 그들의 손으로 헷 족속을 진멸할 수 있겠습니까?

요셉 가문은 그 이후에 벧엘에 머무르지 않았을 것입니다. 그들이 벧엘을 정복하려고 했던 것은 다분히 유다 지파와의 경쟁을 염두에 둔 의도적인 선택이었기 때문입니다. 유다 지파가 예루살렘을 점령한 이후에 그곳을 떠났듯이 요셉 가문 또한 벧엘을 점령하고 나서 그들이 본래 분배받은 땅을 정복하기 위해 떠났을 것입니다.

그 후의 어느 시점에 아마도 예루살렘의 경우처럼 베냐민 자손들이 벧엘로 들어와서 살려고 했겠지요. 그 사이에 이미 가나안 원주민은 또다시 회복되었을 것이고, 베냐민 자손들은 그들을 쫓아내지 않고 함께 거주했겠지요.

그렇다면 무엇입니까? 왜 요셉 가문은 벧엘을 정복했던 것일까요? 그것을 통해서 하나님의 계약 백성은 도대체 무엇을 얻었습니까? 아무것도 없습니다. 불완전한 순종으로는, 세상 사람들과의 타협으로는 약속의 땅에서 계약 백성이 얻을 수 있는 것은 하나도 없습니다. 오히려 약속의 땅을 일구어 가시는 하나님의 계획을 더욱 어렵고 복잡하게 만들 뿐입니다.

하나님의 함께하심

그런데 오늘 본문을 묵상하는 내내 마음에 걸리는 말씀이 하나 있습니다. 그것은 하나님이 함께하신다는 말씀입니다.

요셉 가문도 벧엘을 치러 올라가니 여호와께서 그와 함께 하시니라(삿 1:22).

하나님이 함께하신다는 말처럼 우리에게 큰 위로와 힘을 주는 말씀이 없습니다. 하나님은 요셉과 함께하심으로 "그가 범사에 형통했다"(창 39:23)고 했습니다. 하나님은 여호수아와 함께하심으로 "그의 소문이 온 땅에 퍼졌다"(수 6:27)고 했습니다.

요셉 가문이 벧엘을 치러 올라갔을 때 하나님이 분명히 그들과 함께하셨습니다. 그런데 결과가 어떻게 되었습니까? 아무것도 얻은 게 없습니다. 오히려 하나님의 계획만 더욱 어렵게 되었습니다. 그렇다면 하나님이 함께하신다는 것이 무슨 의미가 있을까요?

유다 지파 이야기에도 똑같은 말씀이 있었지요. "하나님께서 유다와 함께 계셨지만, 철 병거 때문에 평지 주민들을 쫓아내지 못했다"(삿 1:19). 하나님이 함께하셨는데 왜 유다 지파는 가나안 주민들을 쫓아내지 못했을까요? 그렇다면 하나님이 함께하신다는 것이 도대체 무슨 의미가 있는 것일까요?

여기에서 우리는 한 가지 엄숙한 진리 앞에 서게 됩니다. '하나님의 함께하심'이 '사람들의 온전한 순종'을 보장하지는 않는다는 사실입니다. 물론 하나님이 우리와 함께하지 않는다면 우리는 아무것도 할 수 없습니다. 그러나 하나님이 우리와 함께하신다고 해도 만일 우리가 하나님과 함께하지 않는다면, 하나님의 함께하심이 우리에게 진정한 승리를 가져올 수 없다는 것입니다.

그런데 하나님의 도움을 입고 살면서 하나님께 온전히 순종하지 않는 사람들이 생각보다 참 많이 있습니다. 하나님의 백성이 되어 하나님의 일을 한다고 하면서도 여전히 사사로운 욕심과 인간적인 편법에 매달리는 사람들이 제법 많이 있습니다. 기도할 때는 하나님께 "우리와 함께해 달라"고 간구하면서, 실제로 살아갈 때는 하나님과 아무 상관 없이 제 마음대로 선택하고 결정하며 살아갑니다.

하나님의 계약 백성은 함께하시는 하나님과 매 순간 실제로 함께하는 사람입니다. 하나님 아버지의 뜻을 묻고 그 뜻 앞에 온전히 순종하는 사람입니다. 하나님의 함께하심을 단지 자신의 경건을 포장하는 장식으로만 사용하고, 속으로는 자기 소견에 옳은 대로 생각하고 선택하고 살아가는 그런 사람은 진정한 의미에서 계약 백성이라고 말할 수 없습니다.

그러나 참으로 감사한 것은 우리가 계약 백성답게 살지 못하는 그 순간에도 하나님은 여전히 우리와 함께하신다는 사실입니다. 하나님은 우리가 돌이키기만 하면 언제라도 만나주실 준비를 하고 계십니다. 그래서 요셉 가문이 벧엘을 치러 올라갔을 때 하나님은 그들과 함께하셨던 것입니다. 그런 의미에서 '하나님의 함께하심'은 여전히 우리에게 놀라운 은혜의 메시지입니다.

묵상 질문: 나는 매 순간 하나님과 함께하고 있는가?

오늘의 기도: 하나님의 함께하심을 입버릇처럼 말하면서 실제의 삶에서는 하나님과 함께하지 않는 이율배반의 함정에 빠지지 않게 하옵소서. 크고 작은 모든 일에 하나님의 뜻을 먼저 묻게 하시고, 비록 우리의 생각과 다를지라도 그 뜻에 온전히 순종하며 살아가게 하옵소서. 그리하여 우리의 삶에서 진정한 의미의 계약 백성다운 모습이 드러나게 하옵소서. 예수님의 이름으로 기도합니다. 아멘.

나머지 지파들의 실패

읽을 말씀: 사사기 1:27-36

새길 말씀: ²⁷므낫세가 벧스안과 그에 딸린 마을들의 주민과 다아낙과⋯ 돌과⋯ 이블르
암과⋯ 므깃도와 그에 딸린 마을들의 주민들을 쫓아내지 못하매 가나안 족
속이 결심하고 그 땅에 거주하였더니 ²⁸이스라엘이 강성한 후에야 가나안
족속에게 노역을 시켰고 다 쫓아내지 아니하였더라(삿 1:27-28).

사사기의 서론은 이스라엘 지파들이 자신에게 분배받은 땅을 차지하는
과정을 먼저 소개합니다. 지금까지 우리가 살펴본 대로 유다 지파가 그 선봉
에 나섰고, 그 뒤를 요셉 가문이 따랐습니다. 그들은 나름대로 전쟁에서 승리
를 거두기는 합니다만, 동시에 하나님의 명령에 온전히 따르지 않는 '불완전
한 순종'의 모습을 드러냈습니다. 그리고 '불완전한 순종'의 이면에는 또한
'제 소견에 옳은 대로 행하는' 사사 시대의 특징이 숨어 있다는 사실을 알게
되었습니다.

하나님의 계약 백성으로서 이스라엘의 정체성은 하나님의 말씀에 온전히
순종할 때 드러나게 되어 있습니다. 그들이 분배받은 땅을 어떻게든 차지한
다고 해서 끝이 아닙니다. 그 땅을 하나님이 다스리시는 나라로 만들어가는

것이 더욱 중요한 일입니다. 그것이 이스라엘을 부르시고 그들에게 약속의 땅을 허락하신 하나님의 목적입니다. 그렇다면 그들이 분배받은 땅을 차지하는 과정에서도 계약 백성 이스라엘의 정체성이 분명히 드러나야 합니다.

그러나 그들은 그렇게 하지 못했습니다. 유다 지파는 하나님의 약속에 대한 믿음으로 나아가지 못하고 시므온 지파와 분파적인 연합을 시도했습니다. 작은 승리에 도취하여 가나안의 문화를 모방하기도 했고, 자신들에게 분배되지 않은 도시를 제 임의로 점령했습니다. 이에 자극을 받은 요셉 가문 역시 경쟁적으로 유다 지파의 선례를 똑같이 모방하여 따랐습니다. 그 결과 그들은 가나안 원주민을 완전히 쫓아내지 못했을 뿐만 아니라, 오히려 가나안 땅에 거주할 수 있는 빌미를 제공했습니다.

므낫세 지파의 패턴

이런 일들은 그 나머지 지파들의 행적에서도 그대로 반복되고 있습니다. 오늘 우리가 살펴볼 본문의 내용입니다.

> 27므낫세가 벧스안과 그에 딸린 마을들의 주민과 다아낙과… 돌과… 이블르암과… 므깃도와 그에 딸린 마을들의 주민들을 쫓아내지 못하매 가나안 족속이 결심하고 그 땅에 거주하였더니 28이스라엘이 강성한 후에야 가나안 족속에게 노역을 시켰고 다 쫓아내지 아니하였더라(삿 1:27-28).

요셉 가문에 속한 므낫세 지파의 이야기입니다. 요셉 가문이 연합군을 구성하여 벧엘을 정복한 후에 므낫세와 에브라임 지파는 각각 자신에게 분배받은 땅으로 나아갔습니다. 지도에서 볼 수 있듯이 벧엘은 그들이 분배받은 북쪽의 땅으로 가던 길목에 놓여 있었습니다. 그러나 아무리 그렇더라도 다른 지파에게 분배된 땅을 정복하는 것을 옳지 못한 일입니다.

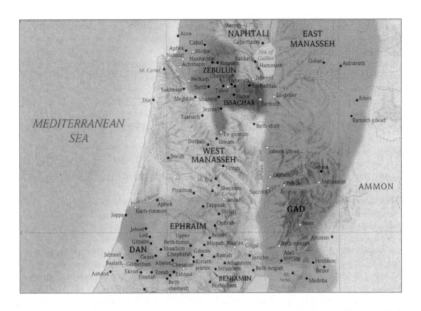

요셉 가문이 본래 베냐민 지파에게 분배된 벧엘을 타깃으로 삼아 군사적인 행동을 벌인 것은 유다 자손에게 자신의 존재감을 드러내려는 분파적인 행동에 불과했습니다. 불순한 동기로는 결코 좋은 결과를 기대할 수 없는 일입니다. 벧엘(구 루스)을 정복하기는 했지만 새로운 '루스'가 만들어졌고, 게다가 성급하게 맺은 계약의 결과로 이제는 헷 족속도 정복할 수 없게 되었습니다. 요셉 가문의 벧엘의 정복은 사실상 실패로 끝난 것입니다.

그렇게 첫 단추를 잘못 끼었는데, 어떻게 그다음 일들이 제대로 진행될 것을 기대할 수 있겠습니까? 오늘 본문을 히브리 원어의 순서대로 읽으면, "므낫세 역시 쫓아내지 않았다"(Neither did Manasseh drive out...)로 시작합니다. 우리말 성경은 쫓아내지 '못했다'(couldn't drive out)로 번역하고 있지만, 사실은 쫓아내지 '않은'(didn't drive out) 것입니다.

그들이 만일 하나님의 명령에 온전히 순종할 생각이었다면, 다른 지파가 분배받은 벧엘을 치러 올라가지도 않았을 것이고, 벧엘의 내부자와 그렇게 성급하게 계약을 맺고 타협하지도 않았을 것입니다. 그 '불완전한 순종'의

버릇이 실제 자신들에게 분배된 땅을 정복하는 일에서도 그대로 나타나고 있는 것이지요.

반면 가나안 족속은 '결심하고 그 땅에 거주하였다'고 합니다. 그런 '결심'은 사실 이스라엘 백성이 해야 할 일입니다. 하나님의 명령에 따라서 순종하며 살기로 '결심하고' 덤벼들어야 마땅할 일인데, 오히려 가나안 족속들이 '결심하고' 어떻게든 그 땅에 눌러앉으려고 발버둥을 치고 있는 것입니다. 그에 비해서 계약 백성 이스라엘은 그들과 적당히 타협이나 하려고 했으니, 어떻게 그들을 쫓아낼 수 있었겠습니까?

그런데 왜 이스라엘 백성이 그랬을까요? 왜 죽기 살기로 작정하고 가나안 족속들을 쫓아내려고 하지 않았던 것일까요? 거기에는 나름대로 이유가 있었습니다. 사사기는 그 이유를 "강성한 후에 가나안 족속에게 노역을 시켰다"는 말로 설명합니다. 어떤 분은 이렇게 생각할지 모릅니다. "어찌 되었든 결국 가나안 족속에게 노역을 시켰으니, 실질적으로 이스라엘이 가나안에 대한 지배권을 확보한 것이니 목적을 달성한 것 아니야?"

아닙니다! 설혹 지배권을 확보했다고 하더라도, 그것이 이스라엘 백성을 통해서 이루시려고 했던 하나님의 뜻이 아닙니다. 그것은 '약속의 땅'에서 하나님의 계약 백성이 만들어가야 할 '하나님이 다스리는 나라', '이스라-엘'의 모습이 아닙니다.

우리말 '노역'에 해당하는 히브리어 '마스'(mas)는 본래 '강제 노동'(forced labor)을 의미합니다. 노예처럼 강제로 부려 먹는 것입니다. 하나님은 가나안 족속을 쫓아내라고 그러셨지, 그런 식으로 강제로 부려 먹어도 괜찮다고 허락하신 적이 단 한 번도 없습니다. 오히려 약속의 땅에서는 그런 '강제 노동'이 결코 발을 붙이지 못하도록 하는 것이 하나님의 기대였습니다. 누구나 평등하고, 누구나 자유롭고, 누구나 평화롭게 살아갈 수 있는 그런 나라를 약속의 땅에 세우는 게 인류 구원을 위한 하나님의 비전이기 때문입니다.

그런데 그와 같은 하나님의 뜻에 반하여, 이스라엘 족속은 가나안 족속을 쫓아내는 대신에 그들에게 노역을 시켰던 것입니다. 왜 그랬을까요? 강제 노동을 통해서 '공짜 노동력'을 확보할 수 있기 때문입니다. '공짜 노동력'은 곧 경제적인 이익을 의미합니다.

사실 그것이 일반적인 상식에 더 맞습니다. 가나안 족속을 진멸하거나 그냥 쫓아내는 것보다는 그들에게 강제 노동을 시키는 것이 훨씬 더 큰 이익입니다. 문제는 그것이 바로 가나안 문화의 특징이라는 사실입니다. 유다 지파가 아도니 베섹의 손가락과 발가락을 자르듯이, 므낫세 지파도 가나안 족속에게 노역을 시킴으로써 그렇게 가나안 문화에 동화되어 가고 있었던 것입니다.

므낫세 지파의 이야기를 통해서 우리는 이스라엘의 나머지 지파에게서 반복되는 패턴을 발견할 수 있습니다. 그 첫 번째는 "므낫세 지파는 가나안 주민들을 쫓아내지 않았다"는 것이고, 두 번째는 "가나안 주민들은 그 땅에 거주하면서 노역했다"는 것입니다. 이는 '불완전한 순종'으로 세상 문화와 타협한 모습이었고, 그 배후에는 역시 '제 소견에 옳은 대로 행하는' 사사 시대의 특징이 그대로 반영되고 있습니다.

오늘날에도 '상식'이라는 이름으로 침투해 들어오는 세상 문화에 얼마나 많은 그리스도인이 속수무책으로 당하고 있는지 모릅니다. 지금도 '경제적' 이라는 이유로 얼마나 많은 하나님의 백성이 이 세상과 적당히 타협하면서 살아가는지 모릅니다. 그리고 그렇게 하고도 괜찮을 줄 압니다.

좋은 게 결코 좋은 게 아닙니다. 그것은 눈에 보이는 경제적인 이익에 계약 백성의 정체성을 팔아넘기는 것입니다. 그것은 마치 팥죽 한 그릇에 장자의 권리를 팔아넘기는 에서와 다르지 않습니다. 그것은 주님의 말씀처럼 '온 천하를 얻고도 제 목숨을 잃어버리는 것'(마 16:26)과 같습니다.

패턴의 변화

므낫세 지파가 보여준 패턴은 그다음 스불론 지파에게서 그대로 반복되고 있습니다.

> 스불론은 기드론 주민과 나할롤 주민을 쫓아내지 못하였으므로 가나안 족속이 그
> 들 중에 거주하면서 노역을 하였더라(삿 1:30).

이 문장도 역시 "스불론은 쫓아내지 않았다"(Neither did Zebulun drive out...)는 말로 시작합니다. 스불론 지파도 가나안 원주민을 완전히 쫓아내지 않았습니다. 그리고 가나안 족속은 스불론 자손 중에 거주하면서 노역을 했습니다. 이는 므낫세 지파가 보여준 패턴을 그대로 반복하고 있는 것입니다. 그런데 그다음 아셀 지파에게서는 약간의 변화가 감지됩니다.

> 31아셀이 악고 주민과 시돈 주민과 알랍과 악십과 헬바와 아빅과 르홉 주민을 쫓아
> 내지 못하고 32아셀 족속이 그 땅의 주민 가나안 족속 가운데 거주하였으니 이는 그
> 들을 쫓아내지 못함이었더라(삿 1:31-32).

아셀 지파 역시 가나안 원주민을 쫓아내지 못했다는 점에서 차이가 없습니다. 그런데 그다음을 보십시오. "아셀 족속이 그 땅의 주민 가나안 족속 가운데 거주하였다"고 합니다. 므낫세 지파의 경우에는 "가나안 족속이 그들(므낫세 지파) 중에 거주하였다"(The Canaanites lived among them)고 했는데, 이제는 전세가 역전이 되어 아셀 족속이 그들(가나안 족속) 중에 거주하는(The Asherites lived among the Canaanites) 것입니다.

납달리 지파도 마찬가지입니다.

납달리는 벧세메스 주민과 벧아낫 주민을 쫓아내지 못하고 그 땅의 주민 가나안 족속 가운데 거주하였으니 벧세메스와 벧아낫 주민들이 그들에게 노역을 하였더라 (삿 1:33).

납달리 지파가 가나안 원주민들에게 노역을 시키기는 했지만, 그들 역시 "가나안 족속 가운데 거주했다"고 합니다. 그렇다면 누가 그 땅의 주인입니까? 지금은 납달리 지파가 군사적으로 우위를 점하고 있어서 가나안 족속에게 노역을 시키고 있지만, 언제 주객이 전도될지 모르는 일입니다.

아니나 다를까, 이스라엘 족속과 가나안 족속의 주도권이 완전히 뒤바뀐 최악의 경우가 발생했습니다. 바로 단 지파의 경우입니다.

34아모리 족속이 단 자손을 산지로 몰아넣고 골짜기에 내려오기를 용납하지 아니하였으며 35결심하고 헤레스산과 아얄론과 사알빔에 거주하였더니 요셉의 가문의 힘이 강성하매 아모리 족속이 마침내는 노역을 하였으며…(삿 1:34-35).

단 자손이 분배받은 땅은 팔레스타인에서 아주 비옥한 평지입니다. 거기로 들어가려면 산지에서부터 골짜기로 내려가야 합니다. 그런데 아모리 족속이 단 자손이 산지에서 내려오지 못하도록 그 길목에 있는 '헤레스산'(Mt. Heres)과 '아얄론'(Aijalon)과 '사알빔'(Shaalbim)에 '결심'하고 거주하였다고 합니다. 그래서 단 자손은 아모리 족속의 힘에 밀려 평지로 내려오지 못하고 산지에 갇혀있는 꼴이 되고 말았습니다.

물론 아모리 족속들도 결국에는 노역을 하게 되었지만, 단 자손이 아니라 요셉 가문, 즉 에브라임과 므낫세 지파의 힘에 눌려서 그렇게 된 것입니다. 단 자손은 자신에게 분배받은 땅에 제대로 들어가 보지도 못하고 방황하다가 후에 팔레스타인 북쪽 끝에 있는 '라이스'로 이주하여, 그곳에 '단'이라는 이름의 성읍을 세우고 거주하게 됩니다. 그 이야기가 사사기 18장에 자세히 기록되어 있습니다.

자, 무슨 이야기입니까? 이스라엘과 가나안 족속의 주도권이 완전히 역전된 것입니다. 지금은 비록 단 지파 하나에 국한된 이야기이지만, 사사 시대의 본론에 들어가면 이러한 일들은 다반사가 될 것입니다. 그리고 그 조짐이 이미 여호수아가 죽기 이전, 즉 사사기의 서론에서부터 드러나고 있는 것이지요. 왜 그렇게 되었을까요?

사사기는 그 이유를 분명히 지적하고 있습니다. 이스라엘이 가나안 족속을 완전히 쫓아내지 못했기 때문이라고 말입니다. 아니 못했던 것이 아니라 그렇게 하지 않았던 것입니다. 이스라엘 백성에게는 가나안 족속을 쫓아내려는 분명한 의지가 없었습니다.

여기에는 경제적인 동기가 작용하고 있습니다. 가나안 족속이 제공하는 노동력의 달콤한 이익을 놓치고 싶지 않았던 것입니다. 그래서 그들은 가나안 족속에게 노역을 시키는 것으로 충분하다고 생각했습니다. 그것으로 하나님의 명령을 모두 지켰다고 스스로 합리화했던 것이지요. 이것이 바로 '불완전한 순종'이요 '제 소견에 옳은 대로 행하는 것'이 아니고 무엇이겠습니까?

세상의 유혹

오늘 말씀을 묵상하면서 우리는 바울의 경고를 떠올리게 됩니다.

돈을 사랑함이 일만 악의 뿌리가 되나니 이것을 탐내는 자들은 미혹을 받아 믿음에서 떠나 많은 근심으로써 자기를 찔렀도다(딤전 6:10).

지금 바울은 하나님을 믿지 않는 사람에 관해 이야기하지 않습니다. 하나님을 믿지만, 돈을 더 사랑하는 유혹에 빠져서 '믿음에서 떠난 자'들에 관해 이야기하고 있습니다. '하나님의 사람'이 세상에서 살면서 받게 되는 가장 큰 유혹은 바로 돈으로부터 옵니다. 돈 때문에 믿음의 길에서 떠나는 사람들이 얼마나 많은지 모릅니다.

사실 이집트의 파라오가 이스라엘 백성을 놓아주지 않기 위해서 마지막까지 타협의 수단으로 놓치지 않고 붙잡았던 것이 바로 '돈'이었습니다. 하나님의 백성을 보내라고 모세가 요구하자, 처음에 아예 그 말을 듣지도 않습니다. 그러다가 하나님이 내리는 재앙의 강도가 점점 강해지자, 파라오의 태도가 조금씩 바뀌지요.

처음에는 "이 땅에서 하나님께 예배하라"(출 8:25)고 그러다가 "가더라도 너무 멀리 가지는 말라"(출 8:28)고 합니다. "장정만 가서 여호와를 섬기라"(출 10:11)고 그러다가 마지막에는 "양과 소는 머물러 두고 가라"(출 10:24)고 합니다. 그러나 모세는 하나님을 섬기기 위해서 가축도 모두 가져가야 한다는 주장을 굽히지 않았습니다.

결국에는 어떻게 되었습니까? 장자 죽음의 재앙을 겪고 난 후에야 비로소 파라오는 "양과 소도 모두 다 가져가라"(출 12:32)고 허락하지 않습니까? 이처럼 세상이 하나님의 백성을 놓아주지 않기 위해서 마지막까지 붙들고 있는 수단이 바로 '물질'입니다. 마찬가지로 약속의 땅에서 하나님의 백성을 넘어뜨리는 가장 큰 유혹 또한 '물질'입니다. 그것이 바로 가나안 족속에게 노역을 시키는 일로 나타나고 있는 것입니다.

존 웨슬리(John Wesley) 목사님은 "돈주머니가 회개하기 전까지는 진정한 회개라 말할 수 없다"고 했습니다. 아직도 이집트라는 세상에 '양과 소'를 볼모로 잡혀둔 채 하나님을 섬기겠다고 하는 그리스도인이 생각보다 많이 있습니다. '경제적'이라는 이유로 가나안의 세상 문화와 적당히 타협하면서 살아가는 그리스도인도 적지 않습니다. 돈 때문에 안식일에 제대로 안식하지 못하는 사람 또한 많이 있습니다. 이 문제가 완전히 해결되기 전까지 우리의 신앙 생활은 늘 세상에 발목 잡혀서 끌려다닐 수밖에 없습니다.

우리가 진정한 의미에서 계약 백성이 되려면, 경제 문제에서 하나님의 온전한 다스림을 회복해야 합니다. 우리의 삶의 자리가 약속의 땅이 되려면, 하나님을 향한 우리의 순종이 '온전한 순종'이 되려면, 반드시 이 문제를 해결해야 합니다. 하나님을 사랑함으로 신앙 생활을 시작했다가, 돈을 사랑함으로 신앙의 길에서 낙오하는 어리석은 자가 되지 않도록 성령님의 도우심을 간구해야 하겠습니다.

묵상 질문: 나는 경제적이라는 이유로 세상과 타협하며 살지 않는가?
오늘의 기도: 하나님을 믿음으로 계약 백성이 되기는 했지만, 여전히 물질의 유혹에서 벗어나지 못하고 있는 우리를 긍휼히 여겨주옵소서. 하나님의 온전한 다스림이 우리의 돈주머니에도 이루어지게 하옵소서. 돈을 사랑함으로 믿음의 길에서 떠나지 않도록 성령님 우리를 도와주옵소서. 예수님의 이름으로 기도합니다. 아멘.

보김의 눈물

읽을 말씀: 사사기 2:1-5

새길 말씀: ⁴여호와의 사자가 이스라엘 모든 자손에게 이 말씀을 이르매 백성이 소리를
높여 운지라. ⁵그러므로 그곳을 이름하여 보김이라 하고 그들이 거기서 여호
와께 제사를 드렸더라(삿 2:4-5).

　지금까지 우리는 사사기 1장을 통해서 이스라엘 지파들이 자신에게 분배
받은 땅에 들어가는 이야기를 읽었습니다. 유다 지파가 선봉에 서고 요셉
가문이 경쟁적으로 뒤따랐습니다. 그리고 그 뒤를 이어서 나머지 지파들도
모두 분배받은 땅으로 들어갔습니다. 일단 표면적으로는 큰 성공을 거둔 것
처럼 보입니다. 그렇지만 이면적으로는 실패했다고 사사기는 말합니다.

　사사기는 특별히 두 가지 결과에 주목하고 있습니다. 그 첫 번째는 그들
이 가나안 족속들을 쫓아내지 못했다는 사실입니다. 그 땅을 점령하기는 했
지만, 거주민을 완전히 쫓아내지 못했던 것입니다. 두 번째는 이스라엘 백성
이 가나안 족속들에게 강제 노동을 시켰다는 사실입니다. 이것이 그들을 쫓
아내지 않은 사실상의 이유입니다. 그냥 쫓아내는 것보다는 부려 먹는 것이
더 경제적이라 생각한 것이지요.

이 결과를 종합하여 사사기는 당시 이스라엘 백성의 특징을 '불완전한 순종'이라고 정의합니다. 그리고 '자기 소견에 옳은 대로 행하는' 사사 시대 이스라엘 백성의 못된 버릇이 이미 고개를 들고 있었다는 것을 지적합니다. 그러니까 이 일은 여호수아가 죽은 후에 비롯된 것이 아니라, 여호수아가 죽기 이전부터 시작되었다는 것입니다. 이런 '불완전한 순종'이 결국 '불순종'이 되어 사사 시대의 비참한 현실을 만들었다는 것이 사사기 1장의 결론입니다.

그런데 한 가지 질문이 생겨납니다. "이스라엘 백성이 그렇게 잘못 선택하고 행동하는 동안, 하나님은 왜 가만히 계셨을까?" 우리가 이미 묵상한 것처럼 요셉 가문이 잘못된 동기와 방법으로 벧엘을 치러 올라갈 때도 하나님은 그냥 말없이 함께하셨습니다(삿 1:22). 그러실 것이 아니라 적극적으로 개입하셔서 무언가 조처를 했어야 마땅하지 않았을까요? 예를 들어서 이스라엘 백성이 잘못된 선택을 할 때마다 경고음을 들리게 하는 것처럼 말입니다.

그러나 만일 하나님이 그렇게 하신다면 일 초에 몇 번이라도 사방에서 경고음이 들렸을 것입니다. 그리고 그렇게 경고음이 들리면 사람들이 달라질까요? 아닙니다. 너무나 자주 경고음을 듣다 보면 그것에 익숙해져서 아예 경고음이라고 생각하지 않게 될 것입니다. 잔소리도 가끔 해야 효과가 있지, 쉬지 않고 하면 나중에는 자장가처럼 들리게 되듯이 말입니다.

하나님의 개입

하나님은 그런 방식으로 개입하지 않으십니다. 잘못한 즉시 심판하면 이 세상에 살아남을 사람이 없습니다. 그렇다고 해서 이스라엘 백성을 모른 척 수수방관하지도 않으십니다. 오늘 본문에서 하나님은 이스라엘 백성에게 직접 나타나셔서 그들의 그릇된 방향과 잘못된 행동을 지적하면서 회개를 촉구하십니다.

여호와의 사자가 길갈에서부터 보김으로 올라와 말하되…(삿 2:1a).

이 짧은 문장 속에는 사실 엄청나게 많은 이야기가 담겨 있습니다. 우선 '여호와의 사자'에서 '사자'(使者)는 히브리어로 '말락'(malak)인데, 이를 영어로는 '메신저'(a messenger)나 '천사'(an angel)로 번역합니다. 아브라함이 이삭을 번제로 바치는 장면에 등장하는 '여호와의 사자'(창 22:11)도 '말락'이고, 떨기나무 불꽃 안에 모세에게 나타난 '여호와의 사자'(출 3:2)도 '말락'입니다. 발람이 타고 가는 나귀를 칼로 막은 '여호와의 사자'(민 22:22)도 '말락'이고, 오늘 본문에서 이스라엘 백성에게 말씀하시는 '여호와의 사자'도 '말락'입니다.

'말락'(malak)과 '나비'(navi, a prophet)는 분명히 구별됩니다. '나비', 즉 '대언자'(代言者)는 하나님의 명령을 대신 전해주는 '사람'입니다. 그러나 '말락'은 때로 나그네나 군대 대장 같은 사람의 모습으로 나타나지만, 실제로는 하나님 자신입니다. 오늘 본문에 등장하는 '여호와의 사자'는 분명히 '말락'입니다. '말락'은 대부분 개인에게 나타나시지만, 여기에서는 '이스라엘의 모든 자손에게'(삿 2:4) 직접 나타나십니다. 이는 아주 특별한 경우입니다. 하나님께서 사람의 모습으로 이스라엘 모든 백성에게 직접 나타나셔야 할 만큼 아주 중요한 대목이라는 뜻입니다.

또한 여호와의 사자가 "길갈에서 보김으로 올라왔다"라는 말씀도 매우 의미심장한 표현입니다. '길갈'은 이스라엘 백성이 40년 광야 생활을 청산하고 약속의 땅에 들어와서 새로운 삶을 시작하던 곳입니다. 하나님은 요단강에서 가져온 '기념 돌무더기'를 길갈에 세우라고 하셨습니다(수 4:3). 그곳에서 이스라엘 백성은 할례를 받았고(수 5:2), 그 자리에서 하나님은 "이집트의 수치를 떠나가게 하였다"(수 5:9)고 말씀하셨습니다. 이는 이스라엘 백성이 약속의 땅에서 하나님의 약속을 붙잡고 살아갈 준비가 되었다고 하는 선언이었습니다.

그리고 무엇보다도 길갈에서 여호수아는 하나님과 직접 대면했습니다. 여호수아가 만난 '군대 대장'(수 5:14)이 바로 여호와의 '말락', 곧 하나님 자신이셨습니다. 하나님은 "네 발에서 신을 벗으라"고 명령하심으로 여호수아가 군대 대장 하나님의 지휘를 받는 부하라는 사실을 깨닫게 하셨습니다. 그리고 "발바닥으로 밟는 곳은 모두 주었다"고 약속해주심으로, 두려움을 이겨내고 여리고성을 정복하는 일을 시작하게 하셨습니다.

이처럼 '길갈'은 이스라엘 백성에게 특별한 의미가 있는 장소입니다. 약속의 땅에서 계약 백성으로 살아가기 시작한 첫 출발지입니다. 이스라엘 백성에게 길갈은 절대로 잊어버릴 수 없는 곳입니다. 바로 그곳에서부터 하나님의 사자가 여기 '보김'으로 올라온 것입니다.

자, 그런데 '보김'은 어디를 말하는 것일까요? 사실 '보김'이라는 지명은 성경 다른 곳에서는 찾아볼 수 없습니다. 그리고 '보김'(Bochim)은 히브리어로 '우는 자들'(weepers)이라는 뜻입니다. 이곳에서 하나님의 말씀을 듣고 이스라엘 백성이 소리 높여 울었다고 하여 붙여진 '별명'인 것입니다(삿 2:5).

어떤 학자는 성막이 있던 '실로'(Siloh)가 바로 보김이었을 것이라 이야기합니다만, 대체적으로는 '벧엘'을 가리킨다는 주장에 동의합니다. 왜냐면 사사기 뒷부분에 보면 이스라엘 온 회중이 베냐민 자손과의 전쟁 문제로 두 번씩이나 '벧엘'에 모여서 '큰 소리로 울었기' 때문입니다(삿 20:26, 21:2). 그리고 하나님의 사자가 '가나안 주민과 계약을 맺은 일'에 대해서 책망하는 내용 또한 벧엘과의 연관성을 증명하는 것이라고 할 수 있습니다.

하나님의 중간 평가

여하튼 오늘 본문은 이스라엘 백성이 약속의 땅에 들어와서 지금까지 지내 온 삶에 대한 하나님의 '중간 평가'를 담고 있습니다. 특별히 사사기 1장에 기록된 대로 각 지파가 자신에게 분배받은 땅에 들어간 결과에 대해서 말씀하십니다. 그동안 하나님은 그저 말없이 이스라엘 백성과 함께하셨지만, 이제는 당신의 뜻을 드러내어 분명하게 말씀하시는 것입니다.

1... 내가 너희를 애굽에서 올라오게 하여 내가 너희의 조상들에게 맹세한 땅으로 들

어가게 하였으며 또 내가 이르기를 내가 너희와 함께 한 언약을 영원히 어기지 아니하

리니 2너희는 이 땅의 주민과 언약을 맺지 말며 그들의 제단들을 헐라 하였거늘 너희

가 내 목소리를 듣지 아니하였으니 어찌하여 그리하였느냐(삿 2:1b-2).

내용은 두 가지로 요약됩니다. 그 하나는 "나는 너희와의 계약을 어기지 않겠다"라고 말씀하셨고, 실제로 그 약속을 지키셨다는 것입니다. 하나님은 실제로 이스라엘의 조상들에게 맹세한 대로 그 약속을 지키셨습니다. 그들을 이집트 왕조의 압제에서 구원하여 결국 약속의 땅으로 인도하셨습니다. 이것은 그 누구도 부정할 수 없는 사실입니다.

다른 하나는 "너희는 나와의 계약을 어겼다"는 것입니다. 이스라엘 백성은 시내산에서 하나님과 계약을 맺은 하나님의 계약 백성입니다. 계약 백성은 약속을 지켜야 마땅합니다. 그런데 그들은 하나님이 하지 말라고 한 일을 함으로써 하나님과의 계약을 위반했습니다. 가장 대표적인 위반 사항은 '가나안 주민과 언약을 맺는 일'이었습니다. 이는 요셉 자손이 벧엘의 내부자와 맺은 계약을 지적하고 있는 것으로 보입니다. 그 결과 새롭게 건설된 가나안 도시 '루스'와 헷 족속 사람들을 정복할 수 없게 되었지요.

2절 마지막 부분에서 하나님은 "어찌하여 그리하였느냐?"(삿 2:2b)라는 말로 당신의 섭섭한 속내를 드러내십니다. 이 부분을 히브리 원어에 충실하게 번역하면 "네가 행한 이것이 무엇이냐?"(What is this you have done?, ESV)입니다. 하나님이 그들이 무엇을 했는지, 왜 그렇게 했는지 몰라서 묻고 계시는 게 아닙니다. 다 아시면서도 "그렇게밖에 할 수 없었느냐?"고 안타까워하시는 것입니다.

그러면서 하나님은 세 가지 심판을 선언하십니다.

그러므로 내가 또 말하기를 내가 그들을 너희 앞에서 쫓아내지 아니하리니 그들이

너희 옆구리에 가시가 될 것이며 그들의 신들이 너희에게 올무가 되리라 하였노라

(삿 2:3).

그 첫 번째 심판은 '가나안 원주민들을 너희 앞에서 쫓아내지 않겠다'(I will not drive them out before you)는 것입니다. 사사기 1장의 결론이 뭐라고 했습니까? 이스라엘 백성이 가나안 족속을 쫓아내지 않았다는 것입니다. 그 이유는 강제 노동을 시키기 위해서라고 했습니다. 그런데 이번에는 하나님께서 선언하십니다. "내가 가나안 족속을 너희 앞에서 쫓아내는 일은 없을 것이다!" 그렇게 할 수 없어서가 아닙니다. 하지 않으시겠다는 것이지요. 이것이 첫 번째 심판의 내용입니다.

두 번째 심판은 '가나안 원주민들이 너희 옆구리에 가시가 될 것이다'라는 것입니다. 히브리 원어에는 사실 '가시'라는 말은 없습니다. 그냥 "그들이 너희 옆구리에 있을 것이다"(They will become in your sides)라고 되어 있습니다. 민수기에서 하나님은 이 일에 대해서 미리 경고하신 적이 있습니다.

⁵⁵너희가 만일 그 땅의 원주민을 너희 앞에서 몰아내지 아니하면 너희가 남겨둔 자들이 너희의 눈에 가시와 너희의 옆구리에 찌르는 것이 되어 너희가 거주하는 땅에서 너희를 괴롭게 할 것이요 ⁵⁶나는 그들에게 행하기로 생각한 것을 너희에게 행하리라 (민 33:55-56).

여기에서 "그들에게 행하기로 생각한 것을 너희에게 행하겠다"는 말씀에 주목하십시오. '그들'은 가나안의 원주민들입니다. 하나님은 그들을 심판하는 도구로 이스라엘 백성을 사용하실 생각이셨습니다. 그러나 이스라엘 백성이 하나님과의 약속을 지키지 않고 그 원주민들을 완전히 몰아내지 않으면 생각을 바꾸어 오히려 그 원주민들을 이스라엘 백성을 심판하는 도구로 사용하시겠다는 것입니다. 이것이 두 번째 심판의 내용입니다.

그리고 마지막 세 번째 심판은 '가나안 사람들이 섬기는 신들이 너희에게 올무가 되리라'는 것입니다. 여기에서 '올무'란 새나 짐승을 잡는 데 쓰는 올가미(a snare)를 말합니다. 거기에 잡히면 빠져나올 수 없습니다. 그렇듯이 자신에게 이익이 될 것이라 계산하여 남겨둔 가나안 사람들 때문에 괴로움을 겪다가, 결국 그들이 믿는 신들로 인해서 망하게 될 것이라는 심판입니다.

하나님의 속마음

이 대목에서 사람들이 가지고 있는 한 가지 오해를 바로잡아야 합니다. 그것은 하나님께서 본래부터 가나안 사람들을 특별히 싫어하셨다는 오해입니다. 아닙니다. 하나님이 미워하시는 것은 가나안 사람들이 아니라 그들이 섬기는 우상이었습니다. 하나님이 이스라엘 백성에게 가나안 원주민을 진멸하고 쫓으라고 명령하신 것도 그들의 우상 숭배에 대한 심판이었지(창 15:16), 그들에 대한 인종적인 편견 때문이 아닙니다.

만일 하나님이 가나안 원주민에 대한 인종적인 편견을 가지고 있었다면, 여리고성의 라합이 어떻게 하나님의 백성 안으로 들어올 수 있었겠습니까? 그리고 비록 속임수로 계약을 맺은 것이긴 하지만 어떻게 기브온 사람들이 이스라엘 백성 안으로 들어올 수 있었겠습니까? 여호와 하나님을 믿는다면 가나안 사람들이라도 얼마든지 계약 백성이 될 수 있습니다.

그러나 가나안 원주민을 쫓아내라고 명령하신 것은, 우상 숭배자들이었던 그들을 몰아내지 않고서는 가나안 땅이 하나님의 계약 백성이 오직 하나님만을 섬기는 진정한 약속의 땅이 될 수 없기 때문입니다. 그런데 그와 같은 하나님의 속마음을 헤아리지 못하고, 이스라엘 백성은 단지 경제적이라는 이유로 가나안 원주민을 쫓아내지 않고 오히려 그들에게 강제 노동을 시켰던 것입니다.

그들의 눈에는 이익을 가져다주는 재료처럼 보였는지 모르지만, 사실 그것은 이스라엘 백성을 우상 숭배로 이끄는 올무요 함정이었습니다. 그로 인해 축복의 대상이어야 할 계약 백성이 오히려 심판의 대상이 될 것이라 말씀하신 것입니다.

자, 그런데 이와 같은 세 가지 심판의 선언이 하나님의 진짜 속마음을 담고 있는 것일까요? 하나님은 정말 이스라엘 백성을 망하게 하시려고 작정하신 것일까요? 아닙니다. 하나님이 이스라엘 백성을 진짜 망하게 하실 생각이었다면, 이렇게 굳이 말씀하실 필요가 없습니다. 그냥 내버려 두면 됩니다. 그러면 저절로 망하게 되어 있습니다. 그러나 살리고 싶으셔서 "너 그렇게 하다간 정말 망한다!"고 말씀하신 것입니다.

그 말씀에 대해서 이스라엘 백성은 어떤 반응을 보였을까요?

> 4여호와의 사자가 이스라엘 모든 자손에게 이 말씀을 이르매 백성이 소리를 높여 운지라. 5그러므로 그곳을 이름하여 보김이라 하고 그들이 거기서 여호와께 제사를 드렸더라(삿 2:4-5).

심판의 메시지를 들은 이스라엘 백성은 소리를 높여 울었다고 했습니다. 바로 이 때문에 이곳 이름이 '보김'(Bochim), 즉 '우는 자들'(weepers)이 된 것입니다. 울었다는 것은 회개했다는 뜻입니다. 그들의 잘못을 솔직하게 인정하고 하나님 앞에 통회(痛悔) 자복(自服)한 것입니다. 그들은 울기만 하지 않았습니다. 거기서 '여호와께 제사를 드렸다'고 합니다. 그동안 지은 죄의 용서를 구하는 '속죄제'와 헌신을 다짐하는 '번제'를 드렸던 것입니다.

자, '이스라엘 모든 자손'이 하나님 앞에 눈물을 흘리면서 회개하고, 하나님께 희생제물을 바치면서 새로운 마음을 다짐했으니 이제 모든 문제가 해결되었겠지요? 그동안 그들이 쫓아내지 않고 노역을 시키고 있던 가나안 원주민을 모두 쫓아내고, 이제부터는 하나님의 명령에 온전히 순종하면서 오직 하나님만을 섬기면서 그렇게 살았겠지요? 그랬으면 얼마나 좋겠습니까!

보김의 눈물과 제사가 이스라엘 백성의 삶에 실제적인 변화를 가져오지는 않았습니다. 회개의 눈물은 흘렸지만, 하나님 앞에 예배는 드렸지만, 삶의 방식과 태도는 조금도 고쳐지지 않았습니다. 지금까지 해오던 그대로 계속 살았습니다. 눈물은 눈물이고, 예배는 예배이고 또 사는 것은 그냥 사는 것이었습니다. 이러한 이중성이 사사 시대 이스라엘 백성의 삶을 더욱 비참하게 만들었습니다.

하나님은 우리가 할 일을 대신해주시지는 않습니다. 우리가 쫓아내지 않는 세상 것들을 하나님이 대신 쫓아내지는 않으십니다. 그것은 약속의 땅에서 계약 백성으로 살아가는 우리가 마땅히 감당해야 할 우리 몫의 십자가입니다.

눈물의 회개가 아니라 삶의 회개가 필요합니다. 보김의 눈물로 사람을 속일 수는 있어도, 하나님을 속일 수는 없습니다. 하나님은 우리의 삶이 변화되는 것을 원하십니다. 회개했으면 회개한 대로 살아가고, 기도했으면 기도한 대로 살아가기를 원하십니다. 그것이 하나님을 기쁘게 하는 길입니다.

묵상 질문: 나는 보김의 눈물로써 하나님을 예배하지 않는가?

오늘의 기도: 눈물의 회개가 삶의 회개로 이어지게 하옵소서. 만일 우리의 잘못을 시인하고 진심으로 회개했다면, 실제로 회개한 대로 살아가게 하옵소서. 보김의 눈물로 하나님을 속이려고 하지 않게 하시고, 계약 백성으로서 마땅히 져야 할 우리 몫의 십자가를 짐으로써 하나님의 마음을 기쁘게 하며 살아가게 하옵소서. 예수님의 이름으로 기도합니다. 아멘.

믿음이 다른 세대

읽을 말씀: 사사기 2:6-10

새길 말씀: 그 세대의 사람도 다 그 조상들에게로 돌아갔고 그 후에 일어난 다른 세대는
여호와를 알지 못하며 여호와께서 이스라엘을 위하여 행하신 일도 알지 못하
였더라(삿 2:10).

지금까지의 말씀 묵상을 통해서 우리는 사사 시대 이스라엘 백성이 하나
님의 왕 되심을 거부하는 '왕이 없는 백성'이 되어 '자기 소견에 옳은 대로'
행하면서 살게 된 것은 여호수아가 죽은 다음에 갑자기 시작된 일이 아니라,
그 이전으로 거슬러 올라간다는 사실을 알게 되었습니다. 이스라엘 지파들이
각자에게 분배받은 땅을 차지하기 위해서 올라가는 과정에서부터 그들은 하
나님의 말씀에 온전하게 순종하지 못했고, 그 '불완전한 순종'이 결국 사사
시대의 '불순종'을 낳게 되었던 것입니다.

세대 계승 문제

이를 통해서 우리는 또 다른 하나의 엄숙한 진리 앞에 서게 됩니다. 그것은 이전 세대의 신앙이 긍정적으로든 부정적으로든 그다음 세대로 전수(傳受)된다는 사실입니다. 사사 시대 이스라엘 백성이 계약 백성으로 사는 일에 실패하게 된 것은 하나님에 대한 바른 신앙을 그 이전 세대로부터 전달받지 못했기 때문입니다. 즉, '믿음의 세대 계승'의 실패가 바로 사사 시대 실패의 근본적인 원인이 되고 있다는 것입니다.

이 대목에서 우리는 출애굽을 시점으로 하여 이스라엘 백성의 '세대'(generations)를 한번 정리해볼 필요가 있습니다. 모세의 인도함을 따라서 이집트를 탈출한 20세 이상 된 성인들은 '출애굽 세대'입니다. 이들은 시내산에서 하나님과 계약을 맺은 당사자들이었습니다. 그러니까 출애굽 세대는 '계약 백성'의 제1세대였다고 말할 수 있습니다. 그러나 40년간의 광야 생활을 통해서 그들은 대부분 죽고 말았습니다. 출애굽 세대 중에 오직 여호수아와 갈렙 두 사람만이 가나안 땅을 밟을 수가 있었지요.

'출애굽 세대'를 이어서 '광야 세대'가 등장합니다. 이들은 여호수아의 인도함을 따라서 실제로 가나안 땅을 정복한 장본인들이었습니다. 이들은 이집트에서 나올 때 20세 이하의 미성년자들이었거나 그 이후 광야 생활을 하는 동안 태어나고 자라난 사람들이었습니다. 사사기 1장에서 분배받은 땅에 들어가는 전쟁을 치르고 있는 이들이 바로 '광야 세대'였습니다. 이들은 '계약 백성'의 제2세대라고 할 수 있습니다.

여호수아가 죽고 난 후에 '가나안 세대'가 등장합니다. 이들은 이스라엘 백성이 가나안 땅에 들어왔을 당시에 미성년자였거나 그 이후에 가나안에서 태어나고 자라난 사람들이었습니다. 여호수아가 죽고 난 후에 '광야 세대'의 뒤를 이어 이 '가나안 세대'가 이스라엘 신앙공동체를 이끌어가는 주도적인 역할을 하게 되었을 때부터 바로 사사 시대가 시작됩니다.

자 그렇다면, 사사 시대의 이스라엘 백성이 하나님의 계약 백성으로 사는 일에 왜 실패하게 되었을까요? 그것은 '계약 백성'의 제3세대였던 '가나안 세대'가 그 이전 세대, 즉 '광야 세대'로부터 하나님에 대한 올바른 신앙을 확실하게 전달받지 못했기 때문입니다. 그 결과 사사 시대의 비극이 만들어지게 된 것입니다. 오늘 우리가 묵상할 본문이 바로 그 이야기를 담고 있습니다.

계약 백성의 세대들

오늘 본문은 가장 먼저 광야 세대에 대해서 언급합니다.

> 6전에 여호수아가 백성을 보내매 이스라엘 자손이 각기 그들의 기업으로 가서 땅을 차지하였고 7백성이 여호수아가 사는 날 동안과 여호수아 뒤에 생존한 장로들 곧 여호와께서 이스라엘을 위하여 행하신 모든 큰일을 본 자들이 사는 날 동안에 여호와를 섬겼더라(삿 2:6-7).

여호수아가 사는 날 동안에 그리고 여호수아와 함께 하나님께서 행하신 위대한 일들을 직접 목격했던 '광야 세대'의 장로들이 사는 날 동안에는 이스라엘 백성이 여호와 하나님을 섬겼다고 합니다.

그러니까 '광야 세대'는 분명히 믿음의 세대였습니다. 비록 그들의 신앙이 '불완전한 순종'의 모습을 드러내고 있었다고 하더라도, 그들은 분명히 하나님을 알고 믿던 세대였습니다. 그리고 '광야 세대'가 이스라엘 공동체를 주도적으로 이끌어가던 당시 사람들은 하나님을 섬겼습니다. 하나님을 믿는 신앙이 '대세'(大勢)였습니다. 문제는 그다음입니다.

> 8여호와의 종 눈의 아들 여호수아가 백십 세에 죽으매 9무리가 그의 기업의 경내 에브라임 산지 가아스 산 북쪽 딤낫 헤레스에 장사하였고 10그 세대의 사람도 다 그

조상들에게로 돌아갔고 그 후에 일어난 다른 세대는 여호와를 알지 못하며 여호와께서 이스라엘을 위하여 행하신 일도 알지 못하였더라(삿 2:8-10).

여호수아가 백십 세의 일기로 그의 생애를 마쳤습니다. 그리고 그 세대의 사람, 즉 '광야 세대'도 다 그 조상들에게로 돌아갔습니다. 그러자 '다른 세대'가 일어났습니다. 여기에서 '다른 세대'란 본래 '또 하나의 세대'(another generation)라는 뜻입니다. 한 세대가 가면 다음 세대가 등장하게 됩니다. 그렇게 세대를 이어가는 것은 지극히 자연스러운 일입니다. '광야 세대'를 이어갈 또 '다른 세대'가 일어난 것입니다.

문제는 그들이 '다른 세대'(different generation)가 되었다는 사실입니다. 이전 세대의 믿음을 이어가는 '다음 세대'(next generation)가 아니라, 그 믿음에 대해서 다른 생각과 다른 태도를 보이는 '다른 세대'가 되었다는 것입니다. '그들'은 광야 세대가 알던 여호와 하나님을 알지 못했다고 합니다. '그들'은 여호와께서 이스라엘 백성을 위해서 행하신 그 위대한 일들도 알지 못했다고 합니다. '그들'은 누구일까요? 바로 '가나안 세대'입니다.

그런데 "하나님을 알지 못했다"고 해서 그들이 여호와 하나님의 이름을 한 번도 들어본 적이 없고, 하나님께 한 번도 예배해본 적이 없었다는 식으로 오해하면 안 됩니다. 그들이 여호와 하나님을 배신하고 적극적으로 다른 신들을 섬기는 우상 숭배자가 되었다는 그런 뜻이 아닙니다.

부모가 교회를 다니면서 열심히 신앙 생활하는데, 어떻게 그 자녀들이 성경 이야기를 한 번도 들어본 적이 없고, 하나님 앞에 나와서 한 번도 예배드린 일이 없을 수가 있겠습니까? 부모가 장로와 권사와 집사로 평생 하나님을 섬겨왔는데, 어떻게 부모가 돌아가셨다고 해서 그 자녀들이 하루아침에 하나님을 믿지 않는 우상 숭배자가 될 수 있겠습니까?

자, 그렇다면 "하나님을 알지 못했다"는 말은 무슨 뜻일까요? 그것은 하나님에 대한 체험적인 신앙이 없었다는 뜻입니다. 살아계신 하나님과 인격적으로 만나본 경험이 없었다는 뜻입니다. 그들에게는 물론 예배하는 장소가 있었습니다. 절기 때마다 성막에 모여서 하나님께 예배를 드렸습니다. 그들에게는 제사장들이 있었고 또한 하나님의 율법이 있었습니다. 기회가 있을 때마다 그 율법을 들었습니다.

그러나 그들은 하나님을 알지 못했습니다. 하나님이 어떤 분인지, 하나님이 왜 그들을 선택하셨는지, 그들이 약속의 땅에서 어떻게 계약을 맺은 백성으로 살아가야 하는지 알지 못했습니다. 아니 더 정확하게 말하자면 하나님을 섬기는 계약 백성으로서 살아가는 것보다 더 중요하게 생각하는 것이 그들에게 있었던 겁니다.

계약 백성으로서의 정체성을 지며 살아가는 것보다, 하나님 앞에 나와서 예배드리는 것보다 더 재미나고 더 신나고 더 가치 있는 것들이 그들의 인생에 있었습니다. 그래서 부모 세대가 하나님을 섬기듯이 그렇게 헌신적으로 하나님을 섬기지 않게 된 것이지요. 그들이 바로 '다른 세대', 즉 하나님을 향한 믿음의 태도가 다른 '가나안 세대'였던 것입니다.

짙어지는 다름의 색깔

그런데 '가나안 세대'가 거듭될수록 그 '다름'의 색깔은 점점 더 강해지게 되었습니다. 그 이야기가 11절에 기록되어 있습니다.

> 이스라엘 자손이 여호와의 목전에 악을 행하여 바알들을 섬기며 애굽 땅에서 그들을 인도하여 내신 그들의 조상들의 하나님 여호와를 버리고 다른 신들 곧 그들의 주위에 있는 백성의 신들을 따라 그들에게 절하여 여호와를 진노하시게 하였으되…(삿 2:11).

계약 백성 제3세대였던 '가나안 세대'만 해도 그들의 부모 세대였던 '광야 세대'를 통해서 보고 들은 것이 있었습니다. 물론 신앙의 열정은 부모 세대와 달랐지만, 그들은 적어도 여호와 하나님을 버리고 우상을 섬기는 자리까지 나아가지는 않았습니다.

그러나 가나안 2세대, 가나안 3세대로 이어지면서 분위기는 완전히 바뀌고 말았습니다. 아예 대놓고 다른 신들, 즉 우상에게 절하면서 섬기게 된 것입니다. 이러한 현상은 세대가 거듭될수록 더욱 심해졌습니다.

그 사사가 죽은 후에는 그들이 돌이켜 그들의 조상들보다 더욱 타락하여 다른 신들을 따라 섬기며 그들에게 절하고 그들의 행위와 패역한 길을 그치지 아니하였으므로…(삿 2:19).

처음에는 하나님을 향한 믿음에 대해 조금 다른 태도와 조금 다른 생각을 보이는 '다른 세대'였지만, 이제는 아예 다른 신을 섬기는 전혀 다른 신앙을 가진 그런 '다른 세대'가 되었던 것입니다. 하나님과 계약을 맺은 '계약 백성'으로서의 정체성을 완전히 잃어버리고, 여호와 하나님에 대한 믿음에서 완전히 '떠난 세대', '돌아선 세대'가 되고 만 것입니다.

그래서 하나님은 민수기 33장에서 이미 경고하신 대로 본래 '가나안 족속들에게 행하기로 생각한 것'을 계약 백성 이스라엘에게 행하셔서 그들을 심판하게 되신 것입니다(민 33:57). 우상 숭배자들이었던 가나안 족속을 심판하는 도구로써 하나님이 사용하시던 이스라엘 백성이 오히려 하나님의 심판을 받는 대상이 되고 말았던 것입니다. 그것이 바로 앞으로 우리가 살펴보게 될 '사사기'(士師記)의 역사입니다.

어디에서부터 이런 문제가 시작되었을까요? 무엇에서부터 이런 실패가 시작되었을까요? 이미 말한 것처럼 하나님에 대한 바른 신앙을 전수하는 일에 실패했기 때문입니다. '믿음의 세대 계승'에서 실패한 것입니다. 부모 세대가 자녀에게 이 일을 제대로 하지 않은 것입니다. 우리는 특별히 '광야 세대'에서 '가나안 세대'로 넘어가는 대목에 주목해야 합니다. 광야 세대의 '불완전한 순종'이 문제의 발단이기 때문입니다. 그것이 가나안 세대가 거듭되면서 결국 '불신앙'으로 나아가게 만든 것입니다.

믿음의 세대 계승의 문제는 사사 시대만의 이야기가 아닙니다. 그것은 사실 오늘날 한국교회가 직면하고 있는 가장 심각한 문제 중의 하나입니다. 미래학자들은 한국교회의 미래에 대해서 암울한 전망을 이야기합니다. 향후 20년 안에 한국교회 안에서 교회학교가 사라질지도 모른다는 충격적인 말을 하기도 합니다. 실제로 매년 교회학교 아이들의 숫자가 줄어든다는 통계가 나와 있습니다. 우리는 바야흐로 '교회의 성장'이 아니라 '교회의 생존'을 걱정해야 하는 그런 시대를 맞이하고 있는 것입니다.

그래서 사람들은 이야기합니다. 교회학교에 과감한 투자를 해야 한다고 말입니다. 다음 세대를 키워가는 일에 돈을 쓰는 것을 아까워해서는 안 된다고 말입니다. 지극히 옳은 말입니다. 그러나 여기에서 우리가 놓치지 말아야 할 진실이 있습니다. '신앙 교육'은 목회자나 교회에 떠넘길 일이 아니라는 사실입니다. 생각해보십시오. 아이들이 교회에 와서 예배드리고 말씀을 배우는 시간이 얼마나 됩니까? 기껏해야 일주일에 한두 시간에 불과합니다. 그 시간에 교회학교가 신앙 교육을 얼마나 할 수 있을까요?

'신앙 교육'의 일차적인 책임은 목회자나 교회가 아니라, 부모와 가정에 있습니다. 부모가 가정에서 신앙 생활의 '모범'(role model)이 되지 못하는데, 그 자녀의 신앙이 반듯하게 잘 자라나겠습니까? 부모가 기도 생활을 하지 않고, 말씀도 묵상하지 않고, 헌금 생활도 제대로 하지 않고, 걸핏하면 예배에 빠지는데, 그 자녀가 믿음의 사람으로 잘 자랄 수 있을까요?

가정에서부터 부모가 자녀에게 믿음의 본이 되고, 부모의 신앙의 권위가 자녀에게 확실하게 세워지지 않으면 '믿음의 세대 계승'은 이루어질 수 없습니다. 그래서 '다음 세대'가 '다른 세대'가 되어가는 그런 가정들이 점점 더 많아지고 있는 것입니다. 바로 그것 때문에 지금 우리는 한국교회의 미래와 생존을 걱정해야 하는 처지가 된 것입니다.

이스라엘의 광야 세대는 분명히 '믿음의 세대'였습니다. 나름대로 열심히 여호와 하나님을 믿었고, 하나님의 말씀에 순종하려고 했습니다. 그러나 그들의 신앙은 '불완전한 순종'이었습니다. 하나님의 말씀에 순종하지 않은 것은 아니지만, 그렇다고 해서 온전히 순종한 것도 아닙니다.

물론 여러 가지 이유가 있었지요. 그중에 '경제적'이라는 이유가 가장 큰 핑계였습니다. 그래서 그들은 가나안 족속들을 쫓아내지 않았고, 오히려 그들에게 강제 노동을 시켰습니다. 그러나 그것이 이스라엘 백성의 옆구리를 찌르는 가시가 되었고, 결국 '다음 세대'를 '다른 세대'와 '떠난 세대'로 만들어갔던 것입니다.

만일 그들의 '불완전한 순종'이 그들의 후손을 믿음이 '다른 세대'와 믿음에서 '떠난 세대'로 만들어갈 것을 알았더라면, 과연 어떻게 했을까요? 그들의 '불완전한 순종'이 결국 그들의 자녀를 하나님의 복을 받는 대상이 아니라 하나님의 심판을 받는 대상으로 만든다는 것을 알았더라면, 과연 어떻게 했을까요?

이것은 사실 이스라엘 백성에게 필요한 질문이 아닙니다. 사사 시대는 이미 지나갔고, 이제 그 누구도 사사기의 역사를 바꿀 수 없기 때문입니다. 이 질문은 '그들'이 아니라 '우리 자신'에게 물어야 할 것입니다. 역사를 통해서 배우지 않으면 똑같은 역사가 반복됩니다. 우리의 자녀를 믿음의 세대로 이어갈 사명이 우리에게 있습니다. 그것이 사사기 말씀을 묵상해야 하는 가장 중요한 이유입니다.

묵상 질문: 내 자녀는 믿음의 다음 세대인가, 아니면 믿음이 다른 세대인가?
오늘의 기도: 우리의 자녀가 우리와 믿음이 다른 세대가 되지 않게 하옵소서. 자기의 소견에 옳은 대로 행하는 길로 가지 않게 하옵소서. 오히려 부모의 믿음을 부끄럽게 만드는 그런 믿음의 거장들로 세워지게 하시고, 그들을 통해 하나님 나라의 지경이 더욱 확장되게 하옵소서. 예수님의 이름으로 기도합니다. 아멘.

역사의 악순환

읽을 말씀: 사사기 2:11-17

새길 말씀: 16여호와께서 사사들을 세우사 노략자의 손에서 그들을 구원하게 하셨으나 17그들이 그 사사들에게도 순종하지 아니하고 오히려 다른 신들을 따라가 음행하며 그들에게 절하고 여호와의 명령을 순종하던 그들의 조상들이 행하던 길에서 속히 치우쳐 떠나서 그와 같이 행하지 아니하였더라(삿 2:16-17).

지금 우리는 사사기의 서론(삿 1:1b-3:6)을 묵상하는 중입니다. 서론도 전반부와 후반부로 나누어지는데, 그 기준은 역시 '여호수아의 죽음'(삿 2:6-10)입니다. 전반부에는 여호수아가 죽기 전에 이스라엘 지파들이 각자에게 분배받은 땅을 차지하기 위해서 올라가는 이야기가, 후반부에는 여호수아가 죽고 난 이후 사사 시대 역사에서 반복되는 흐름과 그 의미를 요약하는 내용이 기록되어 있습니다.

오늘부터 우리는 서론의 후반부를 살펴보게 될 것입니다. 본문에 들어가기에 앞서서 우선 사사기가 풀어가는 역사의 순환에 대해서 간략하게 설명할 필요가 있습니다. 사사기는 사사 시대의 역사를 순환적인 사이클(cycle)의 구조로 설명합니다.

이 특징적인 구조는 이스라엘 백성의 '배교'로부터 출발합니다. "이스라엘 자손이 여호와의 목전에 악을 행했다"(삿 2:11)는 말이 바로 그것을 말합니다. 그다음 단계는 하나님의 '심판'입니다. 이는 "하나님께서 진노하사 노략하는 자의 손에 넘겨주셨다"(삿 2:14)는 말씀으로 표현됩니다. 그다음은 이스라엘의 '부르짖음'입니다. 이스라엘 자손은 그 압제의 고통으로 인해 하나님께 '슬피 부르짖게'(삿 2:18) 되지요. 마지막 단계는 하나님의 '구원'입니다. "하나님께서 사사들을 세우사 그들을 구원하셨다"(삿 2:16)는 말씀이 그것입니다.

문제는 이것이 끝이 아니라는 겁니다. 이스라엘 백성은 한동안은 하나님을 잘 섬기면서 평화롭게 살다가 사사가 죽고 나면 또다시 하나님을 '배교'하게 됩니다. 하나님은 물론 그들을 또다시 '심판'하십니다. 그러면 이스라엘의 '부르짖음'과 하나님의 '구원'이 또다시 이어집니다. 이처럼 '배교'와 '심판'과 '부르짖음'과 '구원'이 계속 반복되고 있는 것이 바로 사사 시대 이스라엘의 역사였습니다.

단순하게 반복되기만 한다면 그나마 괜찮을 것입니다. 그러나 사이클을 반복하면 반복할수록 이스라엘 백성의 배교와 타락의 강도는 점점 더 심해집니다(삿 1:19). 물론 그 주기도 점점 더 빨라지고, 그에 따라 하나님이 심판하는 강도도 점점 더 세집니다. 이 악순환의 고리를 끊어내지 못하고 계속 사이클을 반복하는 것이 사사 시대 이스라엘 백성의 고통스러운 현실이었던 것입니다.

그것이 바로 세 번째 단계인 '이스라엘의 부르짖음'을 '회개'로 표현하지 않는 이유입니다. '회개'(悔改)는 죄의 길에서 '돌이키는 것'이요 삶의 방향을 180도 완전히 바꾸는 것이기 때문입니다. 그들이 정말 죄의 길에서 온전히 돌이켰다면 또다시 배교의 길에 들어서지 말아야 합니다. 그러나 그들의 통곡과 부르짖음은 단지 하나님의 심판에 대해서 신음하는 것일 뿐, 그들이 진정으로 죄를 회개하는 모습은 아니었습니다. 그래서 이 악순환의 사이클이 계속 반복되고 있는 것이지요.

이스라엘의 배교

이런 전제를 가지고 오늘 본문을 읽어나가겠습니다.

이스라엘 자손이 여호와의 목전에 악을 행하여 바알들을 섬기며…(삿 2:11).

우선 '이스라엘 자손'이라고 해서 모두 똑같은 세대의 똑같은 사람을 가리키는 것이 아니라는 사실을 기억할 필요가 있습니다. 여기에서 언급하고 있는 '이스라엘 자손'은 '광야 세대'의 뒤를 이은 '가나안 세대'가 아니라, 오히려 그다음 가나안 2세대와 3세대를 가리키고 있습니다.

여호수아 이후 사사 시대의 이스라엘 자손은 한마디로 "여호와의 목전에 악을 행했다"고 합니다. 여기에서 '목전(目前)에'라고 번역된 히브리어 '브에 이네이'는 문자적으로 '~의 눈에' 또는 '~가 보기에'(in the eyes of)라는 의미입니다. 이와 똑같은 표현이 바로 사사 시대 이스라엘 백성의 특징을 설명하는 '자기 소견에 옳은 대로'(삿 21:25)에서 '소견(所見)에'로 번역되었습니다.

똑같은 행동이라도 그것을 판단하는 기준에 따라서 의미가 달라질 수 있습니다. 사사기 2장에서 이스라엘 백성의 행동을 판단하는 기준은 '여호와 하나님의 눈'이었습니다. 그 반면 사사기의 마지막에 이르면 그 판단의 기준은 '자기 자신의 눈'이 되어 버립니다. '하나님의 눈'에는 분명히 '악한 일'이지만, '사람의 눈'에는 옳게 보일 수도 있습니다. 이처럼 '하나님이 보시기에' 어떨 것인지는 조금도 생각하지 않고, 오직 '자신이 보기에' 옳은 대로 행동하는 것이 사사 시대 이스라엘 백성의 모습이었습니다.

그래서 그들은 하나님 보시기에 악한 일을 행했던 것입니다. 그 악한 일이 무엇일까요? 그것은 바로 '바알'로 대표되는 가나안의 다른 신들을 섬긴 것입니다.

12애굽 땅에서 그들을 인도하여 내신 그들의 조상들의 하나님 여호와를 버리고 다른 신들 곧 그들의 주위에 있는 백성의 신들을 따라 그들에게 절하여 여호와를 진노하시게 하였으되 13곧 그들이 여호와를 버리고 바알과 아스다롯을 섬겼으므로…(삿 2:12-13).

이스라엘이 바알을 섬긴 것은 단순히 여호와 하나님 이외에 새로운 신을 하나 더 추가해서 섬기기로 한 것이 아닙니다. 오늘 본문에서 말하는 것처럼 이집트 땅에서 그들을 구원하여 내신 여호와 하나님을 '버린' 것입니다. 그들을 약속의 땅으로 인도하여 살게 하신 하나님을 '폐기처분'한 것입니다.

그들은 여호와 하나님을 버리고 새로운 신들을 섬기기 시작했습니다. 그 신들은 '그들의 주위에 있는 백성의 신들'이었습니다. '그들 주위에 있는 백성'이 누구입니까? 하나님이 쫓아내라고 그렇게 누누이 말씀하신 '가나안 원주민들'입니다. 이스라엘 백성이 경제적이라는 이유로 강제 노동을 시키던 바로 그 사람들입니다. 그 사람들이 섬기던 신들을 따라서 섬기기 시작했던 것입니다.

무슨 뜻입니까? 외면적으로는 이스라엘 백성이 정치적, 군사적, 경제적으로 가나안 원주민을 지배하고 있는 것처럼 보였지만, 사실 내면적으로는 문화적, 종교적으로 그들의 영향을 받고 있었던 것입니다. 바로 이와 같은 일들이 벌어질 것을 염려하셔서 하나님께서 그토록 강경하게 가나안 원주민들을 진멸하고 쫓아내라고 명령하신 것입니다.

'핑계 없는 무덤 없다'는 말처럼, 어떤 행동이든 나름대로 이유가 있는 법입니다. 그렇다면 그들이 여호와 하나님을 버리고 '주위에 있는 백성'이 섬기던 바알과 아스다롯을 섬기게 된 이유는 무엇일까요?

가나안에서 '바알'(Baal)은 하늘의 폭풍과 비를 다스리는 신이요, '아스다롯'(Ashtaroth)은 땅의 곡식을 다스리는 풍요와 다산의 신이었습니다. 곡식을 얻는 땅은 여신인 '아스다롯'의 소관이요, 그 땅에 비를 내리는 것은 남신 '바알'의 소관이라고 가나안 사람들은 생각했습니다. 어떻게 보면 아이들 동화 같은 이야기입니다. 그런데도 이스라엘 백성은 그런 신들에게 매력을 느끼고 여호와 하나님을 버린 것입니다. 그 이유가 무엇일까요?

학자들은 이를 '농경문화'라는 새로운 환경에 적응하기 위한 노력으로 설명합니다. 이스라엘 백성은 가나안에 정착하면서 처음으로 농사를 짓기 시작했습니다. 그러면서 그들이 광야에서 섬겼던 여호와라는 신보다는 가나안 사람들이 믿고 있는 비를 내리는 신 바알과 땅의 곡식을 다스리는 신 아스다롯이 풍요를 가져올 것으로 보였던 것입니다. 그래서 여호와 하나님을 버리고 그들을 섬기게 되었다는 설명입니다.

무슨 이야기입니까? 이것은 광야 세대의 '불완전한 순종'의 동기와 별반 다르지 않습니다. 모두 잘 먹고 잘살기 위해서입니다. '경제적인 풍요' 때문입니다. 자신들의 현실적인 필요를 채우기 위해서 가나안 족속들을 쫓아내지 않고 강제 노동을 시켰고, 결국 가나안의 신들을 선택하여 섬기게 되었던 것입니다.

하나님이 그들을 선택하신 이유나 약속의 땅에서 살게 하신 목적에는 전혀 관심이 없었습니다. 오직 풍요롭게 살기 위해서 자기들 눈에 그럴듯하게 '보이는' 신들을 섬기면 그만입니다. 그것이 바로 이스라엘 백성이 여호와 하나님을 배신하게 된 진짜 이유였던 것입니다. 사사기 역사의 사이클은 이렇게 시작됩니다.

하나님의 심판

그다음 단계는 하나님의 '심판'입니다.

> 여호와께서 이스라엘에게 진노하사 노략하는 자의 손에 넘겨 주사 그들이 노략을 당하게 하시며 또 주위에 있는 모든 대적의 손에 팔아넘기시매 그들이 다시는 대적을 당하지 못하였으며…(삿 2:14).

하나님의 진노는 이스라엘 백성에 대한 심판으로 나타났습니다. 하나님의 심판은 추상적이지 않았습니다. 이스라엘 백성에게 아주 현실적인 고통을 가져다주는 것이었습니다. 우선 하나님은 그들을 '노략하는 자의 손에 넘기셔서 노략을 당하게 하셨다'고 합니다. 여기에서는 '노략하는 자'가 누구인지 구체적으로 이야기하지 않습니다. 사실 그들이 누구인지는 그리 중요하지 않습니다. 단지 그들이 하나님께서 이스라엘을 심판하시는 도구였다는 사실이 중요합니다.

가나안 땅에 들어와서 정착하기까지 하나님은 이스라엘을 위해 싸워주셨습니다. 그래서 그 많은 전쟁에서 승리할 수 있었던 것입니다. 이스라엘의 군사력이 강하기 때문에 이긴 것이 아닙니다. 하나님이 그들을 이스라엘의 손에 붙이셨기 때문에 이길 수 있었습니다. 그런데 이제 그들이 하나님을 버렸습니다. 하나님이 함께하시지 않는 이스라엘은 아무것도 아닙니다. 진짜 하나님이 누구인지를 깨닫게 하시는 것이 바로 하나님의 심판이었습니다.

> … 그들이 어디로 가든지 여호와의 손이 그들에게 재앙을 내리시니 곧 여호와께서 말씀하신 것과 같고 여호와께서 그들에게 맹세하신 것과 같아서 그들의 괴로움이 심하였더라(삿 2:15).

하나님을 버리고 바알과 아스다롯을 섬기면 경제적으로 풍요로울 것이라고 이스라엘 백성은 기대했습니다. 그래서 바알과 아스다롯을 선택하는 길로 간 것입니다. 그러나 기대와 다르게 그들은 그 길에서 재앙을 만났습니다. 그 재앙은 물론 하나님께서 내리신 것입니다.

그런데 그것에 대해서 오늘 본문은 이렇게 설명합니다. "곧 여호와께서 말씀하신 것과 같고 그들에게 맹세하신 것과 같다." 어디로 가든지 재앙을 내릴 것이라고 하나님이 말씀하신 적이 있었던가요? 물론 있습니다. 신명기 28장에서 모세의 입을 통해서도 말씀하셨고, 여호수아 23장에서 여호수아의 입을 통해서도 말씀하셨습니다.

하나님의 말씀을 듣고 행하면 '들어와도 복을 받고 나가도 복을 받는다'(신 28:6)고 했습니다. 그러나 하나님의 말씀을 순종하지 않으면 '들어와도 저주를 받고 나가도 저주를 받는다'(신 28:19)고 했습니다. 하나님은 '선한 말씀'도 임하게 하시지만, '불길한 말씀'도 임하게 하신다고 했습니다(수 23:15).

우리가 복을 쫓아간다고 해서 복 받는 게 아니고, 저주를 피해서 도망 다닌다고 해서 저주가 비켜 가는 것이 아닙니다. 오직 하나님의 말씀에 순종하면 우리가 어디로 가든지 복이 쫓아옵니다. 하나님은 이스라엘이 하나님의 말씀에 순종함으로 복을 받는 것을 기대하셨습니다. 그러나 하나님의 기대와 달리 이스라엘은 스스로 저주를 선택했습니다.

'계약 백성'은 계약에 따라서 무엇이든지 주어집니다. 이스라엘 백성이 먼저 하나님과의 계약을 어겼으니, 하나님이 그들을 심판하셔도 사실 할 말이 없습니다. 만일 계약을 어겨도 아무런 손해를 보지 않는다면, 그게 오히려 더 이상한 일 아니겠습니까?

부르짖음과 구원

그런데 이 대목에서는 사사기 사이클의 세 번째 단계인 '부르짖음'이 눈에 띄지 않습니다. 단지 '그들의 괴로움이 심했다'고 말할 뿐입니다. 그러고 나서 곧바로 하나님께서 사사를 통해서 그들을 구원하시는 이야기로 나아갑니다(삿 2:16). 그렇다면 세 번째 단계는 생략하고 넘어간 것일까요? 아닙니다. 여기에는 하나님께서 이스라엘을 구원하시는 이유를 설명하려는 사사기의 의도가 숨어 있습니다.

사람들은 흔히 이렇게 생각합니다. 부르짖어 기도하기만 하면 하나님께서 구원해주신다고 말입니다. '부르짖음'이 무슨 자동판매기처럼 하나님의 구원이라는 결과를 자동으로 얻어낼 것처럼 생각합니다. 큰 오해입니다. 사람이 회개했기 때문에 하나님이 무조건 구원해주시는 것이 아닙니다. 하나님의 구원은 고통의 신음에 긍휼과 은혜로 반응하신 결과입니다. 하나님은 회개했다고 구원하시고, 회개하지 않았다고 구원하지 않으시는 그런 분이 아닙니다. 하나님은 '병 주고 약 주고' 하는 분이 아닙니다.

실제로 이스라엘 백성은 하나님께 부르짖기는 했지만 회개하지는 않았습니다. 그런데도 그들의 괴로움과 고통의 신음을 불쌍히 여기셔서 구원해주셨습니다. 그 이유는 하나, '사랑' 때문입니다. 하나님의 심판은 그들을 망하게 하기 위한 것이 아니라, 돌이키게 하기 위한 것입니다. 그러나 회개할 때까지 기다리셨다가는 아예 완전히 망할지도 모르기 때문에, 그들의 괴로움을 보고 구원해주시는 것이지요. 그러니 '그들의 괴로움이 심했다'는 말씀으로 충분한 것입니다.

그다음 단계는 '구원'입니다.

> **여호와께서 사사들을 세우사 노략자의 손에서 그들을 구원하게 하셨으나…**
> (삿 2:16).

여기 '사사들'이 바로 '쇼페팀'이라고 했습니다. 본래 '쇼페팀'은 하나님이 이스라엘 백성을 구원하기 위해서 세우시는 지도자입니다. 그런데 '이스라엘 백성'이 군이 12지파 전체를 의미할 필요는 없습니다. 이 '쇼페팀'은 주변 나라들의 왕과 같은 역할을 하지 않았습니다. 그랬다면 그 리더십이 세습되어야 했을 것입니다.

이스라엘의 12사사는 거의 모든 지파에서 골고루 등장하여 활동합니다. 이들은 필요할 때에 필요한 지역에서 자기에게 주어진 사역을 감당했지, 전국을 무대로 활동하지는 않았습니다. 그래서 때로는 여러 곳에서 여러 사사가 동시에 등장하기도 했던 것입니다.

여하튼 하나님은 이스라엘 백성이 당하는 고통의 문제를 해결하는 일을 위해 필요한 곳에 필요한 '사람'을 세워서 사용합니다. 그들은 처음부터 특별한 능력을 갖춘 '지도자'가 아니었습니다. 단지 하나님의 부르심에 순종하여 '쇼페팀'이 되었을 뿐입니다. 하나님은 불순종하는 이스라엘 백성을 심판하시지만, 또한 그들을 긍휼히 여겨 구원하기 위하여 순종할 줄 아는 사람을 사용하시는 것입니다.

자, 여기가 사사 시대 사이클의 종착역이라면 얼마나 좋을까요? 그러나 불행하게도 종착역이 아니라 새로운 출발역이 되었습니다. 이스라엘 백성은 또다시 '배교'의 길을 걷습니다.

> 그들이 그 사사들에게도 순종하지 아니하고 오히려 다른 신들을 따라가 음행하며 그들에게 절하고 여호와의 명령을 순종하던 그들의 조상들이 행하던 길에서 속히 치우쳐 떠나서 그와 같이 행하지 아니하였더라(삿 2:17).

이렇게 하여 새로운 사이클이 시작됩니다. 또다시 하나님의 엄중한 심판이 임하게 되고, 또다시 이스라엘 백성은 고통 속에서 부르짖게 됩니다. 그런데 이러한 악순환이 사사 시대 이스라엘 백성에게만 반복되는 것이 진짜 문제입니다. 만일 우리가 이런 사이클을 반복하고 있다면, 우리의 인생이 얼마나 허무한 것일까요?

하나님은 우리가 '생명을 얻고 더 풍성히 얻기를'(요 10:10) 원하십니다. 그러기 위해서는 이와 같은 악순환의 고리를 끊어내야 합니다. 그러나 우리의 결심과 노력만으로는 할 수 없습니다. 우리가 성령님의 도우심을 간구해야 하는 이유입니다.

묵상 질문: 나는 여전히 악순환을 반복하고 있는가, 아니면 그 고리를 끊어냈는가?

오늘의 기도: 우리에게는 사사 시대 역사의 악순환이 반복되지 않게 하옵소서. 진정한 회개를 통해서 악순환의 고리를 끊어내게 하옵소서. 그리하여 약속의 땅에서 하나님이 주시는 생명을 얻고 더 풍성하게 얻는 선순환의 삶이 시작되게 하옵소서. 우리의 결심만으로는 할 수 없사오니, 성령님 우리를 도와주옵소서. 예수님의 이름으로 기도합니다. 아멘.

사 사 기 묵 상 10

하나님의 테스트

읽을 말씀: 사사기 2:18-3:6

새길 말씀: ²⁰여호와께서 이스라엘에게 진노하여 이르시되 이 백성이 내가 그들의 조상들에게 명령한 언약을 어기고 나의 목소리를 순종하지 아니하였은즉 ²¹나도 여호수아가 죽을 때에 남겨둔 이방 민족들을 다시는 그들 앞에서 하나도 쫓아내지 아니하리니 ²²이는 이스라엘이 그들의 조상들이 지킨 것같이 나 여호와의 도를 지켜 행하나 아니하나 그들을 시험하려 함이라 하시니라(삿 2:20-22).

하나님의 실망

우리는 지금 사사 시대 이스라엘 백성이 '계약 백성'으로 사는 일에 실패하는 모습을 살펴보고 있습니다. 그들의 모습을 지켜보시는 하나님의 마음은 과연 어떠셨을까요? 기대가 크면 실망도 크다고 하지요. 하나님은 이스라엘 백성에게 무척이나 실망하셨을 것입니다. 그들은 하나님이 특별히 선택하여 세우신 하나님의 백성이기 때문입니다.

하나님은 이집트의 압제에서 그들을 구원하셨을 뿐 아니라, 시내산에서 그들과 특별히 계약을 맺으셨습니다. 광야 생활을 하는 동안 때마다 일마다 그들의 필요를 채워주셨습니다. 젖과 꿀이 흐르는 약속의 땅으로 인도하셨고, 가나안 족속과의 전쟁에서 이기게 하셨습니다. 그리고 그 땅을 골고루 분배해주셨습니다. 그런데 이제 얼마나 시간이 지났다고 그렇게 하나님을 배역하고 우상 숭배에 빠져듭니까?

만일 우리가 그런 식으로 다른 사람에게 배신을 당했다면 어떤 반응을 보일까요? 헌신적으로 돌보아주고 전심으로 사랑하고 철석같이 믿어왔던 사람이 만일 우리를 배신하고 떠나간다면, 우리는 크게 실망할 겁니다. 그리고 마음에 큰 상처를 받게 될 겁니다. 그 사람에 대한 복수심이 생길 것이고, 더는 사람들을 믿으려고 하지 않을 것입니다.

하나님도 이스라엘 백성에게 크게 실망하셨습니다. 그 실망은 '진노'와 '심판'으로 나타났습니다. 그것은 '계약관계'의 당사자로서 지극히 정당한 권리 행사였습니다. 그러나 하나님은 이스라엘 백성과의 계약관계를 끊어버리지는 않으셨습니다. 그들이 하나님의 심판으로 인해 고통 속에서 부르짖을 때, 하나님은 '쇼페팀'을 세워 그들을 구원해주셨습니다.

그렇게 해서 관계가 다시 회복될 수 있다면 참 좋겠지만, 오히려 똑같은 일이 계속 반복됩니다. 한동안 잠잠하게 지내던 이스라엘이 또다시 배역의 길을 걸어갑니다. 하나님은 물론 더 크게 실망하셨고, 더 크게 진노하셨습니다. 사람들 같았으면 이미 비극적인 결말로 끝나고 말았을 겁니다. 그러나 하나님은 이스라엘을 포기하지 않으셨습니다. 또다시 그들을 위해 사사를 세우시고 구원하셨습니다. 그것이 사사 시대 내내 반복되는 역사의 사이클입니다.

아니, 이것은 사사 시대만의 이야기가 아닙니다. 태초에 아담과 하와가 하나님께 불순종하여 죄를 지은 이후로 인류의 역사를 통해서 계속 반복되는 이야기입니다. 지금 우리도 그 역사를 반복하고 있는지도 모릅니다. 그런데 왜 하나님은 그 역사의 사이클을 끝내버리지 않으실까요? 왜 바보처럼 자꾸 인간에게 속고만 계시는 것일까요? 구원해 줘봐야 얼마 지나지 않아 다시 배교할 인간을 왜 그냥 놔두시는 것일까요? 여기에는 적어도 두 가지 답이 있습니다.

첫 번째는 하나님은 계약에 신실하신 분이기 때문입니다. "내가 너희와 함께한 언약을 영원히 어기지 아니하리라!"(삿 2:1) 길갈에서 보김으로 올라온 하나님의 사자가 말씀하신 것입니다. 인간은 신실하지 못할지라도, 하나님은 신실하십니다. 그래서 그 계약을 지키려고 무던히 애쓰고 계시는 것입니다.

두 번째는 새로운 세대에 대한 새로운 기대 때문입니다. 비록 부모 세대가 하나님과의 관계에 신실하지 못하여 하나님으로부터 책망과 심판을 받았다고 하더라도, 다음 세대는 얼마든지 다를 수도 있습니다. 설혹 그들이 부모 세대와 똑같이 하나님을 배역하는 길을 걷게 된다고 하더라도, 적어도 그들에게 선택할 기회를 주는 것이 마땅한 일입니다. 그래서 하나님은 인류의 역사를 완전히 끝내지 않으시고, 지금도 계속 이어가고 계시는 것입니다.

하나님의 회개

오늘 본문은 그러한 하나님의 마음을 '하나님의 시험'과 '순종의 기회'라는 말로 설명하고 있습니다.

> 여호와께서 그들을 위하여 사사들을 세우실 때에는 그 사사와 함께 하셨고 그 사사가 사는 날 동안에는 여호와께서 그들을 대적의 손에서 구원하셨으니 이는 그들이 대적에게 압박과 괴롭게 함을 받아 슬피 부르짖으므로 여호와께서 뜻을 돌이키셨음이거늘…(삿 2:18).

이스라엘의 배역에 대해 심판하면서도 그들을 위해 사사를 세우시고 그들과 함께하셔서 대적의 손에서 구원하신 이유에 대해서 오늘 본문은 "여호와께서 뜻을 돌이키셨음이라"라고 설명합니다. 여기에서 '돌이켰다'는 말의 히브리어 '나함'(naham)은 '마음을 바꾸다'(change mind)라는 의미와 함께

'회개하다'(repent)라는 의미가 있습니다. 놀랍지 않습니까? 하나님께서 '회개'하셨다고 하니 말입니다!

물론 하나님이 무슨 잘못을 하신 것은 아닙니다. 하나님은 이스라엘과의 계약을 신실하게 지키셨습니다. 그리고 회개해야 할 당사자는 이스라엘입니다. 그들이 계약을 어기고 우상 숭배에 빠졌기 때문입니다. 그들이 한 일은 기껏해야 대적에게 압박과 괴롭게 함을 받아 슬피 부르짖은 것이 전부입니다. 그 어디에서도 '회개'했다는 말을 찾아볼 수가 없습니다.

그런데도 그들이 구원을 받게 된 것은 모두 하나님의 '회개' 때문입니다. 하나님이 마음을 바꾸신 것입니다. 하나님이 뜻을 돌이키신 것입니다. 이 대목에서 우리는 구원이란 인간의 회개로 인해 주어지는 당연한 결과가 아니라 오직 하나님의 긍휼과 은혜로 주어지는 선물이라는 사실을 다시 한번 확인하게 됩니다.

하나님의 회개에 대해서 이스라엘 백성은 어떤 반응을 보였을까요?

> 그 사사가 죽은 후에는 그들이 돌이켜 그들의 조상들보다 더욱 타락하여 다른 신들을 따라 섬기며 그들에게 절하고 그들의 행위와 패역한 길을 그치지 아니하였으므로…(삿 2:19).

이스라엘 백성도 "돌이켰다"고 합니다. 그런데 방향은 정반대입니다. 하나님은 이스라엘을 구원하는 방향으로 마음을 바꾸셨는데, 이스라엘은 그들의 조상들보다 더욱 타락하는 길로 돌이켰다고 합니다. 하나님을 따라 그 말씀에 순종하는 방향이 아니라, 다른 신을 섬기며 그 신의 가르침을 따라 패역한 길을 걷기로 마음을 바꾸었던 것입니다.

구원도 한 두 번이지, 매번 이런 식으로 나가는데 계속 구원해야 할까요? 그러나 하나님은 이스라엘과의 계약관계를 끝내지 않고 계속 이어가십니다.

> 20여호와께서 이스라엘에게 진노하여 이르시되 이 백성이 내가 그들의 조상들에게

명령한 언약을 어기고 나의 목소리를 순종하지 아니하였은즉 21나도 여호수아가 죽을 때에 남겨 둔 이방 민족들을 다시는 그들 앞에서 하나도 쫓아내지 아니하리니…(삿 2:20-21).

이방 민족을 쫓아내지 않겠다는 이 말씀은 앞에서 우리가 이미 묵상한 보김의 예배 자리에 직접 사람의 몸으로 나타나신 하나님의 입에서 나온 말씀, 즉 "내가 그들을 너희 앞에서 쫓아내지 아니하리니…"(삿 2:2)의 반복입니다. 그러나 그때와 달라진 것이 하나 있습니다. 앞에서는 이스라엘에 대한 심판의 성격이 강한 말씀이었지만, 여기에서는 하나님의 '회개', 즉 하나님의 '달라진 마음'을 반영하는 말씀이기 때문입니다.

하나님의 시험

그 달라진 내용은 계속 이어지는 22절에 기록되어 있습니다.

이는 이스라엘이 그들의 조상들이 지킨 것 같이 나 여호와의 도를 지켜 행하나 아니하나 그들을 시험하려 함이라 하시니라(삿 2:22).

하나님은 그들을 시험하기로 마음을 바꾸셨습니다. 여기에서 '시험'은 '유혹'(temptation)이 아니라 '테스트'(test)입니다. '유혹'은 넘어지고 망하게 하는 것이지만, '테스트'는 그다음 단계로 나아갈 수 있게 하는 것입니다.

그들은 이미 하나님께 순종하지 않았습니다. 그 일로 인해서 하나님이 그들을 그냥 심판하고 망하게 하실 수도 있었습니다. 그러신다고 누가 뭐라 그럴 사람도 없습니다. 하지만 그렇게 하지 않으시고, 이스라엘 백성이 여호와의 도를 지켜 행하는지 행하지 않는지 테스트해보기로 하신 것입니다. 그들에게 하나님의 말씀에 순종할 수 있는 또 다른 기회를 주기로 하신 것입니다. 그래서 그들을 노략하는 자의 손에 넘겨주셨다가도, 다시 사사를 세우셔서 그 노략자의 손에서 그들을 구원하신 것입니다.

지금 우리에게 주어진 인생은 바로 그런 것입니다. 우리가 과거에 지은 죄와 허물에 대해서 만일 하나님이 책임을 물으시고 우리를 엄중하게 심판하셨다면, 우리는 이미 망했어야 마땅합니다. 그러나 우리가 이렇게 하나님을 믿고 신앙 생활하면서 새로운 인생을 살고 있는 것은 하나님이 우리에게 주신 특별한 은혜입니다. 덤으로 주어진 인생입니다.

그런데 하나님은 왜 우리를 구원해주셨습니까? 우리가 눈물로 회개하고 철저하게 통회(痛悔)하며 자복(自服)해서 구원받을 자격을 얻었기 때문입니까? 아닙니다. 그런 자격을 얻을 수 있는 사람은 이 세상에 하나도 없습니다. 단지 하나님이 우리를 시험해보려고 마음을 바꾸셨기 때문입니다. 우리가 하나님의 말씀을 따라서 행하는지 행하지 않는지를 보고 싶으셨던 것입니다. 그래서 우리에게 순종할 수 있는 또 다른 기회를 주신 것입니다.

이것이 바로 하나님의 '회개'입니다. 이것이 사사 시대 이스라엘 백성을 바라보시는 달라진 하나님의 마음입니다. 만일 그러지 않으셨다면 이스라엘은 약속의 땅에서 더 일찍 망하고 말았을 것입니다.

물론 그들에게 모든 조건이 완벽하게 갖추어진 것은 아니었습니다. 그들 주변에는 여전히 남겨진 이방 민족들이 있었습니다.

여호와께서 그 이방 민족들을 머물러 두사 그들을 속히 쫓아내지 아니하셨으며 여호수아의 손에 넘겨주지 아니하셨더라(삿 2:23).

사실 이방 민족들이 가나안 땅에 남아 있게 된 것은 이스라엘 백성이 자초한 일이었습니다. '자업자득'이었습니다. 그들이 정말 하나님의 말씀에 순종하여 각자에게 분배받은 땅에 들어가서 그들을 모두 쫓아내었다면 이렇게 남아 있을 이유가 없습니다. 그러나 그들의 '불완전한 순종'으로 인해 가나안 원주민들이 그들과 함께 섞여 살게 되었고, 그로 인해서 결국 이스라엘이 하나님께 악을 행하게 된 것입니다.

사람들은 이렇게 생각할지 모릅니다. 기왕이면 하나님이 직접 나서서 가나안 족속들을 다 몰아내 주시면 좋지 않겠느냐고 말입니다. 그러면 이스라엘 백성이 더욱 하나님을 잘 섬기면서 온전히 순종하면서 살지 않겠느냐고 말입니다. 아니 처음부터 이방 민족이 살지 않는 그런 '무주공산'에 들어가게 하셨으면 더 좋지 않겠느냐고 그럴지도 모릅니다.

그러나 그것은 하나님이 일하시는 방법이 아닙니다. 선택할 기회가 없으면 온전한 순종을 검증할 수 없습니다. 그것은 마치 에덴동산에 '선악을 알게 하는 나무'를 심어놓으시고 그 실과를 따먹지 말라고 명령하신 것과 같습니다. 그 나무만 없었더라면 아담과 하와는 에덴동산에서 쫓겨나지 않고 오래오래 행복하게 살았을까요? 하나님이 그 나무를 심어놓으셨기 때문에 인간들이 타락하게 된 것일까요?

아닙니다. 만일 그렇다면 인간은 처음부터 '인간'이 아니라 '로봇'입니다. 선택할 기회와 능력이 없이 어떻게 인간의 인간 됨을 증명할 수 있겠습니까? 그래서 하나님은 에덴동산에 '생명나무'와 '선악을 알게 하는 나무'를 심어놓으신 것입니다.

물론 하나님의 기대는 아담과 하와가 그들에게 주어진 자유의지로 하나님의 명령을 따라 순종하는 것이었습니다. 그러나 하나님의 기대와는 달리 안타깝게도 그들은 사탄의 꼬임에 넘어가서 하나님의 명령에 불순종하였습니다. 그 결과 에덴동산에서 쫓겨난 것입니다. 그렇다고 불순종의 기회를 막아버린다면, 어떻게 그들이 하나님께 온전히 순종하는지 알 수 있겠습니까?

같은 이유로 하나님은 가나안 땅에 이방 민족들을 머물러 있게 하셨습니다. 더는 그들을 쫓아내지 않기로 하셨습니다. 그들 사이에서 살면서 이스라엘 백성이 하나님의 도를 지켜 행하는지 그렇지 않은지를 시험해보기로 마음을 바꾸신 것입니다.

하나님의 말씀에 순종할 사람은 어떤 악조건 속에서도 순종하며 살아갑니다. 그러나 하나님의 말씀에 순종하지 않을 사람은 최상의 조건 속에서도 어떻게든 순종하지 않습니다. 그래서 결국 망하는 것입니다.

전쟁과 순종

'하나님의 시험'과 '순종의 기회'는 새롭게 등장하는 세대에게도 그대로 적용되었습니다.

> ¹여호와께서 가나안의 모든 전쟁들을 알지 못한 이스라엘을 시험하려 하시며 ²이스라엘 자손의 세대 중에 아직 전쟁을 알지 못하는 자들에게 그것을 가르쳐 알게 하려 하사 남겨 두신 이방 민족들은 ³블레셋의 다섯 군주들과 모든 가나안 족속과 시돈 족속과 바알 헤르몬 산에서부터 하맛 입구까지 레바논 산에 거주하는 히위 족속이라(삿 3:1-3).

여기에서 '가나안의 모든 전쟁을 알지 못하는 이스라엘'이나 '이스라엘 자손의 세대 중에 아직 전쟁을 알지 못하는 자들'은 모두 가나안 2세대나 3세대 그 이후의 사람들을 가리킵니다. 그들은 광야 세대가 치렀던 세 번의 캠페인이나 분배받은 땅에 들어가기 위해서 치렀던 전쟁을 알지 못하는 사람들입니다. 그들은 앞으로 사사 시대에 등장하게 될 이스라엘의 후손들입니다.

그 후손들을 '시험하기' 위해서 하나님은 이방 민족들을 남겨두셨다고 합니다. 무엇을 시험한다는 것일까요? 물론 앞에서 이야기한 것처럼 '하나님의 말씀에 순종하여 그 도를 지켜 행하는지 그렇지 않은지'를 테스트한다는 뜻입니다.

그런데 여기에 한 가지 새로운 개념이 등장합니다. '그것을 가르쳐 알게 하려 한다'는 말씀에 담겨 있습니다. 여기에서 '그것'이 무엇일까요? 히브리 원어로 읽으면 그 뜻이 분명합니다. '그것'은 바로 '전쟁'입니다. 그러니까 아직 '전쟁'을 알지 못하는 자들에게 '전쟁'을 가르쳐 알게 한다는 것입니다.

전쟁을 가르친다고 해서 무슨 전쟁에 대한 일반적인 경험이나 기술이나 방법을 가르친다는 그런 의미는 아닙니다. 이는 오히려 하나님이 이스라엘을 위해 싸우시며, 그 싸움에서 이스라엘에게 필요한 것은 군사력이나 전투기술이 아니라 하나님의 말씀에 대한 순종이라는 사실을 알게 한다는 뜻입니다. 그것이 여호수아와 광야 세대가 약속의 땅에서 경험한 전쟁의 의미였습니다.

만일 사사 시대에 등장하는 이스라엘 후손들이 주변에 그들을 괴롭히는 이방 민족들이 없는 그런 상황 속에서 살았다면, 이와 같은 전쟁을 경험할 기회가 없었을 것입니다. 그러나 이방 민족들과의 갈등과 전쟁을 통해서 이스라엘은 여호와의 전쟁이 어떤 것인지, 궁극적으로 여호와 하나님이 어떤 분인지 알아가야 했던 것입니다. 그렇게 함으로써 그들이 하나님의 말씀에 순종하는지 시험하시겠다는 것입니다.

그러나 이스라엘은 이러한 시험에 보기 좋게 실패했습니다.

> 5그러므로 이스라엘 자손은 가나안 족속과 헷 족속과 아모리 족속과 브리스 족속과 히위 족속과 여부스 족속 가운데에 거주하면서 6그들의 딸들을 맞아 아내로 삼으며 자기 딸들을 그들의 아들들에게 주고 또 그들의 신들을 섬겼더라(삿 3:5-6).

우리말 성경의 '그러므로'는 '그러나'로 바꾸는 것이 좋습니다. 앞에서 이스라엘을 시험하고 전쟁을 가르치기 위해서 이방 민족을 남겨두셨다고 해놓고선, '그러므로' 이스라엘 자손이 이방 민족과 결혼하고 그들의 신들을 섬겼다고 하는 것은 앞뒤가 맞지 않는 말입니다. 오히려 하나님의 의도와 달리 이스라엘 자손은 이방 민족들과 섞여서 그들의 정체성을 잃어버리게 되었다는 것을 이야기하려는 것입니다. 하나님의 시험에 실패하고 만 것이지요. 그래서 3장 7절부터 사사 시대의 역사가 본격적으로 펼쳐지게 되었던 것입니다.

여기까지가 사사기의 서론입니다. 아니, 사실은 사사기의 서론이 아니라 지금까지 우리가 살아온 인생의 서론이었습니다. 그다음에 펼쳐질 이야기는 우리가 앞으로 살아가게 될 나머지 인생 이야기요, 우리의 자녀들이 펼쳐나 갈 그들의 인생 이야기입니다.

우리는 이제 하나님의 시험 무대에 올라섭니다. 하나님의 말씀에 순종하는 '계약 백성'으로 살아갈지 아니면 자기 소견에 옳은 대로 '왕이 없는 백성'으로 살아갈지, 우리 각자의 인생을 통해서 시험하게 될 것입니다. 이것은 우리에게 순종을 통한 축복의 기회가 될 수도 있고, 불순종을 통한 저주의 기회가 될 수도 있습니다. 선택의 자유가 지금 우리에게 주어진 것입니다.

우리 모두 하나님의 시험에 잘 통과하기를 소원합니다. 우리 앞에 놓인 순종의 기회를 축복의 기회로 만들어가기를 간절히 소원합니다.

묵상 질문: 나는 하나님의 시험을 잘 통과하고 있는가?
오늘의 기도: 우리를 향한 하나님의 기대가 무엇인지 알게 하옵소서. 하나님의 말씀을 거역하게 만드는 세상의 유혹에 넘어가지 않게 하시고, 우리에게 주어진 자유의지로 오직 하나님의 말씀에 순종하는 길을 선택하게 하옵소서. 그리하여 하나님의 마음을 기쁘게 하는 인생이 되게 하옵소서. 예수님의 이름으로 기도합니다. 아멘.

제 2 막

열두 사사(士師)
이야기

| 사사기 3-16장 |

모범적인 사사 옷니엘

읽을 말씀: 사사기 3:7-11

새길 말씀: 이스라엘 자손이 여호와께 부르짖으매 여호와께서 이스라엘 자손을 위하여 한 구원자를 세워 그들을 구원하게 하시너 그는 곧 갈렙의 아우 그나스의 아들 옷니엘이라(삿 3:9).

지난 시간까지 우리는 사사기의 서론을 살펴보았습니다. 그러면서 이스라엘은 여호수아가 죽기 이전에 이미 하나님의 말씀에 온전히 순종하는 일에 실패하고 있었다는 사실을 알게 되었습니다. 그들의 '불완전한 순종'이 가나안 족속을 쫓아내지 않았고, 그것이 결국 '다음 세대'를 '다른 세대'와 '떠난 세대'가 되게 하여, 마침내 하나님의 말씀에 불순종하고 우상 숭배에 빠지는 결과를 낳게 했다는 사실도 알게 되었습니다.

물론 하나님은 그들의 배교에 진노하셔서 대적의 손에 넘겨 심판하셨지만, 완전히 망하게 하지는 않으셨습니다. 괴로움으로 인해 부르짖을 때 하나님은 '쇼페팀'을 세워 그들을 구원하셨습니다. 그렇게 하나님은 또 다른 순종의 기회를 주어 시험(test)하셨지만, 실망스럽게도 그들은 매번 하나님의 기대를 저버리고 배교의 길을 선택했습니다. 여기까지가 앞으로 전개될 사

시대의 순환적인 역사 구조를 설명하는 서론의 내용이었습니다.

오늘부터 우리는 사사기의 본론에 들어가서 사사 시대 동안 실제로 일어난 역사적인 사건들과 하나님이 세우신 열두 쇼페팀의 활약에 대해서 하나씩 살펴보게 될 것입니다. 사사기는 물론 '역사적인 사실'을 담고 있는 역사서입니다. 그러나 역사적인 사건을 단순히 연대기적으로 나열하지 않습니다. 오히려 오고 오는 모든 세대의 하나님 백성에게 '신앙적인 메시지'를 전하려고 합니다.

이 두 가지의 균형 속에서 사사기의 말씀을 묵상해야 합니다. 그럴 때 우리를 향한 하나님의 음성을 들을 수 있게 되는 것입니다. 그 음성은 바로 "계약 백성답게 살아가라!"는 하나님의 명령이요 또한 초대입니다.

옷니엘의 등장

오늘은 첫 번째 사사였던 '옷니엘'(Othniel)의 이야기를 살펴보겠습니다. 12명의 사사는 각각 서로 다른 특징을 가지고 있습니다. 옷니엘에게는 '모범적인 사사'라는 별명이 잘 어울립니다. 왜냐면 뒤에 등장하는 나머지 사사들이 여러 가지 결점을 보이는 것에 비해서 옷니엘은 누가 보아도 가장 전형적이고 가장 모범적인 사사의 모습을 보여주기 때문입니다.

물론 하나님은 때로 우리의 기대와 예상을 뒤엎는 사람을 선택하기도 하십니다. 여러 가지 결점이 있더라도 하나님이 세우시면 얼마든지 이스라엘을 구원하는 도구로 사용될 수 있습니다. 그러나 무엇이든지 기본적인 '기준'(基準)은 있어야 합니다. 그래야 '변주'(變奏)가 가능해지고, 그 변주가 가지는 의미 또한 이해할 수 있게 되는 것입니다. 하나님이 첫 번째 사사로 옷니엘을 선택하신 것은 아마도 사사의 모범적인 기준을 세우시려는 의도가 있었던 것으로 보입니다.

그리고 옷니엘의 이야기는 사사 시대 역사의 전형적인 모습을 가장 잘 보여주고 있습니다. 앞에서 설명한 대로 사사 시대는 배교와 심판과 부르짖음과 구원에서 또다시 배교로 이어지는 순환적인 구조로 진행됩니다. 그런데 모든 사사 이야기에 이런 구조가 분명히 드러나는 것은 아닙니다. 어떤 경우에는 사사의 이름만 등장하고 그 구체적인 역사에 대해서는 침묵하기도 합니다. 그러나 그럴 때도 우리는 옷니엘의 이야기에서 보여주는 사사 시대의 순환적인 역사를 기준으로 비어 있는 여백의 의미를 유추해 볼 수 있습니다.

배교와 심판

옷니엘의 이야기는 이스라엘의 '배교'로부터 시작됩니다.

이스라엘 자손이 여호와의 목전에 악을 행하여 자기들의 하나님 여호와를 잊어버리고 바알들과 아세라들을 섬긴지라(삿 3:7).

이것이 이스라엘의 배교에 대한 가장 기본적인 설명입니다. 다른 데서는 단지 "이스라엘 자손이 또 여호와의 목전에 악을 행하니라"(삿 3:12; 4:1; 6:1)라는 식으로 단순하게 말하기도 하지만, 그 또한 옷니엘의 이야기에서 설명한 이스라엘 자손의 배교를 전제로 하는 설명입니다.

이스라엘 자손의 배교는 세 가지의 특징을 가지고 있습니다. 그 첫 번째는 "여호와의 목전에 악을 행했다"는 것입니다. 여기에 대해서는 "자기 소견에 옳은 대로 행했다"는 말씀과 비교하여 이미 설명했습니다. '자기 자신의 눈'이 판단 기준이 될 때 '하나님의 눈'에 악한 일을 행하게 된다고 했습니다. 그것이 '불완전한 순종'의 이유가 되고 있으며, 그것이 사사 시대 이스라엘 백성의 '불순종'의 결과를 낳게 된 것입니다.

두 번째는 "자기들의 하나님 여호와를 잊어버렸다"는 것입니다. 그냥 '하나님'이 아닙니다. '자기들의 하나님'을 잊어버린 것입니다. 그것은 마치 '자기 부모'를 잊어버린 자녀와 같습니다. '자기 뿌리'를 잘라낸 것과 다르지 않습니다. 다른 곳에서는 "하나님 여호와를 버렸다"(삿 2:12; 10:6)고 하기도 하는데, '잊다'(forget)와 '버리다'(forsake)는 사실상 동의어입니다. 잊으면 버리게 됩니다.

그래서 성경은 기회가 있을 때마다 잊어버리지 말고 '기억하라'고 말씀하고 있는 것입니다. 특히 신명기에서 이 말씀이 가장 많이 반복되고 있습니다.

> 18네 하나님 여호와를 기억하라. 그가 네게 재물 얻을 능력을 주셨음이라. 이같이 하심은 네 조상들에게 맹세하신 언약을 오늘과 같이 이루려 하심이니라. 19네가 만일 네 하나님 여호와를 잊어버리고 다른 신들을 따라 그들을 섬기며 그들에게 절하면 내가 너희에게 증거하노니 너희가 반드시 멸망할 것이라(신 8:18-19).

하나님을 잊어버리고 하나님의 경고를 잊어버리기 때문에, 결국에는 하나님을 버리고 우상 숭배에 빠지게 되는 것입니다. 건망증은 어쩔 수 없다고 하더라도 하나님을 잊어버리는 영적인 건망증과 치매에 빠지지 않도록 조심해야 합니다. 하나님을 잊어버리는 것이 바로 배교의 시작이기 때문입니다.

세 번째는 "바알들과 아세라들을 섬겼다"는 것입니다. 앞에서는 '아스다롯'(Ashtaroths)을 섬겼다고 하는데(삿 2:13), 여기에서는 '아세라들'(Asherahs)이라고 합니다. 이 외에도 종종 '아낫'(Anat)이라는 이름도 등장합니다. 이들은 모두 바알 종교에 나오는 여신들입니다. 이들 사이에 복잡한 친인척 관계가 있지만, 우리가 그것을 자세히 알 필요는 없습니다. 무엇이 되었든지 다 풍요를 추구하는 농경문화가 만들어 낸 바알 종교의 우상들입니다. 하나님을 버리고 그 우상을 섬기게 되는 것이 바로 배교의 구체적인 내용입니다.

그런데 이처럼 하나님을 잊어버리고 가나안의 우상들을 섬기면 그들이 기대하는 것처럼 과연 잘 먹고 잘살게 될까요? 그렇지 않습니다. 하나님을 섬기지 않으면 세상의 악한 권력의 지배를 받게 되어 있습니다.

> 여호와께서 이스라엘에게 진노하사 그들을 메소보다미아 왕 구산 리사다임의 손에
> 파셨으므로 이스라엘 자손이 구산 리사다임을 팔 년 동안 섬겼더니…(삿 3:8).

하나님을 섬기지 않고 배신하는 이스라엘 백성을 '메소보다미아 왕'에게
팔아넘기셔서, 그를 8년 동안 섬기게 하셨습니다. 여기에서 우리말 '메소보다
미아'로 번역된 히브리어는 본래 '아람 나하라임'(Aram Naharayim)입니다.
'나하르'(nahar, 강)에 복수형 어미를 붙이면 '두 개의 강'이라는 뜻의 '나하라
임'이 됩니다. 따라서 '아람 나하라임'은 '두 개의 강의 아람'(Aram of the two
rivers)이라는 뜻입니다. 이는 유프라테스강과 티그리스강이 있는 지금의 시
리아 북부 지역을 가리킵니다.

이 아람 왕의 이름은 '구산 리사다임'이었습니다. '구산'(Cushan)은 본래
이름이고 '리사다임'(rishathaim)은 '두 배로 악하다'(double wickedness)는 의
미의 히브리식 별명입니다. 사사기를 기록한 역사가는 이와 같은 방식으로
이스라엘 자손이 섬기던 아람 왕 구산이 얼마나 악한 인물이었는지를 드러냅
니다. 자기 하나님을 잊어버리고 풍요의 신들을 쫓아간 결과 오히려 두 배로
악한 왕의 다스림을 받게 된 것이지요. 그것이 바로 하나님의 심판입니다.

부르짖음과 구원

그다음 단계는 이스라엘의 '부르짖음'과 하나님의 '구원'입니다.

> 이스라엘 자손이 여호와께 부르짖으매 여호와께서 이스라엘 자손을 위하여 한 구원자를
> 세워 그들을 구원하게 하시니 그는 곧 갈렙의 아우 그나스의 아들 옷니엘이라(삿 3:9).

구산의 압제하에서 이스라엘은 여호와께 '부르짖었다'고 합니다. 그러나
그들의 '부르짖음'은 '회개'가 아니었습니다. 단지 그들이 당하고 있는 고통

에 대한 탄식 소리였습니다. 여기에 사용된 동사 '자아크'(zaaq)는 기도라기보다 큰소리로 외치는 것을 묘사하는 말로, 그 자체에 어떤 종교적인 의미를 포함하지 않습니다. 만일 '부르짖음'의 내용이 구체적으로 기록되었다면 모를까, 단순히 부르짖는 행동을 진정한 회개라고 보기 어렵습니다.

그러니까 이스라엘 자손의 회개가 하나님의 구원을 가져온 게 아닙니다. 오히려 하나님이 고통으로 신음하는 이스라엘의 부르짖음에 반응하셔서 구원자를 세우셨다고 보는 것이 맞습니다. 하나님은 이스라엘 자손을 위하여 한 '구원자'를 세워 그들을 구원하게 하십니다. 그 첫 번째 사사가 바로 '옷니엘'이었습니다.

옷니엘은 이미 사사기 1장에서 유다 지파 갈렙의 딸 악사와 결혼하는 이야기로 자세히 소개되었습니다(삿 1:11-15). 그는 갈렙의 약속을 믿고 드빌을 정복하러 나서는 용감한 청년으로 등장합니다. 그는 결국 갈렙의 사위가 되었고, 악사의 지혜로운 요구로 좋은 땅을 은혜의 선물로 받게 됩니다. 자, 그로부터 지금까지 얼마나 긴 세월이 흘렀을까요?

그 당시 갈렙은 85세였고 여호수아는 그보다 두세 살쯤 아래였으니까, 여호수아가 110세에 죽을 때까지 적어도 27년쯤 흘렀을 것입니다. 거기에다 여호수아와 함께하던 광야 세대 장로들이 모두 죽었으니까(삿 2:7) 최소한 20여 년은 더 지나갔을 것입니다. 그 후에 구산 왕이 이스라엘 침공하여 8년을 다스렸으니, 모두 합하면 적어도 50년이 훌쩍 넘어버린다는 계산이 나옵니다.

만일 옷니엘이 그의 나이 30에 악사와 결혼했다면 지금 그 장인이었던 갈렙의 나이쯤 되었을 것입니다. 그 나이에 최초의 사사로 부름을 받게 된 것이지요. 갈렙이 '백발의 청년'이었듯이 옷니엘 역시 '백발의 청년'이었습니다. 그 장인에 그 사위였던 셈입니다.

옷니엘이 사사로 세워지는 과정 역시 전형적인 모습을 보여줍니다.

여호와의 영이 그에게 임하셨으므로 그가 이스라엘의 사사가 되어 나가서 싸울 때에 여호와께서 메소보다미아 왕 구산 리사다임을 그의 손에 넘겨주시매 옷니엘의 손이 구산 리사다임을 이기니라(삿 3:9).

우선 '여호와의 영이 그에게 임하였다'고 합니다. 그는 젊었을 적에 '드빌'을 정복하러 나설 만큼 용기 있는 사람이었습니다. 그러나 지금은 나이를 먹을 만큼 먹었습니다. 게다가 그가 나가서 싸워야 할 대상은 '드빌' 정도가 아닙니다. 당시 고대 중동의 패권을 겨루고 있던 악명 높은 아람 왕 구산과 그의 군사들입니다. 단순히 그의 용기만으로는 감당할 수 없는 일입니다.

그런 옷니엘에게 하나님은 '하나님의 영'을 부어주셨습니다. 그래서 이스라엘의 사사가 된 것입니다. 하나님은 언제나 그런 방식으로 사사를 세우십니다. 하나님의 영에 의해 다스림을 받는 사람만이 사사가 될 수 있습니다. 그래야 무슨 일이든 온전히 순종할 수 있기 때문입니다.

그런데 이스라엘의 사사가 되어 나가서 싸웠다고 해서 옷니엘이 하나님의 영을 받자마자 나가서 싸운 것처럼 생각하면 안 됩니다. 여기에서 '사사가 되었다'는 말의 히브리어 '와이시포트'(wayyishpot)는 본래 '다스렸다'(he judged 혹은 he governed)라는 뜻입니다. 옷니엘은 먼저 이스라엘을 내부적으로 추스르기 시작했던 것입니다. 그리고 나서 아람 왕 구산과 싸우러 나간 것입니다.

어차피 전쟁은 혼자서 하는 것이 아닙니다. 이스라엘 백성이 함께 참여해야 합니다. 그러기 위해서 내부적인 결속을 다지는 리더십을 발휘하는 일이 먼저입니다. 그러나 아무리 결속을 다지면서 병력을 모집하여 나가서 싸운다고 하더라도 그런 오합지졸로는 이미 잘 훈련이 되어 있는 아람 대국의 군사들과 싸워서 이길 수 없습니다. 그런데 결국에는 이겼습니다. 어떻게 된 일일까요?

오늘 본문은 말합니다. "여호와께서 그의 손에 넘겨주셨다." 마치 광야 세대가 가나안에서 전쟁을 벌일 때에 그러셨듯이 하나님은 옷니엘의 손에 아람 군사들을 넘겨주셨습니다. 그래서 대승을 거두고 마침내 아람 왕 구산의 8년 압제를 끝낼 수 있었던 것입니다. 이 전쟁의 속성이 무엇인지 옷니엘 이야기는 잘 드러냅니다.

옷니엘은 가나안 땅의 가장 남쪽에 있는 유다 지파 출신입니다. 아람은 가나안 땅의 북쪽에 있는 나라입니다. 그런데 하나님은 왜 하필 유다 지파 출신을 사사로 세우셨을까요? 북쪽에서 이스라엘을 침공하러 오는 아람과 대항하려면 가나안 북부 지역에 자리 잡은 어느 지파에서 사사를 세우는 것이 더 적절하지 않을까요?

이는 아브라함 당시에 메소포타미아 연합 4개국이 가나안을 침공하여 치른 '가나안전쟁'(창 14:1-16)을 참조하면 이해가 됩니다. 그들은 산악지대였던 팔레스타인의 북쪽 루트로 들어오지 않았습니다. 오히려 요단강 동쪽의 넓은 평원을 통해서 사해 아래까지 쳐들어와서 가나안의 남쪽을 통해서 들어왔습니다.

아람 왕 구산도 그 선례를 따른 것으로 보입니다. 어차피 가나안 지역만을 침공하려고 오지는 않았을 것입니다. 다른 여러 나라에 조공을 바치게 하려고 왔다가 가나안 남쪽으로 들어와서 거기에 요새를 세우고 군대를 주둔시킨 것이지요. 그러니 그들을 몰아내기 위해서는 유다 지파의 옷니엘이 가장 적절한 지역적인 인물이었던 것입니다.

여하튼 전쟁은 끝났고 평화와 안식을 되찾게 되었습니다.

그 땅이 평온한 지 사십 년에 그나스의 아들 옷니엘이 죽었더라(삿 3:11).

우리말 성경에는 마치 40년 동안 평화롭게 지낸 후에 옷니엘이 죽은 것으로 묘사하지만, 히브리어 원문은 "그 땅이 40년 동안 평온했다"(The land had rest forty years)와 "옷니엘이 죽었다"(And Othniel died)는 두 문장으로 되어 있습니다. 그러니까 40년이 지난 후에 옷니엘이 죽은 것으로 이해할 필요는 없습니다. 이는 다른 사사들도 마찬가지입니다.

자, 그런데 옷니엘을 왜 모범적인 사사라고 말할까요? 우선 그는 검증된

'믿음의 사람'입니다. 과거의 흔적들이 그것을 말해주고 있었습니다. 그는 적지 않은 나이에도 불구하고 '하나님의 영이 임함'으로 사사로 세워졌습니다. 그는 이스라엘 백성을 내부적으로 잘 추스르는 리더십도 갖추고 있었습니다. 그리고 전쟁에서의 승리에 인간적인 요인은 전혀 언급되지 않습니다. 오직 하나님이 승리의 근원임을 분명히 드러냅니다.

게다가 옷니엘에게는 자녀가 있었지만(대상 4:13), 사사기는 그의 자녀를 언급하지 않습니다. 이는 후에 자녀로 인해 여러 문제를 일으키는 다른 사사들과 비교해 볼 때 아주 모범적인 사례가 아닐 수 없습니다. 옷니엘은 특히 기드온처럼 왕조의 문제를 남기지 않고 자신의 역할을 조용히 잘 마무리했습니다. 이렇게 함으로써 그는 하나님이 왕이 되어 다스리는 '이스라엘'의 정치 시스템에 가장 잘 어울리는 리더십의 모범을 보인 것이지요.

신앙적인 교훈

오늘 말씀에서 우리는 두 가지 메시지를 발견할 수 있습니다. 그 하나는 하나님의 백성이 하나님의 다스림을 떠나면 결국 악한 세상의 종노릇을 할 수밖에 없다는 교훈입니다. 물론 하나님을 섬기면서 사는 일이 쉽지는 않습니다. 이런저런 요구사항이 많이 있습니다. 그래서 어떤 사람들은 그런 부담이 전혀 없는 교회나 종교를 찾아가서 마음 편하게 신앙 생활하려고 합니다.

그러나 그런다고 해서 생각처럼 마음 편하게 되는 것은 아닙니다. 두 배로 악한 세상의 왕이 기다리고 있습니다. 자기 하나님을 잊어버리고 떠나면, 그때부터 고생이 시작됩니다. 하나님의 왕 되심을 거부하는 순간부터 세상이 내 인생의 왕 노릇을 하기 시작합니다. 하나님의 다스림이 회복되어야 그 땅에 참다운 평화와 안식이 주어진다는 것을 우리는 기억해야 합니다.

다른 하나는 평상시에 모범적인 기준이 될 수 있는 사람이 결정적인 순간에 리더십을 발휘할 수 있다는 교훈입니다. 하나님이 세우시는 종은 본래 그렇게 화려한 경력을 가진 사람이 아닙니다. 평범하지만 하나의 모범적인 기준이 될 수 있는 사람이 대부분입니다. 그런 사람이 결정적인 순간에 신앙 공동체를 위기에서 구해내는 역할을 할 수 있는 것입니다.

사람들은 '모범생'을 '범생이'라고 부르며 평가절하하려고 합니다. 교인들도 평범하게 신앙 생활을 한 사람보다 우여곡절을 많이 겪은 사람을 더 높이 평가하려고 합니다. 물론 하나님은 얼마든지 그런 사람도 사용하실 수 있습니다. 그렇지만 신앙공동체에는 기준이 될 만한 모범적인 사람이 곳곳에 든든하게 중심을 잡고 있어야 합니다. 그래야 위기의 순간에 흔들리지 않는 리더십을 발휘할 수 있습니다. 그런 의미에서 '백발의 청년'의 대를 이어가는 갈렙과 옷니엘의 모범이 우리에게 꼭 필요합니다.

묵상 질문: 나는 신앙 생활에 있어서 모범적인 기준이 되고 있는가?
오늘의 기도: 어떤 경우에도 하나님의 다스림을 떠나는 일이 없게 하옵소서. 언제나 그 자리에서 믿음을 지키는 사람이 되게 하옵소서. 그리고 하나님이 필요하여 부르실 때 온전히 말씀에 순종하여 나설 수 있게 하옵소서. 예수님의 이름으로 기도합니다. 아멘.

왼손잡이 에훗

읽을 말씀: 사사기 3:12-30

새길 말씀: 이스라엘 자손이 여호와께 부르짖으매 여호와께서 그들을 위하여 한 구원
　　　　자를 세우셨으니 그는 곧 베냐민 사람 게라의 아들 왼손잡이 에훗이라…
　　　　(삿 3:15).

　　지난 시간에 우리는 첫 번째 사사였던 '옷니엘'에 대해서 살펴보았습니
다. 옷니엘은 '모범적인 사사'라는 별명에 참 잘 어울리는 사람이었지요. 그의
믿음은 평생의 삶을 통해서 충분히 검증되었고, 그의 장인 갈렙이 헤브론을
정복하던 때와 비슷한 나이에 성령의 기름 부음을 받고 사사가 되어 아람
왕 구산과 그의 군사들을 물리치고 이스라엘을 구원하는 하나님의 도구가
되었습니다. 그의 리더십이나 성품이나 전쟁 이후의 조용한 마무리까지 그
어느 것 하나 흠잡을 데가 없는 정말 '모범생' 사사였습니다.

　　특히 사사 시대 이스라엘 백성이 반복해서 만들어갔던 역사의 악순환에
비추어 볼 때, 옷니엘의 삶은 우리에게 더욱 큰 감동으로 다가옵니다. 세상이
다 그런 것이라고 해도, 다른 사람들이 다 그렇게 산다고 해도 '믿음의 사람
은 이렇게 사는 것이야!'라고 말해주는 듯한 옷니엘의 삶이 묵직한 메시지가

되어 우리에게 큰 도전으로 다가옵니다. 갈렙과 옷니엘이 장인과 사위로서 '백발의 청년'의 대를 이어가듯이, 그와 같은 믿음의 대를 이어가는 가정들이 우리 가운데 많이 세워지기를 소원합니다.

오늘 우리가 살펴볼 두 번째 사사는 '에훗'(Ehud)입니다. 그는 모범생 사사였던 '옷니엘'과는 아주 대조적인 의외의 인물입니다. 마치 하나님께서 옷니엘 같은 모범생만 사용하시지 않는다는 것을 보여주기라도 하듯 옷니엘의 뒤를 이어서 곧바로 우리가 전혀 예상하지 못한 에훗이 등장하여 전혀 뜻밖의 방법으로 이스라엘을 구원합니다. 이 이야기를 통해서 우리에게 주시려고 하는 메시지가 무엇인지 함께 생각해보겠습니다.

배교와 심판

사사기는 에훗 이야기도 사사 시대 역사의 순환적인 구조 속에서 풀어갑니다. 그 첫 번째 단계는 바로 '배교'였습니다.

> 이스라엘 자손이 또 여호와의 목전에 악을 행하니라. 이스라엘 자손이 여호와의 목전에 악을 행하므로 여호와께서 모압 왕 에글론을 강성하게 하사 그들을 대적하게 하시매…(삿 3:12).

오늘 본문을 옷니엘의 이야기를 시작하는 첫 부분(삿 3:7)과 비교해 보면 한 가지 단어가 첨가되어 있다는 사실을 알 수 있습니다. 그것은 바로 '또'(again)라는 단어입니다. 이 단어는 앞으로 읽어갈 모든 사사 이야기에서 늘 발견하게 될 것입니다. 그것이 사사 시대의 비극입니다. 세대마다 또다시 반복되는 하나님에 대한 배교가 문제입니다. 누구이든 어느 세대이든 그 악순환의 고리를 끊어버리면 좋으련만, 그러지 못하는 것이 문제입니다.

이 '또'가 지난 40년간 이어온 평화를 깨뜨리고 말았습니다. 하나님께서 이스라엘 자손의 악을 '심판'하기 위해서 모압 왕 에글론을 '강성하게' 하셔서 이스라엘을 대적하게 하신 것입니다.

사실 이스라엘의 광야 세대가 가나안에 들어오던 무렵의 모압은 감히 이스라엘의 상대가 되지 못했습니다. 민수기에 보면 "이스라엘 백성이 많음으로 말미암아 모압이 이스라엘 자손 때문에 번민하였다"(민 22:3)고 합니다. 그래서 모압 왕 발락이 발람 선지자에게 뇌물을 주면서 이스라엘을 저주하라고 부탁하게 된 것입니다.

그랬던 모압이 불과 한 세기도 지나지 않아서 이스라엘 자손을 괴롭히는 박해자로 강성해진 것입니다. 그런데 누가 그렇게 했습니까? 성경은 말합니다. "하나님이 모압을 강성하게 하셨다!" 그 이유가 무엇입니까? "이스라엘 자손을 대적하게 하시려고…."

13에글론이 암몬과 아말렉 자손들을 모아 가지고 와서 이스라엘을 쳐서 종려나무 성읍을 점령한지라. 14이에 이스라엘 자손이 모압 왕 에글론을 열여덟 해 동안 섬기니라(삿 3:13-14).

에글론은 한 수 더 떠서 주변의 다른 나라를 연합군으로 끌어들이는 정치적인 수완까지 발휘합니다. 그리고 이스라엘을 쳐서 '종려나무 성읍'을 점령합니다. 이 '종려나무 성읍'은 '여리고'를 가리키는 말입니다(신 34:3). 여리고는 이스라엘 자손이 가나안 땅에서 가장 먼저 정복한 성입니다. 그런데 그 땅에 대한 통치권을 모압에게 빼앗긴 것입니다. 무슨 이야기입니까? 가나안 정복의 역사가 원점으로 되돌아갔다는 뜻입니다.

물론 에글론이 가나안의 나머지 모든 지역을 점령한 것은 아닙니다. 그러나 최소한 여리고를 분배받은 베냐민 지파와 그 인근에 살고 있던 에브라임 지파의 일부분이 모압 왕 에글론의 영향권에 놓이게 된 것입니다. 그렇게 해서 이스라엘 자손은 에글론을 18년 동안 섬겼다고 합니다.

바로 직전에 이스라엘 자손은 아람 왕 구산 리사다임을 섬겼지만 겨우 8년 동안입니다(삿 3:8). 그런데 그보다 훨씬 더 긴 세월 동안 여러 가지 제약을 받으면서 또한 조공을 바치면서 그렇게 지내는 신세가 된 것입니다. 왜 그렇게 되었습니까? '또' 악을 행했기 때문입니다. 이스라엘의 배교가 반복될수록 심판의 강도 역시 점점 더 강해진다는 것을 보여주는 대목입니다.

부르짖음과 구원

여기까지 '배교'와 '심판'의 사이클이 진행되었습니다. 그다음 단계는 무엇일까요? 그렇습니다. '부르짖음'과 '구원'입니다.

> 이스라엘 자손이 여호와께 부르짖으매 여호와께서 그들을 위하여 한 구원자를 세우셨으니 그는 곧 베냐민 사람 게라의 아들 왼손잡이 에훗이라. 이스라엘 자손이 그를 통하여 모압 왕 에글론에게 공물을 바칠 때에…(삿 3:15).

역시 이스라엘 자손이 하나님께 부르짖었습니다. 그러자 하나님은 역시 한 '구원자', 곧 '사사'를 세우십니다. 그가 바로 에훗입니다. 에훗은 '베냐민 사람 게라의 아들'이었다고 합니다. 앞에서 언급한 것처럼 여리고성은 베냐민 지파에 분배된 땅이기 때문에, 장본인인 베냐민 지파의 인물이 나서서 그 빼앗긴 땅을 회복하는 것이 마땅한 일일 것입니다. 이렇듯 '쇼페팀'은 전국적인 인물이 아니라, 지역적인 문제를 해결하는 지역적인 인물이었습니다.

그런데 여기에서 우리는 '에훗'이 '옷니엘'과 여러 가지 점에서 아주 대조적이라는 사실을 알게 됩니다. 우선 옷니엘은 유다 지파 출신이었지만 에훗은 베냐민 지파 출신입니다. 구약성경 전체에 익숙한 사람들은 유다 지파와 베냐민 지파 사이의 갈등에 대해서 잘 알고 있을 것입니다. 유다 지파가 베냐민 지파에게 분배된 예루살렘을 정복한 일이나 다윗과 사울의 불협화음도 사실은 두 지파 사이의 갈등을 배경으로 하고 있습니다. 가까운 이웃이었지만 가까이하기엔 너무 먼 이웃이 바로 그 둘 사이의 관계였던 것입니다.

거기에다가 옷니엘은 나이가 들어서 사사로 부름을 받았지만, 에훗은 아주 젊은 나이에 부름을 받습니다. 이스라엘 자손이 에글론에 공물을 바치는 심부름을 에훗에게 시키고 있다는 것이 그 사실을 이야기해줍니다. 가장 큰 차이는 에훗이 '왼손잡이'였다는 사실입니다. 예전에는 '왼손잡이'에 대한 편견이 있었습니다. 그래서 무언가 고집이 세고 삐딱한 성격의 소유자처럼 생각하곤 했습니다. 이스라엘에서도 마찬가지였습니다.

우리말 '왼손잡이'로 번역하고 있는 히브리어를 원어로 읽으면 '잇테르 야드 여미노우'(itter yad yeminow)인데, 이를 직역하면 '그의 오른손이 묶인'이라는 뜻입니다. 마치 왼손잡이는 오른손에 어떤 장애가 있어서 왼손을 사용한다는 그런 인식이 이런 표현으로 나타나고 있는 것이지요.

더 재미있는 것은 '베냐민 사람'(the Benjamite)이라고 번역된 히브리어가 문자적으로는 '벤-야민', 즉 '오른손의 아들'(Son of the right hand)이라는 사실입니다. 그러니까 에훗은 '오른손의 아들'인데 오른손이 묶여 있어 왼손잡이로 살아가는 그런 역설적인 존재인 셈입니다. 이것은 지금까지 살아온 에훗의 인생을 빗대어 말하는 것처럼 보입니다. 왼손잡이에 대한 일반적인 편견이 있었음에도, 베냐민 지파에서는 이 왼손잡이를 특수요원으로 훈련했습니다. 그 이야기가 사사기 20장에 나옵니다.

15그 때에 그 성읍들로부터 나온 베냐민 자손의 수는 칼을 빼는 자가 모두 이만육천 명이요 그 외에 기브아 주민 중 택한 자가 칠백 명인데 16이 모든 백성 중에서 택한 칠백 명은 다 왼손잡이라 물매로 돌을 던지면 조금도 틀림이 없는 자들이더라(삿 20:15-16).

오른손잡이가 많은 상황에서 왼손잡이는 오른손잡이의 군사적인 능력을 무력화하는 데 아주 유리합니다. 야구나 권투 같은 운동에서 희소성의 가치가 있는 왼손잡이가 유리한 것도 바로 그 때문입니다. 세계적인 테니스 선수인 '나달'(Rafael Nadal Parera) 같은 경우에는 어렸을 적부터 아예 일부러 왼손잡이가 되도록 훈련을 받았다고 합니다. 베냐민 자손 중에는 그렇게 훈련받은 왼손잡이 정예부대가 운영되고 있었던 것입니다.

에훗이 바로 특수부대의 정예 요원이었습니다. 그런데도 이스라엘 자손은 그를 그저 모압 왕 에글론에게 공물을 바치는 심부름만 시킨 것입니다. 오늘 본문 15절에서 '그를 통하여'라고 번역된 부분은 사실 문자적으로는 '그의 손으로'입니다. 이 또한 아주 역설적인 표현이 아닐 수 없습니다. 에훗의 손은 보통 사람의 손이 아닙니다. 정예 요원으로 훈련받은 손입니다. 그런 손으로 대적인 모압 왕에게 공물을 바치는 심부름이나 하고 있었던 것입니다. 그래서 에훗은 '오른손의 아들'이면서 '왼손잡이'로 살아야 하는 그런 역설적인 인생으로 묘사하고 있는 것입니다.

에훗의 거사

우리는 에훗에게서 무언가 억눌려진 분노와 좌절을 읽을 수 있습니다. 이는 옷니엘이 보여주는 모범적인 모습과는 아주 대조적입니다. 그런 에훗을 이스라엘 자손을 구원하기 위한 사사로 하나님이 부르신 것입니다!

> 16에훗이 길이가 한 규빗 되는 좌우에 날선 칼을 만들어 그의 오른쪽 허벅지 옷 속에 차고 17공물을 모압 왕 에글론에게 바쳤는데 에글론은 매우 비둔한 자였더라(삿 3:16-17).

에훗이 팔 길이만큼의 좌우에 날선 칼을 직접 제작했다고 합니다. 단도(短刀)라고 하기에는 너무 크고, 그렇다고 해서 일반적인 전투에서 사용하기에는 충분히 크지 않는 그런 애매한 크기입니다. 그리고 그것을 오른쪽 허벅지 옷 속에 몰래 차고 에글론에게 공물을 바치러 갔습니다. 여기에는 물론 하나님의 개입이 있었습니다. 하나님께서 에훗에게 에글론을 암살하여 제거하라는 명령을 내린 것입니다. 이 또한 우리가 생각하지 못한 아주 의외의 방법입니다. 정정당당하지 못한 것처럼 느껴지기까지 합니다.

에글론 왕은 '매우 비둔(肥鈍)한 자'였다고 합니다. 물론 그가 실제로 뚱뚱하기도 했겠지만, 이 말에는 그가 18년 동안이나 이스라엘 자손에게 조공을 받아먹으면서 호의호식했다는 의미가 담겨 있습니다. 그러면서 동시에 그렇게 비둔한 자에게 지난 18년 동안에 아무것도 하지 못하는 이스라엘 자손에 대한 비판도 담겨 있습니다. 그런데 이제 하나님께서 에훗을 통해서 무엇인가 행동을 취하려고 하시는 것입니다.

18에훗이 공물 바치기를 마친 후에 공물을 메고 온 자들을 보내고 19자기는 길갈 근처 돌 뜨는 곳에서부터 돌아와서 이르되 왕이여 내가 은밀한 일을 왕에게 아뢰려 하나이다 하니 왕이 명령하여 조용히 하라 하매 모셔 선 자들이 다 물러간지라. 20에훗이 그에게로 들어가니 왕은 서늘한 다락방에 홀로 앉아 있는 중이라. 에훗이 이르되 내가 하나님의 명령을 받들어 왕에게 아뢸 일이 있나이다 하매 왕이 그의 좌석에서 일어나니…(삿 3:18-20).

에훗이 말한 '은밀한 일'이란 사실 '비밀스러운 말(히브리어 다바르)'이라는 뜻입니다. 그런데 에글론은 이것을 다른 사람들이 보아서는 안 될 무슨 '비밀스러운 물건'으로 생각했던 모양입니다. 그래서 측근들을 모두 물리치고 에훗과 단둘이 만나려고 했던 것이지요. 사실 에훗이 전하려고 했던 '비밀스러운 말'이란 하나님께서 전하라고 하신 '하나님의 명령'이었습니다. 그 명령은 물론 에글론에 대한 죽음의 선고였습니다.

21에훗이 왼손을 뻗쳐 그의 오른쪽 허벅지 위에서 칼을 빼어 왕의 몸을 찌르매 22칼자루도 날을 따라 들어가서 그 끝이 등 뒤까지 나갔고 그가 칼을 그의 몸에서 빼내지 아니하였으므로 기름이 칼날에 엉겼더라. 23에훗이 현관에 나와서 다락문들을 뒤에서 닫아 잠그니라(삿 3:21-23).

보통 사람들은 왼쪽에다 칼을 차기 때문에 아마도 에글론을 호위하던 군사들이 미처 에훗의 오른쪽 허벅지에 숨겨놓은 칼을 찾지 못했던 것으로 보입니다. 비둔했던 에글론을 관통하려면 작은 단도로는 충분하지 않습니다. 그래서 에훗은 팔 길이만큼 하는 칼을 주문 제작한 것이요. 여하튼 이와 같은 기습 작전은 대성공을 거두었습니다. 그리고 에훗은 무사히 도망갈 시간도 벌었습니다. 여기에는 에글론의 신하들의 굼뜬 행동이 한몫했습니다.

24에훗이 나간 후에 왕의 신하들이 들어와서 다락문들이 잠겼음을 보고 이르되 왕이 분명히 서늘한 방에서 그의 발을 가리우신다 하고 25그들이 오래 기다려도 왕이 다락문들을 열지 아니하는지라. 열쇠를 가지고 열어 본즉 그들의 군주가 이미 땅에 엎드러져 죽었더라(삿 3:24-25).

이 대목을 읽다 보면 에글론 왕만 비둔한 것이 아니라, 그의 신하들도 상황을 제대로 판단할 수 있는 그런 능력을 갖추지 못한 자들이었다는 사실을 알게 됩니다. 그런 자들에게 이스라엘 자손들은 지난 18년 동안 아무 생각 없이 조공을 바쳐왔던 것입니다. 무사히 빠져나온 에훗은 그 길로 에브라임 산지로 올라가 이스라엘 자손들을 소집합니다.

27그가 이르러 에브라임 산지에서 나팔을 불매 이스라엘 자손이 산지에서 그를 따라 내려오니 에훗이 앞서 가며 28그들에게 이르되 나를 따르라. 여호와께서 너희의 원수들인 모압을 너희의 손에 넘겨주셨느니라 하매 무리가 에훗을 따라 내려가 모압 맞은편 요단 강 나루를 장악하여 한 사람도 건너지 못하게 하였고 ²⁹그 때에 모압 사람 약 만 명을 죽였으니 모두 장사요 모두 용사라. 한 사람도 도망하지 못하였더라(삿 3:27-29).

아마도 에훗이 에글론을 암살하러 가기 전에 모종의 약속을 했던 것이 아닐까 싶습니다. 자신의 계획이 성공하면 나팔을 불겠다고 말입니다. 그래서 이스라엘 자손이 그렇게 신속하게 모여든 것이지요. 에훗은 그들과 함께 나머지 모압 족속의 군대를 치기 위해 진격하면서, 이 전쟁의 승리는 하나님께 있다는 사실을 분명히 선언합니다.

"여호와께서 원수들을 너희의 손에 넘겨주셨다." 정말 오랜만에 보는 완료형의 확신입니다. 이 확신에 따라 에훗이 이끄는 이스라엘 자손들은 모압의 군대 만 명을 모두 진멸하는 대승을 거두었습니다. 그리고 또다시 그 땅에 평화가 찾아왔습니다.

그날에 모압이 이스라엘 수하에 굴복하매 그 땅이 팔십 년 동안 평온하였더라(삿 3:30).

에훗의 전쟁으로 인해 모압의 지배가 종식되었을 뿐만 아니라, 아예 모압이 이스라엘 수하에 굴복하게 되었다고 합니다. 그리고 '그 땅'이 80년 동안 평화와 안식을 누리게 되었습니다. 물론 여기에서 '그 땅'이란 팔레스타인 전체를 가리키는 말은 아닙니다. 그동안 에글론이 지배하면서 괴롭히던 베냐민 지파와 에브라임 지파의 일부 지역을 가리키는 것입니다.

그렇게 오랫동안 그들을 괴롭히던 압제는 사라지고 평화가 찾아왔습니다. 누구를 통해서입니까? '오른손의 아들, 왼손잡이' 에훗을 통해서입니다. 훈련되고 준비된 대로 삶의 목적을 이루면서 살지 못하고, 그저 비둔한 에글론에게 조공을 바치는 심부름이나 하면서 역설적인 인생을 살아가던 에훗을 통해서입니다. 그가 하나님으로부터 새로운 삶의 목적을 부여받고 그것에 순종하여 따랐을 때, 결코 끝날 것 같지 않던 에글론의 지배와 억압이 그렇게 손쉽게 끝나고 말았던 것입니다.

신앙적인 교훈

에훗의 이야기를 통해서 성경은 우리에게 어떤 메시지를 전해주려고 하는 것일까요? 하나님의 백성 이스라엘은 악한 세상에 얽매어 종노릇 하며 비둔한 세상에 조공이나 바치며 살아가는 그런 존재로 부름을 받지 않았습니다. 이스라엘은 하나님의 계약 백성입니다. 오직 하나님을 섬기면서 하나님의 뜻을 이루면서 살도록 부름을 받은 존재들입니다. 그런데 왜 그렇게 본래의 목적과 다른 역설적인 인생을 사는 것일까요? 하나님께 순종하지 않았기 때문입니다. 약속의 땅에서 하나님과 약속한 대로 살지 못했기 때문입니다.

그렇다면 어떻게 해야 할까요? 어떻게 세상의 압제와 묶임을 모두 풀어버리고, 본래적인 삶의 목적을 이루면서 살 수 있을까요? 우리가 굳이 다른 사람이 될 필요는 없습니다. 우리에게 다른 능력이 더 필요한 것도 아닙니다. 왼손잡이로도 충분합니다. 베냐민 지파로도 충분합니다. 단지 주어진 삶의 자리에서 하나님이 시키시는 대로 순종하면 됩니다.

우리의 눈에는 도무지 극복할 수 없는 엄청난 장애물처럼 보이는 것들도 사실 알고 보면 아무것도 아닙니다. 하나님께는 너무나 쉬운 일입니다. 그런 압제자를 물리치는 것쯤은 아무것도 아닙니다. 식은 죽 먹기보다 쉬운 문제입니다. 아니 아예 문제가 되지 않습니다. 우리가 지레 겁먹고 아무것도 할 생각을 하지 못했을 뿐입니다. 그렇게 불필요한 세월만 흘려보냈을 뿐입니다.

이제라도 하나님의 말씀에 온전히 순종해보십시오. 그러면 그동안 우리를 괴롭혀왔던 인생의 문제가 거짓말처럼 순식간에 그냥 풀려버릴 것입니다. 그 문제는 단지 우리의 순종을 시험하는 도구였음을 깨닫게 될 것입니다.

묵상 질문: 나는 하나님이 창조하신 본래 목적대로 살고 있는가?

오늘의 기도: 말씀에 순종하지 않으면 우리는 세상의 종이 될 수밖에 없음을 잊지 않게 하옵소서. 그러나 말씀에 순종하기 시작하면 그동안 우리의 삶을 묶고 있던 문제가 더는 문제가 되지 않음을 또한 깨닫게 하옵소서. 우리가 있어야 할 자리는 오직 하나님의 다스림 안이라는 사실을 믿음으로 고백하며 살게 하옵소서. 예수님의 이름으로 기도합니다. 아멘.

소 모는 막대기 삼갈

읽을 말씀: 사사기 3:31, 5:6-7

새길 말씀: 에훗 후에는 아낫의 아들 삼갈이 있어 소 모는 막대기로 블레셋 사람 육백

명을 죽였고 그도 이스라엘을 구원하였더라(삿 3:31).

하나님은 '옷니엘'과 같은 모범적인 사사를 통해서도 일하지만, '에훗'과 같은 아주 뜻밖의 인물을 통해서도 일하십니다. 평생 한결같은 믿음의 사람으로 살아온 사람들도 사용하지만, 본래의 목적에서 동떨어진 역설적인 삶을 살아오던 사람들도 사용하십니다. 이스라엘 백성을 구원하기 위하여 나이가 많은 사람도 세우지만, 또한 젊은 사람도 세우십니다. 이것이 지난 두 시간 동안 '모범적인 사사 옷니엘'과 '오른손의 아들 왼손잡이 에훗'에 대한 이야기를 살펴보면서 얻게 된 결론입니다.

삼갈 이야기

하나님의 '의외성'은 오늘 우리가 살펴볼 '삼갈'(Shamgar) 이야기에서 그 절정에 다다릅니다. 사실 삼갈 이야기는 에훗 이야기 뒤에 사족(蛇足)처럼 붙

어 있습니다. 그냥 지나치기 쉬운 단 한 절의 짧은 분량입니다. 그러나 성경에는 어느 것 하나도 괜히 놓여 있는 말씀은 없습니다. 그 한 절 속에 하나님께서 사용하신 또 한 명의 사사 이야기가 있습니다. 하나님께서 이스라엘 백성을 구원하신 역사적인 사실이 기록되어 있습니다.

물론 우리에게 주어진 제한된 자료로 인해 '삼갈'이 구체적으로 어떤 사람이었는지, 또 실제로 어떤 역사적 배경을 가졌는지 이해하기가 쉽지 않습니다. 그래서 많은 부분에서 우리는 상상력을 동원해야만 합니다. 그러나 우리를 향한 하나님의 메시지를 발견하기에는 조금도 모자람이 없습니다.

'삼갈'과 같이 짧게 기록된 사사를 가리켜서 우리는 '소(小)사사'라고 부릅니다. 이에 비해서 '옷니엘'이나 '에훗'처럼 상대적으로 길게 서술된 사사를 '대(大)사사'라고 합니다. 사사기에는 모두 6명의 소사사와 6명의 대사사가 기록되어 있습니다. 그런데 이것은 단지 기록된 분량의 차이에 따른 구분이지, 그 위대함의 차이를 말하는 것은 아닙니다.

이것은 마치 예언서를 '3대예언서'와 '12소예언서'로 구분하는 것과 비슷합니다. 그 또한 예언서의 분량의 차이로 나누는 것이지, 결코 그 예언자의 비중이나 영향력의 차이를 의미하는 것은 아닙니다. 사실 어느 인생이 다른 인생보다 더 위대하다고 감히 말할 수 있겠습니까? 하나님이 보내신 목적에 합당하게 살면 누구나 다 위대한 인생입니다. 그런 의미에서 비록 한 절로 기록되었지만, '삼갈'은 하나님의 목적에 합당하게 쓰임을 받은 위대한 인생을 산 사람이었습니다.

> 에훗 후에는 아낫의 아들 삼갈이 있어 소 모는 막대기로 블레셋 사람 육백 명을 죽였고 그도 이스라엘을 구원하였더라(삿 3:31).

앞 장의 마지막 부분에서 에훗이 모압 왕 에글론의 18년 압제를 끝내고 나서 '그 땅'이 80년 동안 평온했다고 했습니다. 여기에서 '그 땅'이란 팔레스타인 전체를 가리키는 것이 아니라, 그동안 에글론의 압제를 견뎌내야 했던 베냐민과 에브라임 일부를 의미하는 것이라고 했습니다. 그 지역에서는 80년 동안 아무런 일 없이 평온할 수 있었지만, 그렇다고 해서 다른 지역도 그렇게 평온했던 것은 아닙니다. 만일 그랬다면 에훗 이후에 즉시 '삼갈'이 등장할 이유가 없었을 것입니다.

아무튼 '삼갈'이 누구인지에 대해서 먼저 생각해볼 필요가 있습니다. 사실 성경에서 삼갈에 대한 개인적인 정보를 찾기가 쉽지 않습니다. 특히 다른 사사들처럼 어느 지파 출신인지도 이야기하지 않습니다. 성경은 단지 '아낫의 아들 삼갈'이라고 말할 뿐입니다. 그렇기에 이 대목에서 우리는 신앙적인 상상력을 총동원해야 합니다.

학자들은 '삼갈'(Shamgar)이라는 이름이 전통적인 히브리식의 이름이 아니라는 데 의견을 같이합니다. 왜냐면 보통 히브리식의 이름은 세 개의 자음이 어근을 이루는 데 비해서 '삼갈'은 네 개(sh-m-g-r)로 되어 있기 때문입니다. 또한 '삼갈'이라는 이름은 성경에 단 한 번만 등장합니다. 그만큼 흔하지 않다는 뜻입니다. 따라서 '삼갈'이 전통적인 이스라엘 지파의 뿌리를 가지지 않은 이방인 출신이었을 가능성이 매우 큽니다.

게다가 '삼갈'을 '아낫의 아들', 히브리어로 '벤-아낫'이라고 소개하는 것도 뭔가 심상치 않은 대목입니다. 왜냐하면 '아낫'(Anath)은 가나안의 바알 종교에 등장하는 '전쟁의 여신' 이름이기 때문입니다. 물론 삼갈 자신이 가나안의 '아낫' 신을 섬겼다는 의미는 아닙니다. 만일 그랬다면 이스라엘의 사사로 세워지지 못했을 것입니다. 그렇지만 최소한 그 가족이 '아낫'을 숭배하는 가문이었을 가능성은 충분히 있습니다.

그런 이유로 '삼갈'을 북쪽 끝의 납달리 지파에 소재하고 있는 성읍, '벧아낫'(Beth-Anath), 즉 '아낫의 집'(the house of Anath) 또는 '아낫의 전'(the temple of Anath) 출신으로 생각하는 학자도 있습니다. 그러나 삼갈이 블레셋 사람과 대항하여 싸웠다는 사실에 비추어 볼 때, 그럴 가능성은 아주 희박합니다.

이미 우리가 살펴본 대로 '쇼페팀'은 지역적인 문제를 해결하기 위해서 하나님께 부름을 받는 사람입니다. 그렇게 본다면 삼갈은 오히려 팔레스타인 남서부 쪽, 그러니까 블레셋의 다섯 개 거점 도시들과 가까운 곳에 있는 유다 지파의 어느 지역에 거주하고 있던 인물로 보아야 합니다.

또 한 가지는 당시 가나안 족속의 군인들을 가리켜서 '벤-아낫', 즉 '아낫의 아들'이라고 불렀다는 사실입니다. 이에 비추어서 '삼갈'이 가나안 족속의 군인 출신이었을 가능성을 이야기할 수 있습니다. 그러나 사사기 본문은 그가 '소 모는 막대기'를 무기로 사용했다고 기록합니다. 따라서 그의 직업은 농부였을 가능성이 훨씬 더 크다고 하겠습니다.

지금까지의 이야기를 종합해보면 '삼갈'은 이방인 출신으로서 그의 본래 집안은 아낫신을 섬기던 우상 숭배자였습니다. 그러나 어찌 된 일인지 여호와 하나님을 믿게 되었고, 하나님의 계약 백성 안에 들어와서 이스라엘과 함께 거주하게 되었습니다. 그리고 그는 유다 지파가 분배받은 땅에서 함께 농사를 지으면서 살고 있었습니다.

이렇게 생각해보면 삼갈은 하나님이 사용하실만한 그 어떤 매력도 가지지 못한 사람입니다. 그의 출신 배경을 보더라도, 그의 현재 직업을 보더라도 이스라엘 백성을 구원해 낼 '쇼페팀'이 될 만한 자격이 별로 보이지 않습니다.

그는 '옷니엘'처럼 헌신적인 믿음의 가문에서 양육된 사람이 아니었습니다. 또한 '에훗'처럼 특별한 군사적인 훈련을 받은 전문가도 아니었습니다. 그저 소나 몰면서 농사를 짓고 살던 평범한 농부였을 뿐입니다. 그에게는 블레셋 사람들과 전쟁을 치를 만한 변변한 무기도, 전투의 경험이나 기술도 전혀 없었습니다.

요약하자면 삼갈은 이스라엘 백성을 구하기 위해서 하나님이 사용하실만한 사람으로 보이지 않습니다. 그런데도 하나님은 그를 사사로 세우신 것입니다!

시대적 상황

도대체 어떤 시대적인 상황이었기에 하나님은 그를 사사로 세우셨던 것일까요? 이 당시의 상황을 짐작할 수 있게 하는 유일한 실마리가 사사기 5장의 '드보라의 노래' 안에 기록되어 있습니다.

> 아낫의 아들 삼갈의 날에 또는 야엘의 날에는 대로가 비었고 길의 행인들은 오솔길로 다녔도다. 이스라엘에는 마을 사람들이 그쳤으니 나 드보라가 일어나 이스라엘의 어머니가 되기까지 그쳤도다(삿 5:6-7).

드보라의 노래는 분명히 '아낫의 아들 삼갈의 날'을 배경으로 합니다. 삼갈이 살고 있던 당시의 상황을 "대로가 비었고 행인들은 오솔길로 다녔다"고 묘사합니다. '대로'(highways), 즉 큰길은 블레셋 족속이 차지하고 있었던 것입니다. 그들은 중요 거점마다 자리를 차지하고 여행객들을 괴롭히면서 행패를 부리거나 강제로 통행세를 뜯어내고 있었습니다. 그래서 이스라엘 사람은 뒷길로 몰래 숨어다녀야 했던 것이지요.

그렇다면 "이스라엘에는 마을 사람들이 그쳤다"라는 말은 무슨 뜻일까요? 이 말은 마을 사람들이 점점 줄어들거나 없어졌다는 의미가 아닙니다. 사실은 이스라엘의 마을 사람들이 당당하게 맞서서 싸우려고 하지 않았던 것입니다(Villagers in Israel would not fight, NIV). 그래서 일개의 아내요 어머니였던 여인 드보라가 나서서 싸울 수밖에 없었다는 이야기입니다.

자, 그런데 왜 이런 일이 벌어지게 되었을까요? 자신들이 분배받은 땅에서 큰길로 자유롭게 다니지 못하고 왜 그렇게 뒷길로 숨어다니는 처지가 되었을까요? 오늘 본문은 그 이유를 언급하지 않지만, 앞에서 이미 살펴본 옷니엘과 에훗 이야기로 미루어 충분히 짐작할 수 있습니다. 이스라엘 백성이 '또' 배교하여 하나님이 그들을 블레셋의 손에 붙이신 것입니다. 그들은 지금 하나님의 심판을 받는 중이었습니다.

그렇다면 사사 시대의 순환적인 역사 구조에 따라서 이스라엘 백성은 그 다음에 부르짖었을 것이고, 하나님은 그들을 위해서 사사를 세우셨을 것입니다. 그래서 세워진 '쇼페팀'이 바로 '삼갈'이었던 것이지요.

그런데 삼갈의 직업은 '농부'였습니다. 전쟁의 전문가도 아니었고, 전투를 치를 무기도 없었습니다. 그에게는 단지 매일 사용하는 '소 모는 막대기' (ox-goad)가 있었을 뿐입니다. '소 모는 막대기'는 끝이 뾰족한 길쭉한 모양의 막대기입니다. 쟁기질을 시킬 때 뒤에서 소를 쿡쿡 찔러서 방향을 통제하는 그런 도구입니다. 그 막대기로 삼갈은 블레셋 사람 '육백 명'을 죽였다고 합니다. 한두 명이야 어쩌다 죽일 수 있겠지만 '육백 명'을 죽인다는 것은, 그것도 무장한 군사들을 죽인다는 것은 보통 사람에게는 거의 불가능한 일입니다.

그러나 사사기는 역사(歷史)입니다. 역사는 역사적 사실(historical facts)에 기초해야 합니다. 어떤 분들은 이것을 과장된 표현이거나 신화적인 기술이라고 생각할지 모르지만, 이 사건은 역사적 사실입니다. 삼갈의 개인적인 힘이나 능력으로는 불가능할지 모르지만, 하나님께서 그를 사용하시면 얼마든지 가능한 일이기 때문입니다.

그것은 마치 소년 다윗이 골리앗 장군을 쓰러뜨리는 것과 같습니다. 그때 다윗이 골리앗에게 뭐라고 말했습니까?

너는 칼과 창과 단창으로 내게 나아오거니와 나는 만군의 여호와의 이름으로 내게 나아가노라! (삼상 17:45)

그렇습니다. 전쟁은 칼과 창으로 하는 것이 아닙니다. 전쟁의 승패는 사람의 능력에 달린 것이 아닙니다. 전쟁은 오직 하나님에게 달려있습니다. 하나님께서 넘겨주시면 골리앗이 아니라 그보다 더 큰 대적이라도 소년 다윗의 손에 죽임을 당하게 되어 있는 것입니다. 따라서 다윗이 들고 있던 것은 '물맷돌'이 아니었습니다. '만군의 여호와 이름'이었습니다.

삼갈도 마찬가지였습니다. 삼갈이 블레셋 군사들을 향해 들고 나갔던 것은 '소 모는 막대기'가 아니었습니다. 그것은 이스라엘 백성을 구원하기 위하여 그를 사사로 세우신 '만군의 여호와 이름'이었습니다. 그 하나님께서 블레셋 군사 육백 명을 삼갈의 손에 붙이셨던 것이지요.

삼갈도 구원했다

오늘 본문을 통해서 우리에게 들려주시는 하나님의 메시지는 바로 이것입니다.

> … 그도 이스라엘을 구원하였더라(삿 3:31b).

여기에서 우리말 '도'로 번역된 히브리어는 '감'(gam)인데, 이 의미를 더욱 강조하여 번역하면 '그리고 그 또한 이스라엘을 구원했다'가 됩니다. 삼갈은 옷니엘이나 에훗 같은 사사는 아니었습니다. 그러나 그 또한 이스라엘을 구원했습니다. 그 사람이 갖추고 있는 배경이나 능력이나 스펙이 중요하지 않습니다. 하나님이 그를 세우시면 그 또한 얼마든지 이스라엘을 구원하는 사사로 쓰임 받을 수 있다는 이 사실이 중요합니다.

'나도' 얼마든지 구원의 도구로 사용될 수 있고, '너도' 얼마든지 구원의 통로가 될 수 있습니다. 만일 하나님이 나를 붙잡으시면, 내가 가지고 있는 것이 '물맷돌'이든 아니면 '소 모는 막대기'이든 하나님께서 이루시는 기적과 승리의 충분한 도구가 될 수 있습니다.

물론 여기에는 한 가지 조건이 있습니다. 하나님의 손으로 나를 잡으실 수 있어야 한다는 것입니다. 그런데 이 세상에는 하나님이 잡으실 수 없는 사람들이 있습니다. 다윗은 그의 유언에서 하나님과 맺은 언약과 그에 따르는 복에 관해서 이야기하면서 마지막에 이런 말을 남겼습니다.

> 6그러나 사악한 자는 다 내버려질 가시나무 같으니 이는 손으로 잡을 수 없음이로다. 7그것들을 만지는 자는 철과 창 자루를 가져야 하리니 그것들이 당장에 불살리리로다…(삼하 23:6-7).

그렇습니다. 가시가 있는 사람은 하나님이 잡으실 수 없습니다. 불평의 가시, 혈기의 가시, 불순종의 가시, 불신앙의 가시가 있는 사람은 하나님이 사용할 수가 없습니다. 오히려 불살라 내버리십니다. 그러나 하나님이 잡을 수 있는 사람은 그가 비록 '소 모는 막대기'에 불과할지라도, 하나님의 놀라운 능력을 드러내는 구원의 도구로 얼마든지 사용될 수 있는 것입니다.

그래서 하나님은 모세를 80세가 되어서야 사용할 수 있었습니다. 이집트의 왕자로서 학문과 무술과 젊음의 혈기로 무장되어 있을 때, 모세는 하나님의 쓰임을 받을 수 없었습니다. 그것이 가시가 되어 기껏해야 히브리 동족을 죽이는 일밖에 하지 못했습니다. 그러나 광야에서 40년을 지내면서 그가 지니고 있던 모든 가시가 하나둘씩 꺾이고 다 제거되었을 때, 비로소 하나님은 그를 꽉 붙잡으셔서 이집트의 압제에서 하나님의 백성 이스라엘을 해방하는 구원자로 삼으실 수 있었던 것입니다.

하나님이 떨기나무 불꽃 가운데서 모세를 부르실 때 그의 손에 들려있었던 것이 무엇이었습니까? 그의 손에는 칼도 없었고 창도 없었습니다. 그저 양을 치는데 필요한 '지팡이' 하나만 달랑 가지고 있었습니다. 그런데 하나님이 모세를 붙잡으시니까, 그 지팡이가 살아 있는 뱀으로 변하기도 하고, 그 지팡으로 홍해가 갈라지기도 하고 반석에서 샘물이 터지기도 했습니다.

성경은 삼갈의 배경에 대해서 아무런 언급도 하지 않습니다. 아니 우리가 추측했던 그 배경을 자꾸 이야기해보아야 그를 더욱 초라하게 만들었을 것입니다. 그는 단지 하나님께 붙들린 사람이었습니다. 그것으로 충분합니다. 그랬더니 그가 가지고 있던 '소 모는 막대기'로 블레셋 사람 육백 명을 죽이고, '그도' 이스라엘을 구원할 수 있었던 것입니다.

그런데 우리는 어떻게 기도합니까? 먼저 그럴듯한 배경을 갖추게 해달라고 기도합니다. 남들보다 뛰어난 능력을 달라고 기도합니다. 그러면 하나님의 일을 열심히 하겠다고 합니다. 그리고 그때까지 하나님의 일을 하지 않습니다. 아닙니다. 바로 그것 때문에 하나님이 우리를 마음껏 사용하지 못하시는 것입니다. 우리가 원하는 그 배경과 그 능력이 오히려 가시가 되어 하나님의 손에 잡히지 못하는 것입니다.

따라서 우리에게 정말 필요한 것은 더 좋은 배경이나 더 뛰어난 능력이 아닙니다. 우리가 다른 사람이 되는 것이 아닙니다. 그저 겸손히 하나님의 말씀에 순종함으로써 하나님께 온전히 붙잡히면, 하나님은 우리가 이미 가지고 있는 것들을 사용하셔서 '우리도' 이스라엘을 구원하게 하십니다. '우리도' 얼마든지 하나님의 구원 역사를 이루는 멋진 도구로 쓰임 받을 수 있습니다.

묵상 질문: 나는 하나님이 사용하실 수 있도록 모든 가시를 제거했는가?
오늘의 기도: 우리의 언행에 솟아난 불평의 가시와 혈기의 가시를 제거해 주옵소서. 우리의 마음에 자라난 불순종의 가시와 불신앙의 가시를 성령의 불로 태워 주옵소서. 그리하여 하나님의 손에 온전히 붙잡힌 막대기가 되어서 오직 이 세상을 구원하는 일에 쓰임 받는 인생이 되게 하옵소서. 예수님의 이름으로 기도합니다. 아멘.

횃불의 여인 드보라

읽을 말씀: 사사기 4:1-7

새길 말씀: 4그 때에 랍비돗의 아내 여선지자 드보라가 이스라엘의 사사가 되었는데
5그는 에브라임 산지 라마와 벧엘 사이 드보라의 종려나무 아래에 거주하였
고 이스라엘 자손은 그에게 나아가 재판을 받더라(삿 4:4-5).

지금까지 우리는 세 명의 사사에 대해서 살펴보았습니다. 모범적인 사사
'옷니엘', 오른손의 아들 왼손잡이 '에훗' 그리고 소 모는 막대기 '삼갈'입니
다. 이들은 각각 배경도 다르고 성격과 능력도 달랐지만, 이스라엘 백성을
구원하기 위해 하나님이 사용한 인물이었다는 점에서 전혀 다르지 않습니다.
하나님의 손에 붙잡힐 수만 있다면, 누구나 하나님의 구원을 이루는 도구가
될 수 있습니다.

이들에게서 발견되는 가장 두드러지는 공통점은 이들이 모두 문제가 발
생한 지역에서 등장했다는 사실입니다. 하나님은 언제나 문제가 벌어진 자리
에서 그 문제를 해결할 '쇼페팀'을 찾아 세우셨습니다. 이 원칙을 하나님은
특별히 중요하게 생각하셨던 것으로 보입니다. 바로 이것이 지방분권적인
자치제도에서 문제를 해결하는 가장 이상적인 모습입니다.

이스라엘은 처음부터 사람 위에 세워진 사람이 다스리는 중앙집권적인 군주제도로 시작하지 않았습니다. 오히려 모든 지파가 평등하고 자유롭게, 평화를 누리며 살아가는 '하나님 나라'의 비전으로 시작되었습니다. 그런데 만일 문제를 해결하기 위해서 외부의 힘에 의존하기 시작한다면 어떻게 되겠습니까? 힘 있는 사람, 힘 있는 지파에 의해서 다른 지파들이 종속되는 결과가 만들어지지 않겠습니까?

그런데 이 원칙이 시험대에 오르는 일이 벌어졌습니다. 그것이 바로 오늘 우리가 살펴보려고 하는 드보라 이야기입니다.

반복되는 역사

드보라 이야기도 사사 시대의 순환적인 구조로 시작합니다.

에훗이 죽으니 이스라엘 자손이 또 여호와의 목전에 악을 행하매…(삿 4:1).

그 첫 번째 단계는 역시 '배교'였습니다. 이스라엘 자손이 '또' 여호와 하나님께서 보시기에 악을 행했다는 것입니다. 여기에서 우리는 '또'라는 단어를 또다시 발견합니다. 그런데 히브리 원어의 순서에 따라서 읽어보면 이 '또'라는 말이 가장 앞에 놓여 강조되고 있다는 사실을 알게 됩니다.

"또 이스라엘 자손이 악을 행했다, 여호와의 목전에, 에훗이 죽었을 때…."

왜 이렇게 똑같은 일이 매번 반복되는 것일까요? 왜 사람들은 역사에서 교훈을 얻지 못하는 것일까요? 하나님이 보시기에 '악'을 행하면 반드시 심판을 받게 된다는 것을 경험을 통해 알았을 텐데, 세대가 달라지면 왜 또다시 똑같은 일을 반복하는 것일까요? 심판의 고통과 괴로움을 통해서도 이스라엘 자손이 깨우치지 못하는 악한 본성이라도 있었던 것일까요? 하나님께서 무엇을 '악'이라고 판단하시는지 모르고 있었던 것은 아닐까요?

그 답을 엘리 제사장의 집에 대한 저주의 말씀에서 찾을 수 있습니다.

> 그러므로 이스라엘의 하나님 나 여호와가 말하노라… 나를 존중히 여기는 자를 내가 존중히 여기고, 나를 멸시하는 자를 내가 경멸하리라(삼상 2:30).

엘리는 하나님이 선택하여 세우신 제사장입니다. 적어도 엘리 제사장에게는 하나님을 존중히(honor) 여기는 마음이 있었을 것입니다. 문제는 그의 자녀들입니다. 그들에게는 하나님을 존중히 여기는 마음이 없었습니다. 그래서 하나님께 드린 제물을 자기 멋대로 가로채서 빼먹은 것입니다(삼상 2:29). 그러면서 아무런 죄책감도 느끼지 못했습니다. 그런데 더욱 큰 문제는 엘리 제사장이 그것을 알면서도 그냥 가만히 내버려 두었다는 것입니다. 그래서 결국 엘리 가문에 하나님의 심판이 선포된 것이지요.

하나님이 생각하시는 '악'은 하나님의 백성이 하나님을 존중하지 않는 것입니다. 사람들은 우상 숭배 때문에 하나님이 이스라엘을 심판하셨다고 생각합니다. 아닙니다. 하나님을 존중하는 마음이 없기에 결국 하나님을 잊어버리고 우상 숭배에 빠지게 된 것입니다. 하나님을 이익의 재료로 삼기는 하지만, 하나님을 고통과 위기를 모면하기 위한 수단으로 삼기는 하지만, 하나님을 존중하며 사랑하는 마음이 없는 것, 그것이 바로 거듭 반복되는 이스라엘의 '악'이었습니다.

그런데 하나님을 존중히 여기는 마음을 누가 가르쳐주어야 할까요? 그것은 전적으로 부모 세대의 몫입니다. 엘리 제사장이 자녀에게 가르쳐 주었어야 했습니다. 그런데 그러지 않았습니다. 하나님을 존중히 여기지 않는 것이 곧 하나님을 멸시하는 것이요 또한 그것이 하나님께서 보시기에 가장 큰 악이라는 걸 가르치지 않았습니다. 그것이 사사 시대의 반복되는 역사를 만들었습니다. 그래서 세대가 달라지면 '또'다시 이런 일이 반복되고 있는 것이지요.

심판의 도구 야빈

이번에는 가나안 왕 야빈을 사용하셔서 이스라엘 자손의 악을 심판하셨습니다.

> 여호와께서 하솔에서 통치하는 가나안 왕 야빈의 손에 그들을 파셨으니 그의 군대 장관은 하로셋 학고임에 거주하는 시스라요 야빈 왕은 철 병거 구백 대가 있어 이십 년 동안 이스라엘 자손을 심히 학대했으므로 이스라엘 자손이 여호와께 부르짖었더라(삿 4:2-3).

가나안 왕 야빈은 아주 익숙한 이름입니다. 여호수아가 가나안 북방 캠페인을 통해서 하솔(Hazor) 왕 야빈과 그 도시를 정복하고 완전히 불살랐지요(수 11:10-11). 그런데 그 하솔에 또 다른 야빈 왕이 등장하고 있는 것입니다. 물론 '야빈'(Jabin)은 이집트의 '파라오'와 같은 왕의 호칭입니다. 그러니까 북방 캠페인 후 불과 백여 년 만에 하솔이 완전히 복구되었고, 이제는 이스라엘을 압제하는 나라로 강성해진 것이지요. 이는 에훗 이야기에 등장하는 모압과 똑같습니다.

여호수아가 하솔을 점령할 때도 그들은 '병거'를 가지고 있었습니다. 그때는 야빈에게 2만 대의 병거가 있었는데, 지금은 900대 밖에 없다고 합니다. 그러나 그때보다 전력이 약해진 것은 아닙니다. 오히려 더 강해졌습니다. 전에는 그냥 '병거'였지만, 지금은 '철 병거'이기 때문입니다. 그래서 여호수아가 하솔을 점령할 때에 병거를 모두 불살랐지요(수 11:9). 나무로 만든 병거였기 때문에 그 일이 가능했던 것입니다. 하지만 지금은 상황이 달라졌습니다. 철 병거는 불살라버릴 수가 없습니다.

그리고 '야빈'은 '하솔'에서 다스리고 있었지만, 그의 군대 장관 '시스라'(Sisera)는 '하로셋 학고임'(Harosheth Haggoyim)에 거주하고 있었다고 합니다. 갈릴리 호수 북쪽에 있는 '하솔'과 이스르엘 계곡의 평원 서쪽에 있는 '하로셋' 사이의 거리가 상당히 멉니다. 그렇지만 '철 병거'가 있었기 때문에 그 넓은 지역을 모두 장악할 수 있었던 것입니다.

앞 장에서 삼갈 이야기를 하면서 블레셋 사람들이 장악하고 있던 지역에서 "큰길은 비었고 여행객들은 뒷길로 다녔다"(삿 5:6)고 했는데, 바로 이곳에서도 똑같은 상황이 지금 벌어지고 있었습니다. 그런데 왜 이런 일이 생겼습니까? 하나님이 이스라엘을 야빈의 손에 '팔아넘기셨기' 때문입니다.

야빈 왕은 20년 동안이나 이스라엘 자손을 '심히 학대했다'고 합니다. 하나님의 심판이 점점 강해지고 있는 것이 보입니다. 처음에는 메소포타미아 구산 리사다임을 8년 동안 섬기게 하시더니(삿 3:8), 그다음에는 모압 왕 에글론을 18년 동안 섬기게 하셨습니다(삿 3:14). 그리고 이번에는 야빈에게 20년 동안 학대를 받게 하신 것입니다.

아니나 다를까 이번에도 이스라엘 자손이 여호와께 부르짖었습니다. 그런데 그들의 '부르짖음'은 그들의 죄에 대한 회개에서 비롯된 것이 아니었습니다. 단지 그들이 처해있는 고통스러운 상황에 대한 탄식이었습니다. 3절을 히브리 원어의 어순에 따라 읽어보면 그 사실이 더욱 분명해집니다.

이스라엘 자손이 여호와께 부르짖었다. 왜냐하면 그(야빈)가 구백 대의 철 병거를 가지고 있었기 때문이다. 그리고 그는 이스라엘 자손을 이십 년 동안 학대했다.

이 어순에 따르면 이스라엘 자손의 '부르짖음'은 오직 철 병거에 맞추어져 있습니다. 그들이 당하고 있는 이 괴로움은 그들이 지은 죄로 인한 것이라는 자각에서 하나님께 용서를 구하고 있는 것이 아니라, 단지 적군의 강한 군사력으로 인해 이러한 괴로움을 당하고 있다고 생각하는 것이지요. 여기에서 우리는 그 어떤 회개의 흔적도 찾아볼 수가 없습니다.

이는 둘 중의 하나입니다. 그들이 지은 죄가 무엇인지 모르고 있거나 아니면 끝까지 회개할 마음이 없거나…. 어떤 경우든 하나님이 그들을 굳이 구원해주실 이유는 없습니다. 그러나 하나님은 이번에도 그들을 구원해주시려고 합니다. 그들의 진심 어린 회개 때문이 아니라, 그들의 겪는 아픔에 대한 하나님의 긍휼하심 때문입니다.

여선지자 드보라

그렇게 해서 이스라엘 역사에 길이 남게 될 여자 사사 '드보라'가 등장합니다.

> ⁴그 때에 랍비돗의 아내 여선지자 드보라가 이스라엘의 사사가 되었는데 ⁵그는 에브라임 산지 라마와 벧엘 사이 드보라의 종려나무 아래에 거주하였고 이스라엘 자손은 그에게 나아가 재판을 받더라(삿 4:4-5).

우리말 성경은 분명히 드보라가 '사사가 되었다'고 단언하지만, 하나님은 처음부터 드보라를 사사로 세워 쓰실 생각은 아니었습니다. 이는 드보라를 소개하는 대목에서부터 드러납니다. 우리말에는 "그 때에 랍비돗의 아내 여선지자 드보라가 이스라엘의 사사가 되었다"라고 되어 있지만, 이 역시 히브리 어순에 따라 읽으면 아주 다른 느낌으로 다가옵니다.

> 드보라, 여자, 여선지자, 랍비돗의 아내, 그가 이스라엘을 다스렸다. 그 때에….

여기에서 우리가 주목할 것은 그 어디에서도 드보라를 가리켜서 '쇼페팀' (사사)이라고 말하지 않는다는 사실입니다. 단지 '다스렸다'(사파트)고 합니다. 물론 다스리는 것이 사사가 하는 일이 아니겠냐고 하겠지만, 드보라가 한 것은 옷니엘이나 에훗이 해왔던 '구원자'로서의 역할과는 아주 다른 모습입니다. 드보라는 '사사'가 아니라 '여선지자'로서 이스라엘을 다스리고 있습니다.

그래서 '드보라'라는 이름이 제일 먼저 소개된 후에 '여자'(잇샤)와 '여선지자'(느비아)라는 소개가 이어지고 있는 것입니다. 이를 문자적으로 번역하면 "드보라는 여자요 여선지자였다"는 조금은 어색한 문장이 나옵니다. 옷니엘의 경우처럼 '갈렙의 아우, 그나스의 아들'이라는 가족 관계가 소개되어야 하는 자리에 여성이라는 정보가 거듭 제공되고 있습니다. 그러니까 히브리 성경은 '드보라'가 '여성'이라는 점을 특별히 강조하고 있는 것이지요.

'여선지자'(느비아)라는 명칭은 성경 전체를 통틀어서 겨우 한 손으로 꼽을 정도로만 등장합니다. '미리암'(출 15:20), '훌다'(왕하 22:14), 신약의 '안나'(눅 2:36) 정도입니다. '선지자'(先知者)가 본래 하나님을 대신하여 말씀을 전하는 '대언자'(代言者)의 역할을 하는 사람이라는 사실을 염두에 둔다면, 여자로서 하나님의 말씀을 전하는 일을 할 수 있다는 것은 아주 특별한 여성 리더십을 의미합니다. 그것은 모세 시대의 미리암에 견줄 만큼 정말 대단한 일입니다. 그 중요한 역할을 지금 드보라가 하고 있었던 것이지요. 그런 드보라가 굳이 '사사'가 될 필요는 없었습니다.

게다가 '랍비돗의 아내'(에세트 랍피도트)라는 표현도 그렇습니다. '랍비돗'(Lappidoth)이라는 사람의 흔적이 성경 어디에도 나오지 않습니다. 드보라의 사역에 함께 등장하는 것도 아닙니다. 예나 지금이나 여성은 남편이 누구냐에 따라서 그 지위가 결정되는 경우가 다반사입니다. 특히 사사 시대에는 더더욱 그랬습니다. 엄연히 남편이 있는데도 불구하고 남편을 대동하지 않고 공적인 역할을 하는 예는 없습니다. 따라서 학자들은 이것을 가리켜서 남편에 대한 소개가 아니라, 오히려 드보라를 소개하는 문구(phrase)라고 생각합니다.

실제로 히브리어 '랍피도트'는 보통 명사로서 '횃불'(torches) 또는 '등불'(lamps)을 뜻합니다. '아내'로 번역된 '에세트'는 본래 '여인'이라는 뜻으로 사용되는 말입니다. 그러니까 '에세트 랍피도트'는 '횃불의 여인'(a woman of torches) 또는 '등불의 여인'(a woman of lamps)이 되는 셈입니다. 그것은 여선지자로서 이스라엘을 다스리는 드보라의 역할에 아주 적절한 수식어입니다. 당시 암울한 이스라엘의 상황에 희망의 횃불을 높이 들고 있는 드보라에게 이스라엘 백성이 나아가서 그들이 처해있는 문제에 대해서 조언을 받으면서 하나님의 말씀을 듣고 있었던 것입니다.

어떻게 드보라가 그와 같은 지명도를 얻으면서 여선지자로서 역할을 하게 되었는지 우리로서는 알 길이 없습니다. 그러나 분명한 것은 드보라를 그렇게 세워서 사용하고 계시는 분은 바로 하나님이셨다는 사실입니다. 어떤 학자는 드보라가 벧엘의 성소에서 '등불을 밝히던' 일을 하고 있었다고 추측하기도 하지만, 그것은 어디까지나 추측일 뿐 확인할 길이 없습니다.

드보라는 "에브라임 산지 라마와 벧엘 사이 드보라의 종려나무 아래에 거주했다"고 합니다. 지도에서 이 지역을 확인해 보면, '라마'는 '벧엘' 바로 밑에 있습니다. 이곳은 베냐민 지파 땅입니다. 그런데 하솔의 야빈 왕이 이스라엘을 압제하고 있는 곳은 여기에서 북쪽으로 한참 떨어진 납달리와 스블론 지역입니다.

만일 하나님이 여선지자 드보라를 야빈의 압제에서 이스라엘을 구원하는 '사사'로 세우셨다면, 지금까지 지켜 온 원칙에 맞지 않습니다. 하나님은 언제나 문제가 벌어진 지역에서 그 문제를 해결할 '쇼페팀'을 찾아 세워 오셨기 때문입니다. 이 원칙이 지금 시험대에 오르고 있는 것입니다.

바락의 등장

그런데 이와 같은 설명을 바탕으로 하여 그다음 말씀을 읽어보면 훨씬 더 잘 이해할 수 있습니다.

⁶드보라가 사람을 보내어 아비노암의 아들 바락을 납달리 게데스에서 불러다가 그에게 이르되 이스라엘의 하나님 여호와께서 이같이 명령하지 아니하셨느냐. 너는 납

달리 자손과 스불론 자손 만 명을 거느리고 다볼산으로 가라. 7내가 야빈의 군대 장관 시스라와 그의 병거들과 그의 무리를 기손 강으로 이끌어 네게 이르게 하고 그를 네 손에 넘겨주리라 하셨느니라(삿 4:6-7).

어느 날 드보라는 사람을 보내어 '바락'(Barak)을 불러오게 합니다. 바락이 어디에 살고 있었다고 합니까? '납달리 게데스'입니다. 가나안 지역에서 가장 북쪽에 지정된 도피성입니다(수 21:32). 하솔의 바로 위쪽에 있는 도시입니다. 하솔 왕 야빈에 의해서 압제당하고 있던 바로 그 지역입니다. 문제가 벌어지고 있는 해당 지역에 그동안 하나님이 주목하시던 용사 '바락'이 살고 있었던 것입니다.

드보라는 바락을 불러서 하나님으로부터 받은 신탁을 전합니다. 그것은 '납달리 자손과 스불론 자손' 만 명을 거느리고 다볼산으로 가라는 명령이었습니다. 그러면 야빈의 군대 장관과 그 군대를 바락의 손에 넘겨주시겠다는 것입니다. 이게 무슨 뜻입니까? 바락을 이스라엘을 구원할 쇼페팀으로 세우시겠다는 것입니다. 그것이 하나님의 계획이었습니다. 드보라는 단지 대언자로서 하나님의 신탁을 그에게 전하고 있을 뿐입니다.

하나님은 바락을 통해서 이스라엘을 야빈의 손에서 구원하셨습니다. 그러나 바락은 쇼페팀으로 세워지지는 못했습니다. 그 영광은 여인에게 돌아가고 말았습니다. 그 여인이 과연 누구일까요? 왜 그렇게 되었을까요? 다음 장에 계속 이어집니다.

신앙적인 교훈

오늘 말씀을 묵상하면서 우리는 두 가지 메시지를 발견하게 됩니다.

그 하나는 끝없이 반복되는 악순환의 고리를 끊어내는 일은 부모에게 달려 있다는 사실입니다. 하나님을 존중하지 않는 것이 죄의 근본이라는 것을 부모 세대가 자녀에게 가르쳐주어야 합니다. 그것을 분명히 가르쳐주지 않기 때문에 세대마다 원점에서 다시 시작하는 일이 반복됩니다. 우리보다는 우리 자녀가, 우리 자녀보다는 그 후손이 더욱 위대한 믿음의 사람으로 세워져야 하지 않겠습니까? 그 선순환은 다른 사람이 아닌 바로 나로부터 시작되어야 합니다.

다른 하나는 하나님께서 여성의 리더십을 귀하게 사용하기를 원하신다는 사실입니다. "여자이기 때문에 할 수 없다"는 말은 믿음의 공동체 안에서 결코 있어서는 안 됩니다. 물론 아직은 현실적으로 여러 가지 제약이 있습니다. 그렇지만 여성으로서 할 수 있는 일들이 얼마든지 있습니다. 아니 여성이기 때문에 해야 할 일들이 참 많이 있습니다.

특히 공동체가 위기를 겪고 있을 때 믿음의 중심을 잡아주는 사람들은 바로 여성입니다. 가정에서도 그렇고, 교회에서도 마찬가지입니다. 자녀는 믿음의 어머니가 필요하고, 교회는 기도의 어머니가 필요합니다. 우리가 몸 담은 신앙공동체 안에 희망을 밝히는 '횃불의 여인', 드보라가 많이 세워지기를 간절히 소원합니다.

묵상 질문: 나는 악순환의 고리를 끊어내는 부모 세대의 역할을 감당하고 있는가?

오늘의 기도: 하나님을 존중히 여기지 않는 마음이 모든 악의 뿌리임을 깨닫게 하옵소서. 그것을 자녀에게 가르쳐주어야 할 책임이 부모에게 있음을 알게 하옵소서. 크고 작은 위기를 겪고 있는 신앙공동체에 믿음의 중심을 잡아주는 드보라가 많이 등장하게 하옵소서. 예수님의 이름으로 기도합니다. 아멘.

사사가 될 뻔한 사람

읽을 말씀: 사사기 4:6-10

새길 말씀: ⁸바락이 그에게 이르되 만일 당신이 나와 함께 가면 내가 가려니와 만일 당신이 나와 함께 가지 아니하면 나도 가지 아니하겠노라 하니 ⁹이르되 내가 반드시 너와 함께 가리라. 그러나 네가 이번에 가는 길에서는 영광을 얻지 못하리니 이는 여호와께서 시스라를 여인의 손에 파실 것임이니라…(삿 4:8-9).

사사기의 메시지

사람들은 흔히 사사기를 무슨 영웅들의 이야기처럼 생각합니다. 그도 그럴 것이 이스라엘 백성이 침략자들에게 괴롭힘을 당하고 있을 때, 어디에선가 혜성처럼 등장한 '쇼페팀'이 적군을 멋지게 물리치고, 마침내 이스라엘을 구원하는 그런 이야기가 반복되고 있기 때문입니다. 그래서 하나님께 부르짖기만 하면 하나님은 우리를 구원해주신다는 것이 사사기의 메시지인 줄로만 알고 있습니다.

그런 식으로 사사기를 읽으면 헛다리 짚고 있는 것입니다. 하나님은 장애물을 제거하는 일에는 별 관심이 없으십니다. 이스라엘을 괴롭히는 침략자들과 수탈자들을 꺾는 것은 너무나도 쉬운 일이기 때문입니다. 너무나 쉽기에 그리 중요한 일이 아닙니다. 마음만 먹으면 하나님은 언제라도 이스라엘을 구원하실 수 있습니다. 그 일에 많은 사람이 필요한 것도 아닙니다. 왼손잡이 에훗의 이야기에서 보았듯이 단 한 사람으로도 18년 묵은 문제를 단숨에 해결할 수 있습니다.

그리고 이스라엘 백성이 하나님께 부르짖었다고 하는데, 그것 때문에 하나님이 그들을 구원해주신 것도 아닙니다. 이미 살펴보았듯이, 그들의 '부르짖음'은 자신의 죄를 깨닫는 진정한 회개에서 비롯된 것이 아니었습니다. 단지 괴롭고 힘든 현실에 대해서 그저 힘들다고 아프다고 하소연했을 뿐이었습니다. 그런데도 하나님은 긍휼하심의 은혜를 베푸셔서 그들을 구원해주셨던 것입니다.

그렇다면 사사기는 우리에게 어떤 메시지를 주려고 하는 것일까요? 사사기를 통해서 우리가 진정으로 깨닫기를 원하시는 하나님의 진짜 관심은 무엇일까요? 그것은 계약 백성의 '정체성'입니다. 하나님과 계약을 맺은 백성으로서, 여호와 하나님을 내 인생의 왕으로 모시며 살아가는 백성으로서 매 순간 하나님의 말씀에 온전히 순종하며 살아가고 있는지, 하나님은 바로 그것을 보고 싶어 하십니다.

사사 시대는 영웅들의 무용담이 펼쳐지는 그런 시대가 아닙니다. 사사기는 계약 백성의 '정체성'을 지키는 치열한 영적인 싸움이 벌어지고 있는 현장의 기록입니다. 하나님께서 '가나안의 모든 전쟁을 알지 못하는 이스라엘을 시험'하신 기록입니다(삿 3:1). 늘 조변석개(朝變夕改)하면서 하나님을 배역하던 이스라엘 백성도, 그들을 구원하기 위해 하나님께 쓰임 받던 사사들도 모두 하나님이 펼쳐놓으신 시험 무대에서 이 '정체성'의 싸움을 벌이는 중입니다.

그리고 이 '정체성'의 싸움은 지금 우리의 삶 속에서 계속 이어지고 있습니다. 그 싸움에서 우리가 어떻게 승리할 것인가, 계약 백성으로 과연 우리는 어떻게 살아가야 할 것인가, 이것이 바로 우리가 사사기를 통해서 읽어야 할 메시지입니다.

사사가 될 뻔한 사람

지금까지 '모범적인 사사 옷니엘'부터 시작해서 '오른손의 아들 왼손잡이 에훗'과 '소 모는 막대기 삼갈' 이야기를 살펴보면서, 하나님이 사사에게 요구하시는 무슨 특별한 자격이 없다는 사실을 알게 되었습니다. 그저 하나님의 손에 붙잡힐 수만 있다면 그 누구라도 하나님의 놀라운 구원을 이루는 도구가 될 수 있습니다.

그런데 하나님이 부르셨다고 해서 그들이 모두 '사사'의 반열에 서게 되는 것은 아닙니다. 이스라엘 백성을 구원하는 '사사'로 쓰임 받는 영광스러운 기회가 주어졌지만, 결국 그 영광을 얻지 못하고 다른 사람에게 넘겨주고만 그런 사람도 있었습니다. 그 이야기의 주인공이 오늘 우리가 살펴보게 될 '사사가 될 뻔한 사람' 바락(Barak)입니다.

바락 이야기는 여선지자 드보라로부터 시작됩니다. 드보라는 처음부터 사사로 부름을 받은 사람은 아닙니다. 그녀에게 붙여진 별명 '에셰트 랍피도트', 즉 '횃불의 여인'처럼 드보라는 하나님께서 주신 말씀을 전하는 '대언자'로서 당시 암울한 상황에 있던 이스라엘 백성에게 위로와 희망의 횃불이 되고 있었습니다. 사람들은 드보라에게 와서 하나님의 말씀을 통해서 새로운 용기를 얻곤 했습니다.

그러던 어느 날 하나님은 드보라에게 한 명령을 내리셨습니다. 하솔 왕 야빈의 박해로 고통당하고 있던 사람들을 구원하기 위하여 사사를 세우라는 그런 명령이었습니다. 그때 하나님은 '바락'을 직접 지명하셨습니다. 그래서 드보라가 사람을 보내어 납달리 게데스에 살고 있던 바락을 불러서 다음과 같은 하나님의 신탁을 전달했던 것입니다.

6… 이스라엘의 하나님 여호와께서 이같이 명령하지 아니하셨느냐. 너는 납달리 자손과 스불론 자손 만 명을 거느리고 다볼산으로 가라. 7내가 야빈의 군대 장관 시스

라와 그의 병거들과 그의 무리를 기손 강으로 이끌어 네게 이르게 하고 그를 네 손에 넘겨주리라…(삿 4:6-7).

지금까지 하나님은 언제나 문제가 벌어진 지역에서 그 문제를 해결할 '쇼페팀'을 찾아 세우셨습니다. 이번에도 그 원칙에 따라서 하나님은 야빈 왕에게 가장 많은 박해를 받고 핍박을 당하고 있었던 납달리 지파 중에서 '바락'을 사사로 세우려고 하시는 것입니다. 지금까지 다른 사사들도 매번 그런 식으로 세워졌고 또한 그들을 통해서 하나님은 이스라엘을 구원해 오셨습니다. 이번에도 똑같은 일을 계획하고 계십니다.

'쇼페팀'으로서 바락에게 주어진 미션은 우선 납달리 자손과 스불론 자손을 규합해서 다볼산으로 데리고 가는 것이었습니다. 그러면 하나님이 야빈의 군대 장관과 병거들을 기손강으로 끌어내시겠다는 것입니다. 그리고 거기에서 "그를 네 손에 넘겨주겠다"고 약속하십니다.

그런데 여기에서 약속의 말씀을 눈여겨보십시오. "이 전쟁에서 반드시 승리를 거두게 하겠다!"가 아닙니다. "그를 네 손에 넘겨주겠다!"입니다. '그'가 누구입니까? 야빈의 군대 장관 '시스라'입니다. 물론 적군의 우두머리를 잡으면 그 전쟁에서 승리할 수 있습니다. 그런데 중요한 것은 누가 그 우두머리를 잡느냐 하는 것입니다. 그를 다른 사람의 손이 아니라, 바로 바락의 손에 넘겨주겠다고 하나님이 지금 약속하십니다.

이것은 바락이 '쇼페팀'의 리더십을 가질 수 있도록 특별히 세워주시겠다는 말씀입니다. 바락으로 하여금 이스라엘 백성을 야빈의 박해에서 구원할 뿐만 아니라, 앞서 세워졌던 다른 사사들처럼 야빈과의 전쟁 이후에도 이스라엘 백성을 이끌어갈 '쇼페팀'이 되게 해주시겠다는 약속입니다.

그렇다면 이제 바락이 할 일이 무엇입니까? 하나님의 말씀에 순종하여 따르는 것입니다. 그러면 그 나머지 일들은 하나님께서 약속대로 다 알아서 해주실 것입니다. 이렇게 좋은 기회가 어디 있겠습니까?

바락이 선택한 노선

그런데 바락은 '쇼페팀'이 되는 절호의 기회, 하나님께 크게 쓰임 받을 수 있는 이 축복의 기회를 그만 놓쳐버립니다.

바락이 그에게 이르되 만일 당신이 나와 함께 가면 내가 가려니와 만일 당신이 나와 함께 가지 아니하면 나도 가지 아니하겠노라 하니…(삿 4:8).

여기에서 우리는 바락이 어떤 사람인지 알게 됩니다. 바락은 눈에 보이지 않는 하나님보다 눈에 보이는 사람을 더 의지했습니다. 그래서 "당신이 나와 함께 가면 내가 가겠지만, 당신이 나와 함께 가지 않으면 나도 가지 않겠다"고 말합니다.

여기에서 '당신'이 누구입니까? 하나님이 아닙니다. 여선지자 드보라입니다. 드보라가 같이 가서 해줄 일이 과연 뭐가 있을까요? 혹시라도 전국적인 지명도를 가진 드보라가 한마디 해주면 납달리 자손과 스블론 자손들을 모으는 데 도움이 될지는 모릅니다. 그러나 사실은 그것도 쇼페팀으로 지명받은 사람이 직접 나서서 해야 하는 일입니다.

옷니엘을 보십시오. 하나님의 영이 임했을 때 그는 스스로 사사가 되어 이스라엘 백성을 이끌고 나가서 싸우지 않았습니까? 에훗을 보십시오. 하나님의 명령에 따라 에글론 왕을 암살한 후에 에브라임 산지에서 나팔을 불어 이스라엘 백성을 불러 모으지 않았습니까? 바락도 마찬가지입니다. 하나님이 세워주신 사사로서 당당하게 자신의 정체성을 선포하고 나아가야 합니다. 그런데 어떻게 하고 있습니까? 그는 여선지자 드보라의 치맛자락을 놓지 않으려고 무던히 애를 쓰고 있습니다.

그러자 하나님은 드보라를 통해서 즉시 바락에게 다음과 같이 선언하셨습니다.

이르되 내가 반드시 너와 함께 가리라. 그러나 네가 이번에 가는 길에서는 영광을 얻지 못하리니 이는 여호와께서 시스라를 여인의 손에 파실 것임이니라 하고 드보라가 일어나 바락과 함께 게데스로 가니라(삿 4:9).

"네가 영광을 얻지 못하리라!" 무슨 영광입니까? '쇼페팀'으로서 하나님께 쓰임을 받는 영광입니다. 그런데 왜 그 영광을 얻지 못하게 되었나요? 우리말 성경으로는 '네가 이번에 가는 길에서는…'이라고 번역하고 있지만, NIV 성경으로 읽으면 다음과 같습니다. "네가 선택하는 그 노선으로 인해서, 그 영광은 네 것이 되지 못할 것이다."(Because of the course you are taking, the honor will not be yours)

그렇습니다. 바락이 선택한 노선은 하나님을 온전히 신뢰하고 오직 하나님의 약속을 붙잡고 믿음으로 나가는 그런 '온전한 순종의 노선'이 아니었습니다. 그는 '불완전한 순종의 노선'을 선택했습니다. 하나님이 '가라!'고 하셔서 가기는 하지만, 거기에는 조건이 붙어 있었습니다. 그는 여전히 인간적인 방법을 계산하고 있었고 자기의 눈에 그럴듯하게 보이는 사람의 도움을 의지하는 그런 길을 선택했던 것입니다.

그래서 어떻게 되었을까요? 그 전쟁에서 보기 좋게 패배했을까요? 아닙니다. 하나님이 개입하심으로 바락은 대승을 거둡니다. 당시의 최첨단 무기였던 9백 대의 철 병거를 무기력하게 만드는 것은 하나님에게 너무나 쉬운 일이었습니다. 전쟁에서 승리하는 것보다 '정체성'의 시험을 통과하는 것이 더 어려운 일입니다.

바락은 그 시험에서 실패했습니다. 그리하여 야빈의 군대 대장 '시스라'는 바락의 손이 아니라 다른 여인, 즉 '야엘'의 손에 넘겨졌습니다(삿 4:17-22). 그리고 바락에게 주시려고 했던 '쇼페팀'으로 쓰임 받는 영광은 또 다른 여인, 즉 '드보라'에게 넘어가게 된 것입니다.

어물전 꼴뚜기

"어물전 망신은 꼴뚜기가 시킨다"는 말이 있습니다. 바락이 그 꼴뚜기처럼 보입니다. 하나님이 주신 기회를 잡지 못하고 영광을 다른 이에게 넘겨주고 있으니 말입니다. 그런데 가만히 생각해보니까 바락만 꼴뚜기가 아닙니다. 약속의 땅에서 계약 백성답게 살지 못하는 이스라엘 백성이 다 꼴뚜기입니다. 조금만 힘들어도 죽겠다고 아우성치고 조금 먹고살 만해지면 금세 하나님을 잊어버리는 그런 사람들이 모두 꼴뚜기들 아니겠습니까?

하나님이 사명을 맡겨주셨으면 믿음으로 순종하며 나아가야지, "이 문제를 먼저 해결해 주시면…, 저것을 먼저 채워주시면…" 하면서 늘 조건을 붙여 도망갈 구멍을 찾고 있는 우리야말로 바로 하나님을 망신시키는 꼴뚜기들 아니겠습니까?

다윗은 시편 8편에서 다음과 같이 노래하고 있습니다.

> ¹여호와 우리 주여, 주의 이름이 온 땅에 어찌 그리 아름다운지요. 주의 영광이 하늘을 덮었나이다. ²주의 대적으로 말미암아 어린아이들과 젖먹이들의 입으로 권능을 세우심이여 이는 원수들과 보복자들을 잠잠하게 하려 하심이니이다(시 8:1-2).

하나님은 이런 분이십니다. '어린아이들'(children)과 '젖먹이들'(infants)의 입으로도 얼마든지 원수들과 보복자들을 잠잠하게 만드실 수 있는 그런 분이십니다. 다윗은 자신의 경험을 통해서 이 사실을 너무나도 확실하게 알고 있었습니다. 소년 시절에 다윗은 블레셋 장군 골리앗과 대결하여 넉넉히 이기지 않았습니까? 그때 무엇으로 이겼습니까? 물맷돌이 아닙니다. '만군의 여호와 하나님의 이름으로'(삼상 17:45) 이겼습니다.

하나님이 나를 사용하시겠다면 그것으로 이미 충분한 겁니다. 내게 다른 무엇이 더 있어야 할 필요가 없습니다. 내가 어린아이처럼 미련하다고 해도,

내가 젖먹이처럼 약하다고 해도 그것이 결코 부끄러운 일이 아닙니다. 그런데 정말 부끄러운 일이 있습니다. 그렇게 연약한 나를 사용하셔서 원수들을 잠잠하게 하려고 하시는 하나님, 아니 그렇게 하실 수 있는 하나님을 온전히 신뢰하지 못하고, 그 말씀에 순종하여 따르지 못하는 것입니다. 그것이 정말 부끄러운 일입니다.

하나님은 우리가 각자에게 주어진 약속의 땅에서 하나님의 계약 백성으로 살아가기를 기대하십니다. 우리 삶의 현장에서 매번 직면하는 영적인 싸움의 내용은 '계약 백성의 정체성을 지키면서 살 것인지' 아니면 '그 정체성을 잃어버리고 살 것인지'입니다. 세상은 계약 백성의 정체성을 지키지 못하도록 우리를 두렵게 하고, 세상과 타협하게 만들고, 동화되어 살도록 유혹합니다.

그러나 우리는 어떤 경우에도 계약 백성의 정체성을 지켜야 합니다. 그것이 우리가 해야 할 일입니다. 장애물이 있으면 있는 대로, 문제가 있으면 있는 대로, 계약 백성으로 살아가는 것입니다. 그러면 장애물은 구원의 은혜를 경험하는 재료가 되고, 문제는 하나님의 축복을 받는 통로가 됩니다. 그 싸움에서 이기고 나면 우리에게는 하나님께서 약속하신 영광이 주어지게 되는 것입니다.

하나님이 주시는 영광을 받을 뻔한 사람이 아니라, 실제로 영광을 받아 누리는 복 있는 사람으로 우리의 후손에게 기억되기를 간절히 소원합니다.

묵상 질문: 나는 하나님께 쓰임 받는 기회를 놓친 적은 없는가?

오늘의 기도: 위대한 인생이란 하나님이 목적하신 대로 살아가는 것이요, 하나님께 쓰임 받는 것임을 이제야 깨닫습니다. 그동안 우리는 하나님이 주신 수많은 기회를 놓쳐버렸습니다. 믿음이 없어 매사에 주저했고, 불필요한 염려에 마음을 빼앗겼습니다. 이제라도 하나님께 온전히 쓰임 받는 자가 되기를 원합니다. 그렇게 살 수 있도록 우리의 삶을 빚어주옵소서. 예수님의 이름으로 기도합니다. 아멘.

부끄러운 승리

읽을 말씀: 사사기 4:11-24, 5:1-31

새길 말씀: 바락이 시스라를 추격할 때에 야엘이 나가서 그를 맞아 그에게 이르되 오라 네가 찾는 그 사람을 내가 네게 보이리라 하매 바락이 그에게 들어가 보니 시스라가 엎드러져 죽었고 말뚝이 그의 관자놀이에 박혔더라(삿 4:22).

100대 0

승리가 항상 자랑스러운 것은 아닙니다. 때로는 부끄러운 승리도 있고 자랑스러운 패배도 있습니다. 오래전 실제로 있었던 이야기입니다. 미국 텍사스주에서 여고 팀 간의 농구경기가 벌어졌는데, 100대 0이라는 놀라운 점수가 나왔습니다. '커비넌트고교'(Covenant School)와 '달라스아카데미'(Dallas Academy)의 경기 결과입니다.

커비넌트고등학교는 그 이름(covenant, 계약)에서 느낄 수 있듯이 기독교 계통 사립학교입니다. 전교생이 4백 명 정도 규모입니다. 상대인 달라스아카데미는 그보다 훨씬 적은 전교생 180명 정도의 규모입니다. 농구 선수들은 겨우 8명에 불과하고, 지난 몇 년 동안 한 번도 이겨본 적이 없었습니다. 그러니까 처음부터 승부는 문제가 아니었습니다. 그런데 공교롭게도 한 팀이 100점을 득점하는 동안 다른 팀은 한 점도 득점하지 못하는 일이 벌어진 것이지요.

물론 기량의 차이가 있는 팀 간에 얼마든지 이러한 결과가 생길 수 있습니다. 문제는 승리한 학교의 교장 선생님이 인터넷 홈페이지를 통해서 상대팀에게 사과문을 올리면서 시작되었습니다. 그 경기의 결과는 기독교 정신에 비추어 볼 때 '부끄럽고'(shameful) '당황스러운'(embarrassment) 일이라고 공식적으로 사과한 것이지요.

그러자 이번에는 농구팀의 코치가 반발하고 나섰습니다. "그것이 왜 부끄러운 일이냐? 선수들이 최선을 다해서 얻은 승리인데 왜 그것을 수치스럽게 생각해야 하느냐? 나는 그러한 사과에 대해 결코 동의할 수 없다"라고 하면서 교장 선생님의 사과문을 정면으로 반박하고 나섰습니다. 그러자 학교 당국은 그날로 이 농구코치를 해임했습니다.

이 일을 놓고 사람들 사이에 '스포츠맨십'(sportsmanship)에 대한 논쟁이 벌어졌습니다. 한편에서는 해도 너무한 것이라고 주장합니다. 그렇게까지 이길 필요가 있었겠느냐는 것이지요. 실제로 커비넌트 선수들은 전반에만 이미 59대 0으로 앞섰는데도 후반에 들어와서 마지막까지 쉬지 않고 3점 슛을 던졌다고 합니다. 게다가 그 학교 응원단도 "한 점도 내어주지 말라!"고 소리 지르면서 응원했다고 합니다. 그것은 결국 상대방을 '치욕스럽게'(humiliation) 만든 것으로, 올바른 스포츠맨십이라고 할 수 없다는 것입니다. 그 말도 맞습니다.

그러나 다른 한편으로는 상대의 체면을 봐주면서 하는 경기가 오히려 상대를 더 치욕스럽게 만드는 것이라는 주장도 있습니다. 코트 안에서 최선을 다해 경기하고 그 결과에 깨끗이 승복하는 것이 스포츠맨십인데, 상대의 수준에 맞추어 적당히 경기하면 어떻게 되겠는가 하는 지적입니다. 하긴 과연 몇 점 차로 이겨야 스포츠맨십에 위배 되지 않는다고 말할 수 있을까요? 그러고 보면 이 말도 맞습니다.

여하튼 재미있는 것은 이 일에 대해서 전국적인 관심이 집중되면서 승자와 패자가 완전히 역전되는 기이한 현상이 나타났다는 사실입니다. 승자는 학교 당국이 공식적으로 사과하고 코치가 해임되는 초상집이 되었고, 패자는 그 학교를 돕겠다는 후원금이 사방에서 쇄도하는 바람에 즐거운 비명을 지르게 되었으니 말입니다. 이기는 것이 전부가 아닙니다. 이기고도 부끄러운 승자가 있고, 지고도 당당할 수 있는 패자가 있습니다.

바락은 야빈의 군대 장관 시스라와 전투에서 대승을 거두었습니다. 물론 그 전쟁은 하나님이 이스라엘 백성을 구원하기 위해서 미리 계획해 놓으신 것이었습니다. 사람의 눈으로 볼 때는 도무지 이길 수 없을 것 같은 전쟁이었지만, 하나님의 눈으로 볼 때는 절대로 질 수 없는 전쟁이었습니다. 바락이 이끄는 이스라엘은 결국 시스라의 군대를 한 사람도 남기지 않고 모두 진멸합니다(삿 4:16). 말하자면 '계약 백성'(Covenant People)과 '시스라 군대'(Sisera Army) 사이의 전투에서 '100대 0'이라는 놀라운 점수가 기록된 것입니다.

결과만 놓고 보면 정말 대단한 승리입니다. 그렇지만 그 속에는 곳곳에 부끄러운 모습이 감추어져 있습니다. 이런 이야기를 역사의 기록으로 남겨 우리에게까지 전하고 있는 하나님의 의도가 무엇일까요? 오늘 우리가 생각할 내용입니다.

하나님께 속한 전쟁

성경은 언제나 '전쟁은 사람에게 속한 것이 아니라 하나님께 속한 것'이라고 증언합니다(삼상17:47; 대하20:15). 이번 전쟁도 마찬가지였습니다. 바락이 스블론과 납달리 지파 만 명을 모았다고 하지만, 훈련도 제대로 받지 않은 오합지졸입니다. 당시의 최첨단 무기였던 철 병거 9백 대로 무장한 시스라의 군대를 상대하기엔 사실상 역부족이었습니다. 그러나 하나님에게 그 일은 너무나도 쉬웠습니다.

¹²아비노암의 아들 바락이 다볼산에 오른 것을 사람들이 시스라에게 알리매 ¹³시스라가 모든 병거 곧 철 병거 구백 대와 자기와 함께 있는 모든 백성을 하로셋학고임에서부터 기손 강으로 모은지라 (삿 4:12-13).

하나님께서 드보라를 통해서 바락에게 굳이 '다볼산'(Mt. Tabor)으로 가라고 지정하여 주신 것(삿 4:6)은 모두 이유가 있었습니다. 우선 다볼산의 정상 부분은 평평해서 그 위에서 대규모 병력이 군사 훈련을 받기 좋게 되어 있습니다. 더욱이 해발 575m의 높이가 있어서 시스라의 주력 부대인 철 병거가 그 위로 오르는 것은 거의 불가능합니다.

그리고 주변에 공간이 탁 트여 있어서 멀리에서 접근하는 적들을 쉽게 발견할 수 있습니다. 게다가 납달리와 스블론과 잇사갈 지파 모두의 접경 지역에 있어서, 세 지파의 병력이 함께 모일 수 있는 가장 좋은 위치입니다. 하나님의 인도하심은 이렇듯 아주 세밀하십니다.

아니나 다를까 시스라는 바락이 다볼산에 올랐다는 소식을 듣고서 자기가 머물고 있던 '하로셋 학고임'에서부터 '기손강'으로 병력을 집중시킵니다. 물론 그 속에는 그들이 자랑하고 있는 9백 대의 철 병거도 있었습니다. 그런데 왜 하필 '기손강'이었을까요?

시스라가 자신의 병력을 집중한 곳은 므깃도(Megiddo)와 다아낙(Taanach)에서 다볼산 쪽으로 가는 길목에서 만나는 '기손강'이었을 것으로 추정됩니다(삿 5:19). 그런데 이 지역은 우기에는 강을 이루지만 건기에는 전혀 물이 흐르지 않는 '와디'(Wadi)였습니다. 당시는 건기여서 바짝 마른 상태였기 때문에 그곳에 일단 모든 병력을 집결시킨 후에 한꺼번에 이스라엘 백성이 모여 있는 다볼산으로 진격하려는 계산이었던 것이지요. 그런데 이와 같은 시스라의 계산 또한 하나님의 계획 속에 포함되어 있었습니다(삿 4:7).

¹⁴드보라가 바락에게 이르되 일어나라. 이는 여호와께서 시스라를 네 손에 넘겨주신

날이라. 여호와께서 너에 앞서 나가지 아니하시느냐 하는지라. 이에 바락이 만 명을 데리고 다볼산에서 내려가니 15여호와께서 바락 앞에서 시스라와 그의 모든 병거와 그의 온 군대를 칼날로 혼란에 빠지게 하시매 시스라가 병거에서 내려 걸어서 도망한지라(삿 4:14-15).

드보라가 바락을 재촉하여 말합니다. "자, 가십시오. 오늘이 바로 주님께서 시스라를 넘겨주신 날입니다. 주님께서 친히 그대 앞에 서서 싸우러 나가실 것입니다"(새번역). 그 말씀에 순종하여 바락이 다볼산에서 내려가니까 하나님께서 바락 앞에서 시스라의 모든 병거와 군대가 갑자기 혼란에 빠지도록 하셨다고 합니다. 도대체 무슨 일이 벌어지고 있는 것일까요?

그때의 상황을 '드보라의 노래'는 다음과 같이 묘사하고 있습니다.

19왕들이 와서 싸울 때에 가나안 왕들이 므깃도 물 가 다아낙에서 싸웠으나 은을 탈취하지 못하였도다. 20별들이 하늘에서부터 싸우되 그들이 다니는 길에서 시스라와 싸웠도다. 21기손 강은 그 무리를 표류시켰으니 이 기손 강은 옛 강이라. 내 영혼아 네가 힘 있는 자를 밟았도다(삿 5:19-21).

기손강에 갑자기 물이 불어난 것입니다. 어디에서부터 그 물이 생겨난 것일까요? 물론 하늘에서 비가 내린 것입니다(삿 5:4). 이것을 가리켜서 드보라는 '별들이 하늘에서부터 싸웠다'고 시적으로 표현하고 있습니다. 비가 내려 땅이 진흙탕이 되면, 철 병거는 그야말로 고철 덩어리가 되고 맙니다. 그래서 바락을 비롯한 그의 군사들은 병거를 버려두고 도망할 수밖에 없었던 것이지요. 이 전쟁은 하나님께 속한 것임이 또다시 증명되는 순간입니다.

또 다른 기회

이 대목에서 우리는 바락이 영광을 얻지 못하는 또 다른 이유를 발견하게 됩니다. 앞 장에서 이미 살펴본 것처럼 드보라는 시스라를 바락의 손에 넘겨 줌으로써 그를 쇼페팀으로 세우시려는 하나님의 약속에 대해서 분명히 말해 주었습니다. 그러나 바락이 '불완전한 순종의 노선'을 선택하는 바람에 그 약속이 취소되었다고 했습니다.

그런데 오늘 말씀에 보면 아직도 하나님은 바락에게 미련을 두고 있다는 사실을 알게 됩니다. 드보라가 이렇게 말합니다. "이는 여호와께서 시스라를 네 손에 넘겨주신 날이라!" 하나님은 아직도 바락에게 시스라를 넘겨주려고 하셨던 것입니다. 만일 바락이 조금이라도 영적인 감각이 깨어 있었다면, 이 말의 의미를 금방 알아차렸을지도 모릅니다.

그러나 시스라가 일찌감치 병거에서 내려 걸어서 도망했는데도 바락은 그를 쫓을 생각은 하지 않고, '그의 병거들과 군대'를 추격하여 하로셋 학고 임까지 내려갑니다. 아마도 대다수 철 병거들은 기손강에 버려졌지만, 몇몇 남은 병거가 하로셋 학고임으로 내려갔던 것으로 보입니다. 바락은 그 뒤를 쫓아갔던 것이지요. 왜냐하면 그에게 중요한 것은 바로 '철 병거'였기 때문입니다.

마치 이스라엘 백성이 '철 병거'에 모든 문제의 원인이 있는 것처럼 하나 님께 부르짖었듯이(삿 4:3) 바락도 '철 병거'를 제거하는 것에 그 전쟁의 승패 가 달려있다고 믿고 있었던 것입니다. 그래서 시스라를 쫓지 않고 대신 철 병거를 쫓아갔던 것입니다. 이 전쟁의 본질을 아직도 깨닫지 못하고, 하나님 께서 마지막으로 주신 또 다른 기회를 놓쳐버리고 있는 바락의 모습을 우리 는 보고 있는 것입니다. 드보라의 예언처럼 시스라는 결국 다른 여인의 손에 넘겨지고 말았습니다.

바락은 시스라와 전쟁에서는 승리했지만 부끄러운 승자가 되고 말았습니 다. 그에게 주어진 영광을 얻을 기회가 다른 여인들에게 돌아가고 말았기 때문입니다. 바락은 하나님의 계획에 따르지 않았습니다. 그렇다고 해서 하나님의 계획이 실패한 것은 아닙니다. 그의 계획을 이루기 위해 하나님은 다른 여인을 사용하셨습니다. 그는 헤벨(Heber)의 아내 야엘(Jael)이었습니다.

그런데 사사기는 하나님께서 당신의 뜻을 이루기 위해서 깔아놓으신 또 다른 복선에 대해서 그냥 스쳐 지나가는 말처럼 이미 언급해놓았습니다. 그 첫 출발은 사사기 1장에 등장합니다.

> 모세의 장인은 겐 사람이라. 그의 자손이 유다 자손과 함께 종려나무 성읍에서 올라가서 아랏 남방의 유다 황무지에 이르러 그 백성 중에 거주하니라(삿 1:16).

'겐 사람'이 유다 자손과 함께 정착하여 살게 되었다는 이 이야기는 사실 앞뒤 문맥과 매끄럽게 연결되지 않습니다. 그래서 왜 이 말씀이 뜬금없이 여기에 놓여 있는지 의아하게 생각하게 됩니다. 그러나 성경에는 괜히 놓여 있는 말씀은 하나도 없습니다. 우리가 그 이유를 알지 못할 뿐입니다. 이 이야기는 이스라엘 백성을 구원하기 위해서 깔아놓으신 또 다른 복선입니다.

그다음 복선은 사사기 4장에 등장합니다.

> 모세의 장인 호밥의 자손 중 겐 사람 헤벨이 떠나 게데스에 가까운 사아난님 상수리나무 곁에 이르러 장막을 쳤더라(삿 4:11).

이 말씀 또한 앞뒤 문맥과 잘 연결되지 않습니다. 그리고 헤벨이 갑자기 '떠났다'고 하는데, 이 또한 뜬금없는 이야기입니다. 그러나 사사기 1장 16절과 연결하여 읽으면, 그 의미가 분명해집니다. 유다 자손과 함께 남방지역에 정착하여 살던 겐 사람 중에서 '헤벨'이 가족들과 함께 그곳을 떠나서 북쪽 게데스 근처에 이주하여 살게 되었다는 이야기입니다. 그리고 이것은 그다음 시스라의 죽음과 연결됩니다.

> **시스라가 걸어서 도망하여 겐 사람 헤벨의 아내 야엘의 장막에 이르렀으니 이는 하솔 왕 야빈과 겐 사람 헤벨의 집 사이에는 화평이 있음이라**(삿 4:18).

헤벨은 아마도 '겐 사람'이었기 때문에 이스라엘 백성들처럼 하솔 왕 야빈과 적대적인 관계를 맺지 않고도 지낼 수 있었던 것으로 보입니다. 하솔 왕이 이스라엘을 '심히 학대'(삿 4:3)했던 이유는 사실 여호수아가 이끄는 이스라엘 군대에게 처참하게 정복당했던 기억 때문입니다(수 11:10-11). 그것에 대해서 복수를 하고 있는 것이지요.

여하튼 헤벨과 이전부터 친분이 있었던 시스라는 하솔 근처에 있는 그의 장막까지 걸어서 도망해왔습니다. 그리고 도움을 요청합니다. 그러나 시스라가 모르고 있었던 것이 하나 있었습니다. 그것은 팔레스타인에 정착한 겐 사람은 모세의 장인 후손들이었고, 그들 또한 하나님의 계약 백성이었다는 사실입니다.

헤벨의 아내 야엘은 처음에는 그를 돕는 것처럼 하다가 결국은 그의 머리에 장막 말뚝을 박아 죽입니다(삿 4:21). 그렇게 함으로써 시스라에 대한 하나님의 심판과 이스라엘 백성을 향한 하나님의 구원을 동시에 성취하는 역사의 주인공이 되었습니다. 바로 이 일을 설명하기 위해서 사사기는 앞에서부터 겐 사람에 대해서 그렇게 가끔 언급해왔던 것입니다.

뒤늦게 바락이 시스라를 추격하여 현장에 도착했습니다. 그러나 시스라는 이미 죽은 다음이었습니다. 바락은 이번에도 또 다른 노선을 선택하는 바람에 하나님의 본래 계획을 성취할 기회를 놓쳐버렸습니다. 그 엄청난 전쟁에서 승리하고서도 이스라엘 백성을 이끌어가는 쇼페팀의 리더십에 오르지 못한 '부끄러운 승자'가 되었던 것입니다.

거듭 말씀드리지만, 하나님께는 승리가 중요한 일이 아닙니다. 하나님께서 정말 중요하게 여기시는 것은 계약 백성으로서의 정체성입니다. 하나님의 말씀에 온전히 순종하는 그 시험에 통과하는 계약 백성을 보고 싶으신 것입니다. 바락에게 먼저 기회를 주셨지만, 그는 시험에 통과하지 못했습니다. 그가 선택한 '불완전한 순종의 노선' 때문입니다.

기회주의자 메로스

이날의 승리는 가나안 북부 지방에 살고 있던 이스라엘 백성이 지난 20년 동안 야빈에게 당해온 학대를 끝내는 전기를 마련해 주었습니다(삿 4:23- 24). 그러나 이 전쟁을 통해서 신앙공동체 이스라엘 내부에 또 다른 부끄러운 모습이 드러나게 되었습니다. 그것은 전쟁에 동참하지 않는 기회주의자들이 생겨난 것입니다.

그 대표적인 사람들이 바로 '메로스(Meroz) 주민'들이었습니다. 그 이야기가 드보라의 노래에 다음과 같이 기록되어 있습니다.

> 여호와의 사자의 말씀에 메로스를 저주하라. 너희가 거듭거듭 그 주민들을 저주할
> 것은 그들이 와서 여호와를 돕지 아니하며 여호와를 도와 용사를 치지 아니함이니라
> 하시도다(삿 5:23).

물론 메로스 주민들 외에도 이 전쟁에 동참하지 않은 지파들이 앞에 언급됩니다. 그들 중에는 르우벤과 길르앗(동쪽 므낫세)과 단과 아셀 지파가 포함되어 있습니다(삿 5:16-17). 그렇지만 지역적인 문제는 그 지역 당사자들이 해결하도록 하는 것이 하나님이 세워놓으신 원칙이었습니다. 그것이 지파들 사이에 평등과 평화를 깨뜨리지 않는 보호 장치였습니다. 따라서 그렇게 먼 곳에 사는 다른 지파가 동참하지 않은 것에 대해서 비난할 필요는 없습니다.

그러나 문제의 당사자였던 메로스 주민들은 전혀 다른 경우입니다. 그들이 살고 있던 마을은 시스라와의 전투가 벌어지던 곳에서 그리 멀지 않은 다볼산

남쪽에 있었습니다. 그런데도 그들은 여호와를 도와 용사를 치지 않았습니다. 그 전쟁에서 이스라엘이 지고 나면 더욱 극심한 박해를 당할 게 분명한 일입니다. 그 일을 미리 걱정했던 것이지요. 그들의 계산은 빨랐지만, 하나님에 대한 믿음은 전혀 없었습니다. 그러고도 계약 백성 안에 계속 남을 수 있을까요?

물론 메로스에 대한 저주가 실제로 어떻게 성취되었는지 성경은 말하지 않습니다. 그렇지만 그들이 이스라엘 공동체 안에 계속 남아 있지는 못했을 것으로 보입니다. 너도나도 죽음을 무릅쓰고 목숨을 아끼지 않고 나서는 상황에서 혼자 목숨 부지하겠다고 그러는 사람들은 어떤 의미에서는 외부의 적보다 더 나쁜 영향을 끼칩니다. 그와 같은 기회주의자들이 많아질수록 공동체의 일치와 구심력은 더욱 약화할 수밖에 없습니다.

이처럼 승리에 감추어진 부끄러움을 있는 그대로 솔직하게 이야기하는 이유가 무엇일까요? 이 일은 지금 우리에게도 얼마든지 일어날 수 있기 때문입니다. 믿음의 공동체는 언제나 주어진 삶의 자리에서 계약 백성으로서 정체성의 시험을 받게 되어 있습니다. 그리고 그때 우리의 진짜 정체성이 드러납니다.

단지 우리가 당하고 있는 어떤 어려움이나 고통을 극복하고 승리하는 것이 중요한 문제가 아닙니다. 우리가 왜 이 싸움을 하게 되었는지를 먼저 살펴보아야 합니다. 우리는 지금 하나님을 믿는 계약 백성으로서 우리의 정체성을 시험하는 무대에 서 있는 것입니다. 이것을 놓치면 문제를 해결한 후에도, 어려움을 극복한 후에도 부끄러운 승자가 될 수밖에 없다는 사실을 우리는 기억해야 합니다.

우리에게 주어진 영적인 싸움을 다 마친 후에 우리 모두 하나님이 보시기에 자랑스러운 승자로 우뚝 설 수 있기를 간절히 소원합니다.

묵상 질문: 나에게는 부끄러운 승리의 경험이 없는가?

오늘의 기도: 하나님은 우리에게 위대한 승리를 주시려고 하는데, 우리는 그것을 부끄러운 승리로 만들곤 했습니다. 하나님의 말씀을 청종하지 못했기 때문입니다. 귀 기울여 듣지 못했고, 믿음으로 순종하지 못했기 때문입니다. 그런데도 여전히 우리를 포기하지 않으시는 하나님의 은혜를 감사드립니다. 이제부터 어떤 상황에서도 하나님의 백성이라는 정체성을 잃어버리지 않도록 우리를 온전히 다스려주옵소서. 예수님의 이름으로 기도합니다. 아멘.

무명의 대언자

읽을 말씀: 사사기 6:1-10

새길 말씀: 7이스라엘 자손이 미디안으로 말미암아 여호와께 부르짖었으므로 8여호와
께서 이스라엘 자손에게 한 선지자를 보내시니 그가 그들에게 이르되 …(삿
6:7-8a).

사사기의 역사는 '배교'와 '심판'과 '부르짖음'과 '구원'을 거쳐서 또다시
'배교'로 이어지는 순환적 구조로 되어 있습니다. 이렇게 똑같은 역사가 반복
되는 이유가 무엇일까요? 그것은 사람들이 역사를 통해서 아무것도 배우지
않기 때문입니다. 아니, 아무것도 배우지 않는 것 보다 잘못 배운다는 것이
더 큰 문제입니다. 역사를 통해서 잘못 배우기 때문에 과거보다 점점 더 악해
져 가는 악순환의 구조가 만들어지는 것입니다.

오늘부터 한동안 우리는 사사기에 기록된 12명의 사사 중에서 가장 유명한
기드온에 대해서 살펴볼 것입니다. 사사기 6장부터 8장까지, 그의 아들 아비멜
렉 이야기까지 포함하면 9장까지가 기드온 이야기입니다. 사사기의 본론이
3장 7절에서 17장까지라는 점을 고려한다면, 기드온 이야기가 거의 삼 분의
일을 차지합니다. 얼마나 중요한 위치를 차지하고 있는지 알 수 있습니다.

또 깨어진 평안(平安)

기드온의 이야기도 역시 이스라엘의 반복되는 배교로부터 시작합니다. 5장 마지막 부분과 6장 첫 부분을 이어서 함께 읽어보겠습니다.

> 5:31... 그 땅이 사십 년 동안 평온하였더라. 6:1이스라엘 자손이 또 여호와의 목전에 악을 행하였으므로 여호와께서 칠 년 동안 그들을 미디안의 손에 넘겨주시니 미디안의 손이 이스라엘을 이긴지라...(삿 5:31b-6:2a).

여선지자요 사사였던 드보라 시대의 평화로운 안식도 마침내 깨지고 말았습니다. 그 이유는 이스라엘 자손이 '또' 악을 행했기 때문입니다.

그런데 또다시 악을 행한 이 '이스라엘 자손'이 앞에서 평화로운 안식을 누리던 '이스라엘 자손'과 같은 세대가 아니라는 점을 우리는 기억해야 합니다. 그러고 보면 평안을 누린 기간이 옷니엘 때에는 40년이었고(삿 3:11), 에훗 때에는 80년(삿 3:30), 드보라 때에는 다시 40년입니다(삿 5:31). 40년을 한 세대로 계산해 보면 한 세대 혹은 두 세대 만에 또다시 하나님의 목전에 악을 행하게 되었다는 것입니다.

드보라 이야기를 하면서 이스라엘 자손이 반복한 악이란 '하나님을 존중하지 않는 것'이라고 설명했습니다. 그리고 하나님을 존중하는 마음은 반드시 부모 세대가 자녀에게 가르쳐주어야 한다고 했습니다. 그와 같은 믿음의 세대 계승에 실패하면 그다음 세대는 또다시 악을 행할 수밖에 없게 되고, 그러면 또다시 평안이 깨지게 되는 것입니다.

우리는 흔히 '모태신앙'이라는 말로 자신의 신앙 이력이 짧지 않음을 자랑하곤 합니다. 그러나 엄밀하게 말하자면 '모태신앙'이란 말은 맞지 않습니다. 어머니 뱃속에서부터 신앙이 전수되는 법은 없기 때문입니다. 몇 대를 이어서 신앙 생활 해온 독실한 기독교 신앙의 가문에 태어났다고 해서 신앙이 자동 전수되는 것은 아닙니다. 아무리 부모가 목사요 장로라고 하더라도 부모 세대가 자녀에게 제대로 신앙을 가르치지 않으면, 그 '다음 세대'는 믿음이 '다른 세대'가 될 수밖에 없습니다.

그래서 '모태신앙'을 '못해 신앙'과 동의어로 사용하는 사람이 많이 생기는 것입니다. '못해 신앙'은 하나님과의 평안이 깨진 모습입니다. 하나님의 왕 되심을 받아들이지 못하고 자기 소견에 옳은 대로 행하면서 살려고 하니, 늘 '못해! 못해!' 할 수밖에 없습니다. 왜 그렇게 되었을까요? 믿음의 세대 계승이 이루어지지 않았기 때문입니다.

하나님의 다스림을 받아들이지 못하고 하나님과 평안이 깨지면, 반드시 다른 누군가의 지배를 받게 됩니다. 그것이 바로 하나님의 심판입니다.

미디안의 인해전술(人海戰術)

이번에는 이스라엘 자손을 미디안의 손에 7년 동안 넘겨주시는 것으로 하나님의 심판이 임했습니다. 7년은 지금까지의 여러 경우와 비교해 보면 가장 짧은 기간입니다. 그러나 그 심판의 강도는 앞의 경우와 비교할 수 없을 정도로 극심했습니다. 하나님의 심판은 미디안의 인해전술로 시작되었습니다.

> 미디안의 손이 이스라엘을 이긴지라. 이스라엘 자손이 미디안으로 말미암아 산에서 웅덩이와 굴과 산성을 자기들을 위하여 만들었으며…(삿 6:2).

여기에서 "미디안의 손이 이스라엘을 이겼다"는 표현에 주목하십시오. 이것은 군사적인 행동을 의미하는 말이 아닙니다. 앞에서 이스라엘 자손이 메소포타미아 왕 구산 리사다임이나 모압 왕 에글론이나 가나안 왕 야빈을 섬길 때는, 그들의 군사적인 침공과 그에 따른 압제에서 시작되었습니다. 그러나 미디안은 그런 식으로 팔레스타인에 들어오지 않았습니다. 그들은 그냥 인구 숫자로 밀고 들어왔습니다.

물론 처음에는 먹고 살기 위해서 몇몇 사람들이 들어왔을 것입니다. 마치 야곱의 자손들이 흉년이 들자 이집트로 식량을 구하러 갔듯이, 미디안 사람들도 팔레스타인에 식량을 구하러 왔을 것입니다. 이는 야빈의 군대 장관 시스라가 '겐 사람'의 손에 의해 죽은 일(삿 4:17-22)과 어떤 관계가 있지 않을까 싶기도 합니다. '겐 사람'은 바로 미디안 족속의 일부이기 때문입니다. 모세의 장인 이드로는 '미디안 사람'이었습니다(출 3:1). 그렇기에 시스라의 죽음을 기억하는 이스라엘 자손들은 아마도 처음에는 미디안 사람들에게 호의적으로 대했을 것입니다.

그러나 해가 지나갈수록 팔레스타인을 찾아오는 미디안 사람들의 숫자가 기하급수적으로 늘어가게 되었고, 마침내 주객이 전도되어 미디안의 손이 이스라엘을 이기게 되었던 것입니다. 그래서 미디안 사람들이 밀려 들어오기 시작하면 이스라엘 자손은 산에 마련한 임시 거처로 쫓겨나는 신세가 되었습니다. 미디안 사람들이 팔레스타인에 계속 거주하지 않았다는 사실은 그다음 구절을 통해서 알게 됩니다.

> 3이스라엘이 파종한 때면 미디안과 아말렉과 동방 사람들이 치러 올라와서 4진을 치고 가사에 이르도록 토지소산을 멸하여 이스라엘 가운데에 먹을 것을 남겨 두지 아니하며 양이나 소나 나귀도 남기지 아니하니…(삿 6:3-4).

그들은 '이스라엘 자손이 파종하고 나면' 올라왔다고 합니다. 그러니까 이스라엘 자손이 애써 농사를 지어놓으면 미디안 사람들이 와서 수확해가는 식이지요. 그런데 처음에는 미디안 사람들만 들어오더니 이제는 '아말렉'과 아라비아반도의 저 먼 곳 '동방 사람'까지 합세하여 '치러' 올라왔다고 합니다. 아말렉은 전통적으로 호전적인 부족으로 알려져 있습니다. 그들을 대동한 것은 이들이 강압적인 군사 행동까지 서슴지 않고 하게 되었다는 뜻입니다.

아마도 그들은 갈릴리호수 남쪽에 있는 '벧스안'(Beth Shan)으로 들어와서 이스르엘평원을 차지했던 것으로 보입니다. 왜냐면 기드온이 바로 그 길목에 있는 '오브라'(Ophrah) 출신이기 때문입니다(삿 6:11). 문제가 생긴 지역 출신에서 쇼페팀을 세우는 원칙을 생각해보면 충분히 이해할 수 있는 대목입니다. 또한 '벧스안'은 므낫세 지파가 가나안 원주민을 쫓아내지 못한 바로 그 지역이었다는 사실(삿 1:27)도 이런 추측을 가능하게 합니다.

여하튼 미디안 사람들은 이스르엘 평원을 넘어서 팔레스타인 남부 지중해 해안의 '가사'(Gaza)까지 진출했다고 합니다. 그러면서 그 안에 있는 토지 소산을 '멸할' 정도로 싹쓸이했던 것입니다. 게다가 눈에 보이는 대로 양과 소와 나귀도 탈취했습니다. 그래서 그들이 휩쓸고 지나가면 이스라엘 자손에게 먹을 것이 남지 않을 정도로 완전히 초토화되었습니다.

그런데 왜 이스라엘 자손은 이들에 대해서 아무런 조치도 취하지 못하고, 그냥 그렇게 바보처럼 당하고만 있었던 것일까요? 하나님의 심판이기 때문에 그 심판을 그냥 달게 받기로 한 것일까요? 아닙니다. 그렇게 할 수밖에 없었던 이유가 5절에 기록되어 있습니다.

> 이는 그들이 그들의 짐승과 장막을 가지고 올라와 메뚜기 떼 같이 많이 들어오니 그 사람과 낙타가 무수함이라. 그들이 그 땅에 들어와 멸하려 하니…(삿 6:5).

아하, 그랬군요! 적당히 들어와야 어떻게든 해볼 수 있을 텐데, 이건 '메뚜기 떼 같이' 쏟아져 들어오니 대응할 방법이 없었던 것입니다. 한두 해라면 어떻게든 버텨내겠지만, 7년 동안이나 이 일이 매년 반복되고 있으니 어떻게 견딜 수가 있겠습니까? 그제야 이스라엘 자손은 하나님께 부르짖습니다.

> 이스라엘이 미디안으로 말미암아 궁핍함이 심한지라. 이에 이스라엘 자손이 여호와께 부르짖었더라(삿 6:6).

여기에서 '궁핍'으로 번역된 히브리어 '달랄'(dalal)은 단순한 굶주림이 아니라 미천하고 비참한 상태(low)를 묘사하는 단어입니다. 한번 생각해보세요. 차라리 전쟁에 지고 조공을 바치면서 사는 것이 백번 낫습니다. 그러면 최소한 굶지는 않지요. 그런데 이건 당장 먹을거리가 없는 지경이니, 어떻게 사람답게 살 수 있겠습니까?

그래서 이스라엘 자손은 '하나님께 부르짖었다'고 합니다. 이 부분을 NIV 성경은 "하나님께 도움을 요청했다"(They cried out to the LORD for help)라고 번역합니다. 그러나 거듭 말씀드리는 것이지만, 이스라엘 자손은 그들의 악을 솔직하게 시인하고 하나님께 용서를 구하면서 회개하지는 않습니다. 단지 그들이 직면하고 있는 고통스러운 문제를 해결해달라고 부르짖었을 뿐입니다.

'구원자' 대신 '대언자'를

지금까지는 그것이 어느 정도 통했습니다. 그럴 때마다 하나님은 사사를 세우셔서 그들을 구원해 오셨기 때문입니다. 물론 하나님이 그들을 긍휼히 여기심으로 구원의 은혜를 베풀어 주신 것이지요. 그러나 문제는 그렇게 한 번, 두 번 역사가 반복되면서 이스라엘 자손이 잘못 배우기 시작했다는 사실입니다. '부르짖음'이 곧 하나님의 '구원'을 불러오는 열쇠나 되는 것처럼 생각하게 된 것입니다.

그것을 바로잡기 위해서 하나님은 한 '대언자'(代言者)를 보내십니다.

7이스라엘 자손이 미디안으로 말미암아 여호와께 부르짖었으므로 8여호와께서 이스라엘 자손에게 한 선지자를 보내시니…(삿 6:7-8a).

지금까지 우리가 이미 살펴본 대로 사사 시대 역사의 순환적인 사이클에 의하면 '부르짖음' 다음에는 무조건 '구원'이 따라와야 합니다. 물론 '구원'은 하나님이 사사를 세우심으로 시작됩니다. 그러니까 이스라엘 자손이 하나님께 부르짖으면, 하나님께서는 한 사사를 세우시는 것이 마땅히 하셔야 할 일입니다. 그런데 오늘 본문에서는 '사사'가 아니라 '선지자'를 보내셨던 것입니다. 왜 '사사'가 아니라 '선지자'입니까? 왜 '구원자'가 아니라 '대언자'입니까?

왜냐면 '대언자'는 하나님의 뜻을 대신 전해주는 일을 하는 사람이기 때문입니다. 하나님은 이스라엘 자손을 구원해주기에 앞서서 그들에게 하나님의 뜻이 무엇인지 먼저 가르칠 필요가 있다고 판단하신 것입니다. 무엇을 위한 가르침입니까? 그들이 역사를 통해서 잘못 배운 것을 바로 잡기 위한 가르침입니다. 어려운 상황이나 문제를 만났을 때 무조건 하나님의 도움을 요청하기만 하면 해결된다고 생각하는 잘못된 태도를 고쳐주기 위한 가르침입니다.

하나님은 이름 없는 한 무명의 대언자를 통해서 이스라엘 자손에게 다음과 같이 말씀하셨습니다.

> 8··· 그가 그들에게 이르되 여호와께서 이같이 말씀하시기를 이스라엘의 하나님 내가 너희를 애굽에서 인도하여 내며 너희를 그 종 되었던 집에서 나오게 하여 9애굽 사람의 손과 너희를 학대하는 모든 자의 손에서 너희를 건져내고 그들을 너희 앞에서 쫓아내고 그 땅을 너희에게 주었으며··· (삿 6:8b-9).

"여호와께서 이같이 말씀하시기를···"(Thus says the LORD)이라는 말은 예언자들이 즐겨 사용하고 있는 전형적인 '사자 양식'(the messenger form)입니다. 지금 전하는 이 말씀은 하나님께서 주신 것임을 먼저 밝히고 있는 것이지요.

그러면서 주신 말씀은 "이 땅을 이스라엘에게 허락하신 분은 이스라엘을 이집트의 학대에서 건져내신 이스라엘의 하나님 여호와이시다"라는 사실을 상기시키는 것입니다. 이스라엘을 있게 한 분도 여호와 하나님이시고, 지금 이 땅에서 살게 하신 것도 여호와 하나님이십니다. 이 사실을 잊지 말라는 것이지요.

다시 말씀드려서 하나님을 잊어버린다는 것은 결국 자신의 뿌리를 잊어버리는 것이요, 자신의 정체성을 잊어버리는 것입니다. 뿌리 없는 나무가 얼마나 오래 버틸 수 있을까요? 자신의 정체성이 어디에서 시작되었는지도 모르면서 어떻게 의미 있게 살 수 있겠습니까? 어려운 문제를 해결하기 전에 자신의 정체성을 확인하는 일부터 시작해야 합니다.

> **내가 또 너희에게 이르기를 나는 너희의 하나님 여호와이니 너희가 거주하는 아모리 사람의 땅의 신들을 두려워하지 말라 하였으나 너희가 내 목소리를 듣지 아니하였느니라 하셨다 하니라**(삿 6:10).

아모리 사람의 땅의 신들을 '두려워하지 말라'(Do not fear the gods)는 말은 곧 '섬기지 말라'(Do not worship the gods)는 뜻입니다. 왜요? 왜 아모리 사람의 신들을 섬기지 말아야 할까요? 왜냐면 이스라엘의 하나님은 여호와이시기 때문입니다. 여호와 하나님과 계약을 맺은 이스라엘 백성의 정체성은 오직 여호와 하나님을 섬김으로써 증명됩니다. 계약 백성이 다른 신을 섬기게 되면 하나님과의 계약을 어기는 것입니다. 그래서 계약 법조문인 십계명 가장 첫머리에 "나 외에는 다른 신들을 네게 두지 말라"(출 20:3)고 명령하신 것입니다.

그런데 어떻게 했습니까? 이스라엘은 하나님의 목소리를 듣지 않았습니다. 여기에서 '듣다'에 해당되는 히브리어가 바로 '샤마'(shama)입니다. 이 단어는 두 가지 의미를 동시에 가지고 있습니다. 하나는 '듣다'(hear)는 것이고, 다른 하나는 '따르다'(obey)는 뜻입니다. 우리말 성경에 '청종하다(聽從, 듣고 따르다)'라고 번역하고 있는 것은 이 두 가지 의미를 동시에 드러내는 참 잘된 번역입니다.

이스라엘은 하나님 외에 다른 신을 섬기지 말라는 말씀을 듣지도 않았고, 지키지도 않았습니다. 그 결과 그들은 바알들과 아세라들을 섬기는 우상 숭배의 죄에 빠지게 된 것입니다(삿 3:7). "너희가 내 목소리를 듣지 않았다"는 지적으로 그 예언자의 말은 갑자기 끝납니다. 그렇지만 여기에는 다음과 같은 긴 여운이 남겨져 있습니다.

"너희가 왜 지금과 같은 형편이 되었는지 아니? 하나님을 섬기지 않고 우상을 섬겼기 때문이야. 지금 너희들은 하나님의 심판을 받고 있는 중 이야. 너희들이 계약 백성으로서의 정체성을 잃어버린 것에 대해서 하 나님께서 책망하고 계시는 것이야.
그러면 어떻게 해야 하겠니? 너희들의 잘못을 솔직하게 시인하고 회개 하는 일부터 시작해야 해. 그러고 난 후에 구원해 달라고 부르짖어. 자신 의 정체성을 확인하지는 않으면서 현실적인 고난을 해결해 달라고 그러 니까, 매번 똑같은 일이 반복되는 것이야!
그러니 심판의 이유나 제대로 알고 부르짖어!"

정말 그렇습니다. 우는소리 한다고 자꾸 요구사항을 들어주기 시작하면 못된 버릇으로 굳어지는 법입니다. 모르는 것은 자꾸 가르쳐야 합니다. 참으 로 다행스러운 것은 이 일 이후에 이스라엘 자손들의 태도에 변화가 나타나 기 시작했다는 사실입니다. 그냥 무턱대고 부르짖지 않고, 그들의 죄를 회개 하며 부르짖기 시작한 것입니다(삿 10:10).

하나님은 우리를 기본적으로 사랑하시는 분이십니다. 우리가 잘 되기를 원하시는 분이십니다. 우리가 어떤 현실적인 문제와 어려움 속에서 고통당하 고 있을 때, 그 문제에서 우리를 구원해주기를 원하십니다. 그러나 만일 우리 가 하나님의 계약 백성으로서의 정체성을 잃어버리고 제멋대로 살다가 하나 님께 책망을 받고 있는데도, 왜 그 문제가 시작되었는지 알지 못하고 그냥 부르짖기만 한다면 어떻게 되겠습니까?

하나님의 관심은 우리가 계약 백성의 정체성을 지키며 살아가는 것입니 다. 우리에게 허락해 주신 약속의 땅에서 하나님의 말씀에 온전히 순종하며 살아가는 것입니다. 우리의 육신적인 필요를 채우기 위해서 하나님을 이용하려는 사람이 아니라, 하나님의 뜻을 이루기 위해서 자신의 육신적인 편안함을 내려놓을 줄 아는 그런 사람들을 통해서 하나님 나라를 넓혀 나가십니다. 죄의 문제가 해결되기 전까지 우리는 하나님의 왕 되심을 온전히 받아들인 하나님의 계약 백성으로 살아갈 수 없는 것입니다.

묵상 질문: 나는 진심으로 회개하면서 하나님의 도움을 기도하는가?

오늘의 기도: 그동안 우리는 진정한 회개 없이 단지 문제를 해결해 달라고 기도해왔습니다. 그래서 위기의 순간을 넘기면 또다시 과거로 돌아가곤 했습니다. 우리의 염치없음을 용서하여 주옵소서. 그럼에도 불구하고 우리를 구원해주시는 하나님의 은혜를 더는 헛된 것으로 만들지 않도록, 우리를 새롭게 빚어주옵소서. 예수님의 이름으로 기도합니다. 아멘.

소심한 큰 용사 기드온

읽을 말씀: 사사기 6:11-16

새길 말씀: 11여호와의 사자가 아비에셀 사람 요아스에게 속한 오브라에 이르러 상수리

나무 아래에 앉으니라. 마침 요아스의 아들 기드온이 미디안 사람에게 알리

지 아니하려 하여 밀을 포도주 틀에서 타작하더니 12여호와의 사자가 기드온

에게 나타나 이르되 큰 용사여 여호와께서 너와 함께 계시도다 하매…(삿

6:11-12).

기독교 신앙은 역설적인 진리를 가지고 있습니다. '역설'(paradox)이란

'상식적으로는 모순되는 것처럼 보이지만, 실질적으로는 진리를 담고 있는

것'을 의미합니다. 예를 들어서 "으뜸이 되고자 하는 자는 종이 되어야 한다"

(막 10:44)거나 "누구든지 제 목숨을 구원하고자 하면 잃을 것이요, 나를 위하

여 제 목숨을 잃으면 찾게 된다"(마 16:25)는 주님의 말씀이 바로 '역설'입니다.

성경에 계시된 가장 큰 역설은 바로 예수 그리스도의 십자가 사건입니다.

하나님의 아들이 죽임을 당함으로 인류가 구원을 얻게 된다는 이 복음의 진

리야말로 역설 중의 역설입니다. 그러나 이것은 하나님의 아들에게만 해당하

는 일은 아닙니다. 하나님이 구원의 역사를 이루실 때마다 언제나 크고 작은 역설이 드러납니다.

이스라엘을 구원하기 위해 하나님이 세우신 사사들은 완벽한 사람들이 아니었습니다. 그저 평범하거나 아니면 문제가 많은 사람을 사사로 세우셔서 이스라엘을 구원하셨습니다. 그것이 바로 역설입니다. 세상에서는 힘이 있고 지혜 있고 문벌이 좋은 사람들이 뛰어난 능력을 발휘하는 것이 상식이지만, 하나님은 '세상의 미련한 것들'을 택하여 지혜 있는 자들을 부끄럽게 하시고, '세상의 약한 것들'을 택하여 강한 것들을 부끄럽게 하십니다(고전 1:27).

오늘 우리가 살펴볼 기드온 이야기 또한 그 역설적인 진리를 우리에게 증언합니다. 기드온에게 붙여진 별명, '소심한 큰 용사'가 역설입니다. '소심함'과 '큰 용사'는 서로 어울리지 않는 말입니다. 그러나 기드온을 설명하기 위해서는 이 두 가지가 모두 있어야 합니다.

소심한 기드온

앞 장에서 살펴본 것처럼 미디안의 인해전술로 인해 팔레스타인은 거의 초토화되기 일보 직전에 다다랐습니다. 그 엄청난 숫자의 위력 앞에 이스라엘 자손은 그야말로 속수무책(束手無策)이었습니다. 그렇게 7년을 버티다가 마지막에 와서 하나님께 부르짖습니다. 다른 때 같았으면 곧바로 사사를 세우셔서 구원하셨을 텐데, 이번에는 그러지 않으셨습니다. '구원자' 대신에 '대언자'를 보내셔서 이스라엘이 역사를 통해서 잘못 배운 것을 먼저 일깨워 주셨습니다.

그런 후에 드디어 하나님은 구원자를 세우십니다. 이번에 하나님이 주목한 사람은 기드온이었습니다. 그러나 기드온은 그 엄청난 미디안 족속의 세력으로부터 이스라엘을 구원하기에 턱없이 모자란 사람이었습니다. 특히 처음부터 드러나는 그의 '소심함'은 하나님의 구원 계획을 의심하게 만듭니다.

여호와의 사자가 아비에셀 사람 요아스에게 속한 오브라에 이르러 상수리나무 아래에 앉으니라. 마침 요아스의 아들 기드온이 미디안 사람에게 알리지 아니하려 하여 밀을 포도주 틀에서 타작하더니…(삿 6:11).

앞에서 등장했던 '한 선지자'(삿 6:8)는 하나님의 말씀을 대언하기 위하여 보냄을 받은 사람이었지만, 여기에 등장하는 '여호와의 사자'는 사람의 모습으로 나타난 하나님 자신입니다. 이것에 대해서는 '보김의 눈물' 사건(삿 2:1-5)을 통해서 자세히 설명한 적이 있습니다. 하나님의 사자가 '나그네'의 모습으로 기드온에게 나타나신 것입니다.

기드온은 자기에게 다가온 나그네가 하나님 자신이라는 걸 알았을까요? 아닙니다. 전혀 몰랐습니다. 기드온은 분명히 나중에 여호와의 사자가 떠나서 보이지 않게 되자, 그제야 그분이 여호와의 사자인 줄을 알게 되었다고 말합니다(삿 6:22). 그러니까 지금 기드온은 지나가는 낯선 나그네를 만나는 중입니다.

이 일이 벌어진 장소는 '오브라'(Ophrah)에 있는 '그 상수리나무' 아래입니다. '오브라'는 '아비에셀 사람 요아스에게 속한' 성읍이라고 합니다. '아비에셀'은 요셉의 아들 므낫세의 증손자이고(민 26:29; 수 17:2), 기드온은 아비에셀의 손자입니다. 그러니까 이 '오브라'는 므낫세 지파에 분배된 땅으로서 현재는 기드온의 아버지인 '요아스'에게 속한 성읍입니다. 다시 말씀드려서 '오브라'는 요아스와 기드온 가족의 소유였던 것입니다. 그 집안 배경을 놓고 보면 기드온은 꽤 괜찮은 인물처럼 보입니다.

그러나 그다음이 문제입니다. 하나님의 사자는 상수리나무 아래에 앉아서 기드온이 밀을 타작하는 모습을 옆에서 지켜보고 있었습니다. 그런데 그가 지금 타작하고 있는 곳은 '타작마당'(threshing-floor)이 아니라 '포도주 틀'(winepress)이었습니다. '포도주 틀'은 말 그대로 포도주를 짜는 곳입니다. 당시에는 깊이가 조금 다른 돌 구덩이 두 개를 연결해 놓아서, 수확한 포도를 한쪽에 놓고 으깨면 그 즙이 다른 쪽에 모일 수 있도록 포도주 틀을 만들었습니다. 그 안에서 밀을 타작한 것입니다.

그런데 '타작하다'로 번역된 히브리어 '카바트'(chabat)는 일반적인 타작의 큰 동작을 의미하는 것이 아니라, 작은 몽둥이로 두드리는(beat) 모습을 묘사합니다. 그러니까 지금 기드온은 좁은 '포도주 틀'에 쪼그리고 앉아서 몽둥이로 밀을 두드리면서 털고 있었던 것입니다. 이것은 매우 소심하고 비정상적인 타작 방법이었습니다. 오늘 본문은 그 이유를 이렇게 설명합니다.

> "미디안 사람에게 알리지 아니하려 하여…."

일반적으로 타작마당은 성읍 바깥의 넓고 개방된 공간에 있습니다. 그곳에서 타작하다가는 미디안 사람들에게 발각될 것이 분명합니다. 그것이 두려워서 성읍 안에 있는 포도주 틀에 몰래 숨어서 타작하고 있었던 것이지요. 그러나 그렇게 해서 얼마나 많은 수확을 얻을 수 있을까요? 물론 당시 사정을 고려해보면 이해하지 못할 것은 아니지만, 한 마을의 실질적인 소유주 아들의 타작하는 모습이 참으로 궁색하게 보입니다. 성경은 기드온의 소심함을 이런 방식으로 드러냅니다.

큰 용사 기드온

그런데 뜻밖에도 하나님의 사자는 기드온에게 '큰 용사'라고 선언하십니다.

> 여호와의 사자가 기드온에게 나타나 이르되 큰 용사여 여호와께서 너와 함께 계시도다 하매…(삿 6:12).

미디안 사람들에게 발각될까 봐 조심스럽게 타작하고 있던 기드온을 한

참 동안 지켜보시던 하나님은 드디어 자신을 드러내셨습니다. 그리고 말씀하십니다. "큰 용사여, 여호와께서 너와 함께 계시도다." 우리말 순서는 이렇지만, 히브리 원어로 읽으면 거꾸로입니다. 즉, "여호와께서 너와 함께 계시도다. 큰 용사여!"입니다. 이와 같은 어순은 우리가 품었던 의구심에 새로운 시각을 갖게 합니다.

앞에서 살펴보았듯이 기드온에게는 '큰 용사'(mighty warrior)라고 부를만한 모습이 전혀 없었습니다. 오히려 극히 소심한 사람으로 보입니다. 그런데도 '큰 용사'라고 부른다면, 그것은 기드온을 조롱하는 말처럼 들릴 수 있습니다. 하나님이 기드온을 조롱하려고 이런 식으로 말씀하시는 것은 분명 아닐 겁니다. 그렇다면 왜 기드온을 '큰 용사'라고 부르시는 것일까요?

그것은 하나님의 의지를 드러내시는 말씀입니다. 기드온을 '큰 용사'로 만들어 사용하겠다는 약속입니다. 어떻게 그 일이 가능할까요? '하나님이 함께하시면' 얼마든지 가능합니다. 하나님께서 붙드시면 '소 모는 막대기'로도 얼마든지 이스라엘을 구원할 수 있습니다. 그래서 '여호와께서 너와 함께 계시도다!'가 먼저이고, 그다음이 '큰 용사여!'인 것입니다.

아무리 그렇다고 해도 만일 다른 사람이 이렇게 말했다면, 그것 역시 기드온을 놀리는 말처럼 들릴 수 있습니다. 그러나 지금 이 말씀을 하시는 분이 누구입니까? 하나님 자신이십니다. 하나님께서 나그네의 모습으로 나타나셔서 기드온에게 직접 이렇게 말씀하시는 것입니다. 말 그대로 하나님이 기드온과 함께하고 계시는 것이지요.

물론 기드온은 아직 그 사실을 깨닫지 못하고 있습니다. 어느 낯선 나그네가 불쑥 자신을 향해서 '큰 용사'라고 부르자 기드온은 무척 당혹스러웠을 것입니다. 그는 '하나님의 함께하심'에 대해서 날카로운 신학적인 반론을 펴기 시작합니다.

기드온이 그에게 대답하되 오 나의 주여 여호와께서 우리와 함께 계시면 어찌하여

이 모든 일이 우리에게 일어났나이까. 또 우리 조상들이 일찍이 우리에게 이르기를 여호와께서 우리를 애굽에서 올라오게 하신 것이 아니냐 한 그 모든 이적이 어디 있나 이까. 이제 여호와께서 우리를 버리사 미디안의 손에 우리를 넘겨주셨나이다 하니…
(삿 6:13).

여기에서 '나의 주여'라는 표현은 상대방에 대한 존칭의 의미이지, 결코 기드온이 대화의 상대가 하나님이라는 사실을 인식하고 있었다는 뜻은 아닙니다. 기드온은 오히려 발칵 하는 심정으로 논쟁을 시작합니다. "당신의 말처럼 하나님이 우리와 함께 계신다면 어떻게 이 모든 일이 우리에게 일어날 수 있겠습니까? 우리 조상들이 말하기를 하나님께서 우리를 이집트에서 올라오게 하셨다고 그러는데, 그 모든 이적이 어디에 있습니까? 우리가 이처럼 미디안의 손에 넘겨져서 고생하고 있는 것은 오히려 하나님이 우리를 버리셨다는 증거입니다!"

기드온의 답변은 우리에게 큰 공감을 불러일으킵니다. 실제로 우리도 이런 식으로 하나님께 대들고 싶을 때가 참 많이 있기 때문입니다. "하나님이 우리와 함께하신다면 왜 우리에게 이런 어려운 일이 생기는 것입니까? 어떻게든 나은 환경을 허락해 주셔야 무얼 하든 말든 할 것 아닙니까! 이런 식으로 계속 힘들게 살게 하는 것을 보니, 하나님이 우리를 완전히 버리신 것이 틀림없습니다!"

이와 같은 기드온의 항변은 앞서 등장한 예언자를 통해서 말씀하신 내용을 그대로 뒤집어 놓은 것입니다. 그때 뭐라고 하셨습니까? "이스라엘의 하나님이 그들을 이집트에서 인도하여 약속의 땅에 들어와 살게 해주셨는데, 너희가 우상을 숭배하여 하나님을 버리고 하나님의 말에 순종하지 않았고, 그것 때문에 지금 너희들이 심판을 받고 있다"(삿 6:8-10)고 했습니다. 만일 기드온이 그 예언자의 말을 직접 들었다면, 지금 그는 하나님의 말씀에 정면으로 반박하고 있는 셈입니다. 이는 '큰 용사'가 아니라 '큰 대적'이나 할 말입니다.

너의 힘으로 구원하라

그런데 어찌 된 일인지 하나님은 기드온의 항의에 대해서 아무런 대응을 하지 않으십니다. 오히려 하나님의 확고한 계획에 대해서 말씀하십니다.

여호와께서 그를 향하여 이르시되 너는 가서 이 너의 힘으로 이스라엘을 미디안의 손에서 구원하라. 내가 너를 보낸 것이 아니냐 하시니라(삿 6:14).

'큰 용사'는 고사하고 오히려 하나님을 거스르는 '큰 대적'처럼 보이는 기드온을 향해서, 하나님은 단도직입적으로 "가서 이스라엘을 미디안의 손에서 구원하라!"고 말씀하십니다. 여기에서 우리의 시선을 끄는 말씀은 "이 너의 힘으로"(in the strength you have, NIV)입니다. 아니, 기드온이 지금 무슨 힘을 가지고 있다고, '이 너의 힘으로' 이스라엘을 구원하라고 하시는 것일까요?

'이 너의 힘'은 기드온이 가지고 있는 인간적인 능력을 의미하지 않습니다. 이것은 12절에서 선언하신 '하나님의 함께하심'을 의미합니다. '하나님의 함께하심'이 큰 용사로 쓰임을 받을 수 있는 진정한 힘이 됩니다. "내가 너를 보낸 것이 아니냐?"(Am I not sending you? NIV)는 말씀 또한 이를 뒷받침하고 있습니다. 그러니까 기드온이 가지고 있는 진정한 힘은 여호와 하나님께서 그를 보내셨다는 사실에서 나온다는 것입니다.

이 대목에서부터 비로소 기드온은 지금 대화를 나누고 있는 상대가 그냥 지나가는 낯선 나그네가 아닐지도 모른다는 생각을 하게 되었을 것으로 보입니다. "내가 너를 보낸다!"는 말을 이렇게 당당하게 선포할 수 있는 사람은 하나님밖에 없기 때문입니다. 그러자 기드온은 하나님의 부르심을 받은 대부분이 그러했듯이, 갑자기 자신의 부족함을 핑계 삼아 도망가려고 합니다.

그러나 기드온이 그에게 대답하되 오 주여 내가 무엇으로 이스라엘을 구원하리이

까. 보소서, 나의 집은 므낫세 중에 극히 약하고 나는 내 아버지 집에서 가장 작은 자니이다 하니…(삿 6:15).

"내가 무엇으로 이스라엘을 구원하리이까!" 기드온은 자신이 가지고 있던 것에서 힘을 찾습니다. 그는 우선 자신의 집안 배경을 이야기합니다. "나의 집은 므낫세 중에 극히 약합니다." "나는 내 아버지 집에서 가장 작습니다." 그러나 '오브라'라고 하는 한 성읍을 소유하고 있는 가문의 부와 영향력을 객관적으로 생각해 볼 때, 이런 말들은 기드온의 겸손함이 아니라 오히려 자신의 가문을 지나치게 깎아내리는 과장된 소심함으로 보입니다.

어떤 의미에서는 기드온의 말이 틀리지 않습니다. 미디안 사람들은 '메뚜기 떼' 같이 많았기 때문입니다. 그들의 압도적인 숫자를 생각하면 기드온이 가지고 있는 힘으로 할 수 있는 일이 하나도 없습니다. 그러나 하나님을 포함하지 않기에 그렇게 생각할 수밖에 없는 것입니다. 만일 그의 인생에 하나님을 포함한다면, 미디안의 압제를 두려워할 필요가 없습니다.

여기에서 우리는 또다시 계약 백성이라는 '정체성'의 문제 앞에 서게 됩니다. 내가 알고 있는 '나'만 바라보면 할 수 있는 일이 별로 없습니다. 그러나 하나님과의 관계 속에서 '나'를 생각하면 이야기가 완전히 달라집니다. 하나님이 말씀하시는 '이 너의 힘'은 바로 하나님과의 관계 속에서 세워진 '나의 정체성'에서부터 흘러나오는 힘입니다.

기드온의 거듭되는 반론에 하나님은 다시금 함께하겠다는 말씀으로 답변하십니다.

여호와께서 그에게 이르시되 내가 반드시 너와 함께하리니 네가 미디안 사람 치기를 한 사람을 치듯 하리라 하시니라(삿 6:16).

이스라엘 자손은 미디안의 인해전술에 압도당하여 완전히 손을 놓아버렸습니다. 기드온의 소심함과 두려움도 사실은 미디안의 압도적인 숫자로 말미암은 것이었습니다. 그러나 하나님은 약속하십니다. "네가 미디안 사람 치기를 한 사람을 치듯 하리라."

기드온이 아무리 힘이 없다고 해도 한 사람쯤은 얼마든지 상대할 수 있습니다. 하나님이 함께하시면 그렇게 쉽게 해결된다는 것입니다. 그리고 그것은 언제나 사실입니다. 지금까지 하나님이 이스라엘을 구원하셨던 일을 살펴보십시오. 하나님께는 너무나 쉬운 일들이었습니다. 기드온의 인생에 하나님이 포함되면 미디안 족속도 그렇게 됩니다.

정체성의 줄다리기

오늘 말씀에서 우리는 하나님과 기드온 사이에 팽팽한 '줄다리기'가 벌어지고 있는 것을 목격합니다. 하나님은 기드온을 '큰 용사'로 만드셔서 이스라엘을 구원하려고 하시는데, 기드온은 자신의 '소심함'으로 인해 그 제안을 이런저런 핑계로 거절하려고 합니다. 어떻게 보면 참 갑갑한 일입니다. 하나님은 왜 굳이 이런 사람을 사용하려고 하는 것일까요? 미디안 족속을 물리치고 이스라엘을 구원하기 위해서 기드온보다 조금 더 잘 준비가 되어 있는 다른 사람은 없을까요?

그러나 하나님의 관심은 미디안을 이기는 것에 있지 않다는 사실을 우리는 기억해야 합니다. 앞으로 살펴보겠지만 미디안과의 전쟁에서 승리하는 것은 단지 몇몇 사람으로 충분합니다. 하나님이 가지고 있는 관심은 기드온을 비롯한 이스라엘 백성에게 계약 백성으로서의 '정체성'을 회복시켜 주는 것에 있었습니다. 그렇기에 기드온을 절대로 포기할 수 없으셨던 것입니다.

하나님이 기드온을 선택하신 이유는 그가 미디안의 손에서 이스라엘 백성을 구원할 가장 적임자여서가 아닙니다. 오히려 '정체성'을 확인하는 싸움에서 가장 힘든 상대이기 때문입니다. 만일 소심한 기드온을 큰 용사로 세울 수 있다면, 다른 사람들은 식은 죽 먹기입니다. 그래서 하나님은 기드온을 포기하지 않으시고 계속 붙들고 계시는 것입니다.

그렇습니다. 지금도 하나님이 우리를 놓아버리지 않으시는 것도 같은 이유입니다. 하나님은 우리에게 계속해서 계약 백성의 정체성을 확인하려고 물어오셨지만, 우리는 다른 엉뚱한 대답을 해왔습니다. 우리의 환경을 탓하고, 우리에게 주어진 조건을 핑계 삼으면서 이 정체성을 확인하는 싸움을 비켜 갔습니다.

인생살이가 그리 힘들지 않을 때는 어떻게든 빠져나갈 구멍이 있겠지만, 인생의 막다른 골목에 다다르면 이야기가 달라집니다. 하나님은 그 자리에서도 어김없이 이 정체성의 문제를 들고나오십니다. 그리고 그 문제가 해결되기 전까지는 다른 문제들이 절대로 풀리지 않습니다.

한평생 도망 다니다가 인생을 끝내려고 하지 마십시오. 우리의 삶을 압박해 오는 미디안으로 인해 힘들어하는 바로 그때가 계약 백성의 정체성을 확인할 수 있는 절호의 기회입니다. 하나님 안에서 우리의 정체성이 분명해지면, 하나님은 우리를 '큰 용사'로 만드셔서 구원의 통로로 마음껏 사용하실 것입니다.

묵상 질문: 나는 하나님의 계약 백성이라는 정체성을 분명히 가지고 있는가?
오늘의 기도: 우리는 기드온처럼 참으로 소심한 사람입니다. 어려운 환경과 힘든 상황 앞에서 너무나 쉽게 희망을 꺾어버리는 연약한 존재입니다. 그런데도 하나님은 우리를 끝까지 포기하지 않으시고 큰 용사로 빚어주시니 참으로 감사합니다. 비록 우리 자신에게는 답이 없지만, 우리와 함께하시는 하나님으로 인해 언제나 넉넉히 이기게 하옵소서. 예수님의 이름으로 기도합니다. 아멘.

보이는 표징, 들리는 표징

읽을 말씀: 사사기 6:17-24

새길 말씀: 기드온이 그에게 대답하되 만일 내가 주께 은혜를 얻었사오면 나와 말씀하신
이가 주 되시는 표징을 내게 보이소서(삿 6:17).

기드온은 미디안 사람들의 눈을 피해서 포도주 틀에 숨어서 밀을 탈곡하고
있었습니다. 그것은 오브라 성읍의 상속자로서는 참으로 궁색하고 소심해 보이
는 모습이었습니다. 그러던 중 낯선 나그네가 갑자기 나타나서 그에게 말을 건넸
을 때, 기드온은 무척 당황했습니다. "하나님이 함께 계시니 너는 큰 용사다!"

자신의 소심한 모습이 들킨 것도 자존심 상하는 일인데, 자신을 가리켜서
'큰 용사'라고 비꼬듯이 말하자 그는 화가 났습니다. 기드온은 평소에 마음속
에 품어왔던 하나님을 향한 서운함을 쏟아놓습니다. "하나님이 이스라엘을
버렸다"고 하면서 말입니다.

기드온은 자신에게 말을 걸어온 그 낯선 나그네가 하나님의 사자일 것이
라고는 꿈에도 생각하지 못했습니다. 단지 자신의 소심함을 비웃는듯한 한
나그네와의 말싸움을 시작했을 뿐입니다. 그러나 대화가 진행되면서 조금씩
그의 태도가 달라지기 시작했습니다.

"너의 힘으로 이스라엘을 미디안의 손에서 구원하라"는 말씀에 그의 마음이 움직였습니다. 그러자 하나님에 대한 서운함을 드러내던 지금까지의 태도를 바꾸어 자신의 부족함을 솔직하게 인정하게 되었습니다.

그러나 기드온은 자신과 대화하는 상대가 누구인지 확신할 수 없었습니다. 아니, 기드온은 나그네의 정체보다 자신을 '큰 용사'로 삼아 미디안 사람 치기를 한 사람 치듯 하겠다는 약속에 더 관심이 있었습니다. 자신이 과연 그런 일을 할 수 있을 것인지, 그 사람의 말을 과연 믿을 수 있는지 확인하고 싶었습니다.

표징: 말에 대한 증거

기드온은 표징(sign)을 보여 달라고 요구합니다.

> 기드온이 그에게 대답하되 만일 내가 주께 은혜를 얻었사오면 나와 말씀하신 이가 주 되시는 표징을 내게 보이소서(삿 6:17).

여기에서 '주께'나 '주 되시는 표징'에서 우리말 '주'로 번역된 단어는 사실 하나님을 가리키거나 상대방을 높이기 위해 특별히 사용된 말이 아닙니다. 오히려 히브리어의 단순한 2인칭 대명사를 우리말로 번역하는 과정에서 '주'로 표현했을 뿐입니다.

아마도 기드온이 대화의 상대자를 하나님의 사자로 인지했다는 가정하에 그렇게 번역한 것으로 보입니다. 그러나 앞에서 말한 것처럼, 기드온은 아직 상대가 하나님의 사자인지 확신하지 못하고 있습니다. 기드온은 나그네가 떠나서 눈에 보이지 않게 된 후에나 그 사실을 깨닫게 됩니다(22절).

그렇다면 "나와 말씀하신 이가 주되시는 표징을 보여 달라"는 기드온의 말을 우리는 어떻게 이해해야 할까요? 일단 우리말 성경으로는 "당신이 하나님이라는 사실을 입증하는 표징을 보여 달라"는 뜻으로 해석되기 때문입니다. 이에 대한 메시지성경의 번역이 그 바른 해답을 우리에게 말해줍니다. "말씀하신 것을 뒷받침할 표징을 제게 주십시오"(Give me a sign to back up what you're telling me, MSG). 그러니까 기드온은 상대의 정체가 무엇인지 증명하는 증거가 아니라, 그가 말한 것이 확실하다는 징조를 요구했던 것입니다.

사실 성경에서 말하는 '징조'(sign)는 언제나 그런 것이었습니다. '징조'에 해당하는 히브리어는 '오트'(owt)인데, 성경에서 이 단어가 가장 먼저 등장하는 곳이 바로 하나님께서 가인을 추방하는 대목입니다. 하나님은 가인을 죽이는 자에게 벌을 내리실 것을 말씀하시면서, 그 약속에 대한 증거로 가인에게 '표'(오트)를 주셨습니다(창 4:15). 홍수 사건 이후에 하나님은 물로 다시는 심판하지 않을 것이라고 말씀하시면서, 그에 대한 '증거'(오트)로 무지개를 보여주셨습니다(창 9:12).

아브라함의 경우에서도 하나님은 아브라함에게 여러 가지 축복의 약속을 해주시고, 그에 대한 언약의 '표징'(오트)으로 할례를 받게 하셨습니다(창 17:11). 그러니까 성경에서 '오트'는 언제나 말씀에 대한 확실한 증거로 보여주신 것들입니다. 지금 이 대목에서 기드온도 그와 같은 '오트'를 요구하고 있는 것입니다. 자신에게 말해준 것, 즉 하나님이 함께하셔서 '용사'가 되게 하시고, 미디안의 손에서 이스라엘을 구원하게 하실 것이라는 약속의 확실한 증거를 보여 달라는 것이지요

그러면서 기드온은 '예물'을 드릴 수 있도록 기다려달라고 요청하여 허락을 받습니다.

> 내가 예물을 가지고 다시 주께로 와서 그것을 주 앞에 드리기까지 이 곳을 떠나지 마시기를 원하나이다 하니 그가 이르되 내가 너 돌아올 때까지 머무르리라 하니라 (삿 6:18).

그런데 이 '예물'도 마찬가지입니다. 어떤 분은 이것을 하나님께 바치는 '제물'(offering)로 설명하려고 합니다. 하나님 앞에 드리는 제사의 맥락에서는 얼마든지 제물로 볼 수도 있지만, 지금은 그런 상황이 아닙니다. 단지 낯선 손님에게 정중하게 음식을 대접하는 일종의 '선물'(gift)로 보는 것이 더 자연스럽습니다.

여하튼 지금 기드온에게 중요한 것은 상대가 누구인지 알아내는 일이 아니었습니다. 그가 한 말이 허튼소리가 아니고 정말 확실한 것인지 알고 싶었습니다. 이를 통해서 우리는 당시의 모든 이스라엘 자손이 그러했듯이(삿 6:6) 기드온도 구원에 대한 간절한 소망이 있었다는 사실을 확인할 수 있습니다. 미디안으로 인해 겪고 있는 궁핍한 현실에서 벗어나고 싶은 마음이 간절했던 것입니다.

간절한 마음만큼이나 나그네를 대접하는 손길도 정성으로 가득했습니다.

> 기드온이 가서 염소 새끼 하나를 준비하고 가루 한 에바로 무교병을 만들고 고기를 소쿠리에 담고 국을 양푼에 담아 상수리나무 아래 그에게로 가져다가 드리매…
> (삿 6:19).

미디안 사람들이 먹을 것을 남겨두지 않고 싹쓸이하고 있던 당시의 상황을 생각해보면, 기드온이 나그네를 대접하기 위해 지금 준비해온 '예물'은 정말 대단한 것이었습니다. 염소 새끼 한 마리를 통째로 준비하고, 또한 가루 한 에바로 무교병을 만들었다고 합니다. 물론 급히 만드느라 누룩을 발효시킬 시간이 없어서 무교병으로 만들었지, 그 정성이 부족한 것은 아니었습니다. '한 에바'는 성인 10명이 먹고도 남을 수 있을 만큼 많은 양입니다. 거기에다가 국을 양푼에 가득 담아서 가져왔습니다.

궁색하게 살아가는 상황에서도 이만큼을 준비할 수 있었다는 것은 기드온의 집이 본래 넉넉하기도 했지만 그만큼 나그네를 통해서 얻게 될 표징에 대해서 큰 기대를 하고 있었다는 뜻입니다. 그런데 뜻밖에도 나그네는 기드온이 준비한 '예물'을 '제물'로 바꾸어 버립니다.

> ²⁰하나님의 사자가 그에게 이르되 고기와 무교병을 가져다가 이 바위 위에 놓고 국을 부으라 하니 기드온이 그대로 하니라. ²¹여호와의 사자가 손에 잡은 지팡이 끝을 내밀어 고기와 무교병에 대니 불이 바위에서 나와 고기와 무교병을 살랐고 여호와의 사자는 떠나서 보이지 아니한지라(삿 6:20-21).

정성스럽게 음식을 차려왔으면 그것을 먹어주는 것이 상대방에 대한 예의입니다. 그런데 하나님의 사자는 기드온더러 그 음식을 바위 위에 올려놓고 그 위에 국을 부으라고 합니다. 이것은 마치 '전제'(drink offering)를 연상하게 하는 행동처럼 보입니다(창 35:14; 출 30:9). 기드온은 어차피 '표징'을 보여 달라고 했기 때문에 아무리 비상식적으로 보이는 요구라고 하더라도 그냥 따를 수밖에 없었습니다.

하나님의 사자는 지팡이를 내밀어 그 끝을 음식물에 댔고, 그러는 순간 바위에서 불이 나와 그 모든 것을 살라버렸습니다. 그와 동시에 여호와의 사자는 '떠나서' 보이지 않게 되었습니다. 물론 기드온은 그 순간 몹시 놀랐을 것이 분명합니다. 자기의 눈앞에서 그런 일이 벌어지는 데 놀라지 않을 사람이 어디에 있겠습니까?

보이는 표징

그런데 이 대목에서 무엇이 '표징'입니까? 바위에서 불이 나와 국물을 부어놓은 음식물을 모두 살라버렸다는 것이 표징입니까? 아니면 갑자기 그 나그네가 어디론가 사라졌다는 것이 표징입니까? 그리고 그런 놀라운 일들이 과연 나그네가 지금까지 했던 말의 진정성을 확실하게 보증해줄 수 있을까요? 다시 말해서 그 일들을 통해서 기드온의 마음속에 하나님이 자신과 함께하셔서 '큰 용사'로 삼으시고, 이스라엘을 미디안의 손에서 구원하게 하실 것이라는 확신이 생기게 되었을까요?

기드온의 반응부터 살펴보겠습니다.

> 기드온이 그가 여호와의 사자인 줄을 알고 이르되 슬프도소이다. 주 여호와여 내가 여호와의 사자를 대면하여 보았나이다 하니…(삿 6:22).

이 대목에서 기드온은 지금까지 자신과 대화를 나누었던 상대가 그냥 스쳐 지나가는 나그네가 아니라 '여호와의 사자'(말락), 즉 여호와 하나님 자신이라는 사실을 비로소 깨닫게 되었습니다. 여기에서 '주 여호와여'로 번역된 부분의 '주'는 히브리어로 '아도나이'(Lord)입니다. 이는 앞에서 언급한 2인칭 대명사와는 확연하게 구분되는 말입니다. 기드온은 하나님의 사자를 직접 대면하여 대화를 나누었다는 사실을 공식적으로 인정하고 있는 것입니다.

그런데 기드온의 반응은 의외로 "슬프도소이다!"(alas)라는 탄식이었습니다. 여호와의 사자를 대면하여 보았다는 사실이 왜 탄식할 일이 될까요? 왜냐면 하나님의 얼굴을 보고 살 수 있는 사람은 없다고 하나님이 말씀하셨기 때문입니다(출 33:20). 그러니까 하나님을 직접 대면하여 만났다는 사실을 확인하게 되자, 그것이 기드온에게 기쁨이나 확신의 이유가 되지 않고 도리어 죽음의 공포를 불러일으키는 이유가 되었던 것입니다.

자, 그렇다면 도대체 무엇이 '표징'입니까? 기드온의 눈앞에서 펼쳐진 놀라운 일들, 즉 바위에서 불이 나와 음식물을 살랐다는 것이나 갑자기 하나님의 사자가 사라졌다는 것이 과연 엄밀한 의미에서 '표징'이라고 할 수 있을까요? 물론 그 놀라운 일로 인해 자기와 대화를 나누던 나그네가 하나님의 사자였다는 사실을 확인하기는 했지만, 그것은 기드온에게 확신이 아니라 도리어 두려움을 가져다주었으니 말입니다.

'표징'은 하나님의 약속에 대한 확실한 '증거'입니다. 기드온이 표징을 원했던 이유가 무엇입니까? 그것은 하나님께서 그와 함께하신다는 확신 그리고 자신이 '큰 용사'로 세워질 것이라는 확신 그리고 하나님께서 그를 보내어 미디안을 쫓아내고 이스라엘을 구원하게 하실 것이라는 확신입니다. 그 확신을 얻기 위해서 표징을 요구한 것이었습니다.

그런데 기드온이 뭔가 놀라운 일을 보기는 했는데, 오히려 죽을지도 모른다는 두려움에 벌벌 떨게 되었으니 그것이 정말 기드온에게 필요했던 바로 그 '표징'일까요? 만일 이것이 기드온이 기대했던 표징이라면, 그와 같은 '눈에 보이는 표징'은 기드온의 소심함을 더 악화시킬 뿐입니다. 그렇다면 기드온에게 필요한 표징은 아직 나타나지 않은 것일까요?

들리는 표징

바위에서 불이 나와서 고기와 무교병을 살라버릴 때 여호와의 사자는 '떠나서' 보이지 않게 되었다고 했습니다(21절). 자, 그런데 그 사자는 과연 어디로 떠났을까요? 하늘 위로 올라갔을까요 아니면 땅속으로 꺼졌을까요? 하나님의 사자는 그 어디로도 가지 않았습니다. 단지 기드온의 눈에 보이지 않았을 뿐입니다.

그것은 마치 기드온이 포도주 틀에서 타작하고 있을 때 그 모습을 하나님의 사자가 한동안 지켜보고 있던 장면과 같습니다(11절). 기드온은 누군가가 자기를 지켜보고 있다는 사실을 깨닫지 못했습니다. 그러다가 하나님의 사자가 기드온에게 '나타나'서 '큰 용사여!'라고 하면서 말을 건네자 그제야 그를 인지하게 되었지요(12절).

지금도 마찬가지입니다. 기드온에게 하나님의 모습은 보이지 않았지만, 하나님은 그를 떠나지 않았습니다. 하나님은 분명히 "너와 함께하겠다"(삿 6:12)라고 약속하셨습니다. 그 약속을 지키고 계시는 것입니다. 그러나 기드온의 눈에는 보이지 않았습니다. 그리고 소심한 기드온은 엉뚱하게도 곧 죽게 될지 모른다는 두려움에 전전긍긍하고 있었습니다. 그때 하나님이 자신을 드러내십니다. 보이는 모습이 아니라 들리는 음성으로 말입니다.

> 여호와께서 그에게 이르시되 너는 안심하라. 두려워하지 말라. 죽지 아니하리라 하시니라(삿 6:23).

하나님의 음성이 기드온의 귀를 통해서 들려왔는지 아니면 마음속으로 들려왔는지 우리는 알 길이 없습니다. 그러나 분명한 사실은 기드온이 어떤 식으로든 하나님의 음성을 들었다는 것입니다. 멀리 떠난 줄로만 알았던 하나님이 그에게 다시 말을 걸어오셨습니다. 그 음성을 통해서 마음의 평안을 갖게 되었습니다. 이것이 기드온에게 확실한 표징이 되었습니다. '보이는 표징'이 아니라 '들리는 표징'으로 기드온은 비로소 하나님의 약속에 대해서 확신하게 되었던 것입니다.

첫 번째로 들리는 표징은 '안심하라'입니다. 여기에서 '안심하라'로 번역된 부분은 사실 '샬롬!'(shalom leka)입니다. 부활하신 주님께서 제자들에게 나타나셔서 가장 먼저 하신 말씀도 바로 '샬롬'이었습니다(요 20:19). 지금도 하나님을 믿는 우리에게 들려주시는 첫 번째 표징은 바로 '샬롬'입니다. "평화, 평화로다. 하늘 위에서 내려오네. 그 사랑의 물결이 영원토록 내 영혼을 덮으소서"(찬송 412장) 그 음성을 우리도 들을 수 있어야 하겠습니다.

두 번째로 들리는 표징은 '두려워하지 말라!'(al-tira)입니다. 하나님은 아브라함에게도(창 15:1), 이삭에게도(창 26:24), 야곱에게도(창 46:3) '두려워하지 말라'고 말씀하셨습니다. 모세에게도(민 21:34), 여호수아에게도(수 1:9), 지금 기드온에게도 '두려워하지 말라'고 말씀하셨습니다. 조건이나 환경을 보면 두려워할 수밖에 없지만, 하나님의 함께하심을 바라보면 우리는 그 어떤 것도 두려워할 필요가 없습니다.

마지막 세 번째로 들리는 표징은 '죽지 아니하리라!'(lo-tamut)입니다. 우리는 죽지 않습니다. 언제까지 죽지 않습니까? 주어진 사명을 다할 때까지 죽지 않습니다. 이 땅에서의 사명을 다한 후에도 죽지 않습니다. "나는 부활이요 생명이니 나를 믿는 자는 죽어도 살겠고 무릇 살아서 나를 믿는 자는 영원히 죽지 아니하리니 이것을 네가 믿느냐?"(요 11:25-26). 사망 권세는 주님의 부활을 믿는 자들에게는 아무런 힘도 발휘할 수 없습니다.

이 음성은 소심한 기드온을 '큰 용사'로 세워가는 '들리는 표징'이 되었습니다. 환경에 지배를 받던 패배자의 삶에서 하나님의 다스림을 받아들이는 계약 백성의 삶으로 그 정체성을 새롭게 정립하는 전환점(turning point)이 되었습니다. 하나님은 이제 보이는 모습으로 기드온에게 나타나지 않으십니다. 그러나 언제나 들리는 음성으로 평생토록 그와 함께하셨던 것입니다.

이 놀라운 표징을 확인한 후에 기드온은 그 자리에 하나님을 위하여 제단을 쌓았습니다.

> 기드온이 여호와를 위하여 거기서 제단을 쌓고 그것을 여호와 살롬이라 하였더라. 그것이 오늘까지 아비에셀 사람에게 속한 오브라에 있더라(삿 6:24).

구약시대 사람들은 하나님의 은혜와 임재하심을 경험한 곳에 '제단'을 쌓았습니다. 물론 하나님께 예배드렸다는 뜻도 있지만, 하나님께 받은 은혜를 잊지 않는 '증거'(witness)로 삼는다는 뜻이 더 강했습니다. 기드온은 하나님을 만나서 하나님의 약속이 확실하다는 표징을 얻은 이때의 감격을 잊지 않기 위해서 제단을 쌓고, 그 이름을 '여호와 살롬'이라고 붙입니다. 그리고 이 제단은 그의 평생에 하나님이 그에게 들려주신 '표징'을 새롭게 확인하는 장소가 되었습니다.

우리에게 '눈에 보이는 표징'이 더러 필요할 때도 있지만, '귀에 들리는 표징'은 반드시 있어야 합니다. '들리는 표징'이 굳이 '육신의 음성'일 필요는 없습니다. 하나님의 말씀이 마음에 들리고 깨달아지는 것이 바로 우리를 향한 표징입니다. 기도할 때, 찬송할 때, 말씀을 들을 때마다 하나님의 음성이 들리고, 하나님이 주시는 표징이 마음에 깨달아지는 은혜가 임하기를 간절히 소원합니다.

묵상 질문: 나는 귀에 들리는 표징을 체험한 적이 있는가?

오늘의 기도: 우리에게 표징을 보여주옵소서. 아니 우리의 귀에 들리는 표징을 허락하여 주옵소서. 너는 안심하라, 두려워하지 말라, 사명 다하기까지 너는 죽지 않는다고 말씀하여 주옵소서. 하나님의 음성을 듣고 하나님의 함께하심을 확신하고 끝까지 담대하게 믿음의 경주를 달려가게 하옵소서. 예수님의 이름으로 기도합니다. 아멘.

바알과 싸우는 전쟁

읽을 말씀: 사사기 6:25-32

새길 말씀: 그날에 기드온을 여룹바알이라 불렀으니 이는 그가 바알의 제단을 파괴하였
으므로 바알이 그와 더불어 다툴 것이라 함이었더라(삿 6:32).

기드온은 하나님의 사자에게 '보이는 표징'을 요구했지만, 하나님은 그에
게 '들리는 표징'으로 응답하셨습니다. 하나님의 사자는 기드온의 눈에서 사라
졌지만, 하나님의 음성이 그에게 들려오기 시작했습니다. '너는 안심하라'(샬롬
르카), '두려워하지 말라'(알티라), '죽지 아니하리라'(로티무트)라는 하나님의 음
성에 기드온은 마음의 평안과 함께 그의 소명에 대한 확신을 얻게 되었습니다.

그러면 이제 무엇을 어떻게 해야 할까요? 하나님이 기드온과 함께하셔서
그를 '큰 용사'로 세우시고 그를 통해 미디안의 손에서 이스라엘을 구원하실
것이라는 확신을 얻었으니, 이제는 나가서 그 일을 당장 시작해야 하지 않겠습
니까? 가능한 한 많은 사람을 모아서 군대를 조직하고 미디안과 대결을 벌임
으로써 지난 7년간의 악몽 같았던 고통의 시간을 빨리 끝내야 하지 않을까요?

아닙니다. 그러기 전에 먼저 해야 할 일이 있습니다. 그것은 바알 숭배자들과 내부적인 전쟁을 치르는 일입니다. 그 바알 숭배자 중에는 기드온의 아버지 요아스도 포함되어 있습니다. 그리고 기드온 자신의 소심함을 극복하는 싸움 또한 여전히 남아 있습니다. 그 싸움은 빨리 시작하면 할수록 더 좋습니다.

> ²⁵그날 밤에 여호와께서 기드온에게 이르시되 네 아버지에게 있는 수소 곧 칠 년 된 둘째 수소를 끌어오고 네 아버지에게 있는 바알의 제단을 헐며 그 곁의 아세라 상을 찍고 ²⁶또 이 산성 꼭대기에 네 하나님 여호와를 위하여 규례대로 한 제단을 쌓고 그 둘째 수소를 잡아 네가 찍은 아세라 나무로 번제를 드릴지니라 하시니라 (삿 6:25-26).

여기에서 '그날'은 기드온이 포도주 틀에 숨어서 밀을 탈곡하다가 하나님의 사자를 만난 날입니다. 하나님의 부르심을 받고 그 표징으로 하나님의 음성을 듣기 시작한 바로 '그날'입니다. 그날 밤에 하나님은 기드온에게 첫 번째 명령을 내리십니다. "네 아버지에게 있는 바알의 제단을 헐어버리고, 네 하나님 여호와를 위하여 제단을 쌓고 번제를 드려라!"

여기에서 우리는 놀라운 사실을 하나 발견하게 됩니다. 기드온의 아버지 요아스(Joash)에게 '바알의 제단'이 있었다는 사실입니다. '요아스'라는 이름의 뜻이 '여호와께서 주셨다'(Yahweh has given)라는 것을 생각해보면, 더욱 놀랄 일입니다. 누가 요아스에게 이름을 지어주었을까요? 물론 그의 아버지 '아비에셀'이 지어주었을 것입니다. '하나님께서 주셨다'고 기뻐하며 이름을 붙여준 그 아들이 지금은 바알 숭배자가 되어 살고 있습니다. 그리고 하나님은 그의 아들 기드온을 통해서 이스라엘을 구원하려고 하십니다.

그런데 이것은 기드온 집안만의 특수한 사정이 아니었습니다. 믿음의 세대 계승에 실패한 당시 이스라엘 백성의 가정에서 흔히 발견되는 모습이었습니다. 아버지 세대에서는 하나님을 잘 믿었는데 아들 세대에서는 우상을 숭배하고 있습니다. 그래서 드보라 이후 40년간의 평안이 깨지고 지금 미디안의 손에 의해 고통을 당하고 있는 것이지요. 지금까지는 이런 문제에 대한 아무런 성찰 없이 그냥 무조건 도와달라고 하나님께 부르짖었고, 하나님의 긍휼하심으로 그냥 구원을 받아왔습니다.

그러나 이제는 다릅니다. 대언자를 보내셔서 가르쳐주셨듯이 이제부터는 하나님이 왜 이스라엘을 심판하는지 그 이유를 알고 부르짖어야 합니다. 그리고 내부적인 문제를 먼저 바로 잡아야 합니다. 그래야 이스라엘에 진정한 하나님의 구원이 임하게 됩니다. 내부적으로 바알 숭배의 악이 제거되지 않은 상태에서 미디안의 손에서 구원을 받을 수 없습니다. 아니 구원을 받는다손 치더라도 그것은 또 다른 악순환을 반복하는 출발점이 될 뿐입니다.

기드온에게 주어진 하나님의 명령은 아주 구체적입니다. 아버지에게 있는 바알의 제단을 헐어버릴 뿐만 아니라, 아버지의 소유 중에서 '칠 년 된 둘째 수소'를 끌어다가 아세라 상을 땔감으로 하나님께 번제물로 드리라고 하십니다. 물론 여호와 하나님을 위하여 새롭게 쌓은 제단에서 말입니다. 그런데 왜 하필 '칠 년 된 둘째 수소'일까요?

'칠 년'은 미디안의 손에 고통을 당해온 지난 7년의 세월을 의미한다고 볼 수 있습니다. 그 고통의 세월을 끝내겠다는 선언적인 의미가 있을 겁니다. 그렇다면 왜 '둘째 수소'일까요? 그것은 '첫째 수소'가 아버지 요아스에 의해서 특별히 길러지고 있었기 때문입니다. 무엇을 위한 목적으로 길러지고 있었을까요? 그렇습니다. 바알 신에게 바쳐지기 위해서였습니다. 그런 소를 하나님께 드리는 제물로 삼을 수는 없습니다. 그러니 '둘째 수소'가 될 수밖에요.

게다가 바알의 제단을 훼손하고 아세라 목상을 찍어서 땔감으로 삼으라고 합니다. 그리고 가장 높은 곳에다 여호와 하나님을 위한 제단을 새롭게 쌓고, 거기에서 '둘째 수소'를 잡아 하나님께 번제를 드리라는 것입니다. 무슨 뜻입니까? "여호와 하나님 이외의 다른 신들을 네게 두지 말라"(출 20:3)는 하나님의 계약법을 상기하라는 명령입니다. 이제부터 하나님의 계약 백성으로서 자존심을 건 정체성의 싸움을 본격적으로 시작하라는 것입니다.

그런데 이 싸움의 대상은 미디안 족속이 아닙니다. 아버지의 가문과 성읍 사람과의 싸움입니다. 기드온이 지금까지 몸담고 살아온 가족공동체, 마을공동체와의 내부적인 싸움입니다. 가족들과 어떻게 싸우겠냐고, 동네 사람들에게 어떻게 등을 돌리겠냐고 그러면 안 됩니다. 당장 발등에 떨어진 불인 외부의 적을 물리치는 것이 급하다고 하면서 나중으로 미루어서도 안 됩니다.

오히려 이 싸움에서 승리하기 전에는 섣불리 미디안 족속과 싸우러 나가면 안 됩니다. 미디안은 단지 하나님이 이스라엘을 심판하시는 도구일 뿐입니다. 하나님의 심판을 불러일으킨 근본적인 원인을 먼저 제거하는 것이 진정한 승리의 출발입니다.

기드온의 두려움

그러나 소심한 기드온에게 아직은 이런 일을 감당할만한 실력이 없었습니다. 또다시 소심 증세가 나타납니다.

> 이에 기드온이 종 열 사람을 데리고 여호와께서 그에게 말씀하신 대로 행하되 그의 아버지의 가문과 그 성읍 사람들을 두려워하므로 이 일을 감히 낮에 행하지 못하고 밤에 행하니라(삿 6:27).

하나님께 명령을 받은 것은 '그날 밤'이었습니다. 그리고 그 일을 행한 것도 '밤'이었습니다. 그러나 같은 날 밤은 아니었습니다. 만일 그랬다면 정관사를 붙여서 '그 밤'이라고 했을 것입니다. 이러한 사실로 미루어 기드온은 그 거사를 바로 행하지 못하고 최소한 하루 이상 머뭇거린 것으로 보입니다.

아마도 다음 날 밤이나 혹은 며칠 후의 밤까지 기다렸을 것입니다.

물론 거사를 일으키려면 그만큼의 준비가 필요했을 것입니다. 그러나 '낮'에 행하지 못한 이유를 본문은 기드온이 '아버지의 가문과 성읍 사람들을 두려워했기 때문'이라고 분명히 밝힙니다. 기드온에게는 두려움이 있었습니다. 이 대목에서 사람들은 기드온의 용기 없음과 소심함을 탓할지도 모릅니다. 이런 소심한 기드온을 통해 하나님이 과연 어떻게 이스라엘을 구원할 수 있으실까 걱정스럽기도 합니다.

하지만 우리가 기드온이었다고 해도 그보다 더 잘 해낼 수는 없었을 겁니다. 남들이 자고 있던 한밤중에 몰래 바알을 부수었다고 비겁한 행동이라 말할 수 없습니다. 왜냐면 충분히 두려워할 수밖에 없는 상황이었기 때문입니다.

> 28그 성읍 사람들이 아침에 일찍이 일어나 본즉 바알의 제단이 파괴되었으며 그 곁의 아세라가 찍혔고 새로 쌓은 제단 위에 그 둘째 수소를 드렸는지라. 29서로 물어 이르되 이것이 누구의 소행인가 하고 그들이 캐어 물은 후에 이르되 요아스의 아들 기드온이 이를 행하였도다 하고…(삿 6:28-29).

여기에서 '그 성읍 사람들'(the people of the town)이 과연 누구였을까 궁금해집니다. '오브라'는 분명히 므낫세 지파의 '아비에셀 사람 요아스에게 속한 성읍'이라고 했습니다(삿 6:11). 그렇다면 그 성읍 사람들은 모두 므낫세 지파에 속한 이스라엘 자손들이었을까요? 그렇지 않습니다.

사사기 1장에 보면 므낫세가 가나안 족속을 완전히 좇아내지 못한 성읍 이름이 나옵니다. '벳스안'(Beth Shan)에서부터 '므깃도'(Megiddo)까지 다섯 성읍입니다. 가나안 족속은 '결심하고' 그곳에 거주하였고, 나중에 이스라엘이 강성한 후에야 그들에게 노역을 시켰다고 합니다(삿 1:27-28). 여기에 '오브라'가 직접 언급되지는 않지만, 위치상으로 다섯 개 도시와 매우 근접해 있습니다. 따라서 인근의 도시들과 형편이 크게 다르지 않았을 것입니다.

오브라 성읍의 소유권은 요아스에게 분명히 있었습니다. 그렇지만 그 주민 중에 상당수가 가나안 족속이었음이 틀림없습니다. 표면적으로는 이스라엘 자손이 지배하고 있지만, 내면적으로는 가나안 족속의 노동력과 종교에 종속되고 있었던 것이지요. 요아스는 오브라의 지도자로서 주민들의 필요를 채워주어야 했습니다. 그가 '바알의 제단'을 세운 것도 아마 그 때문이었을 것입니다.

물론 요아스가 여호와 하나님에 대한 바른 믿음을 가지고 있었다면 이야기가 달라졌을지도 모릅니다. 그러나 요아스의 소견(所見)에는 오브라 성읍을 구성하고 있는 대다수 가나안 족속과 마찰 없이 잘 지내는 것이 더 유익한 일이라고 판단했습니다. 그래서 그 자신도 바알 숭배자가 되기로 했던 것입니다.

아니, 어쩌면 속으로는 하나님을 믿으면서 겉으로만 바알을 섬기는 것처럼 그랬는지 모릅니다. 무엇이 되었든지 기드온이 바알 제단을 허물고 여호와 하나님께 제물을 드리는 것은 아버지 요아스의 입장에서는 오브라 성읍의 질서와 안녕을 깨뜨리는 아주 위험한 반역 행위였습니다.

그러니 기드온에게는 '아버지의 가문'이나 '성읍 사람들' 모두 두려움의 대상이 될 수밖에 없었습니다. 그런 와중에 소심한 성격의 기드온이 하나님의 명령에 순종하여 따랐다는 것 자체가 오히려 기적으로 보입니다. 만일 하나님으로부터 '들리는 표징'을 얻지 못했다면 낮에는 고사하고 밤에라도 감히 이런 거사를 일으킬 생각이나 했겠습니까?

아니나 다를까 다음 날 아침 기드온이 우려했던 대로 마을에는 큰 소동이 일어났습니다. 기드온이 장본인으로 지목되었고 마을 사람들은 기드온을 죽이려고 모여들었습니다.

성읍 사람들이 요아스에게 이르되 네 아들을 끌어내라. 그는 당연히 죽을지니 이는 바알의 제단을 파괴하고 그 곁의 아세라를 찍었음이니라 하니…(삿 6:30).

기드온은 미디안 족속과 전쟁을 시작하기도 전에 오브라 성읍 사람들에

게 죽게 생겼습니다. 기드온이 왜 한밤중에 몰래 바알을 부수었는지 이해가
되는 장면입니다. 이 절체절명의 순간에 뜻밖의 응원군이 등장합니다. 기드
온의 아버지 요아스가 그의 편을 들고 나선 것입니다.

> 요아스가 자기를 둘러선 모든 자에게 이르되 **너희**가 바알을 위하여 다투느냐. 너
> 희가 바알을 구원하겠느냐. 그를 위하여 다투는 자는 아침까지 죽임을 당하리라.
> **바알이 과연 신일진대** 그의 제단을 파괴하였은즉 그가 자신을 위해 다툴 것이니라
> 하나라(삿 6:31).

이 말만 들으면 요아스야말로 제대로 된 '사사'감처럼 보입니다. "누구든
지 바알 편에 서는 사람은 내일 아침까지 죽고 말 것이요!"(메시지). 바알을
위한다고 하면서 기드온을 해치려고 한다면 요아스 자신이 나서서 가만두지
않겠다는 선언입니다. 만일 요아스가 이렇게 강한 반응을 보이지 않았다면
기드온은 꼼짝없이 당했을지 모릅니다.

물론 아버지로서 아들의 목숨을 보호하기 위해 그렇게 나선 것이긴 하지
만, "바알이 진짜 신이라면 자신의 제단을 파괴한 자를 어찌 그냥 놔둘 수
있겠느냐?"는 요아스의 지적은 백번 옳은 말입니다. 그 한마디로 험악한 상
황은 종료되었습니다.

여룹바알, 기드온

바로 이때부터 기드온은 새로운 별명을 얻게 되었습니다.

> 그날에 기드온을 여룹바알이라 불렀으니 이는 그가 바알의 제단을 파괴하였으므로
> 바알이 그와 더불어 다툴 것이라 함이었더라(삿 6:32).

'여룹바알'(Jerubbaal)이란 "바알이 싸우게 하라"(Let Baal strive)라는 뜻입니다. 요아스의 말을 그대로 옮겨놓은 것입니다. 사람들은 이 사건을 통해서 바알의 정체를 알게 되었습니다. 자기 힘으로는 그 누구와도 싸울 수 없는 가짜 신이라는 것을 알게 되었던 것입니다. 기드온은 바알의 제단을 허물었다는 이유로 바알 신으로부터 그 어떤 해(害)도 받지 않았습니다. 그에게 붙여진 '여룹바알'이라는 별명은 바알 신의 정체를 드러내는 조롱의 의미와 함께 기드온의 용감함을 높여주는 그런 이름이 되었습니다.

비록 대낮에 거사할 만큼의 담대함을 가지지는 못했지만, 결국 이번 사건으로 인해 기드온의 이름이 주변의 이스라엘 사람에게 널리 알려지게 되었습니다. 그리고 후에 기드온이 미디안을 대적하기 위해 이스라엘 자손을 소집하는 나팔을 불었을 때, 그의 집안사람들이 가장 먼저 적극적으로 참여하게 되었을 뿐만 아니라(삿 6:34), 사방에서 사람들이 그에게로 모여들 수 있게 한 결정적인 이유가 되었습니다(삿 6:35). 그래서 하나님은 기드온에게 그 명령을 내리셨던 것입니다.

처음에는 포도주 틀에 숨어서 탈곡하던 소심한 모습의 기드온이었지만, 하나님의 약속처럼 며칠 지나지 않아서 이처럼 '큰 용사'로 점점 발돋움하게 되었던 것입니다. 하나님의 말씀에 순종하면 그렇게 됩니다. 물론 기드온의 소심함이 완전히 사라진 것은 아닙니다. 그렇지만 하나님의 약속이 하나씩 성취되어 가는 것을 우리는 확인할 수 있습니다.

우리를 믿음의 '큰 용사'로 세워나가실 때도 하나님은 반드시 이런 과정을 밟게 하십니다. 우리 안에 있는 '바알'이라는 우상을 온전히 제거하지 않고서는 그 어떤 위대한 일을 해낼 수 없습니다. '바알'(Baal)이란 '주인'이라는 뜻입니다. '바알'은 사사 시대에만 등장하는 가나안의 신을 의미하지 않습니다. 하나님 이외의 것이 우리의 삶에 주인 노릇을 할 때 그것이 곧 '바알'이요 '우상'입니다.

오늘날 온갖 종류의 '바알'이 기독교 신앙을 위협하고, 그리스도인의 정체성을 잃어버리게 합니다. 우리 주님께서 그토록 경계하셨던 물질만능주의 '맘모니즘'(Mammonism)이 여전히 한국교회와 교인들을 병들게 합니다. 오직 축복만을 받으려고 하는 '기복주의 신앙'도 마찬가지입니다. 하나님을 삶의 목적으로 삼기보다는 하나님을 수단으로 하여 물질과 번영과 성공을 주인으로 섬기는 이러한 '바알'과의 싸움이 지금도 우리에게 가장 힘든 영적인 싸움이 되고 있습니다.

그리스도인의 정체성은 오직 우리의 삶을 다스리시는 하나님으로부터 출발합니다. 그렇기에 세상의 '바알'들이 우리를 지배하겠다고 덤벼들 때, 적당히 타협하면 안 됩니다. 담대히 대적해야 합니다. 그런 의미에서 우리가 바로 '여룹바알'입니다. 바알더러 싸우자고 덤벼드는 사람입니다. 그 싸움에서 승리하면 우리는 그 어떤 큰일도 넉넉히 감당할 수 있습니다. 그러나 바알과 타협하는 순간 우리는 바알의 노예가 되고 맙니다.

만일 현재의 편안함을 이유로 그동안 모른 척 덮어두었던 '바알의 제단'이 우리에게 있다면, 오늘 당장 그것을 엎어버려야 합니다. 그리고 우리의 삶을 산 제물로 삼아 하나님께 온전히 드리는 영적인 싸움을 시작해야 합니다. 기드온과 함께하셨던 하나님이 또한 우리와 함께하셔서 넉넉히 이기게 하실 것입니다.

묵상 질문: 지금 내가 몸담고 사는 곳에 혹시라도 '바알의 제단'은 없는가?
오늘의 기도: 하나님 백성의 정체성을 잃어버리고 현실과 타협하며 사는 우리의 연약함을 용서하여 주옵소서. 기드온처럼 소심하고 두려움이 많은 우리를 긍휼히 여겨주옵소서. 우리를 지배하려고 덤벼드는 세상의 바알과 담대히 싸우게 하시고, 우리 삶의 주인은 오직 하나님 한 분임을 확실히 드러내게 하옵소서. 예수님의 이름으로 기도합니다. 아멘.

양털 뭉치 표징

읽을 말씀: 사사기 6:33-40

새길 말씀: 36기드온이 하나님께 여쭈되 주께서 이미 말씀하심같이 내 손으로 이스라엘을
구원하시려거든 37보소서 내가 양털 한 뭉치를 타작마당에 두리니 만일 이슬
이 양털에만 있고 주변 땅은 마르면 주께서 이미 말씀하심같이 내 손으로
이스라엘을 구원하실 줄을 내가 알겠나이다…(삿 6:36-37).

지금 우리는 하나님께서 기드온을 부르셔서 '큰 용사'로 세워 가시는 이
야기를 살펴보고 있습니다. 처음에 기드온은 포도주 틀에 숨어서 밀을 탈곡
하고 있는 소심한 모습으로 역사에 등장했지만, 이제는 가나안의 신 '바알'조
차도 감히 그를 해코지하지 못하는 '여룹바알'이라는 별명으로 주변의 사람
들에게 널리 알려진 인물이 되었습니다. 불과 며칠 사이에 일어난 일입니다.
하나님의 일하심은 언제나 참 놀랍습니다.

마지막 시즌

이 일은 미디안 사람들이 가나안에서 잠시 물러간 동안 진행되었습니다. 앞에서 언급한 것처럼 미디안 사람들은 가나안 땅에 계속 상주하지 않았습니다. 이스라엘 사람이 파종하고 나면 때를 맞추어 들어와서 싹쓸이하는 것이 그들의 전략이었습니다. 그러나 해가 거듭될수록 그 강도가 점점 심해져서, 마침내 그 땅에 들어와 완전히 '멸하려' 하는 마음을 품게 되었던 것입니다(삿 6:5).

후에 시편 기자 아삽은 이때의 역사를 회상하면서 다음과 같이 노래했습니다.

> **그들이 말하기를 우리가 하나님의 목장을 우리의 소유로 취하자 하였나이다**(시 83:12).

처음에는 도움을 청하기 위해 가나안 땅을 찾았던 그들이 점점 더 많은 숫자를 앞세우고 들어와 마구 약탈하기 시작하더니, 이제는 아예 가나안 땅을 그들의 소유로 만들어버릴 생각을 하게 된 것입니다. 하긴 그들이 닥치는 대로 쓸어가도 이스라엘 자손은 아무런 저항도 하지 못하고 있었으니, 이제는 그 땅을 접수할 때가 되었다고 판단하는 것도 결코 무리는 아닙니다.

여하튼 또다시 시즌이 시작되었을 때 미디안 사람들은 가나안 땅을 완전히 접수할 계획을 하고, 이전보다 더 조직화 된 군대를 이끌고 한꺼번에 몰려들어왔습니다. 오늘 본문의 이야기입니다.

> **그 때에 미디안과 아말렉과 동방 사람들이 다 함께 모여 요단 강을 건너와서 이스르엘 골짜기에 진을 친지라**(삿 6:33).

앞에서는 그냥 "미디안과 아말렉과 동방 사람들이 치러 올라왔다"(삿 6:3)라고 되어 있지만, 여기에서는 그들이 '다 함께 모여'(gathered together) 건너

왔다고 합니다. 이전과는 다르게 처음부터 조직적인 행동을 취하는 모양새입니다. 이번 시즌을 끝으로 가나안 땅을 완전히 접수하겠다는 그들의 의도와 의지를 엿볼 수 있는 대목입니다.

그러나 하나님의 생각은 그들의 생각과 달랐습니다. 하나님은 이번 시즌을 끝으로 다시는 미디안이 이스라엘 자손 앞에 머리를 들지 못하게 하려고 계획하셨습니다(삿 8:28). 그리고 그 계획을 위해 하나님은 기드온을 미리 준비해 놓으셨던 것입니다.

> 여호와의 영이 기드온에게 임하시니 기드온이 나팔을 불매 아비에셀이 그의 뒤를 따라 부름을 받으니라(삿 6:34).

기드온이 '여룹바알'이라는 별명을 갖게 된 지 얼마 지나지 않아서 미디안의 마지막 침공 시즌이 시작되었습니다. 그러자 기다렸다는 듯이 "여호와의 영이 기드온에게 임했다"고 합니다. 여기에서 '임했다'로 번역된 히브리어 '라바쉬'(rabash)는 마치 옷을 입는 것처럼 '감쌌다'(clothed)는 뜻입니다. 우리가 흔히 "성령의 두루마기를 입는다"고 말하는 것도 바로 이 때문입니다.

하나님께서 그의 영을 기드온에게 임하게 하셔서, 바로 이때를 위해서 준비해 놓으신 비밀병기, 기드온을 작동시키셨던 것입니다. 하나님의 영에 사로잡힌 기드온은 나팔을 불어 미디안과의 전쟁을 선포하고 이스라엘 사람들을 소집했습니다. 마치 에훗이 에글론을 암살한 후에 에브라임 산지에서 나팔을 불었던 것처럼 말입니다(삿 3:27).

그 부름에 가장 먼저 응답한 사람들은 바로 '아비에셀'이었습니다. '아비에셀'은 기드온이 속한 가문을 가리키는 말입니다. 물론 이 속에는 기드온의 아버지 '요아스'도 포함되어 있었을 것입니다. 지난번 '여룹바알 사건' 이후로 요아스는 기드온의 가장 든든한 후원자가 되었기 때문입니다. 기드온은 곧이어 나팔 소리가 전해지지 않는 먼 지역에 사람들을 직접 보내어 이 사실을 알렸습니다.

기드온이 또 사자들을 온 므낫세에 두루 보내매 그들도 모여서 그를 따르고 또 사자
들을 아셀과 스불론과 납달리에 보내매 그 무리도 올라와 그를 영접하더라(삿
6:35).

기드온은 므낫세 지파에 속해 있습니다. 그러니 '온 므낫세'에 먼저 사자
들을 보내어 알리는 것이 마땅한 일일 것입니다. 그런데 이 '온 므낫세'(all
Manasseh)에 요단 동편에 정착한 므낫세 반 지파도 포함되어 있는지는 분명
하지 않습니다. 아마도 요단 동편의 므낫세 반 지파에게 알리지는 않았을
것으로 보입니다. 지파는 같았지만 사는 지역이 달랐기 때문입니다.

그 대신 기드온은 '아셀'과 '스불론' 그리고 '납달리' 지파에 사자들을 보
냈습니다. 이것은 충분히 이해할 수 있는 대목입니다. 이들은 미디안 족속들
이 진을 친 이스르엘 골짜기(평원)에 인접하고 있는 지파들이기 때문입니다.

그러나 '잇사갈' 지파가 여기에 언급되지 않습니다. 이는 미디안 족속들
이 지금 잇사갈 지파의 땅을 대부분 장악하고 있었기 때문으로 보입니다.
그러니까 기드온은 잇사갈 지파를 둘러싸고 있는 인접한 지파들에게 미디안
족속과의 전쟁에 참여할 것을 요청한 것이지요. 이 소식을 들은 지파들은
예외 없이 그 전쟁에 함께 참여하기로 했습니다. 이제 나가서 싸울 준비가
된 것입니다.

이슬 젖은 양털 뭉치

바로 이 대목에서 기드온은 또 주저하고 있습니다. 그의 소심함이 또 고
개를 들기 시작했던 것입니다.

36기드온이 하나님께 여쭈되 주께서 이미 말씀하심 같이 내 손으로 이스라엘을 구원
하시려거든 37보소서 내가 양털 한 뭉치를 타작마당에 두리니 만일 이슬이 양털에만

있고 주변 땅은 마르면 주께서 이미 말씀하심 같이 내 손으로 이스라엘을 구원하실

줄을 내가 알겠나이다 하였더니…(삿 6:36-37).

그 유명한 '양털 뭉치 표징'을 요청하는 대목입니다. 기드온은 하나님이 그에게 하신 말씀을 기억하고 있었습니다. 그래서 두 번씩이나 '주께서 이미 말씀하심 같이'를 반복하고 있습니다. 기드온은 또한 그를 통한 하나님의 계획에 대해서도 잘 알고 있었습니다. 그래서 '내 손으로 이스라엘을 구원하신다'는 말을 역시 두 번씩이나 반복해서 말하고 있습니다.

그런데도 기드온은 하나님께 또 다른 '징조'(sign)를 요구합니다. 이번에는 그 내용이 아주 구체적입니다. 타작마당에 둔 양털 뭉치가 이슬에 흠뻑 젖는 동안 주변 땅은 바싹 마르는 그런 징조를 보여 달라는 것입니다. 그러면 하나님의 계획이 실제로 이루어질 것을 '내가 알겠다'고 합니다. '믿겠다'가 아니라 '알겠다'입니다. 하나님의 계획을 믿지 않는 것은 아니지만, 더 확실히 알 수 있도록 징조가 필요하다는 말투입니다.

그러나 사실 이것은 말장난에 불과합니다. 자신의 믿음 없음을 그런 식으로 표현하고 있는 것입니다. 우리 주님께서 마르다에게 나사로가 다시 살아날 것을 말씀하셨을 때, 마르다도 같은 식으로 말했습니다. "마지막 날 부활 때에는 다시 살아날 줄을 내가 아나이다"(요11:24). 이때 마르다는 나사로의 부활을 믿었을까요? 아닙니다. 그냥 막연하게 그렇게 되기를 기대한다는 뜻으로 '안다'고 말한 것입니다.

기드온 역시 마찬가지였습니다. 그가 정말 하나님의 계획과 약속이 이루어질 것을 믿었다면, 또 다른 징조를 요구하지 않았을 것입니다. 정말 믿는다면 그냥 행동하면 됩니다. 그러지 않고 양털 뭉치 징조를 요청하는 것은 그에게 믿음이 없었다는 증거입니다. 그의 소심함이 또다시 그의 발목을 잡은 것이지요.

그런데 왜 하필이면 '타작마당의 양털 뭉치'였을까요? 타작마당은 아주 너른 마당입니다. 거기에 양털 뭉치는 눈에 잘 띄지도 않습니다. 기드온의

생각에 미디안 족속들이 타작마당이라면, 그들과 대항하기 위하여 싸우러 나가는 이스라엘 자손은 양털 뭉치와 같다고 느꼈는지도 모릅니다. 그리고 '이슬'이 하나님께서 내리시는 축복을 의미한다면, 그 축복을 오직 이스라엘 자손에게만 내리시겠다는 약속을 받아내고 싶었던 것인지도 모릅니다.

여기에서 우리는 미디안 족속과의 대결을 앞두고 몹시 초조해하는 기드온의 마음을 읽을 수 있습니다. 오죽했으면 그와 같은 표징으로 마음에 위로와 확신을 얻으려고 했겠습니까? 하나님도 기드온의 마음을 이해하셨던 것일까요? 아무런 대꾸 없이 순순히 그대로 응해주셨습니다.

> … 그대로 될지라. 이튿날 기드온이 일찍이 일어나서 양털을 가져다가 그 양털에서 이슬을 짜니 물이 그릇에 가득하더라(삿 6:38).

성경은 아주 간결하게 말합니다. "그대로 되었다"(And that is what happened, NIV). 사실 이보다 더 확실한 말이 어디에 있을까요? 기드온이 요구한 그대로 되었습니다. 직접 그 양털을 가져다가 짜보니 그릇에 물이 가득했다고 합니다. 자, 그러니 기드온에게 무슨 할 말이 있겠습니까? 이제는 그냥 믿고 나가서 싸우는 일만 남아 있을 뿐입니다.

그러나 기드온은 여전히 주저하고 있었습니다. 누군가 밤중에 몰래 양털에 물을 부을 수도 있었다고 생각했던 것일까요? 기드온은 조금 더 확실한 증거를 원했습니다.

> 기드온이 또 하나님께 여쭈되 주여 내게 노하지 마옵소서. 내가 이번만 말하리이다. 구하옵나니 내게 이번만 양털로 시험하게 하소서. 원하건대 양털만 마르고 그 주변 땅에는 다 이슬이 있게 하옵소서 하였더니…(삿 6:39).

이번에는 정말 하나님의 초자연적인 개입이 없으면 불가능한 상황을 요구합니다. 타작마당의 땅은 모두 젖어도 그 가운데 있는 양털 뭉치만은 보송 보송 말라 있게 해달라는 것입니다. 그런 일이 상식적으로 어떻게 가능하겠 습니까?

이 대목에서 기드온의 마음에는 확실한 증거를 보고 싶어 하는 생각보다 차라리 그런 일이 일어나지 않았으면 하는 생각이 더 크게 작용하고 있는 것은 아닐까 의심하게 됩니다. 그러면 그 핑계로 전쟁에 나가지 않아도 될 테니 말입니다. 기드온의 요구에 대한 하나님의 반응에 따라서 제2의 바락 (Barak)이 생겨날 수도 있는 운명적인 순간입니다.

그러나 하나님은 기드온이 걱정했던 것처럼 그에게 노하지 않으셨고, 오 히려 기드온의 요구를 그냥 순순히 들어주셨습니다.

그 밤에 하나님이 그대로 행하시니 곧 양털만 마르고 그 주변 땅에는 다 이슬이 있었 더라(삿 6:40).

"하나님이 그대로 행하셨다." 기드온이 요구하는 표징을 하나님은 그대 로 행하셨습니다. 기드온의 믿음 없음을 책망하지 않으시고 그대로 행하셨습 니다. 도망갈 구멍을 찾고 있는 기드온의 소심함을 꾸짖지 않으시고 그대로 행하셨습니다.

그러면서 하나님은 "왜 굳이 그렇게 믿음이 없는 사람을 굳이 사용하려고 하시느냐?"고 불평하는 우리를 오히려 꾸짖으십니다. "사사기는 영웅의 활약 을 기록한 그들의 이야기가 아니라, 계약 백성의 정체성을 회복시켜 나가는 나의 이야기인 줄 아직도 깨닫지 못하느냐?"고 말씀하십니다.

오래 참으시는 하나님

그렇습니다. 지금 하나님이 믿음 없는 기드온의 무례한 요구를 계속 들어

주고 있는 것은 그 없이는 하나님의 계획을 이룰 수 없기 때문이 아닙니다. 하나님은 기드온이 없어도 얼마든지 이스라엘 백성을 미디안의 손에서 구원하실 수 있습니다. 기드온이 자신의 소심함으로 인해 결정적인 순간에 잠적해버린다 해도, 하나님의 구원 계획은 한 치의 오차 없이 그대로 진행될 것입니다.

그러나 하나님은 기드온이 하나님의 말씀에 온전히 순종하는 그런 사람으로 세워지는 것을 보고 싶어 하십니다. 계약 백성의 정체성을 확실하게 붙드는 자로 우뚝 서는 모습을 보고 싶어 하십니다. 그래서 기드온을 놓아버리지 않고 아직도 계속 붙들고 계시는 것입니다.

우리를 향하시는 하나님의 마음도 이와 다르지 않습니다. 우리를 포기하지 않으시고 끝까지 붙들고 계시는 이유는 바로 이것입니다. 하나님의 오래 참으심…. 이것이 오늘 말씀 속에서 우리가 발견해야 할 진정한 메시지입니다. 오래 참으시는 하나님에게 우리의 희망이 있는 것입니다.

그런데 여기에서 우리가 분명히 짚고 넘어갈 것이 있습니다. 그것은 눈에 보이는 기적 같은 표징을 통해서 기드온이 '믿음'을 가지게 된 것은 아니라는 사실입니다. 기드온이 자신의 말로 "이번만 시험하게 해 달라"(39절)고 했기에 망정이지, 만일 그대로 내버려 두었다면 다음에는 반반씩 이슬에 젖게 해 달라고 하거나 아니면 양털 뭉치를 공중에 매달아 놓고 젖게 해 달라고 하거나 온갖 기발한 아이디어로 계속해서 새로운 표징을 요구했을 것입니다.

우리 주님이 공생애 기간에 수많은 '이적'을 보여주셨지만, 그것이 사람들에게 믿음을 가져다주지 못한다는 사실을 잘 아셨습니다. 그래서 오병이어의 이적을 본 사람들이 그다음 날 주님을 다시 찾아왔을 때 이렇게 말씀하셨습니다.

> … 너희가 나를 찾는 것은 표적을 본 까닭이 아니요 떡을 먹고 배부른 까닭이로다
> (요 6:26).

사도 요한은 요한복음서에서 '이적'(miracles)과 '표적'(signs)을 조심스럽

게 구분하여 사용합니다. '이적'은 어떤 기적적인 놀라운 일 자체를 가리키지만, '표적'은 그 이적을 통해서 예수가 하나님의 아들이라는 사실을 믿게 되는 것을 의미합니다.

그렇다면 주님은 지금 무엇을 말씀하고 있는 것입니까? 오병이어의 이적을 본 사람들이 주님을 다시 찾아온 것은 예수님을 하나님의 아들로 믿기 위해서가 아니라, 단지 또 다른 이적을 통해서 다시 한번 배를 채우기 위해서라는 것입니다. 이적을 추구하는 신앙 생활로는 진정한 믿음을 가질 수 없습니다. 그래서 그들은 결국 주님을 떠나고 다시는 함께 다니지 않았던 것입니다(요 6:66).

확실한 믿음을 가지기 위해서 또 다른 '보이는 표징'이 필요하지 않습니다. '들리는 표징'으로 충분합니다. 기드온은 이미 '들리는 표징'을 얻었습니다. 그렇다면 그 약속을 붙잡고 믿음으로 나아가야지요.

그런데 기드온의 소심한 믿음을 꾸짖을 자격이 사실 우리에게는 없습니다. 우리도 기드온처럼 살고 있기 때문입니다. 만일 하나님의 오래 참으심이 아니었다면 일찍 망하고 말았을 것입니다. 지금 이렇게 신앙 생활 할 수 있는 것은 오래 참으시는 하나님의 은혜 때문입니다.

묵상 질문: 나는 하나님에게 계속해서 표징을 요구하지는 않는가?
오늘의 기도: 우리의 믿음 없음을 용서하여 주옵소서. 우리의 연약한 믿음이 자꾸만 어떤 표징을 요구하게 합니다. 그러나 우리에게 이미 말씀해주신 '들리는 표징'이 있사오니, 이제는 그것을 확실히 붙잡게 하옵소서. 믿음으로 순종하며 나아가게 하옵소서. 예수님의 이름으로 기도합니다. 아멘.

순종으로 싸우는 전쟁

읽을 말씀: 사사기 7:1-8

새길 말씀: 여호와께서 기드온에게 이르시되 너를 따르는 백성이 너무 많은즉 내가 그들
　　　　의 손에 미디안 사람을 넘겨주지 아니하리니 이는 이스라엘이 나를 거슬러
　　　　스스로 자랑하기를 내 손이 나를 구원하였다 할까 함이니라(삿 7:2).

300명의 용사

지난 2007년도에 개봉된 '300'이라는 제목의 영화가 있습니다. 아마 대부분 보셨을 것입니다. 이 영화는 주전 480년, '크세르크세스'(Xerxes)왕이 이끄는 페르시아 100만 대군이 그리스를 침공하자, 이에 맞서서 스파르타 왕 '레오니다스'(Leonidas)가 이끄는 300명의 용사가 '테르모필레'(Thermopylae)라는 협곡에서 페르시아 대군과 목숨을 걸고 싸우는 그런 이야기입니다. 300명대 100만 명이라는 감히 비교할 수조차 없는 수적 열세에도 불구하고, 그 싸움에서 스파르타 용사들은 거의 이길 뻔했습니다. 만약 내부 밀고자만 없었다면 말입니다.

처음 이 영화를 보았을 때 감탄사가 끊이지 않고 나왔습니다. 특히 하늘

에서 장대 소나기처럼 쏟아지는 화살을 '방패 무덤'으로 막아내는 장면과 슬로우 무비로 보여주는 창과 방패를 이용한 전투 장면, 죽음을 두려워하지 않고 싸우는 그들의 용맹스러움 그리고 무엇보다도 그들의 한결같이 탄탄한 근육질 몸매까지 그야말로 온몸에 전율을 느끼게 하기에 충분했습니다. 물론 그들은 모두 장렬한 죽음으로 최후를 맞이하지만, 전쟁에서의 승패는 단지 숫자에만 달리지 않았다는 메시지가 강한 울림으로 다가왔습니다.

우리가 지금 살펴보고 있는 사사기의 기드온 이야기에서도 300명의 용사가 등장합니다. 기드온은 이들 300명과 함께 미디안 연합군 13만 5천 명과 싸웁니다. 스파르타 용사들은 모두 전사했지만, 기드온의 300명은 단 한 명도 죽지 않았습니다. 오히려 그 싸움에서 상대방 12만 명이 전사하는 대승을 거둡니다. 그리고 지난 7년 동안 미디안 족속에 의해서 극심한 고통을 당하고 있던 이스라엘을 마침내 구원합니다.

그렇다면 무엇입니까? 기드온의 300명이 스파르타의 300명보다 더 강했다는 이야기일까요? 그들의 전술이나 전투력이 훨씬 더 뛰어났던 것일까요? 그들이 그만큼 더 많이 훈련받은 용사였기 때문일까요? 이스라엘 백성 300명을 이끈 지도자 '기드온'이 스파르타의 왕 '레오니다스'보다 더 용감하고 더 지혜로웠기 때문일까요?

아닙니다. 우리가 이미 살펴본 것처럼 기드온은 아주 소심한 사람이었습니다. 포도주 틀에 몰래 숨어서 밀을 탈곡하고 있던 사람이었습니다. 결정적인 순간에 믿음으로 행동하지 못하고 늘 주저하는 그런 사람이었습니다. 기드온의 300명도 사실 '용사'라고 불릴 수 없는 사람들입니다. 제대로 훈련받은 정예 특수부대가 아닙니다. 그런데 그들이 어떻게 미디안 족속과의 전쟁에서 이길 수 있었을까요? 그것이 바로 오늘 우리가 묵상할 말씀의 주제입니다.

등 떠밀려온 사람

여룹바알이라 하는 기드온과 그를 따르는 모든 백성이 일찍이 일어나 하롯 샘 곁에 진을 쳤고 미디안의 진영은 그들의 북쪽이요 모레 산 앞 골짜기에 있었더라(삿 7:1).

'여룹바알'이란 '바알이 싸우게 하라'(Let Baal strive!)는 뜻입니다. 바알이 싸워도 결코 해코지할 수 없는 사람, 그가 바로 '여룹바알'입니다. 기드온이 이 별명을 갖게 된 것은 아버지 요아스가 세운 바알의 제단을 허물라는 하나님의 명령에 순종하였기 때문입니다.

기드온은 용감한 사람이 아니었습니다. 그는 아버지의 가문과 오브라 성읍 사람들을 두려워했습니다. 그래서 하나님의 명령을 대낮에 대담하게 수행하지 못하고 밤에 몰래 수행했습니다(삿 6:27). 기드온은 본래 그렇게 겁이 많은 소심한 사람이었습니다. 그런데도 하나님은 그 사건을 통해서 기드온에게 '여룹바알'이란 별명을 갖게 하셨고, 그 이름으로 많은 사람에게 알려지게 하셨던 것입니다.

드디어 미디안과 아말렉과 동방 사람들이 연합군을 조직하여 가나안 땅을 접수하기 위한 마지막 시즌을 시작했을 때, 하나님은 그의 영으로 기드온을 감싸시고 나팔을 불게 하셨습니다. 기드온의 가까운 집안 식구들이 가장 먼저 참여했고, 그 소식을 들은 이스라엘 여러 지파의 사람들도 그에게 모여들었습니다.

전쟁의 상황으로 급하게 돌아가자, 기드온의 소심함이 또다시 고개를 들었습니다. 이 일이 성공할지 실패할지 확신이 서지 않아 겁을 내고 불안해했습니다. 그래서 하나님께 '양털 뭉치 표징'을 구합니다. 그것도 두 번씩이나 말입니다. 그러나 하나님은 아무 말 없이 그대로 응답해주셨습니다. 이제 기드온에게 더는 할 말이 없습니다. 진짜 싸우러 갈 수밖에 없습니다. 드디어 미디안의 진영과 마주 보는 '하롯 샘 곁에' 내려와 진을 치게 된 것입니다.

여기까지 오는 동안 기드온의 행적을 살펴보면, 우리가 모범으로 삼을만한 그 어떤 모습도 보이지 않습니다. 그저 하나님의 일하심에 붙들려 억지로 등 떠밀려가고 있는 시골 촌뜨기가 있을 뿐입니다. 지도자가 그 정도인데 그를 따르는 백성이 뭐가 다르겠습니까?

그래도 지금 그를 따르는 3만 2천 명이라는 적지 않은 숫자가 기드온에게 큰 위안이 되었을 것입니다. 이 사람들을 데리고 어떻게 싸워야 할까 열심히 전략을 짜고 있던 차에 하나님은 뜻밖에도 이들의 숫자를 줄이라고 명령하십니다.

여호와께서 기드온에게 이르시되 너를 따르는 백성이 너무 많은즉 내가 그들의 손에 미디안 사람을 넘겨주지 아니하리니 이는 이스라엘이 나를 거슬러 스스로 자랑하기를 내 손이 나를 구원하였다 할까 함이니라(삿 7:2).

"너를 따르는 백성이 너무 많다!" 이것이 하나님의 말씀입니다. 그런데 정말 너무 많았을까요? 당시 미디안 연합군의 규모는 13만5천 명이었습니다 (삿 8:10). 전쟁에서 싸워 이길 수 있는 상식적인 방법은 그보다 더 많은 수의 군대를 모으는 것입니다. 그러나 하나님은 이스라엘의 숫자가 많아지는 것을 원하지 않으셨습니다. 마치 드보라의 이야기에서 대적 야빈 왕의 군대가 9백 대의 철 병거로 무장하고 나왔을 때, 이스라엘에게 더 뛰어난 최첨단 무기를 주셔서 해결하지 않으셨던 것과 같습니다.

더 많은 숫자로, 더 뛰어난 무기로 이기는 전쟁은 하나님을 포함하지 않는 세상 사람들이 선택하는 방법입니다. 하나님의 방법은 거꾸로 숫자를 줄이는 것입니다. 가능한 한 적은 숫자로 싸우는 것입니다. 왜냐면 많은 숫자로 이기고 나면 "내 손으로 구원하였다"고 자랑할 것이 뻔한 일이기 때문입니다. 전쟁에서 이긴 것이 하나님 때문이 아니라 자신들의 힘 때문이라고 착각할 수 있기 때문입니다.

이스라엘은 하나님의 왕 되심을 받아들인 계약 백성입니다. 계약 백성의 정체성은 전쟁에서도 드러나야 합니다. 전쟁을 통해서도 하나님의 왕 되심이 선포되고, 하나님의 이름이 높아져야 합니다. 사람들이 볼 때 이스라엘 3만 2천 명은 미디안 연합군과 싸우기에 턱없이 부족한 숫자이지만, 하나님이 보실 때는 너무 많은 숫자입니다. 그래서 줄여야 합니다.

숫자 줄이기

이제 너는 백성의 귀에 외쳐 이르기를 누구든지 두려워 떠는 자는 길르앗 산을 떠나 돌아가라 하라 하시니 이에 돌아간 백성이 이만 이천 명이요 남은 자가 만 명이었더라 (삿 7:3).

이와 같은 기드온의 이야기를 읽으면서 사람들은 하나님이 어중이떠중이들을 모두 추려내고 정예 용사 300명을 선발하는 과정으로 이해하려고 합니다. 그래서 이렇게 숫자가 줄어들 때마다 남은 사람에게 무언가 본받을만한 좋은 점이 있으리라 생각합니다. 기드온의 300 용사가 되려면 우리도 그런 특징을 갖추어야 한다고 목사님들은 소리 높여 설교합니다.

예를 들어서 여기에 보니까 "두려워 떠는 자는 돌아가라"고 외치게 하셨습니다. 그랬더니 2만 2천 명이 돌아가고 만 명이 남게 됩니다. 그러면 그다음에 무슨 이야기를 하게 될까요? "여러분, 보십시오. 이렇게 두려워하는 사람들은 기드온의 300 용사에 뽑힐 수가 없습니다. 하나님께 쓰임 받는 사람이 되려면 두려움이 없어야 합니다!" 뭐 이런 식으로 이야기하게 되는 것이지요.

그러나 분명히 말씀드리지만, 그것은 오늘 본문이 우리에게 말하려고 하는 메시지와 전혀 상관없는 이야기입니다. 아니 오히려 성경의 진짜 메시지를 제대로 듣지 못하게 방해하는 일이 됩니다. 두려워 떠는 사람 2만 2천 명이 집으로 돌아갔으니, 나머지 만 명은 두려움이 전혀 없는 용맹스러운 사람일까요? 아닙니다. 기드온을 보십시오. 지금 그에게 두려움이 없어서 여기 남은 게 아닙니다. 등 떠밀려서 그 자리까지 온 것입니다. 다른 사람들도 마찬가지입니다.

단지 하나님이 기드온에게 그렇게 말하라고 하신 것은 그러면 돌아갈 사람이 많다는 사실을 아셨기 때문입니다. 하나님의 목표는 능력 있고 용감한 사람들을 선발하는 것이 아닙니다. 그냥 단순히 숫자를 줄이는 것입니다. 그것은 마치 OX 퀴즈와 같습니다. 여기에는 정답이 없습니다. 어느 쪽에 서든지 사람이 많은 쪽은 무조건 탈락입니다. 왜요? 숫자를 줄이는 것이 하나님의 목표이기 때문입니다.

물론 기드온은 이와 같은 하나님의 의도를 알지 못하고 있었습니다. 그를 따르던 백성들이 3만 2천 명에서 만 명으로 줄었을 때, 아마도 기드온은 간이 콩알만큼 오그라지도록 두려웠을 것입니다. 그런데 설상가상으로 하나님은 더 줄이라고 요구하십니다.

여호와께서 또 기드온에게 이르시되 백성이 아직도 많으니 그들을 인도하여 물 가로 내려가라. 거기서 내가 너를 위하여 그들을 시험하리라. 내가 누구를 가리켜 네게 이르기를 이 사람이 너와 함께 가리라 하면 그는 너와 함께 갈 것이요 내가 누구를 가리켜 네게 이르기를 이 사람은 너와 함께 가지 말 것이니라 하면 그는 가지 말 것이니라 하신지라(삿 7:4).

하나님은 아직도 많다고 하십니다. 하나님이 보기에 만 명도 여전히 많은 숫자였습니다. 그렇다면 이번에는 어떤 시험으로 그 숫자를 줄이실까요? 이 대목에서 하나님은 아주 중요한 원칙을 말씀하셨습니다.

하나님이 어떤 사람을 남게 하실 것인가? 그것은 '하나님 마음'이라는 겁니다. 이 사람과 함께 가라 하시면 가고, 함께 가지 말라 하시면 가지 말아야 합니다. 여기에 정답은 없습니다. 사람들의 특성이나 자격은 중요한 문제가 아닙니다. 단지 누가 남고, 누가 갈지를 하나님이 결정하십니다. 그리고 그렇게 선택하는 목적은 단 한 가지입니다. 이스라엘 백성의 숫자를 줄이는 것입니다.

> 5이에 백성을 인도하여 물 가에 내려가매 여호와께서 기드온에게 이르시되 누구든지 개가 핥는 것 같이 혀로 물을 핥는 자들을 너는 따로 세우고 또 누구든지 무릎을 꿇고 마시는 자들도 그와 같이 하라 하시더니 6손으로 움켜 입에 대고 핥는 자의 수는 삼백 명이요 그 외의 백성은 다 무릎을 꿇고 물을 마신지라 7여호와께서 기드온에게 이르시되 내가 이 물을 핥아 먹은 삼백 명으로 너희를 구원하며 미디안을 네 손에 넘겨주리니 남은 백성은 각각 자기의 처소로 돌아갈 것이니라 하시니…
> (삿 7:5-7).

사람들은 이렇게 선발된 300명의 모습에서 어떤 좋은 점을 발견하려고 무척 애를 씁니다. 그래서 물을 먹는 두 가지 행동 사이에 어떤 영적인 의미가 있는지 설명하려고 합니다.

예를 들어서 목마르다고 고개를 물에 처박고 먹는 것은 본래 하나님의 군사로 선택받은 자기의 사명을 잊어버리고 오직 먹고사는 세상일에 빠진 사람이라 설명합니다. 그런 사람은 하나님께서 쓰실 수 없다는 것이지요. 반면 아무리 목마른 인생을 살아가더라도 자기의 사명을 잊지 않고 사방을 경계하며 그렇게 물을 핥아 먹는 사람이야말로 하나님께서 쓰실 수 있는 사람이라고 힘주어 이야기합니다.

그러나 앞에서 언급했듯이 그것은 오늘 본문의 메시지가 아닙니다. 하나님은 지금 용맹한 사람, 사명에 투철한 사람을 추리기 위해서 시험하지 않으십니다. 오히려 하나님의 목적은 나중에 자신의 힘으로 전쟁에서 승리했다고 말할 수 없도록 무조건 사람의 숫자를 줄이는 것입니다. 그러니 사실 어떤 방식으로 물을 먹었더라도 상관없습니다. 만일 무릎을 꿇고 물을 먹은 사람이 300명이었다면, 하나님은 그 사람들을 남기셨을 것입니다.

이처럼 두 번의 과정을 통해 3만 2천 명이 3백 명으로 줄었습니다. 미디안 연합군과 싸우겠다고 자원하여 모인 사람들 99% 이상을 집으로 돌려보내신 것입니다. 이 과정을 지켜보던 기드온의 마음은 어땠을까요? 간이 콩알만큼 오그라지다 못해 이제는 아예 산산조각이 나서 흔적도 없이 사라지지 않았을까요?

> 이에 백성이 양식과 나팔을 손에 든지라. 기드온이 이스라엘 모든 백성을 각각 그의 장막으로 돌려보내고 그 삼백 명은 머물게 하니라. 미디안 진영은 그 아래 골짜기 가운데에 있었더라(삿 7:8).

기드온은 하나님이 말씀하신 대로 300명을 제외한 나머지 9천 7백 명을 모두 돌려보냅니다. 그렇게 남은 300명 뒤에 실루엣(silhouette) 배경처럼 저 멀리 미디안 진영이 보였습니다. 거기에는 엄청나게 많은 사람과 수를 헤아릴 수 없는 낙타와 물자들과 그리고 텐트들이 끝없이 펼쳐지고 있었습니다. 기드온이 하나님께 표징을 요구했던 것 때처럼, 미디안 사람들이 '타작마당'이라면 기드온의 300명은 정말 '양털 뭉치'에 불과했습니다. 이 전쟁에서 승리는 고사하고 과연 살아남을 수 있을까요?

하나님이 300명을 특성이나 장점을 보고 선발한 것은 아니었지만, 일단 뽑고 보니까 그들에게는 어떤 공통점이 있었습니다. 우선 그들은 한결같이 어리바리한 사람이었다는 것입니다. 기드온처럼 등 떠밀려서 거기까지 오게 된 사람들입니다. 하나님이 이런저런 조건으로 추려내실 때 '어~, 어~'하다 보니까 그 자리에 남게 된 것입니다.

처음에 기드온이 "두려워 떠는 자는 돌아가라"고 말했을 때, 그들이 그 자리에 남아 있었던 것은 두려움이 없어서가 아니었습니다. 두려웠지만 돌아갈 데가 없었기 때문입니다. 돌아갈 집과 가족이 없었던 것입니다. 물을 손에 떠서 먹을 때도 마찬가지입니다. 그들은 두려움에 찌들어 본능적으로 사람들의 눈치를 살피면서 살아온 그런 사람이었습니다. 그것이 지금까지 험한 세상을 살아오면서 터득한 생존비결이었습니다.

그렇기에 300명만 달랑 남게 되었을 때, 그들은 이 전쟁에서 자기의 힘으로 살아남을 길은 없다고 판단했을 것입니다. 그렇다고 인제 와서 도망갈 수도 없습니다. 왜냐면 그들은 하나님을 두려워하는 계약 백성이었기 때문입니다. 하나님을 피해서 어디로 도망갈 수 있겠습니까? 그렇다면 어떻게 해야 할까요? 선택의 여지가 없습니다. 무조건 하나님이 시키는 대로 하는 것입니다. 하나님의 말씀에 순종하는 것입니다.

앞으로 살펴보겠지만 기드온의 300명은 심지어 전쟁터에 나가면서도 무기를 내려놓고 횃불과 항아리만 들고 나갔습니다. 왜입니까? 그것이 하나님의 명령이었기 때문입니다. 그들에게는 '자기 소견에 옳은 대로' 사는 것은 사치였습니다. 오직 살기 위해서 하나님의 명령에 온전히 순종할 수밖에 없었습니다. 그렇게 하여 결과적으로 '자기들의 힘'이 아니라 오직 '하나님 때문에' 전쟁에서 승리할 수 있게 된 것입니다.

아무리 대단한 용기와 능력이 있다고 하더라도 자신의 힘으로 싸우려고 하면 결국 스파르타 300명처럼 모두 죽게 됩니다. 그게 끝입니다. 그러나 비록 소심하고 어리바리한 사람이라도 하나님에게 붙들려서 순종하여 싸우면 기드온의 300명처럼 최후의 승리를 거둘 수 있습니다. 그것이 계약 백성으로서 우리의 정체성입니다. 하나님은 우리의 삶의 치열한 현장에서 그 정체성이 드러나는 모습을 보고 싶어 하십니다.

묵상 질문: 나는 하나님의 말씀에 온전히 순종하여 싸우고 있는가?

오늘의 기도: 우리도 기드온의 3백 명처럼 그렇게 쓰임 받는 인생이 되게 하옵소서. 우리가 가진 힘이 아니라 오직 하나님의 말씀에 순종함으로 나아가게 하옵소서. 심지어 하나님의 명령에 따라 무기를 내려놓고 전쟁터에 나갈 줄 아는 그런 절대 순종이 우리에게도 있게 하옵소서. 우리를 그렇게 믿음의 용사로 빚어주옵소서. 예수님의 이름으로 기도합니다. 아멘.

기드온을 위하여

읽을 말씀: 사사기 7:9-23

새길 말씀: ¹⁷그들에게 이르되 너희는 나만 보고 내가 하는 대로 하되 내가 그 진영 근처에 이르러서 내가 하는 대로 너희도 그리하여 ¹⁸나와 나를 따르는 자가 다 나팔을 불거든 너희도 모든 진영 주위에서 나팔을 불며 이르기를 여호와를 위하라, 기드온을 위하라 하라 하니라(삿 7:17-18).

기드온의 '300'명은 큰 숫자를 자랑하며 인해전술로 밀고 들어오는 미디안과 싸우기 위해 하나님이 선택하신 최소한의 숫자입니다. 그들은 용사도 아니었고 영웅도 아니었습니다. 단지 하나님께서 미디안의 손에서 이스라엘을 구원하기 위해서 사용하신 지렛대였습니다. 이를 통해서 "자기 힘으로 자기를 구원했다"(삿 7:2)고 자랑하지 못하게 하셨습니다. 전쟁의 승리는 사람들의 숫자가 아니라 오직 하나님에게 달려있음을 알게 하셨던 것입니다.

그런데 사람들은 이 메시지를 간과하고, 기드온의 이야기를 교인 숫자를 늘리기 위한 전략으로 이용하려고 합니다. 교인들을 기드온의 '300 용사'로 훈련했더니 숫자가 열 배, 백 배로 늘어났다는 식입니다. 그것은 성경의 메시지를 완전히 거꾸로 돌려놓은 것입니다. 기드온의 '300'은 더 커지기 위한 숫자가 아닙니다. 큰 규모를 줄이고 줄여서 만든 숫자입니다.

기드온 이야기는 규모가 커야 하나님의 일을 할 수 있다는 생각을 버리라고 말씀하는데, 오히려 큰 규모를 만들기 위해서 기드온 이야기를 써먹으려고 해서야 되겠습니까? 하나님의 일은 하나님이 다 알아서 하십니다. 사람의 숫자가 얼마이든지 말입니다. 숫자나 규모를 자랑하는 것은 하나님을 알지 못하는 세상이나 하는 일입니다.

하나님의 계약 백성은 그 어떤 경우에도 오직 하나님의 이름을 높이고 하나님을 자랑해야 합니다. 전쟁에서도 마찬가지입니다. 전쟁에서 승리하는 것이 최종 목적이 아닙니다. 전쟁을 통해서 하나님의 이름을 높이는 것이 목적입니다. 그것으로 계약 백성의 정체성이 드러나기 때문입니다.

그런데 숫자가 아니라 하나님의 능력으로, 사람의 지혜가 아니라 하나님의 전적인 도움으로 승리하였음에도 불구하고 사람들은 그 승리를 자신의 이름을 드러내는 기회로 삼으려고 합니다. 그리고 또다시 큰 숫자의 집요한 유혹에 넘어가곤 합니다. 그것이 인간이 가지고 있는 죄의 품성입니다. 기드온 이야기에서도 역시 마찬가지입니다. 표면적인 승리 뒤에 감추어진 또 다른 부끄러움이 그 모습을 드러내기 시작합니다.

들리는 표징

그를 따르는 이스라엘 백성이 3만 2천 명에서 300명으로 줄어들었을 때, 소심한 성격의 기드온은 틀림없이 불안했을 것입니다. 그러나 그에게 하나님은 본격적인 출정 명령을 내립니다.

> 그 밤에 여호와께서 기드온에게 이르시되 일어나 진영으로 내려가라. 내가 그것을 네 손에 넘겨주었느니라(삿 7:9).

여기에서 '진영'은 물론 미디안 진영을 가리킵니다. '내려가라'는 명령은 미디안 연합군과 싸우러 내려가라는 뜻입니다. 그러면서 하나님은 또다시 완료형 약속을 말씀하십니다. "내가 그것을 네 손에 넘겨주었다"(I have delivered it into your hand, ESV). '넘겨줄 것이다'가 아닙니다. 열심히 싸우면 '넘겨줄지도 모른다'가 아닙니다. 이미 넘겨주었습니다. 말씀에 순종하여 가기만 하면 그것이 사실임을 확인하게 될 것입니다.

그러나 기드온은 여전히 주저하고 있었습니다. 그의 마음에 두려움이 있었습니다. 그도 그럴 것이 어중이떠중이 300명으로 그 수를 헤아릴 수 없는 미디안 군사들과 맞서 싸워야 하니, 상식적으로 맞지 않는 이야기입니다. 마치 달걀로 바위 치기와 같습니다. 그냥 깨지고 말 것이 명약관화(明若觀火)합니다. 기드온의 마음에 이런 생각들이 요동치고 있음을 하나님은 잘 알고 계셨습니다.

> 10만일 네가 내려가기를 두려워하거든 네 부하 부라와 함께 그 진영으로 내려가서 11그들이 하는 말을 들으라. 그 후에 네 손이 강하여져서 그 진영으로 내려가리라 하시나…(삿 7:10-11a).

사실 기드온은 하나님께 또 다른 증거를 보여 달라고 요청하고 싶었을 것입니다. 그러나 지난번에 마지막으로 '이번만…' 하면서 양털 뭉치 표징을 이미 요구했던 터라(삿 6:39), 자신의 입으로는 차마 그 말을 할 수 없었습니다.

그런데 기드온을 너무나 잘 알고 계시는 하나님께서 이번에는 먼저 제안을 하셨습니다. 미디안 진영으로 내려가면 그들이 하는 말을 듣게 될 것인데, 그 말을 듣고 나면 주저하지 않고 담대하게 나아가게 될 것이라고 말입니다. 하나님이 준비해 놓으신 또 다른 '들리는 표징'이 과연 무엇일까요?

11... 기드온이 이에 그의 부하 부라와 함께 군대가 있는 진영 근처로 내려간즉 12미디안과 아말렉과 동방의 모든 사람들이 골짜기에 누웠는데 메뚜기의 많은 수와 같고 그들의 낙타의 수가 많아 해변의 모래가 많음 같은지라(삿 7:11b-12).

앞에서 하나님은 "두려워하거든 내려가라"고 말씀하셨는데, 기드온은 실제로 미디안의 진영으로 내려갔습니다. 그 행동을 통해 기드온은 자신의 두려움을 인정했습니다. 그리고 하나님은 '그 진영으로' 내려가라고 하셨지만, 기드온은 '진영 근처'까지만 내려갔습니다. 이 역시 두려움 때문입니다.

실제로 미디안 연합군의 모습을 가까이에서 정탐하면서 기드온에게는 더욱 큰 두려움이 생겨났습니다. 마치 모세가 가데스 바네아에서 가나안 땅을 정탐하기 위해서 보냈던 정탐꾼들과 같습니다. 만일 이대로 돌아갔다면 기드온은 하나님의 명령이고 뭐고 그냥 도망하고 말았을 것입니다. 그런데 그 자리에 하나님이 준비해 놓으신 '들리는 표징'이 있었습니다.

기드온이 그곳에 이른즉 어떤 사람이 그의 친구에게 꿈을 말하여 이르기를 보라 내가 한 꿈을 꾸었는데 꿈에 보리떡 한 덩어리가 미디안 진영으로 굴러들어와 한 장막에 이르러 그것을 쳐서 무너뜨려 위쪽으로 엎으니 그 장막이 쓰러지더라(삿 7:13).

기드온이 이른 곳은 앞에서 언급된 것처럼 '진영 근처'였을 것입니다. 그곳에서 진영의 경계를 지키던 미디안 병사들이 꿈 이야기를 나누는 것을 우연히 엿듣게 된 것입니다. 그러나 하나님의 일하심에 우연이란 없습니다. 꿈을 꾸는 사람도, 그 꿈을 해석하는 사람도 모두 하나님의 손안에 있었습니다.

여하튼 한 미디안 병사가 자신의 꿈 이야기를 동료에게 하고 있습니다. 그 꿈속에 등장하는 '보리떡'은 이스라엘 농부를 상징하는 것이었습니다. 기드온이 포도주 틀에서 밀을 탈곡하고 있는 모습과 겹쳐 보입니다. 보리떡 한 덩어리가 굴러와 장막을 무너뜨리는 장면을 이 병사는 매우 극적으로 실감 나게 묘사합니다. 그의 마음에 불길한 생각이 자리 잡고 있었던 것입니다. 그 생각을 누가 심어놓으셨을까요?

기드온의 칼

그런데 불길한 생각은 그에게만 있었던 것이 아닙니다.

> 그의 친구가 대답하여 이르되 이는 다른 것이 아니라 이스라엘 사람 요아스의 아들 기드온의 칼이라 하나님이 미디안과 그 모든 진영을 그의 손에 넘겨 주셨느니라 하더라(삿 7:14).

동료 병사는 아예 단정적으로 그 꿈을 해석하며 말합니다. "그것은 이스라엘 사람 기드온의 칼이다! 하나님이 그의 손에 미디안의 모든 진영을 넘겨 주셨다!" 여기에서 우리는 기드온에 대한 소문이 이스라엘 지파에만 들린 것이 아니라, 여기 미디안 사람들에게도 전해졌다는 사실을 알 수 있습니다. 물론 우리가 알고 있는 기드온의 소심함을 생각해보면, 이 소문은 지나치게 과장되어 전해진 것이 틀림없습니다.

그런데 그것이 미디안 병사들에게 큰 두려움이 되었던 것입니다. 그것은 분명 하나님이 하신 일입니다. 이들 두 사람에게만 그렇게 하셨을까요? 아닙니다. 하나님은 미디안 연합군 전체를 이미 두려움의 영으로 덮어버리셨던 것입니다. 그 현장을 기드온이 지금 직접 목격하고 또한 듣고 있는 것이지요.

하나님은 여호수아에게 일찍이 이렇게 말씀하신 적이 있습니다.

> 내가 왕벌을 너희 앞에 보내어 그 아모리 족속의 두 왕을 너희 앞에서 쫓아내게 하였나니 너희의 칼이나 너희의 활로써 이같이 한 것이 아니며…(수 24:12).

이 '왕벌'은 '두려움의 영'을 의미합니다. 여리고 사람들이 '간담이 녹았던 것'(수 2:9)도 바로 이 때문입니다. 기드온은 미디안 연합군의 숫자에 두려움을 느끼고 주저하고 있었지만, 그 많은 미디안 사람들은 아이러니하게 기드온의 이름에 두려움을 가지고 있었던 것입니다.

이들이 나중에 기드온 군사들이 깨뜨리는 항아리 소리에 왜 그렇게 화들짝 놀라서 집단 공황 상태에 빠지게 되었는지 그 이유를 잘 설명해주는 이야기입니다. 바로 이것이 하나님께서 일하시는 방법입니다. 전쟁은 사람의 숫자로 이기는 게 아닙니다. 그 진리를 기드온이 직접 들을 수 있도록 하나님은 이처럼 준비해 놓으셨던 것입니다.

이 대목에서 우리는 미디안 병사가 '기드온의 칼'을 언급하고 있다는 사실을 기억해 둘 필요가 있습니다. 이것은 앞으로 기드온 이야기의 중대한 전환점을 만드는 사건들의 씨앗이 됩니다. 미디안 진영에서 돌아온 기드온은 즉시 전쟁을 준비합니다. 지금까지 늘 미적거리고 주저하던 모습과는 완전히 달라진 모습입니다.

기드온이 그 꿈과 해몽하는 말을 듣고 경배하며 이스라엘 진영으로 돌아와 이르되 일어나라 여호와께서 미디안과 그 모든 진영을 너희 손에 넘겨 주셨느니라 하고… (삿 7:15).

기드온의 이야기에서 우리는 처음으로 '경배했다'는 말을 발견합니다. 지금까지 늘 불안해하고 두려워하던 소심한 기드온에게 비로소 확신이 생겨난 것입니다. 확신은 그 사람의 태도와 말소리를 달라지게 합니다. 그리고 한 사람의 확신은 다른 사람에게도 큰 영향을 미칩니다.

삼백 명을 세 대로 나누어 각 손에 나팔과 빈 항아리를 들리고 항아리 안에는 횃불을 감추게 하고…(삿 7:16).

기드온의 300명이 준비한 무기는 '나팔'과 '빈 항아리'와 그 속에 감춘 '횃불'이 전부입니다. 이 도구들은 사실 '무기'라고 말할 수도 없습니다. 그러나 이번 전쟁에서 승리의 궁극적인 원천이 하나님이심을 분명하게 드러내기에는 가장 최적화된 무기입니다. 즉 이스라엘이 군사적인 힘으로 승리하는 것이 아님을 보여주는 무기입니다.

그런데 이 작전 계획이 누구에게서 나왔을까요? 기드온이 생각해낸 것은 아닐 것입니다. 칼과 창을 들지 않고 전쟁터에 나가는 것은 사람이 생각할 수 있는 일이 아니기 때문입니다. 기드온은 하나님의 명령에 전적으로 순종하여 따르고 있는 것이지요. 계속해서 구체적인 행동 지침을 일러줍니다.

> 17그들에게 이르되 너희는 나만 보고 내가 하는 대로 하되 내가 그 진영 근처에 이르러서 내가 하는 대로 너희도 그리하여 18나와 나를 따르는 자가 다 나팔을 불거든 너희도 모든 진영 주위에서 나팔을 불며 이르기를 여호와를 위하라, 기드온을 위하라 하라 하니라(삿 7:17-18).

'나팔을 불고 크게 소리를 지르는 것'은 이미 여호수아가 여리고를 점령할 때 사용한 전법이었습니다(수 6:20). 그런데 여기에서 기드온이 요구하는 군호(軍號)에서부터 미디안과의 전쟁의 성격을 왜곡하는 치명적인 어긋남이 시작됩니다. "여호와를 위하여!"(For the LORD)라는 말은 아무런 문제가 없습니다. 이 전쟁의 주인공은 여호와 하나님이시기 때문입니다. 그러나 "기드온을 위하여!"(For Gideon)는 전혀 다른 이야기입니다. 이 전쟁이 정말 "기드온을 위하여" 하는 것입니까?

그런데 기드온은 왜 이런 군호를 생각해낸 것일까요? 왜냐면 미디안 사람들의 대화에서 '기드온의 칼'이라는 말을 들었기 때문입니다. 그들이 기드온의 이름을 두려워하고 있다는 사실을 발견한 것입니다. 따라서 '기드온'이라는 이름을 외치면 그들이 화들짝 놀라게 될 것으로 생각한 것이지요.

그러나 이것은 결코 하나님이 의도하신 바가 아니었습니다. 하나님의 전쟁에 기드온의 이름을 슬쩍 끼워 넣음으로써, 기드온은 이 전쟁을 자신의 이름을 드러내는 기회로 삼으려고 했던 것입니다. 아니, 그럴 생각이 처음부터 있었던 것은 아니라고 변명할 수 있을지 모릅니다. 그렇지만 결과적으로 그렇게 되었다는 점을 또한 부인할 수 없습니다. 바로 이 대목에서부터 승리 뒤에 감추어진 또 다른 부끄러움이 시작되고 있는 것입니다.

하나님의 승리

이런 일이 벌어지고 있는 와중에도 하나님은 당신의 약속을 신실하게 지키셨습니다. 300명대 13만 5천 명의 전쟁에서 하나님은 이스라엘 300명의 손을 들어주신 것입니다.

> [19]기드온과 그와 함께 한 백 명이 이경 초에 진영 근처에 이른즉 바로 파수꾼들을 교대한 때라 그들이 나팔을 불며 손에 가졌던 항아리를 부수니라. [20]세 대가 나팔을 불며 항아리를 부수고 왼손에 횃불을 들고 오른손에 나팔을 들어 불며 외쳐 이르되 여호와와 기드온의 칼이다 하고 [21]각기 제자리에 서서 그 진영을 에워싸매 그 온 진영의 군사들이 뛰고 부르짖으며 도망하였는데…(삿 7:19-21).

이스라엘의 밤은 저녁 6시부터 네 시간씩 세 부분으로 나누어집니다. 그러니까 '이경 초'는 밤 10시쯤에 해당합니다. 먼저 기드온과 함께 한 부대가 나팔을 불며 항아리를 부수자, 그 신호에 맞추어 다른 부대들도 모두 똑같이 따라서 했습니다. 그러면서 '여호와와 기드온의 칼'이라고 외쳤다고 합니다.

그런데 여기에서 '…의'라고 번역된 히브리어는 앞에서 약속한 군호의 '…를 위하여'라고 번역된 것과 같은 글자(르, le)입니다. 그리고 히브리 원어로 읽어보면 앞에서 약속한 군호에 '칼'이라는 말만 덧붙여 있습니다. 따라서 이 군호가 고함이었다는 점을 고려한다면, '칼! 여호와를 위하여! 기드온을 위하여!'라고 번역하는 것이 좋을 듯싶습니다.

그러나 사실 이때 기드온 군사들은 아무도 칼을 지참하지 않았습니다. 그런데도 '칼!'을 외치는 것은 사실 일종의 기만전술입니다. 그리고 그들은 각기 제 자리에 서서 그 진영을 에워싸고 있기만 했습니다. 그런데 이와 같은 기드온 군사들의 공격 아닌 공격에 미디안 연합군은 당황하여 '뛰고', '부르 짖고', '도망'하기 시작했던 것입니다. 한마디로 미디안 진영은 극심한 혼란에 빠진 것입니다.

무엇 때문에 그랬을까요? 기드온의 계산이 맞아떨어진 것일까요? 미디안 병사들이 '기드온'이라는 말을 듣고 혼비백산했던 것일까요? 아닙니다.

> 삼백 명이 나팔을 불 때에 여호와께서 그 온 진영에서 친구끼리 칼로 치비 하시므로
> 적군이 도망하여 스레라의 벧싯다에 이르고 또 답밧에 가까운 아벨므홀라의 경계
> 에 이르렀으며…(삿 7:22).

아하, 하나님께서 미디안 연합군끼리 싸우게 하셨군요! 자기편끼리 칼로 치게 하신 것입니다. 드보라 이야기에서 철 병거를 쓸모없게 만드신 분이 하나님이셨고, 기드온 이야기에서 항아리와 횃불과 나팔 작전이 성공할 수 있도록 하신 분이 하나님이셨습니다. 물론 그들의 기습 작전이 미디안 진영에 놀람과 혼란을 주었겠지만, 아군끼리 칼로 찌르는 대혼란을 일으킨 분은 분명 하나님이십니다. 그래서 기드온 군사들은 칼 없이도 대승을 거둘 수 있게 된 것입니다.

남은 미디안 군사들은 자기들의 고향으로 돌아가기 위해 '벧싯다'(Beth-shittah)를 거쳐서 요단강 나루터가 있는 '아벨므홀라'(Abel-meholah) 방향으로 도망쳤습니다. 자, 여기까지가 하나님께서 기드온의 300명으로 계획하셨던 전쟁이었습니다.

기드온을 위한 전쟁

그러나 기드온은 여기에서 멈추지 않았습니다. 그가 정해놓은 군호처럼 지금까지는 '여호와를 위하여!'였지만, 이제부터는 '기드온을 위하여!'로 나아가기로 했던 것입니다. 그러기 위해서 그는 300명으로 만족하지 못하고 숫자를 늘리기 시작했습니다.

> **이스라엘 사람들은 납달리와 아셀과 온 므낫세에서부터 부름을 받고 미디안을 추격하였더라**(삿 7:23).

하나님이 돌려보내셨던 사람들을 기드온은 다시 소집했습니다. 이들 외에도 기드온은 에브라임 사람들까지 새로 참여시킵니다(삿 7:24-25). 그런데 이런 식으로 군사의 숫자를 늘리는 것이 과연 바람직하였을까요?

이 부분에 대해서는 다음 시간에 살펴보겠습니다만, 오늘 묵상을 시작하는 첫 부분에서 말씀드린 것처럼 인간의 죄성(罪性)은 큰 숫자의 집요한 유혹에 쉽게 넘어집니다. 그리고 그것은 결국 하나님의 이름을 높이는 계약 백성의 정체성을 잃어버리게 만듭니다.

하나님의 이름으로 승리하였음에도 불구하고 멈추어야 할 때 멈추지 못하고 계속 전쟁을 이어가는 기드온의 모습에서 우리는 승리 뒤에 감추어진 계약 백성 이스라엘의 부끄러운 민낯을 발견하게 됩니다. 또한 장차 다가올 권력의 사유화와 세습의 시도 그리고 그것으로부터 야기되는 치명적인 갈등의 암울한 그림자를 봅니다. 그리고 그 모든 것은 '기드온을 위하여!'라는 사소한 구호에서부터 시작되었다는 사실을 우리는 기억해야 합니다.

묵상 질문: 나는 지금 누구를 위하여 싸우고 있는가? 하나님인가 아니면 사람인가?

오늘의 기도: 우리는 먹든지 마시든지 다 하나님의 영광을 위하게 하옵소서. 우리의 신앙 생활 그 어디에도 사람의 영광을 위하는 일이 끼어들지 않게 하옵소서. 영적인 싸움에서 진정한 승리는 하나님의 말씀에 온전히 순종할 때 주어진다는 사실을 잊지 않게 하옵소서. 예수님의 이름으로 기도합니다. 아멘.

사사로운 전쟁의 비극

읽을 말씀: 사사기 7:24-8:21

새길 말씀: 6숙곳 방백들이 이르되 세바와 살문나의 손이 지금 네 손 안에 있다는 거냐. 어찌 우리가 네 군대에게 떡을 주겠느냐 하는지라. 7기드온이 이르되 그러면 여호와께서 세바와 살문나를 내 손에 넘겨 주신 후에 내가 들가시와 찔레로 너희 살을 찢으리라 하고…(삿 8:6-7).

    기드온은 위대한 '영웅'(英雄)이 아니었습니다. 그의 행적과 마찬가지로 그의 인간 됨됨이에도 그 어떤 영웅다운 기상이나 위대함이 보이지 않습니다. 그는 본래 소심한 사람이었습니다. 결정적인 순간에 매번 주저하는 사람이었습니다. 그러나 하나님은 약속하신 대로 기드온을 '큰 용사'(mighty warrior)로 세워 미디안 연합군을 물리치게 하셨습니다.

    기드온의 300명도 마찬가지였습니다. 그들은 이스라엘 지파 중에 소수 정예로 특별하게 선발된 '용사'(勇士)가 아니었습니다. 그들은 그저 등 떠밀려서 그 자리에 있게 되었을 뿐입니다. 그들이 유일하게 잘할 수 있었던 일이란 오직 하나님의 명령에 순종하는 것이었습니다. 그래서 그들은 진짜 무기를 내려놓고, 무기답지 않은 무기를 들고 전쟁터에 나갔습니다. 그리고 '큰 승리'

를 거두었습니다.

이 일을 통해서 하나님은 사람들의 숫자나 힘으로 전쟁의 승리가 주어지는 것이 아님을 분명히 보여주셨습니다. 이스라엘의 구원은 오직 하나님의 능력으로 말미암는 것이며, 따라서 그들이 계약 백성으로서 그들의 정체성을 지킬 때는 언제나 이와 같은 승리를 맛볼 수 있음을 가르쳐주셨습니다.

미디안 연합군이 스스로 자멸하여 도망갈 때, 하나님이 기드온과 300명으로 계획하신 전쟁은 이미 끝났습니다. 그러나 기드온은 거기서 끝내지 않았습니다. 미디안의 패잔병들과 그 우두머리를 제거한다는 명분으로 하나님이 돌려보내셨던 사람들을 다시 전쟁터로 불러냈습니다. 에브라임 지파에게도 손을 내밀었습니다. 그렇게 숫자를 늘림으로써 그는 '기드온을 위한 전쟁'을 시작했습니다.

멈추어야 할 때 멈추지 못하는 것은 언제나 사사로운 이유가 있기 때문입니다. '기드온을 위한 전쟁'은 이스라엘 안에 갈등과 균열을 만들어 냈고, 권력의 사유화와 세습이라는 새로운 문제를 일으켰습니다. 우리가 앞으로 사사기를 읽어나가면서 확인하게 될 계약 백성의 부끄러운 모습들입니다.

에브라임의 딴죽걸기

300명은 하나님의 전쟁에 충분한 숫자였지만, 사방으로 흩어지는 미디안 연합군을 추격하기에는 턱없이 부족한 숫자였습니다. 그래서 기드온은 에브라임 지파에게 도움을 청합니다.

> 기드온이 사자들을 보내서 에브라임 온 산지로 두루 다니게 하여 이르기를 내려와서 미디안을 치고 그들을 앞질러 벧 바라와 요단 강에 이르는 수로를 점령하라 하매…
> (삿 7:24a).

에브라임 지파는 기드온이 미디안과의 전쟁을 선포했을 때에 참여하지 않았습니다. 물론 기드온이 그때 사신을 보내서 알리지 않았지만, 알린다고 해도 그들이 별로 참여할 이유가 없었습니다. 왜냐면 그들이 자리 잡은 '에브라임 산지'까지 미디안 사람들이 침투해 오지는 않았기 때문입니다.

그러나 지금은 상황이 달라졌습니다. 미디안 연합군의 패잔병들이 요단강을 건널 '수로'(나루터)를 찾아 남쪽으로 내려가고 있었기 때문입니다. '벧바라'(Beth-barah)는 여호수아가 광야 세대를 이끌고 가나안에 들어갈 때 요단강을 건넌 바로 그곳입니다. 신약시대에는 예수님이 세례 요한에게 세례를 받으신 '요단강 건너편 베다니'(요 1:18)로 알려진 곳이기도 합니다. 미디안의 패잔병들이 지금 그 나루터를 통해서 요단강을 건너가려고 하고 있었던 것입니다. 그 퇴로를 차단하려면 인근에 있던 에브라임 지파의 도움이 필요했습니다.

> 24... 이에 에브라임 사람들이 다 모여 벧 바라와 요단 강에 이르는 수로를 점령하고 25또 미디안의 두 방백 오렙과 스엡을 사로잡아 오렙은 오렙 바위에서 죽이고 스엡은 스엡 포도주 틀에서 죽이고 미디안을 추격하였고 오렙과 스엡의 머리를 요단 강 건너편에서 기드온에게 가져왔더라(삿 7:24b-25).

에브라임은 기드온의 요청을 받아들여 곧바로 수로를 점령하고, 미디안 연합군의 장군 오렙(Oreb)과 스엡(Zeeb)을 체포했습니다. 그리고 오렙은 '바위'에서, 스엡은 '포도주 틀'에서 죽였습니다. 그런데 그들을 처형한 장소가 아주 흥미롭습니다. 공교롭게도 '포도주 틀'은 기드온이 역사에 처음 등장하던 장소이고, '바위'는 하나님께서 기드온이 드린 예물을 제물로 받으신 장소이기 때문입니다. 물론 똑같은 지점은 아니었지만, 이를 통해서 이제 역사가 완전히 역전되었음을 상징적으로 보여주는 듯합니다.

기드온이 생각한 대로 일이 잘 진행되었습니다. 그러나 에브라임 지파 사람들이 그들이 처형한 오렙과 스엡의 머리를 들고 기드온을 찾아왔을 때 생각지도 않았던 일이 불거졌습니다.

> 에브라임 사람들이 기드온에게 이르되 네가 미디안과 싸우러 갈 때에 우리를 부르
> 지 아니하였으니 우리를 이같이 대접함은 어찌 됨이냐 하고 그와 크게 다투는지라
> (삿 8:1).

자신들을 처음부터 부르지 않았다는 에브라임 사람들의 불평은 사실 정당하지 않은 것입니다. 우선 기드온이 미디안 연합군과 전쟁을 벌인다는 소식을 그들이 몰랐을 리가 없습니다. 정말 참여할 생각이 있었다면 부를 때까지 기다리지 않았을 것입니다.

설혹 그들이 처음부터 왔다고 하더라도 하나님은 그들을 대부분 돌려보냈을 것입니다. 하나님의 전쟁에 필요한 사람들은 기드온이 아니라 하나님이 직접 선택하시기 때문입니다. 에브라임 사람들이라고 해서 당연히 그 전쟁에 참여할 권리가 있는 것은 아닙니다.

에브라임이 지금 기드온에게 시비를 걸고 있는 것은 사실 그들의 말로 표현된 것처럼 '제대로 대접받지 못했다'는 이유 때문입니다. 겨우 패잔병 따위나 소탕하는 일을 하게 된 것에 화가 난 것입니다. 물론 이러한 불평에는 에브라임 지파의 숨겨진 욕망이 큰 동기로 작용하고 있습니다. 후에 '입다'와 똑같은 갈등을 일으키는 것도 바로 에브라임 지파입니다(삿 12:1-6).

그러나 동시에 기드온에게서도 그 원인을 찾아볼 수 있습니다. 에브라임은 기드온이 점점 권력을 확장해 가며 사유화하는 것에 대해 불안을 느꼈던 것입니다. 실제로 기드온이 이 전쟁을 끝내야 할 때 끝내지 않고 지속하고 있는 이유가 바로 그것입니다. 에브라임의 딴죽걸기에 기드온은 일단 꼬리를 내립니다.

> 2기드온이 그들에게 이르되 내가 이제 행한 일이 너희가 한 것에 비교되겠느냐. 에
> 브라임의 끝물 포도가 아비에셀의 맏물 포도보다 낫지 아니하냐. 3하나님이 미디안

의 방백 오렙과 스엡을 너희 손에 넘겨주셨으니 내가 한 일이 어찌 능히 너희가 한 것에 비교되겠느냐 하니라. 기드온이 이 말을 하매 그 때에 그들의 노여움이 풀리니라(삿 8:2-3).

기드온은 에브라임 사람들이 자신보다 훨씬 더 위대한 일을 했으며, 그것이 하나님께서 그들에게 그 일을 맡겨주셨기 때문이라고 하면서 그들의 불만을 잠재웁니다. 에브라임 사람들은 기드온의 이 말에 만족하여 그들의 노여움을 풀었습니다.

그런데 기드온이 이렇게 에브라임에게 바싹 엎드리는 진짜 이유가 있습니다. 현실적으로 에브라임 지파는 기드온이 속한 므낫세 지파보다 훨씬 더 강했기 때문입니다. 에브라임은 남쪽의 유다 지파와 함께 쌍벽을 이루는 지파입니다. 그들하고 맞서기에는 아직 기드온의 힘이 충분하지 않았던 것입니다.

그러나 뒤에 이어지는 이야기에서 기드온의 권력 사유화에 대한 에브라임 지파의 불안이 실제로 현실이 되는 것을 확인하게 될 것입니다. 이제 우리는 '이스라엘 공동체의 분열'이라는 새로운 주제를 만나게 됩니다. 이 주제는 앞으로 사사 시대를 통해서 계속 등장하게 될 것입니다.

세바와 살문나 추격 작전

기드온은 일단 에브라임 지파의 불만을 잠재운 후에 계속해서 미디안 왕 세바(Zebah)와 살문나(Zalmunna)의 뒤를 쫓아갑니다.

4기드온과 그와 함께 한 자 삼백 명이 요단 강에 이르러 건너고 비록 피곤하나 추격하며 5그가 숙곳 사람들에게 이르되 나를 따르는 백성이 피곤하니 청하건대 그들에게 떡덩이를 주라. 나는 미디안의 왕들인 세바와 살문나의 뒤를 추격하고 있노라 하니…(삿 8:4-5).

기드온은 300명의 군사를 데리고 '비록 피곤하나' 세바와 살문나의 뒤를 추격합니다. 물론 그들이 '미디안의 왕들'이기 때문에 후환을 없애기 위해서라도 그들을 제거할 필요가 있었다고 이야기할 수 있습니다. 그러나 이미 큰 전쟁은 끝났습니다. 게다가 그들은 요단강을 건너서 도망간 상태입니다. 그들을 계속 추적할 이유가 없습니다.

그리고 미디안 연합군이 비록 도망가고 있지만 그들의 남은 병력이 적지 않습니다. 1만 5천 명이나 됩니다(삿 8:10). 피곤한 300명을 데리고 그들을 추격하는 것은 이해할 수 없는 일입니다. 이렇게 무리한 행동에는 기드온의 사사로운 이유가 있었다는 사실이 후에 밝혀집니다. 세바와 살문나를 반드시 죽여야 할 특별한 이유가 기드온에게 있었던 것입니다. 이를 위해서 지금 피곤한 300명의 군사를 데리고 추격하고 있는 것입니다.

여기에서 우리는 300명의 군사를 바라보는 기드온의 시각이 변했다는 사실을 발견하게 됩니다. 그 300명은 하나님이 추려내신 하나님의 군사들입니다. 그런데 기드온은 이제 그들을 마치 자신의 사병(私兵)이나 되듯이 그렇게 다루고 있습니다.

이러한 기드온의 시각은 '나를 따르는 백성'이라는 말에서 드러납니다. '나를 따르는'이라고 번역된 말의 히브리어는 '브라글라이'(beraglay)인데, 이는 문자적으로 '내 발에 있는'(on my feet)이라는 뜻입니다. 그러니까 300명의 군사는 기드온과 동역하는 사람이 아니라 그의 발에 있는 부하가 되었던 것입니다.

기드온은 숙곳(Succoth) 사람들에게 먹을 것을 달라고 요청하지만 보기 좋게 거절당합니다.

> 6숙곳 방백들이 이르되 세바와 살문나의 손이 지금 네 손 안에 있다는 거냐. 어찌 우리가 네 군대에게 떡을 주겠느냐 하는지라. 7기드온이 이르되 그러면 여호와께서 세바와 살문나를 내 손에 넘겨 주신 후에 내가 들가시와 찔레로 너희 살을 찢으리라 하고…(삿 8:6-7).

숙곳 방백들은 기드온 일행의 행색을 보아 세바와 살문나를 추격해 승리할 수 있을지 장담할 수 없었던 것으로 보입니다. 사실 전쟁이 다 끝나지 않은 상황에서 섣불리 기드온의 편을 들었다가 혹시라도 잘못되면 숙곳 사람들이 오히려 심각한 보복을 당할 수도 있습니다.

그런데 이 말에 대해 기드온의 반응은 과격했습니다. "내가 들가시와 찔레로 너희 살을 찢으리라!" 숙곳 사람들이 누구입니까? 그들은 갓 지파에 속한 이스라엘 자손입니다. 물론 그들이 도와주지 않는 것이 속상하겠지만, 그렇다고 해서 그들을 마치 적군 대하듯이 하는 것도 문제입니다.

기드온은 브누엘(Peniel) 사람들에게서도 똑같은 대답을 듣습니다.

> 8 거기서 브누엘로 올라가서 그들에게도 그같이 구한즉 브누엘 사람들의 대답도 숙곳 사람들의 대답과 같은지라. 9 기드온이 또 브누엘 사람들에게 말하여 이르되 내가 평안히 돌아올 때에 이 망대를 헐리라 하니라 (삿 8:8-9).

그런데 숙곳 사람들이나 브누엘 사람들이 기드온 일행을 선뜻 나서서 도와주지 못하는 진짜 이유가 따로 있었습니다. 그것은 미디안 왕 세바와 살문나가 도망가서 진을 친 갈골(Karkor)이 바로 그 근처에 있었기 때문입니다. 그리고 그들은 미디안 연합군의 남은 병력이 기드온의 300명보다 훨씬 더 많다는 사실을 잘 알고 있었습니다.

> 이때에 세바와 살문나가 갈골에 있는데 동방 사람의 모든 군대 중에 칼 든 자 십이만 명이 죽었고 그 남은 만 오천 명가량은 그들을 따라와서 거기에 있더라 (삿 8:10).

여기 보니까 12만 명이 죽었다고 하는데, 과연 그들 중에 몇 명이나 이스라엘 사람에게 죽임을 당했을까요? 극히 소수였을 것입니다. 나머지는 자기편끼리 싸우다가 죽은 것이지요. 물론 그 일은 하나님이 행하신 것이었습니다. 여하튼 죽은 사람이 많았지만, 아직 남은 사람도 적지 않습니다. 기드온이 그들을 쫓아서 여기까지 온 것입니다. 자, 이제 어떤 일이 벌어질까요?

> [11]적군이 안심하고 있는 중에 기드온이 노바와 욕브하 동쪽 장막에 거주하는 자의 길로 올라가서 그 적진을 치니 [12]세바와 살문나가 도망하는지라. 기드온이 그들의 뒤를 추격하여 미디안의 두 왕 세바와 살문나를 사로잡고 그 온 진영을 격파하니라 (삿 8:11-12).

기드온이 그곳까지 쫓아오리라 생각하지 못했던지, 미디안 군은 '안심하고' 있었습니다. 그러다가 재차 기습공격을 당하자 힘도 써보지 못하고 모두 흩어졌고, 기드온은 세바와 살문나를 생포할 수 있었습니다. 이번 작전의 목적을 성공적으로 달성한 것입니다.

그러나 돌아오는 길에 기드온은 자신의 말대로 숙곳 사람들을 들가시와 찔레로 징벌하고 장로들을 죽입니다(삿 8:16). 그리고 브니엘 망대를 헐고 그 성읍 사람들을 죽이기까지 합니다(삿 8:17). 자신의 자존심을 상하게 한 자들에게 복수하는 기드온의 모습에서 우리는 예민하고 성질 급한 한 지배자의 모습을 봅니다.

그리하여 그는 최초로 동족을 죽인 '사사'가 되었습니다. 이스라엘을 구원해야 할 사명 받은 '사사'가, '사사로운 동기'로 일을 하다가, '사사로운 감정'에 빠져서, 같은 동족을 죽이는 이런 비극이 지금 벌어지고 있는 것입니다.

사사로운 원수 갚기

그런데 지금까지 우리를 궁금하게 해왔던 질문이 하나 있습니다. 기드온이 왜 이렇게 무리하면서까지 세바와 살문나를 추격하려고 했을까 하는 것입니다. 이는 세바와 살문나를 심문하는 장면에서 드디어 밝혀집니다.

18이에 그가 세바와 살문나에게 말하되 너희가 다볼에서 죽인 자들은 어떠한 사람들이더냐 하니 대답하되 그들이 너와 같아서 하나 같이 왕자들의 모습과 같더라 하니라. 19그가 이르되 그들은 내 형제들이며 내 어머니의 아들들이니라. 여호와께서 살아계심을 두고 맹세하노니 너희가 만일 그들을 살렸더라면 나도 너희를 죽이지 아니하였으리라 하고…(삿 8:18-19).

아하, 기드온의 친형제들이 세바와 살문나에 의해서 죽임을 당했군요. 그러니까 그 형제들에 대한 원수를 갚기 위해서 끝까지 그들을 추격했던 것입니다. 사적인 원한을 갚기 위해서 기드온은 공적인 300명의 군사를 마치 사병(私兵)처럼 부렸던 것입니다.

그런데 여기에 언급되는 '다볼' 전투가 언제 어떻게 일어난 일인지 성경의 기록이 없기 때문에 우리로서는 알 길이 없습니다. 다만 상상력을 동원해 보자면, 기드온이 소집 나팔을 분 이후였을 것으로 추측할 수 있습니다. 그때 기드온 가문이 가장 먼저 동참했는데, 그중에 기드온의 형제들도 분명 있었을 것입니다(삿 6:34). 그러나 이 형제들은 300명 중에 포함되지 않았습니다. 실제로 이스르엘 평지 전투가 벌어지던 밤에 이들 중 아무도 죽지 않았기 때문입니다.

그렇다면 언제일까? 아마도 두 번에 걸쳐서 하나님이 이스라엘 백성을 돌려보내실 때 기드온 형제들도 그 속에 포함되어 있었고, 그 이후에 그들이 독자적으로 어떤 군사적인 행동을 취한 것으로 보입니다. 그러다가 세바와 살문나에게 잡혀서 처형된 것이지요. 그리고 기드온이 그 소식을 알게 된 것은 아마 전투가 시작된 다음이었을 것입니다. 그래서 전쟁을 끝내야 할 때 끝내지 못했던 것이지요.

이렇게 생각해보면 한편으로는 기드온의 행동을 어느 정도 이해할 수 있을 것 같습니다. 그러나 다른 한편으로 생각해보면, 그렇기에 더더욱 거기에는 큰 문제가 있다는 사실을 알게 됩니다. 자신의 친형제의 원수를 갚기 위해서 공적인 300명의 군사를 사병으로 이용했다는 것도 그렇고, 그 과정에서 같은 이스라엘 백성인 숙곳과 브니엘 사람들을 죽인 것도 그렇습니다. 그 어디에서도 하나님의 계약 백성이라는 정체성이 드러나지 않습니다.

전쟁에서는 대승을 거두었고, 그로 인해서 이스라엘 백성에게는 절대적인 지지를 받으며 사사가 되기는 했지만, 기드온의 나머지 생애는 하나님이 기대하시는 '쇼페팀'의 모습은 아니었습니다. 그는 스스로 왕이 되지는 않았지만, 실제로는 왕의 권력을 누리면서 살았습니다. 그리고 그 권력의 사유화는 결국 세습의 문제로까지 발전하게 되었던 것입니다.

영적인 전쟁

오늘 말씀을 묵상하면서 우리는 사적인 원한이나 감정이 계약 백성의 정체성을 갉아먹는 치명적인 동기로 작용할 수 있음을 새삼스럽게 확인하게 되었습니다. 실제로 우리의 신앙 생활을 힘들게 하는 시험들(temptations)이 대부분 이와 같은 사사로운 관계들로부터 시작됩니다. 그래서 멈추어야 할 때 멈추지 못하고, 사적인 감정에 몰입하여 사사로운 싸움을 계속하다가, 결국에는 공동체에 문제를 일으키고 형제들에게 상처를 입히는 그런 비극들을 얼마나 많이 만들어 내는지 모릅니다.

우리는 '하나님의 전쟁'을 치르는 '하나님의 백성'입니다. 우리를 넘어뜨리기 위해서 '우는 사자같이 두루 다니며 삼킬 자를 찾는'(벧전 5:8) 우리의 대적 마귀와 싸우도록 부름을 받은 자들입니다. 그런데 아무짝에도 쓸모없는 '사사로운 전쟁'을 하느라 우리의 모든 영적인 에너지를 낭비하고 있다면 과연 누가 좋아하겠습니까? 사자는 무리에서 따로 떨어져 나온 자를 노린다는 사실을 기억하십시오.

계약 백성으로서 우리의 정체성은 '영적인 전쟁'을 통해서 드러납니다. 우리가 지금 누구와 대적하고 싸우고 있는지, 우리는 왜 그렇게 싸우고 있는지, 이 싸움을 통해서 과연 누가 높아질 것인지 잘 판단해야 합니다. 그리고 하나님이 기뻐하시는 길로 걸어가야 합니다. 사사로운 싸움에 목숨 걸다 계약 백성의 정체성을 잃어버리지 않도록 우리 모두 성령님의 도우심을 힘써 간구해야 하겠습니다.

묵상 질문: 나는 지금 사사로운 싸움에 몰두하지는 않는가?
오늘의 기도: 개인적인 이유로 싸움을 멈추지 못하는 우리의 죄를 통렬히 꾸짖어 주옵소서. 그것이 믿음의 공동체에 얼마나 치명적인 상처를 입히는지 더 늦기 전에 깨닫게 하옵소서. 계약 백성의 정체성을 잃어버리게 하는 사사로운 싸움을 빨리 멈추게 하시고, 이제부터는 서로를 보듬어 세우는 일에 우리의 모든 영적인 에너지를 사용하게 하옵소서. 예수님의 이름으로 기도합니다. 아멘.

기드온 집의 올무

읽을 말씀: 사사기 8:22-27

새길 말씀: 기드온이 그 금으로 에봇 하나를 만들어 자기의 성읍 오브라에 두었더니 온 이스라엘이 그것을 음란하게 위하므로 그것이 기드온과 그의 집에 올무가 되니라(삿 8:27).

앞 장에서 우리는 기드온이 미디안 연합군과의 전쟁을 '하나님의 전쟁'으로 끝내지 못하고, 사사로운 동기를 가지고 '기드온의 전쟁'으로 계속 이어갔던 이야기를 살펴보았습니다. 그는 자기 친형제들이 미디안 왕 세바와 살문나의 손에 살해되었다는 사실을 알고, 그 사적인 원한을 풀기 위해서 300명의 부하를 이끌고 끝까지 그들을 추격했던 것입니다.

마침내 기드온은 세바와 살문나를 처형함으로써 자신의 사사로운 목적을 달성했습니다. 그러나 그러는 와중에 사사로운 감정에 빠져서 숙곳과 브니엘에 살고 있던 이스라엘 자손들을 죽이는 잘못을 범하기도 했습니다. 그리하여 그는 이스라엘 동족을 죽인 최초의 사사가 되었던 것입니다.

이 이야기를 살펴보면서 우리는 사적인 원한이나 감정이 계약 백성으로서의 정체성을 갉아먹는 치명적인 동기가 될 수 있다는 사실을 알게 되었습니다. 그러나 이러한 사사로운 동기와 그로 인해 발생한 여러 가지 문제에 대해서 잘 알지 못하던 당시의 이스라엘 백성에게 이날 기드온이 보여준 행동은 정말 영웅적이었습니다.

소수의 군사를 이끌고 미디안 연합군의 진영으로 들어가서 기습 공격 작전을 감행한 용맹스러움도 그렇고, 발 빠르게 다른 지파들 특히 에브라임 지파의 참전을 끌어내어 적군의 퇴로를 차단하는 리더십을 보인 것도 그렇고, 육신의 피곤함에도 불구하고 끝까지 미디안 왕들을 추격하여 죽이는 끈질김까지, 이스라엘 백성에게 깊은 인상을 심어주기에 충분했습니다. 기드온은 정말 하나님이 약속하신 것처럼 '큰 용사'로 세워진 것일까요?

왕으로 추대하다

미디안과의 전쟁이 끝난 후에 이스라엘 백성은 기드온에게 자신들을 다스려달라고 부탁합니다.

> 그 때에 이스라엘 사람들이 기드온에게 이르되 당신이 우리를 미디안의 손에서 구원하셨으니 당신과 당신의 아들과 당신의 손자가 우리를 다스리소서 하는지라 (삿 8:22).

'우리를 다스려달라'는 말은 얼마든지 할 수 있습니다. 그러나 '사사'로서 다스려달라는 뜻이 아니었다는 것이 문제입니다. 물론 여기에서 '왕'이라는 단어가 명시적으로 언급되지는 않았지만, 이스라엘 사람들은 분명히 기드온뿐만 아니라 그의 아들과 손자가 대를 이어서 자신들을 다스려달라고 제안하고 있습니다. 이는 세습되는 권력을 가진 왕이 되어 달라는 부탁이었습니다.

'이스라엘'은 하나님의 왕 되심을 받아들인 사람들의 공동체입니다. 계약 백성으로서 이스라엘의 정체성은 오직 하나님만이 이스라엘을 다스리는 왕이 될 수 있다는 전통적인 신앙에 기초합니다. 그런데 이스라엘 백성은 지금 기드온에게 하나님 대신 그들을 다스리는 왕이 되어달라고 부탁하고 있습니다. 이것은 하나님의 계약 백성으로서 그들의 정체성을 포기하겠다는 선언과 다르지 않습니다.

이러한 제안은 누가 전쟁을 승리로 이끌었는지에 대한 심각한 오해에서 비롯됩니다. 그들은 이렇게 말합니다. "당신이 우리를 미디안의 손에서 구원하셨으니…." 누가 미디안의 손에서 이스라엘을 구원했습니까? 물론 하나님이십니다. 하나님께서 이 모든 일을 처음부터 계획하셨고, 하나님께서 기드온과 300명을 선택하셨고, 하나님께서 미디안 스스로 자멸하도록 개입하셨습니다. 그런데도 이스라엘 백성은 기드온에게 그 모든 영광을 돌리고 있는 것입니다.

그들의 제안은 기드온이 듣기에 아주 달콤한 유혹이 아닐 수 없습니다. 사실 '하나님을 위한 전쟁'에 자신의 이름을 슬그머니 끼워 넣게 된 것도, 사사로운 전쟁을 치르면서 300명의 용사를 자신의 사병(私兵)으로 취급하게 된 것도, 자신의 자존심을 상하게 한 숙곳과 브누엘 사람들에게 복수하는 것도 모두 이스라엘의 지배자가 되고 싶어 하는 기드온의 속내를 드러내는 장면이었습니다. 이제 그 꿈을 이룰 절호의 기회가 주어진 것입니다.

이스라엘이 하나님의 왕 되심을 받아들인 계약 백성으로 계속 남아 있을 것인가 아니면 주변의 다른 나라들처럼 왕정 제도를 받아들일 것인가는 이제 기드온의 답변에 달려있습니다. 다행스럽게도 기드온은 이스라엘의 정체성을 지키는 길을 선택합니다.

기드온이 그들에게 이르되 내가 너희를 다스리지 아니하겠고 나의 아들도 너희를 다스리지 아니할 것이요 여호와께서 너희를 다스리시리라 하니라(삿 8:23).

그렇습니다. 이것이 정답입니다. 이스라엘은 사람이 다스리는 나라가 아닙니다. 오직 하나님께서 왕이 되어 다스리실 수 있는 나라입니다. 기드온의 대답은 주저함이 없이 단호했습니다. "여호와께서 너희를 다스리시리라!" 이 대답만 보면 기드온은 상당한 신앙의 경지에 올라서 있는 믿음의 영웅처럼 보입니다. 아마 이스라엘 백성은 "역시, 기드온은 다르구나!" 하는 생각을 가졌을 것입니다.

귀고리를 요청하다

그러나 그 뒤에 이어지는 이야기는 이러한 기드온의 대답이 얼마나 진정성이 있는 것이었는지 의심하게 만듭니다. 기드온은 왕이 되는 것은 포기했지만, 왕의 권력을 누리는 일은 포기하지 않았습니다.

> 기드온이 또 그들에게 이르되 내가 너희에게 요청할 일이 있으니 너희는 각기 탈취한 귀고리를 내게 줄지니라 하였으니 이는 그들이 이스마엘 사람들이므로 금귀고리가 있었음이라(삿 8:24).

기드온은 이스라엘 백성의 마음에 감동을 준 후에 그들에게 한 가지만 요청하겠다고 합니다. 그것은 이번 전쟁으로 탈취한 전리품 중에서 '귀고리'를 달라는 것입니다. 그런데 말이 '귀고리'이지 실제로는 '금귀고리'였습니다. 기드온이 그 사실을 몰랐을까요? 아닙니다. 너무나 잘 알고 있었습니다. 그러나 '귀고리'라고 말한 것은 금전적인 보상을 바라는 자신의 마음을 숨기고 싶었기 때문입니다.

자, 그렇다면 무엇입니까? 기드온은 왕이 되라는 제안은 거절했지만, 실제로는 왕의 권세를 요구했습니다. 금전적인 보상을 받음으로써 왕이 누릴 권력을 추구하려고 했던 것입니다. 말과 행동이 일치하지 않는 이러한 이중성이 언제나 문제입니다. 바른말이 바른 행동으로 이어지지 않으면, 그 말은 욕망을 감추는 수단에 불과합니다.

이스라엘 백성은 기꺼이 기드온의 부탁을 들어줍니다. 이미 왕이 되어달라고 요청했던 터에 그 '한 가지 요청'을 들어주지 못할 이유가 없지요.

> 25무리가 대답하되 우리가 즐거이 드리리이다 하고 겉옷을 펴고 각기 탈취한 귀고리를 그 가운데에 던지니 26기드온이 요청한 금귀고리의 무게가 금 천칠백 세겔이요 그 외에 또 초승달 장식들과 패물과 미디안 왕들이 입었던 자색 의복과 또 그 외에 그들의 낙타 목에 둘렀던 사슬이 있었더라(삿 8:25-26).

여기에서 '즐거이 드리리이다'에 해당하는 히브리 원어 '나톤 니텐'(natown nitten)을 그대로 직역하면 '드리고 또 드리리이다'입니다. 미디안 7년의 압제에서 구원해준 영웅에게 그 정도쯤이야 드리고 또 드려도 전혀 아깝지 않다는 뜻입니다. 그렇게 해서 모아진 금이 자그마치 '천칠백 세겔'이 되었습니다. 이를 지금의 무게 단위로 환산하면 약 20kg 정도 됩니다. 우리나라 금 무게 단위인 '돈'으로 따지면 5천 돈이 넘는 양입니다.

그런데 사람들은 금귀고리만 모으지 않았습니다. 그 외에 '초승달 장식들'(the crescent ornaments)과 '패물'(the pendants) 또 미디안 왕들이 입었던 '자색 의복'(the purple robes), 낙타 목에 둘렀던 '사슬'(the neck bands)이 있었다고 합니다.

여기에서 우리가 주목할 것은 '초승달 장식'입니다. 이것은 지금도 '이슬람'(Islam)을 상징하는 대표적인 상징입니다. 이 당시 미디안 연합군은 현재 '무슬림'(Muslim)의 조상이라고 할 수 있습니다. '금귀고리'도 사실은 '초승달' 모양으로 되어 있었습니다. 게다가 낙타 목에 둘렀던 '사슬' 또한 '초승달 장식'이었습니다(삿 8:21). 우리말 '패물'로 번역된 것은 본래 목걸이에 다는 '장식'(pendants)을 말하는데, 이 또한 대부분 '초승달' 모양이었습니다.

이 초승달 상징은 고대 근동 사람들에게는 '달의 신'(the moon god)이었던 '신'(Sin)을 상징했습니다. 이것이 '별'로 상징되는 '이슈타르'(Ishtar) 신과 합해져서 지금의 이슬람 상징인 '별과 초승달'(the star and crescent)이 된 것입니다.

유일신 알라(Allah)를 믿는다고 하는 이슬람이 왜 수메르 사람들이 믿던 '신'과 '이슈타르'로 상징을 만들었는지 알 수 없지만, 지금 우리의 관심은 기드온 당시에 초승달 장식은 분명히 우상들과 관계가 있었다는 사실입니다. 그것이 비록 금으로 만들어져 있다고 하더라도, 우상을 상징하는 그 많은 패물을 기드온이 가지게 된 것입니다.

에봇을 제작하다

기드온은 그것으로 과연 무엇을 했을까요?

> 기드온이 그 금으로 에봇 하나를 만들어 자기의 성읍 오브라에 두었더니 온 이스라엘이 그것을 음란하게 위하므로 그것이 기드온과 그의 집에 올무가 되니라(삿 8:27).

그 많은 금을 소유하게 되었다는 것은 왕이 누릴 수 있는 물질의 권력을 가지게 되었다는 뜻입니다. 그 권력으로 무엇이든지 할 수 있게 된 것입니다. 그런데 기드온은 그 금으로 가장 먼저 '에봇'(Ephod)을 만드는 일을 했습니다. '에봇'은 본래 대제사장이 입는 예복입니다. 이에 관한 규정이 출애굽기 28장에 자세히 기록되어 있습니다(출 28:6-14).

에봇은 금실과 청색 자색 홍색 실로 짜서 앞치마처럼 만들어 입게 되어 있습니다. 여기에다 가슴에 12가지 보석으로 장식된 '판결 흉패'(Breastplate)를 붙이게 되어 있고, 그 흉패 속에 하나님의 뜻을 분별하는 데 사용하는 '우림과 둠밈'(Urim & Thummim)이 들어 있습니다.

만일 기드온이 율법의 규정에 따라 에봇을 만들었다면, 20kg나 되는 금을 모두 사용할 필요가 없었을 것입니다. '판결 흉패' 없는 '에봇'은 아무런 의미가 없습니다. 따라서 이때 틀림없이 '판결 흉패'까지 만들었을 것으로 보입니다. 이것은 '에봇'을 제작하려고 했던 기드온의 의도를 파악하는데 아주 중요한 단서를 제공해줍니다.

기드온은 왜 군이 '에봇'을 제작하려고 했을까요? 대제사장이나 입는 예복이 왜 그에게 필요했던 것일까요? 그리고 온 이스라엘이 그것을 '음란하게 섬겼다'고 하는데 그 의미가 도대체 무엇일까요? 대제사장이 입는 옷이 어떻게 '음란하게 섬기는' 대상이 될 수 있다는 것일까요?

우선 기드온이 에봇을 만들어 '자기의 성읍 오브라'에 두었다고 하는 데서부터 출발해보겠습니다. 기드온이 등장할 때만 해도 오브라는 '요아스에게 속한 성읍'이었습니다(삿 6:11). 그런데 이제는 기드온의 성읍이 된 것입니다. 이를 통해서 우리는 기드온이 오브라의 새로운 상속자가 되었다는 사실을 알게 됩니다. 왕이 되는 것은 포기했지만, 왕에 버금가는 재물을 가지고 오브라를 다스리는 상속자가 된 것입니다. 이때 기드온에게 가장 필요했던 것이 과연 무엇이었을까요?

그 대답은 얼마 전에 있었던 기드온과 에브라임 지파와의 갈등에서 찾을 수 있습니다. 그때 기드온은 에브라임 지파의 부당한 불평에도 스스로 몸을 낮추었지요. 그럴 수밖에 없었던 것은 에브라임이 실질적으로 가장 강력한 힘을 가지고 있던 지파였기 때문이라고 했습니다. 그러고 보면 '자신들을 다스려달라'는 백성들의 요구를 거절한 것도 사실은 신앙적인 판단보다는 정치적인 판단에 가깝습니다. 정치력과 군사력에 있어서 자신의 기반이 취약하다는 것을 기드온은 너무나 잘 알고 있었기 때문입니다.

거기에다가 '하나님의 집'이 에브라임 지파가 분배받은 땅인 '실로'에 있었습니다(삿 18:31). 에브라임 지파는 종교적으로도 이스라엘의 중심이었던 것입니다. 그런 상황에서 기드온이 '온 이스라엘'에 영향력을 행사할 방법으로 찾은 것이 바로 '에봇'입니다. 이미 오브라에는 하나님의 명령에 따라서 세워진 '제단'이 있었습니다(삿 6:26). 그리고 그 제단에서 하나님께 번제를 드렸습니다. 물론 아직 제사장이 있는 것은 아니지만, 그 문제는 적절한 사람을 찾으면 해결될 일입니다.

실제로 사사 시대에는 레위인 중에서 거주할 곳을 찾아서 떠도는 사람들이 많이 있었습니다. 그 한 에피소드가 사사기 17장에 기록된 '미가 집'의 제사장 이야기로 소개되고 있습니다. 그러니 에봇이 있으면 제사장 문제도 해결할 수 있게 됩니다. 그러면 굳이 사람들이 에브라임 지파에 있는 '실로'까지 가서 하나님께 예배할 필요가 없게 되는 것이지요.

하나님께 예배하러 가는 이유가 하나님의 뜻을 알기 위해서인데, 그것도 여기 '오브라'에서 해결할 수 있습니다. 에봇에 붙여놓은 판결 흉패의 '우림'과 '둠밈'으로 얼마든지 하나님의 뜻을 묻고 그 대답을 들을 수 있기 때문입니다. 그렇게 되면 오브라로 찾아오는 이스라엘 백성이 점점 더 많아질 것이고, 그러면 또한 자연스럽게 자신의 영향력이 에브라임 지파보다 더 커질 것이라는 계산이 깔려있었던 것이지요.

이것은 후에 이스라엘이 남북으로 분열될 때, 북이스라엘의 '여로보암' 왕이 그대로 답습한 정책이었습니다. 그는 예루살렘에 있는 성전에 대항하는 새로운 제의가 필요하다고 판단하여, 두 금송아지를 만들어서 남쪽 끝의 벧엘과 북쪽 끝의 단에 각각 두었습니다(왕상 12:29).

이 제의는 사실 우상을 도입하려는 불순한 의도로 시작한 건 아니었습니다. 그것은 마치 아론이 시내산에서 금송아지를 만든 것과 같습니다(출 32:4). 물론 결과적으로는 우상 숭배의 죄가 되었지만(왕상 12:30), 여로보암의 본래 의도는 이스라엘 백성이 예루살렘 성전까지 가지 않아도 하나님께 예배할 수 있도록 하자는 것이었습니다.

기드온이 에봇을 제작한 동기도 마찬가지입니다. 문제는 그것이 하나님의 뜻과 상관없이 '자기 소견에 옳은 대로' 선택한 일이었다는 사실입니다. 기드온은 계약 백성의 정체성을 지켜나가는 바른 신앙 생활에는 관심이 없었습니다. 단지 하나님을 빙자하여 자신의 영향력을 키우겠다는 지극히 인간적인 욕망으로 시작한 일입니다. 조금 전에는 '사사로운 전쟁'을 벌이더니 이제는 '사사로운 종교 생활'을 시도하고 있는 것이지요.

에봇이 만든 비극

무엇이든지 사사로운 동기로 시작한 일은 비극으로 끝나게 되어 있습니다. 사람들은 에봇을 '음란하게 위했다'고 합니다. 즉, '음란하게 섬겼다'는 것입니다. 그것은 기드온이 처음부터 기대한 바는 아니었습니다. 에봇을 만들었을 때 사람들이 그런 식으로 섬길 것으로 생각하지 않았습니다. 그러나 실제로는 음란하게 섬겼고 그것이 기드온과 그의 집에 '올무'가 되었습니다(삿 8:27).

그런데 '음란하게 섬긴다'는 말이 무슨 뜻일까요? 이것에 해당하는 히브리어 '와이즈누'(wayyiznu)를 영어로 직역하면 '그것을 매춘부로 삼았다'(played the harlot with it, NKJV)입니다. '매춘부'라고 해서 에봇 앞에서 어떤 성적인 행위를 했다는 의미는 아닙니다. 오히려 성적인 욕망을 채우듯이 에봇을 이용했다는 뜻입니다. 다시 말해서 하나님을 예배의 대상인 하나님으로 섬기지 않고 오로지 자신의 욕망을 채우는 수단으로 삼았다는 것입니다.

이러한 신앙적인 태도를 가장 잘 설명해주는 대목이 앞에서 언급한 '미가 집' 이야기에서 나옵니다. 미가는 자기 집에 신당을 차려 놓고 거기에 '에봇과 드라빔'을 만들어놓습니다(삿 17:5). 그리고 지나가던 레위인을 돈을 주고 제사장으로 고용하여 세워놓고 이렇게 말합니다.

> 이에 미가가 이르되 레위인이 내 제사장이 되었으니 이제 여호와께서 내게 복 주실 줄을 아노라 하니라(삿 17:13).

이것이 바로 여호와 하나님을 음란하게 섬기는 태도입니다. 하나님의 뜻을 먼저 구하고 그 뜻에 순종하며 살아가는 신앙 생활이 아니라, 무조건 복만 받겠다고 하는 이러한 태도가 바로 하나님을 음란하게 섬기는 것입니다. 그것은 사실 하나님을 섬기는 모습이 아닙니다. 말은 여호와 하나님을 섬긴다고 하지만, 실상은 우상을 섬기고 있는 것이지요.

이 대목에서 우리는 기드온이 요구했던 금귀고리와 금장식들이 모두 우상의 상징이었다는 사실을 기억할 필요가 있습니다. 그것을 재료로 삼아 인간적인 욕망을 채우려는 동기로 사사로운 종교 생활을 위한 에봇을 제작했으니, 사람들이 그것을 '음란하게 섬기게 된 것'은 어쩌면 지극히 당연한 다다르게 될 결론입니다. 그것은 결국 우상 숭배로 이어질 수밖에 없었던 것입니다(삿 8:33).

사람들은 하나님을 이용할 수 있다고 생각할지 모릅니다. 그렇지만 하나님은 결코 사람들에게 이용당하시는 분이 아닙니다. 만일 그렇다면 진짜 하나님이 아니라 우상입니다. 진짜 하나님은 우리에게 당신의 뜻을 알려주시고 그 뜻에 순종할 것을 요구하십니다. 그러나 가짜 하나님은 우리에게 아무것도 요구하지 않습니다. 그 앞에 무조건 욕심껏 복을 빌기만 하면 됩니다. 지금 우리는 어떤 하나님을 섬기고 있습니까?

교회에 다니면서 신앙 생활한다고 해서 모든 사람이 진짜 하나님을 섬기고 있다고 생각하지 마십시오. 하나님의 이름을 부르고 있지만, 하나님을 하나님으로 섬기지 않고 우상처럼 섬기는 그런 사람도 제법 많이 있습니다. 그래서 3천 년 전 사사 시대의 역사가 지금 우리에게까지 전해지고 있는 것입니다. 기드온이 저지른 똑같은 실패를 반복하지 말라고, 역사를 통해서 잘못 배우지 말라고 하나님은 우리에게 말씀하십니다.

묵상 질문: 나는 지금 진짜 하나님을 섬기고 있는가?

오늘의 기도: 하나님을 오직 하나님으로 섬기게 하옵소서. 우리의 신앙 생활을 이기적인 욕망을 채우는 수단으로 삼지 않게 하옵소서. 하나님의 뜻에 온전히 순종하기 위해 먼저 우리의 사사로운 욕심을 내려놓게 하옵소서. 기드온의 실패를 우리의 삶에 반복하지 않도록 성령님 우리를 다스려주옵소서. 예수님의 이름으로 기도합니다. 아멘.

바알과 계약을 맺다

읽을 말씀: 사사기 8:28-9:6

새길 말씀: ³³기드온이 이미 죽으매 이스라엘 자손이 돌아서서 바알들을 따라가 음행하였으며 또 바알브릿을 자기들의 신으로 삼고 ³⁴이스라엘 자손이 주위의 모든 원수들의 손에서 자기들을 건져내신 여호와 자기들의 하나님을 기억하지 아니하며 ³⁵또 여룹바알이라 하는 기드온이 이스라엘에 베푼 모든 은혜를 따라 그의 집을 후대하지도 아니하였더라(삿 8:33-35).

　　기드온은 왕이 되어 다스려달라는 백성의 요구를 정중히 사양했지만, 실제로는 왕이 누릴 수 있는 부와 권력을 추구하는 이중성을 보였습니다. 게다가 자신의 성읍 오브라에 금으로 만든 에봇을 둠으로써 에브라임 지파의 '실로'에 대항하는 새로운 성소를 세우려고 했고, 이를 통해서 자신의 영향력을 키워나가려고 했습니다.

　　그의 계획은 성공하는 듯했습니다. 미디안은 이스라엘을 넘보지 못하였고 기드온의 영향력은 점점 넓혀졌고 그의 지위는 더욱 높아졌습니다. 그러나 기드온이 만들어놓은 금 에봇은 계약 백성의 신앙 생활을 단지 복만 추구하는 종교 생활로 타락하게 했고, 그것은 결국 기드온과 그의 집에 '올무'가 되었습니다(삿 8:27). 그리고 그 열매는 기드온의 다음 세대에 벌어진 형제 살육의 비극으로 나타났습니다.

한 사람의 인생은 본인의 삶으로만 평가되지 않습니다. 최소한 그다음 세대까지 살펴보아야 제대로 평가할 수 있습니다. 기드온이 평생 애써서 쌓아왔던 가문의 영광은 그가 낳은 한 아들의 손에 의해서 허무하게 무너져 내렸습니다. 공든 탑을 쌓는 데는 많은 시간이 소요되지만, 무너지는 것은 한순간입니다. 하나님을 향한 바른 믿음의 기초가 세워져 있지 않으면, 몰락하는 것은 단지 시간문제일 뿐입니다.

기드온의 말년

기드온이 사사로 있는 동안 그 땅에는 다시 평화가 찾아왔습니다.

> 미디안이 이스라엘 자손 앞에 복종하여 다시는 그 머리를 들지 못하였으므로 기드온이 사는 사십 년 동안 그 땅이 평온하였더라(삿 8:28).

'기드온이 사는 40년'은 기드온 당대(當代)를 가리키는 말입니다. 이스라엘 자손은 미디안으로부터 완전히 해방되었습니다. 그리고 그 땅이 오랜만에 평화롭게 안식할 수 있었습니다. 계약 백성은 전쟁과 압제가 없는 평안한 시기에도 그 정체성이 드러나야 합니다. 특별히 평안할 때에 해야 할 일이 있습니다. 다음 세대를 믿음의 세대로 세워가는 것입니다. 기드온은 자식을 많이 낳기는 했지만, 그들을 믿음의 세대로 만들지는 못했습니다.

> 29요아스의 아들 여룹바알이 돌아가서 자기 집에 거주하였는데 30기드온이 아내가 많으므로 그의 몸에서 낳은 아들이 칠십 명이었고 31세겜에 있는 그의 첩도 아들을 낳았으므로 그 이름을 아비멜렉이라 하였더라(삿 8:29-31).

세상의 기준으로 보면 기드온은 분명히 성공한 사람입니다. 사회적인 지위가 높아졌고, 그에 따라서 아내도 많았기 때문입니다. 아내가 많다는 이야기는 그가 왕과 같은 권력을 누리면서 살았다는 뜻입니다. 그 많은 아내를 통해 얻은 아들이 70명이나 되었습니다. 아들만 그 정도였으니 딸들까지 포함하면 아마도 엄청난 숫자일 것입니다. 게다가 기드온에게는 첩도 있었고, 그를 통해 낳은 아들도 있었습니다.

그런데 그 이름이 아주 흥미롭습니다. "아비멜렉"(Abi-melek), 즉 '내 아버지는 왕이다'(My father is king)라는 뜻입니다. 첩을 통해서 얻은 아들의 이름은 기드온의 삶을 증언하고 있습니다. 기드온은 비록 왕이 되어달라는 백성의 요구를 사양했지만, 실제로는 왕의 권력과 부를 누리면서 왕처럼 살았던 것입니다. 계약 백성으로서 그의 인생은 과연 성공적이라고 할 수 있을까요?

그에게도 인생의 종말이 찾아옵니다.

요아스의 아들 기드온이 나이가 많아 죽으매 아비에셀 사람의 오브라에 있는 그의 아버지 요아스의 묘실에 장사되었더라(삿 8:32).

부와 권력을 누리면서 아들을 70명이나 낳으면서 평안하게 살다가 '나이가 많아' 죽었으니 기드온은 정말 복을 많이 받은 사람입니다. 모두가 부러워할 만한 인생입니다. 그러나 그의 인생의 황금기는 하나님께 붙들려서 쓰임을 받던 초창기였습니다. 비록 사람들에게 알려지지 않은 소심하고 초라한 모습이었지만, 하나님의 부름을 받고 그 음성에 순종하여 살던 바로 그때가 기드온 인생의 최고봉이었습니다.

창세기 5장에 기록된 아담 후손의 족보에 보면 모두 장수했습니다. 므두셀라 같은 사람은 969세를 살았으니 거의 천수를 한 셈입니다. 그러나 그들의 인생은 똑같습니다. "몇 살에 자식을 낳고 그 후에 몇 년을 더 살다가 죽었다…" 그것이 전부입니다. 자식을 몇 명을 낳았든 또한 얼마나 오래 살았든 그게 무슨 특별한 의미가 있겠습니까?

그런데 그중에서 유독 한 사람이 눈에 뜨입니다. '에녹'입니다. 그는 겨우 365년을 살았습니다. 다른 사람에 비하면 턱없이 짧은 인생입니다. 그러나 그는 '하나님과 동행했다'고 합니다. 성경은 그 사실을 두 번씩이나 반복해서 강조합니다(창 5:22, 24). 정말 그렇습니다. 얼마를 살든 하나님과 동행하면서 사는 것이 진짜 복된 삶입니다. 그것이 모든 계약 백성이 품어야 할 소망입니다.

그렇다면 기드온의 인생이 과연 '하나님과 동행하는' 삶이었을까? 아주 너그럽게 평가해서 한때는 그랬다고 말할 수 있을 것입니다. 그래서 그때가 기드온 인생의 황금기라고 말하는 것입니다. 기드온은 세상 사람들이 부러워할 인생을 살았는지는 몰라도, 그에게 주어진 평안의 기회를 그저 많은 아내를 얻어 자식을 낳는 일에만 사용했습니다. 그렇게 세워진 가문이 과연 오래 갈 수 있을까요?

바알브릿의 등장

> 33기드온이 이미 죽으매 이스라엘 자손이 돌아서서 바알들을 따라가 음행하였으며 또 바알브릿을 자기들의 신으로 삼고 34이스라엘 자손이 주위의 모든 원수들의 손에서 자기들을 건져내신 여호와 자기들의 하나님을 기억하지 아니하며 35또 여룹바알이라 하는 기드온이 이스라엘에 베푼 모든 은혜를 따라 그의 집을 후대하지도 아니하였더라(삿 8:33-35).

'기드온이 이미 죽으매'는 사실 '기드온이 죽자마자'(as soon as Gideon died, ESV)라는 뜻입니다. 마치 기다렸다는 듯이 이스라엘 자손들은 '돌아서서' 바알을 따라 음행하기 시작했습니다. '돌아섰다'는 말의 히브리어는 '슈브'(shub)인데, 이는 주로 '회개하다'라는 의미로 많이 사용됩니다. 그렇다면 무슨 뜻입니까? 하나님의 계약 백성이 기드온 죽기를 기다렸다가 다시 '회개하고'

바알을 섬기기 시작했다는 뜻입니다. 어떻게 그럴 수가 있을까요?

그 이유는 '음행하였다'는 말에서 찾을 수 있습니다. 이것의 히브리어 표현은 앞의 27절에서 금 에봇을 '음란하게 위했다'고 한 것과 똑같은 '와이즈누'(wayyiznu)입니다. 이는 자신의 욕망을 채우는 수단으로 삼는다는 뜻이라고 했습니다. 이미 여호와 하나님을 우상 섬기듯이 섬겨왔으니, 이제 본격적으로 우상 숭배의 길로 돌아서는 것은 사실 조금도 이상한 일이 아닙니다.

우상 숭배에 빠진 이스라엘 사람들에게 두 가지 망각증세가 나타났습니다. 하나는 '여호와 하나님을 잊어버리는 것'이었고, 다른 하나는 '기드온을 잊어버리는 것'이었습니다. 기드온에 대한 망각을 '그의 집을 후대하지 않았다'로 설명하는데, 이 말을 히브리 원어로 읽으면 참 재미있습니다. "헷세드를 보이는 데 실패했다"(They failed to show 'chesed').

여기에서 '헷세드'는 계약관계에서 사용하는 용어입니다. 그러니까 '헷세드'는 '계약적인 사랑'(covenant love) 또는 '계약적인 충성'(covenant loyalty)을 의미합니다. 하나님과의 계약을 잊어버리는 판에, 사람과의 계약 따위를 기억하고 있겠습니까?

그들은 '바알브릿을 신으로 삼았다'(33절)고 합니다. '바알브릿'(Baal-berith)은 '바알'과 '브릿'의 합성어입니다. '바알'은 가나안 종교를 대표하는 신이라는 것을 우리는 잘 압니다. 그러나 '브릿'은 무엇일까요? 놀랍게도 '브릿'(berith)은 '계약'(covenant)이라는 뜻입니다. 이것은 여호와 하나님과의 관계를 설명할 때에만 사용하는 독특한 성경의 용어입니다. 그런데 이 '브릿'이 '바알'에게 적용되고 있는 것입니다!

무슨 뜻입니까? 가나안 바알 종교의 '바알' 신앙과 여호와 하나님에 대한 '계약' 신앙이 혼합되었다는 뜻입니다. 그래서 '바알브릿'이라는 새로운 신이 탄생하게 된 것입니다. 앞으로 살펴보겠지만 실제로 세겜에 '바알브릿신전'이 있었습니다(삿 9:4).

그런데 '바알브릿'의 모체가 무엇인지 아십니까? 그것은 놀랍게도 기드온이 만들어놓은 '금 에봇'이었습니다. 말로는 여호와 하나님을 섬긴다고 하면서 실제로는 자신의 욕망을 채우는 우상처럼 섬기더니 결국에는 그것으로부터 혼합종교의 새로운 신이 만들어진 것입니다.

어떤 학자는 이 부분을 아예 '바알을 자기들의 신이 되도록 바알과 계약을 맺었다'(They made a covenant with Baal that he should be their god)고 해석합니다. 일리 있는 해석이라고 봅니다. 여호와 하나님과 계약을 맺은 '하나님의 계약 백성'이 이제는 자신의 정체성을 완전히 잊어버리고 바알과 계약을 맺고 바알을 섬기는 '바알의 계약 백성'이 되고 만 것입니다. 그 극단적인 형태가 바로 '바알브릿'이라는 새로운 신으로 등장하게 된 것이지요.

여기에서 우리는 기드온이 자기의 성읍 오브라에 '금 에봇'을 만들어 두었던 이유를 상기할 필요가 있습니다. 그것은 에브라임 지파보다 더 큰 영향력을 가지기 위해서였지요. 자신의 사사로운 욕망을 채우는 수단으로 하나님을 이용한 것입니다. 그 결과 영향력은 이전보다 더 커졌는지 몰라도, 이스라엘 백성을 바알의 계약 백성으로 만들었던 것입니다.

아비멜렉의 야망

하나님은 뿌린 대로 거두게 하십니다. 그 일이 '기드온과 그의 집에' 올무가 되게 하십니다. 그리고 실제로 그 일은 기드온의 다음 세대에 비극적인 사건으로 현실이 됩니다. 기드온의 서자 아비멜렉이 바로 그 장본인입니다.

1여룹바알의 아들 아비멜렉이 세겜에 가서 그의 어머니의 형제에게 이르러 그들과 그의 외조부의 집의 온 가족에게 말하여 이르되 2청하노니 너희는 세겜의 모든 사람들의 귀에 말하라. 여룹바알의 아들 칠십 명이 다 너희를 다스림과 한 사람이 너희를 다스림이 어느 것이 너희에게 나으냐. 또 나는 너희와 골육임을 기억하라 하니 3그의 어머니의 형제들이 그를 위하여 이 모든 말을 세겜의 모든 사람들의 귀에 말하매 그들의 마음이 아비멜렉에게로 기울어서 이르기를 그는 우리 형제라 하고…(삿 9:1-3).

아비멜렉은 사사가 아니었습니다. 기드온의 서자(庶子)였을 뿐입니다. 아비멜렉은 구국 영웅의 지위와 권세를 지닌 기드온을 아버지로 두었지만, 서자였기에 아버지로부터 아무것도 이어받을 수 없는 참으로 원망스러운 신세였습니다. 배다른 형제가 70명이나 되는데 그에게까지 차례가 오는 것은 불가능한 일입니다.

그러나 그에게는 아버지처럼 되려는 야망이 있었습니다. 아니, 아버지는 '왕'이라는 소리를 듣지 못했지만, 자신은 '왕'이 되고 싶었습니다. 그는 세겜 사람들을 지렛대로 사용하기로 계획했습니다. 세겜의 외가 친척들을 모아놓고 말합니다.

"나를 왕으로 모셔라. 우리 아버지 기드온에게 아들 70명이 있는데 그 많은 사람이 다스리면 좋을 게 무엇이냐. 왕은 한 명으로 족하다. 그러니 나를 섬겨라. 게다가 나는 당신들의 골육 친척들 아니냐." 어디서 많이 듣던 이야기입니다. 예나 지금이나 자신의 출세를 위해 지역감정, 혈연주의를 이용하는 사람이 참 많습니다. 그리고 그것은 언제나 확실한 효과가 있습니다.

4바알브릿신전에서 은 칠십 개를 내어 그에게 주매 아비멜렉이 그것으로 방탕하고 경박한 사람들을 사서 그들을 따르게 하고 5오브라에 있는 그의 아버지의 집으로 가서 여룹바알의 아들 곧 자기 형제 칠십 명을 한 바위 위에서 죽였으되 다만 여룹바알의 막내아들 요담은 스스로 숨었으므로 남으니라(삿 9:4-5).

세겜에 있던 '바알브릿신전'의 모체는 기드온이 오브라에 세운 '금 에봇'이라고 했습니다. 그런데 혼합주의적인 신앙 양태 외에 그렇게 주장할 수 있는 또 다른 근거가 있을까요? 왜 하필 세겜에 '바알브릿신전'이 있었을까요? 그 신전을 누가 언제 여기에 세웠을까요?

세겜은 여호수아가 가나안 땅 분배를 마친 후에 가나안 세대와 함께 하나님과 계약 갱신을 한 바로 그곳입니다(수 24장). 세겜은 가나안 땅에 있는 '시내산'과 같습니다. 하나님과 계약을 맺은 바로 그곳에 '바알'과 '브릿'이 혼합된 '바알브릿신전'이 세워졌다는 사실은 그 상징성이 엄청나게 큽니다. 계약 백성의 정체성을 지켜야 할 심장부에 우상 숭배의 비수가 꽂혀있다는 이야기이기 때문입니다.

그러나 '바알브릿신전'이 세겜에 세워진 이유가 아직 충분하게 설명되지 않았습니다. 그 신전이 세워진 것은 분명히 기드온이 죽고 난 후였을 것입니다(삿 8:33). 그 일을 주도적으로 했던 사람들은 아비멜렉의 외가 친척들이었을 것으로 보입니다. 그들이 바알브릿신전에서 은 칠십 개를 내어 아비멜렉에게 줄 수 있었던 것도 바로 그 때문입니다(삿 9:4).

여기에서 우리는 오브라의 '금 에봇'과 세겜의 '바알브릿신전'과의 연결점을 찾을 수 있습니다. 그것은 바로 기드온의 첩과 그 가족들입니다. 아비멜렉은 외가 친척들의 도움을 받아 바알브릿신전에서 얻은 70개의 은화로 '방탕하고 경박한' 사람을 용병으로 고용하여 오브라로 가서 70명의 배다른 형제들을 모두 죽이지요.

그러니까 기드온의 '금 에봇'이 세겜에 '바알브릿신전'을 세우게 한 것입니다. 그리고 거기에 바쳐진 은화를 통해서 역으로 기드온의 아들들이 죽임을 당하는 참극으로 이어지게 된 것이지요. 그래서 금 에봇을 세운 그 일이 '기드온과 그의 집에 올무가 되었다'(삿 8:27)고 말씀하신 것입니다. 그렇습니다. 무엇이든 뿌린 대로 거두게 되어 있습니다.

세겜 왕 아비멜렉

아비멜렉의 계획은 일단 성공적이었습니다. 그러나 그의 인생이 과연 성공적이었을까요?

세겜의 모든 사람과 밀로 모든 족속이 모여서 세겜에 있는 상수리나무 기둥 곁에서 아비멜렉을 왕으로 삼으니라(삿 9:6).

아비멜렉은 세겜 사람들에 의해서 왕으로 추대되었습니다. 드디어 그의 꿈을 이루게 된 것입니다. 그의 아버지 기드온도 이룰 수 없었던 왕이 되었습니다. 그러나 그는 스스로 왕이 된 것이지, 하나님께서 인정하는 왕은 아니었습니다.

사사기에서 '왕'이라고 불리는 사람들은 아비멜렉을 제외하면 모두 이방 사람들입니다. 이것은 매우 의미심장합니다. 아비멜렉은 이스라엘 백성이 아니라는 뜻이기 때문입니다. 오직 하나님만 참된 왕이 되실 수 있는 이스라엘에서 스스로 왕이 된 아비멜렉은 하나님의 통치에 대적하는 길을 선택했습니다. 앞으로 그의 운명이 어떻게 전개될 것인지 그리고 그를 왕으로 세운 세겜 사람들의 운명이 또한 어떻게 될 것인지 굳이 설명하지 않아도 불을 보듯 뻔합니다.

서두에 "한 사람의 인생은 본인의 삶으로만 평가되지 않는다"고 했습니다. 최소한 그다음 세대까지 살펴보아야 제대로 평가할 수 있다고 했습니다. 자, 그렇다면 우리는 기드온의 인생을 어떻게 평가할 수 있을까요? 그가 천수를 다하고 늙어 죽었을 때 자신의 인생을 돌이켜보면서 스스로 성공적이었다고 평가했을까요?

그랬을지도 모릅니다. 그러나 그가 죽은 후에 자기가 낳은 자식의 손에 의해 평생 그가 쌓아왔던 모든 것이 허무하게 무너진다는 사실을 안다면 어떻게 했을까요? 여전히 자신의 인생을 성공적이라 평가할까요? 아닙니다. 오히려 크게 후회했을 것입니다. 가장 후회한 일은 바로 그와 그의 집에 '올무'가 되었던 '금 에봇'을 제작한 일이었을 것입니다.

잠언 16장에 이런 말씀이 있습니다.

사람의 행위가 자기 보기에는 모두 깨끗하여도 여호와는 심령을 감찰하시느니라 (잠 16:2).

여기에서 '심령'은 '동기'(motives)를 의미합니다. 겉으로는 그럴듯한 명분을 갖추고 있다고 해도, 그 속에 감추어져 있는 진짜 동기를 하나님이 살피신다는 것입니다. 만일 하나님의 계약 백성답게 살아가기 위한 선한 동기가 기드온에게 있었다면, 그는 처음부터 금 에봇을 만들 생각을 하지 않았을 것입니다. 그러나 사적인 욕심으로 시작한 일이었기에 금 에봇은 결국 그 집안을 망하게 하는 지름길이 되고 말았던 것입니다.

우리가 오늘 이러한 말씀의 거울 앞에 서게 된 것을 감사하게 생각해야 합니다. 이 말씀을 통해 우리 자신을 비추어볼 수 있게 하신 것이 하나님의 은혜입니다. 자기 보기에 옳은 대로 정직하게 열심히 사는 것이 전부가 아닙니다. 하나님은 우리 심령을 감찰하십니다. 하나님은 우리가 계약 백성답게 사는 모습을 보고 싶어 하십니다.

묵상 질문: 나는 지금 계약 백성으로 살아가고 있는가?

오늘의 기도: 우리의 심령을 감찰하시는 하나님 앞에 부끄러운 일은 아예 생각하지 않게 하옵소서. 사사로운 탐욕에 눈이 어두워 하나님의 심판을 자초하는 어리석음에 빠지지 않게 하옵소서. 계약 백성다움을 잃어버리지 않도록 성령님 우리를 도와주옵소서. 예수님의 이름으로 기도합니다. 아멘.

요담의 비유

읽을 말씀: 사사기 9:7-21

새길 말씀: 14이에 모든 나무가 가시나무에게 이르되 너는 와서 우리 위에 왕이 되라 하매 15가시나무가 나무들에게 이르되 만일 너희가 참으로 내게 기름을 부어 너희 위에 왕을 삼겠거든 와서 내 그늘에 피하라. 그리하지 아니하면 불이 가시나무에서 나와서 레바논의 백향목을 사를 것이니라 하였느니라(삿 9:14-15).

앞 장에서 우리는 기드온의 서자 아비멜렉이 세겜 사람들의 도움을 받아 70명의 이복형제를 학살하고 스스로 왕이 되는 이야기를 살펴보았습니다. 그러면서 그 음모를 실행하는 일에 사용된 정치자금이 가나안의 '바알 종교'와 여호와 하나님에 대한 '계약 신앙'이 혼합된 '바알브릿신전'에서부터 흘러나왔으며, 이러한 새로운 종교가 기드온이 오브라에 세워둔 '금 에봇'에서 시작되었다는 사실을 알게 되었습니다.

그러니까 기드온이 사심(私心)을 품고 만든 금 에봇이 부메랑이 되어 기드온의 가문에 참극을 만들어 냈던 것입니다. 이스라엘 백성에 대한 기드온의 영향력을 확대하려는 목적으로 세워둔 금 에봇이 결국에는 '기드온과 그의 집에 올무가 되었던'(삿 8:27) 것입니다.

한편 아무리 왕이 되고 싶어서라고 하지만, 아비멜렉이 그렇게까지 형제들을 참혹하게 죽일 필요가 있었을까 싶습니다. 그는 자기 형제 70명을 '한 바위 위에서' 죽였다고 합니다(삿 9:5). 그러니까 그냥 한꺼번에 학살한 것이 아니라, 한 바위 위에서 차례대로 하나씩 죽인 것입니다. 권력에 대한 탐욕이 인간을 얼마나 악랄하고 잔인하게 만들 수 있는지 보여주는 대목입니다.

생존자 요담

그 비극의 참혹한 현장에서 구사일생으로 살아남은 사람이 하나 있었습니다. 기드온의 막내아들 '요담'(Jotham)입니다. 그는 아비멜렉이 왕이 되었다는 소식을 전해 듣고 세겜으로 직접 가서 세겜 사람들에게 한 가지 이야기를 들려줍니다. 오늘 우리가 살펴볼 내용입니다.

사람들이 요담에게 그 일을 알리매 요담이 그리심산 꼭대기로 가서 서서 그의 목소리를 높여 그들에게 외쳐 이르되 세겜 사람들아 내 말을 들으라. 그리하여야 하나님이 너희의 말을 들으시리라(삿 9:7).

바로 앞 구절을 읽어보면 세겜 사람들이 아비멜렉을 '세겜에 있는 상수리나무 기둥 곁에서' 왕으로 삼았다고 합니다(삿 9:6). 이 소식이 몰래 숨어 지내던 요담에게 알려졌고, 그는 곧 세겜으로 가서 '그리심산 꼭대기'에서 세겜 사람들에게 선포합니다. 이 일은 아비멜렉이 왕으로 즉위하던 당일에 벌어지지는 않았을 것입니다.

요담은 세겜 사람들에게 '내 말을 들으라'고 하지만, 사실 그것은 요담의 말이 아니라 세겜 사람들을 향한 하나님의 말씀이었습니다. 정말 그렇습니다. 먼저 하나님의 말을 들어야 하나님께서 그들의 말을 들으실 것입니다!

그런데 사람들은 어떻게 합니까? 하나님께 자신의 말을 열심히 쏟아놓기는 하지만, 하나님의 말은 듣지도 않고 그냥 돌아가지요.

여기에서 우리가 주목할 부분은 요담이 '그리심산 꼭대기'에서 외쳤다고 하는 대목입니다. 세겜은 에발산(Mt. Ebal)과 그리심산(Mt. Gerizim) 사이에 있습니다. 지형 구조상 한쪽 산에서 큰소리를 지르면 다른 쪽에서 들리게 되어 있습니다. 그래서 하나님께서 모세에게 가나안 땅에 들어가거든 '그리심산에서 축복을 선포하고, 에발산에서 저주를 선포하라'(신 11:29)고 말씀하셨고, 실제로 여호수아가 그 일을 실행했었던 것입니다(수 8:33).

그런데 왜 요담은 '그리심산'에서 외쳤을까요? 본래 그리심산은 축복을 선포하는 산입니다. 지금부터 요담이 말하려고 하는 것은 사실 세겜 사람들을 축복하는 내용이 아닙니다. 그의 형제들을 학살한 아비멜렉을 왕으로 세운 일에 대해서 하나님의 심판을 선포하려고 합니다. 자, 그렇다면 '그리심산'보다는 '에발산'이 훨씬 더 적절한 장소가 아니었을까요? 여기에는 어떤 설명이 필요해 보입니다.

우선 세겜 사람들이 아비멜렉을 왕으로 삼은 장소를 눈여겨볼 필요가 있습니다. 그곳은 '세겜에 있는 상수리나무 기둥 곁'(삿 9:6)이었습니다. '기둥 곁'이라고 하지만 '기둥'이 따로 있는 것이 아니고 상수리나무가 우뚝 서 있는 모습을 가리키는 말입니다. 그런데 이 상수리나무는 그냥 아무 나무가 아니라 세겜을 상징하는 바로 '그 나무'입니다.

야곱이 20년간의 타향살이를 끝내고 고향에 돌아왔을 때 '벧엘로 올라가라'는 하나님의 명령에 따라서 이방 신상과 귀고리를 파묻은 곳이 바로 '세겜 근처 상수리나무 아래'였습니다(창 35:4). 그러나 이 장소와 관련된 가장 중요한 대목은 여호수아가 세겜에서 계약 갱신을 맺는 장면입니다.

²⁵그날에 여호수아가 세겜에서 백성과 더불어 언약을 맺고 그들을 위하여 율례와 법도를 제정하였더라. ²⁶여호수아가 이 모든 말씀을 하나님의 율법책에 기록하고 큰

돌을 가져다가 거기 여호와의 성소 곁에 있는 상수리나무 아래에 세우고 27모든 백

성에게 이르되 보라 이 돌이 우리에게 증거가 되리니 이는 여호와께서 우리에게 하신

모든 말씀을 이 돌이 들었음이니라…(수 24:25-27a).

그러니까 계약 갱신 의식이 거행된 장소가 바로 상수리나무 곁에 있는 '하나님의 성소'였습니다. 그리고 상수리나무 아래에 계약 갱신을 기념하는 돌을 세워놓고 증거(증인)로 삼았던 것입니다. 그러나 사실은 그 돌만 증인이 아니라, 상수리나무 또한 계약의 증인이었습니다.

여기에 등장하는 '여호와의 성소'(miqdash, holy place)는 여호수아가 이끌던 광야 세대 이스라엘 백성이 가나안에 들어온 초창기에 그리심산에서 축복을 선포하고 에발산에서 저주를 선포하던 바로 그때, 하나님의 명령에 따라서 에발산에 쌓은 제단으로 보입니다(수 8:30). 그렇다면 그 유명한 상수리나무는 세겜의 에발산 쪽에 있었을 것이 분명합니다.

이렇게 길게 설명하는 이유는 '바알브릿신전' 때문입니다. 그 신전이 세겜에 있었다고 하는데, 그 위치가 어디였을까요? '바알브릿'이 바알 신앙과 계약 신앙의 혼합주의가 만들어 낸 새로운 신이라고 이미 설명했습니다. 그러면 그 신전이 들어설 가장 좋은 위치는 바로 상수리나무 곁에 있는 에발산의 제단, 즉 하나님의 성소가 아니었을까요?

그렇다면 모든 것이 한꺼번에 다 설명이 됩니다. 세겜 사람들이 아비멜렉을 상수리나무 곁에서 왕으로 삼은 것도 그곳에 바알브릿신전이 있었기 때문입니다. 먼저 신전에서 어떤 종교적인 의식을 거친 후에 그를 왕으로 선포한 것이지요. 요담이 저주를 선포해야 할 에발산이 아니라, 지금 그리심산에 서 있는 것도 그 반대편에 바알브릿신전이 있었기 때문입니다. 그리고 지금 그곳에 세겜 사람들이 다 모여 있었던 것이지요.

이와 같은 상황을 이해하는 것은 앞으로 우리가 살펴볼 요담의 메시지를 이해하는데 결정적인 단서를 제공해줍니다.

나무들의 왕 세우기

요담의 비유는 나무들이 왕을 세우는 이야기입니다.

> **8하루는 나무들이 나가서 기름을 부어 자신들 위에 왕으로 삼으려 하여 감람나무에게 이르되 너는 우리 위에 왕이 되라 하매 9감람나무가 그들에게 이르되 내게 있는 나의 기름은 하나님과 사람을 영화롭게 하나니 내가 어찌 그것을 버리고 가서 나무들 위에 우쭐대리요 한지라** (삿 9:8-9).

나무들이 왕을 세우려고 한다는 설정 자체가 하나의 희극(喜劇)입니다. 생각해보십시오. 나무들은 왕이 필요하지 않습니다. 나무들은 자신의 인생을 선택할 권리가 없는 존재입니다. 자기가 원하는 곳에 심어진 것이 아닙니다. 어디에 심어졌든지 그 자리에서 평생 살 운명인데, 다른 나무들의 일에 간섭하거나 다른 나무의 지배를 받는다는 것이 얼마나 웃기는 이야기입니까?

물론 이것은 일종의 우화(寓話)로서, 사람들을 빗대어서 말하는 것입니다. 그러나 사람들도 역시 마찬가지입니다. 그들의 인생은 하나님으로부터 시작되었습니다. 하나님께서 이미 왕이 되셔서 그들을 다스리고 계시는데, 왜 다른 왕이 필요하겠습니까?

아무튼 '나무들의 왕' 후보 일 순위로 거론된 나무는 바로 '감람나무', 즉 '종려나무'였습니다. 그런데 감람나무는 '우리의 왕이 되어달라'는 요구를 한마디로 거절합니다. 내 기름이 하나님과 사람을 영화롭게 하는데 그것을 어찌 버리고 가서 우쭐대겠느냐는 것입니다.

감람나무는 자신의 사명과 정체성을 정확하게 이해하고 있었습니다. 그것은 자신이 만들어 내는 기름으로 하나님과 사람을 영화롭게 하는 것입니다. 그것이 내 삶의 목적이요 존재 이유인데 그것을 놔두고 엉뚱하고 경망스러운 일을 할 필요가 없다는 것입니다.

그다음 무화과나무도 똑같은 말을 합니다.

10나무들이 또 무화과나무에게 이르되 너는 와서 우리 위에 왕이 되라 하매 11무화과나무가 그들에게 이르되 나의 단 것과 나의 아름다운 열매를 내가 어찌 버리고 가서 나무들 위에 우쭐대리요 한지라(삿 9:10-11).

무화과나무는 감람나무와 비교하여 조금 가치가 떨어질지 모릅니다. 그러나 그에게도 다른 나무들이 결코 흉내 내지 못하는 사명이 있습니다. 그것은 '달콤한 열매'를 맺는 것입니다. 그 아름다운 열매를 버리고 다른 나무들에게 가서 방정을 떨 필요가 무엇 있겠느냐는 것입니다.

그다음 포도나무도 역시 같은 대답을 합니다.

12나무들이 또 포도나무에게 이르되 너는 와서 우리 위에 왕이 되라 하매 13포도나무가 그들에게 이르되 하나님과 사람을 기쁘게 하는 내 포도주를 내가 어찌 버리고 가서 나무들 위에 우쭐대리요 한지라(삿 9:12-13).

포도주는 팔레스타인에서 아주 중요한 음식입니다. 그것은 오직 포도나무만 만들어 낼 수 있습니다. 그 열매를 놔두고 다른 나무들 위에 군림하면서 우쭐댈 이유가 없는 것이지요.

이처럼 감람나무와 무화과나무와 포도나무는 자기들의 영광이 '왕'이라는 지위에서 나오는 것이 아님을 잘 알고 있었습니다. 그들의 영광은 바로 그들의 '정체성' 속에 이미 담긴 것입니다. 감람나무로 존재하고, 무화과나무로 존재하고, 포도나무로 살아가는 것 자체가 영광인데, 굳이 다른 존재가 될 이유가 없다는 것입니다.

자, 이쯤 되었으면 왕 찾기를 포기할 만도 한데, 나무들은 계속해서 '왕'감을 찾습니다. 결국에는 가시나무에게 왕이 되어달라고 부탁합니다.

¹⁴이에 모든 나무가 가시나무에게 이르되 너는 와서 우리 위에 왕이 되라 하매 ¹⁵가시나무가 나무들에게 이르되 만일 너희가 참으로 내게 기름을 부어 너희 위에 왕을 삼겠거든 와서 내 그늘에 피하라. 그리하지 아니하면 불이 가시나무에서 나와서 레바논의 백향목을 사를 것이니라 하였느니라(삿 9:14-15).

가시나무는 기다렸다는 듯이 그들의 요구를 수락하면서 '자기 그늘에 피하라'고 요구합니다. 그러나 가시나무에 무슨 그늘이 있겠습니까? 그 밑으로 피했다가는 오히려 가시에 찔릴 수밖에 없습니다. 그런데도 오히려 더 큰소리로 협박합니다. 만일 그렇게 하지 않으면 불이 나와서 태워버리는데 '레바논의 백향목'을 살라버리겠다고 말입니다.

그런데 뜬금없이 왜 '레바논의 백향목'(the cedars of Lebanon)일까요? 백향목이 지금 가시나무를 찾아와서 왕이 되어달라고 부탁했습니까? 아닙니다. 백향목은 팔레스타인에서 가장 크고 가장 고상한 나무입니다. 사실 가시나무는 백향목과 감히 비교할 수 없습니다. 전혀 격이 다릅니다. 그 가시로 찌른다고 해서 무슨 흠집이나 나겠습니까? 그렇다면 무슨 뜻입니까? 왜 가시나무는 '백향목'을 특별히 언급하고 있는 것일까요?

이것은 왕을 세우려고 찾아온 나무들을 만족시키기 위해서 하는 말입니다. 이미 언급했듯이 나무에게 왕은 필요 없습니다. 그런데 왜 그들은 왕을 세우는 일에 그렇게 집착하는 것일까요? 왜냐면 가장 뛰어난 나무 '레바논의 백향목'을 견제하거나 제거하고 싶은 것입니다. 왕을 통해서 자신의 사사로운 목적을 성취하고 싶었던 것이지요.

그러니까 결국 왕이 되겠다고 나서는 가시나무나 왕을 세우려고 하는 다른 나무들이나 모두 그들에게 주어진 삶의 자리에서 영광으로 삼을 자신만의 진정한 정체성을 발견하지 못한 것입니다. 그래서 왕이 필요했고 또한 왕이 되겠다고 나서는 것입니다. 왕 되신 하나님의 통치를 받는 것으로 만족하지 못하고, 그들의 사사로운 욕심을 채울 다른 수단을 찾고 있었던 것이지요.

물론 이 비유는 아비멜렉과 세겜 사람들을 빗댄 이야기입니다. 아비멜렉은 왕이 되고 싶은 자신의 야망을 세겜 사람들을 통해서 달성했고, 동시에 세겜 사람들은 아비멜렉을 통해서 기드온의 성읍 오브라의 영향력을 제거하는 일에 성공했던 것입니다.

이 일에 '바알브릿신전'이 깊숙이 관여하고 있다는 점을 주목해야 합니다. 오브라의 '금 에봇' 제의를 넘어서서 자신들의 입지를 확실하게 구축하고 싶어 하는 세겜의 신생 '바알브릿신전'의 경쟁심이 아비멜렉을 왕으로 세우는 동기로 작용하고 있었던 것입니다. 그들의 계획은 일단 성공한 것으로 보입니다. 그렇지만 그것은 하나님의 심판을 불러일으키는 잘못된 선택이었습니다.

하나님의 심판

요담은 자신의 비유를 알기 쉽게 해석해줍니다.

> 이제 너희가 아비멜렉을 세워 왕으로 삼았으니 너희가 행한 것이 과연 진실하고 의로우냐. 이것이 여룹바알과 그의 집을 선대함이냐. 이것이 그의 손이 행한 대로 그에게 보답함이냐(삿 9:16).

요담은 기드온의 아들들을 잔인하게 학살한 아비멜렉을 왕으로 삼은 것은 진실하지도 않고 의롭지도 않다면서 세겜 사람들을 비난합니다. 그들의 행동이 잘못되었다는 점을 지적하려면 명확한 기준이 있어야 합니다. 그런 의미에서 "너희가 행한 것이 과연 진실하고 의로우냐?"라는 요담의 말은 아주 중요합니다.

'진실하고 의로우냐'의 히브리어는 '베-에메트 우베-타밈'(be-emet ube-tamim)입니다. 여기에서 '에메트'는 '진리'(truth)를, '타밈'은 '완전한'(complete) 혹은 '비난할 것이 없는'(blameless)이라는 뜻입니다. 이 말은 여호수아가 세겜에서 계약을 갱신하는 대목에 등장합니다.

> 그러므로 이제는 여호와를 경외하며 온전함과 진실함으로 그를 섬기라…
> (수 24:14).

여기에서 '온전함'과 '진실함'이 바로 '타밈'과 '에메트'입니다. 오직 여호와 하나님만을 경외하며 섬기는 일에 '온전함'과 '진실함'으로 하겠다고 그들은 분명히 약속했습니다. 그 약속의 증인이 누구였다고 했습니까? 그렇습니다. '상수리나무' 밑에 세워진 '큰 돌'이었습니다. 지금 세겜 사람들은 그 증인들 앞에 서 있습니다.

따라서 요담은 지금 그 증인들을 앞세워서 세겜 사람들에게 다시 묻고 있는 것입니다. 너희들의 행동이 과연 '진실하고 의로운 것'이냐고 말입니다. 무엇에 비추어서 그렇다는 것입니까? 하나님과의 약속에 비추어서입니다. 물론 여호수아 시대의 약속을 기억하는 사람들은 아무도 없을 것입니다. 그러나 그들은 기억하지 못할지라도 계약의 당사자였던 하나님은 그 약속을 기억하고 계십니다. 그 약속에 따라서 하나님은 그들을 심판하실 것입니다.

하나님의 심판은 가시나무에서 불이 나오는 것입니다.

> 그렇지 아니하면 아비멜렉에게서 불이 나와서 세겜 사람들과 밀로의 집을 사를 것이요 세겜 사람들과 밀로의 집에서도 불이 나와서 아비멜렉을 사를 것이니라 하고…
> (삿 9:20).

지금은 아비멜렉과 세겜 사람들이 찰떡궁합처럼 보이지만, 조만간 그들은 서로 불사르면서 죽고 죽이는 그런 사이가 될 것이라는 예언입니다. 실제로 이 예언은 그대로 성취되었습니다. 그 이야기는 다음 장에서 살펴보겠습니다.

오늘 말씀에서 우리는 두 가지 메시지를 발견합니다. 하나는 사람들이 하나님의 왕 되심을 거부하는 진짜 이유는 자신의 영광으로 삼을 정체성을 발견하지 못했기 때문이라는 사실입니다. 하나님이 자신에게 주신 삶의 목적을 발견하지 못하니까 엉뚱한 곳에서 사사로운 욕심을 채우려고 하는 것입니다. 그래서 스스로 왕이 되려고 하거나 다른 사람을 왕으로 세우려고 하는 것입니다.

다른 하나는 하나님의 축복이 약속에 근거하고 있듯이, 하나님의 심판 또한 약속에 근거하고 있다는 사실입니다. 따라서 하나님께 서원했으면 반드시 그 서원을 지켜야 하고, 하나님과 약속했으면 반드시 그 약속을 지켜야 합니다. 온전함과 진실함으로 지켜야 합니다. 깜빡 잊었노라는 변명은 아무 소용없습니다. 우리가 잊었더라도 하나님은 그 약속을 기억하고 계시기 때문입니다.

요담 개인이 겪은 참담한 비극을 통해서도 하나님의 메시지가 선포되었습니다. 그 메시지를 듣고 순종하는 사람에게는 화가 복으로 바뀌지만, 그 메시지를 듣지 못하거나 들었더라도 순종하지 않는 사람에게는 하나님의 심판이 임할 수밖에 없습니다. 심판의 불은 다른 곳에서 나오지 않습니다. 하나님의 왕 되심을 거부하고 자신의 왕으로 선택한 바로 그 사람, 그 일, 그것으로부터 심판의 불이 나옵니다.

묵상 질문: 나는 하나님의 왕 되심으로 만족하고 있는가?

오늘의 기도: 어떤 상황에서도 우리의 정체성을 잊어버리지 않게 하옵소서. 하나님 안에서 영광스러운 자신의 가치와 목적을 발견하게 하시고, 우리에게 허락하신 삶의 자리에서 오직 하나님만을 왕으로 모시며 살아가게 하옵소서. 그리하여 온전함과 진실함으로 하나님과의 약속을 지키는 계약 백성이 되게 하옵소서. 예수님의 이름으로 기도합니다. 아멘.

하나님의 회개

읽을 말씀: 사사기 9:22-57; 시편 37:1-40

새길 말씀: ⁵⁶아비멜렉이 그의 형제 칠십 명을 죽여 자기 아버지에게 행한 악행을 하나님이 이같이 갚으셨고 ⁵⁷또 세겜 사람들의 모든 악행을 하나님이 그들의 머리에 갚으셨으니 여룹바알의 아들 요담의 저주가 그들에게 응하니라(삿 9:56-57).

사사기와 같은 역사서를 묵상하면서 우리가 얻게 되는 가장 큰 유익은 한 사람의 인생이나 어떤 역사적인 사건을 단편적으로 이해하지 않고 통전(通全)적으로 바라볼 수 있게 된다는 사실입니다. 그리고 그 통전적 시각은 역사의 흐름을 사람의 눈이 아니라 하나님의 눈으로 볼 때만 주어진다는 사실을 또한 알게 됩니다.

특별히 우리가 도무지 이해할 수 없는 악의 문제 앞에 서게 될 때도, 이 통전적 시각은 우리에게 조급한 마음을 내려놓고 조금은 느긋하게 인생을 바라보면서 기다릴 수 있게 해줍니다. 그래서 시편 37편 기자는 이렇게 노래했습니다.

¹악을 행하는 자들 때문에 불평하지 말며 불의를 행하는 자들을 시기하지 말지어다. ²그들은 풀과 같이 속히 베임을 당할 것이며 푸른 채소 같이 쇠잔할 것임이로다… ¹⁰잠시 후에는 악인이 없어지리니 네가 그 곳을 자세히 살필지라도 없으리로다. ¹¹그러나 온유한 자들은 땅을 차지하며 풍성한 화평으로 즐거워하리로다(시37:1-2, 10-11).

악을 행하는 자들이 한때는 잘되는 것같이 보여도 실상은 그리 오래가지 않습니다. 왜냐면 하나님이 그들을 마냥 내버려 두지 않으시기 때문입니다. 하나님이 반드시 갚아주십니다. 그러나 하나님은 우리가 원하는 방식으로, 우리가 원하는 때에 일하는 분이 아닙니다. 하나님은 하나님이 원하는 방식으로, 하나님이 원하시는 때에 일하십니다. 그것이 하나님의 주권적인 자유입니다.

그렇기에 우리는 오히려 하나님이 앞으로 어떻게 일하실지에 대해 기대하는 마음을 갖게 됩니다. 물론 현실에서 그 악으로 인해 고통을 당하고 있는 당사자라면, 그 시간을 감내하기가 쉽지 않을 테지만 말입니다.

요담의 기다림

지금 우리는 기드온의 아들 아비멜렉의 이야기를 읽고 있습니다. 그가 왕이 되려는 야망을 품고 얼마나 치밀하게 또한 얼마나 잔인하게 폭력적인 수단으로 그 목표를 달성해 갔는지 살펴보았습니다. 다른 사람은 몰라도 형제들이 처참하게 살해당하던 현장에서 유일하게 살아남은 요담에게 아비멜렉은 정말 생각만 해도 치가 떨리는 악의 화신이었을 것입니다.

요담은 지금 므낫세 지파의 고향 땅을 떠나서 베냐민 지파에 속한 '브엘'로 피신해 있는 상태입니다(삿 9:21). 아비멜렉이 세겜의 왕이 되어 거들먹거리며 사는 모습을 멀리에서 지켜보던 요담에게 지난 3년의 세월은 아마도

30년처럼 느껴졌을 것입니다. 그가 그리심산에서 세겜 사람들에게 선포했던 것처럼 하나님께서 아비멜렉을 심판하실 그 날이 언제 올지 손꼽아 기다리면서 그는 매 순간 참아내기 힘든 고통을 느꼈을 것입니다. 하나님이 과연 무얼 하고 계시는지 의문도 가졌을 것입니다.

그러나 우리의 눈에 아무것도 하지 않는 것처럼 보여도 하나님은 여전히 일하고 계십니다. 시편 기자의 고백처럼 '잠시 후'에는 그 악인을 찾아볼 수 없게 될 것입니다. 아비멜렉에게 허락된 '잠시'의 시간은 3년이었습니다.

> 22아비멜렉이 이스라엘을 다스린 지 삼 년에 23하나님이 아비멜렉과 세겜 사람들 사이에 악한 영을 보내시매 세겜 사람들이 아비멜렉을 배반하였으니 24이는 여룹바알의 아들 칠십 명에게 저지른 포학한 일을 갚되 그들을 죽여 피 흘린 죄를 그들의 형제 아비멜렉과 아비멜렉의 손을 도와 그의 형제들을 죽이게 한 세겜 사람들에게로 돌아가게 하심이라(삿 9:22-24).

하나님의 때가 이르렀습니다. 하나님은 아비멜렉과 세겜 사람들 사이에 '악한 영'을 보내셨습니다. 그런데 '악한 영'이라고 해서 이를 무슨 '사탄'과 같은 '악한 존재'(an evil being)를 보내셨다는 식으로 해석하는 것은 옳지 않습니다. 오히려 그들 사이에 어떤 '악한 분위기'(an evil temper)를 만들어 내셨다고 이해하면 됩니다.

사실 그들은 자신의 사사로운 욕망을 채우기 위해서 서로를 이용했을 뿐입니다. 그렇게 시작한 관계가 오래갈 리가 없습니다. 그러나 성경은 분명히 말합니다. 그들의 관계가 틀어지게 된 것은 그들이 저지른 악한 일에 대한 하나님의 심판이라고 말입니다. 아비멜렉에게는 형제를 죽인 포학한 일을 갚아주는 것이고, 세겜 사람들에게는 아비멜렉을 도와서 피를 흘리게 한 죄를 돌아가게 하려고 하나님이 개입하시는 것이라고 말입니다.

앞 장에서 이야기했듯이 하나님의 심판은 저 멀리 다른 곳에서 오지 않습니다. 하나님의 왕 되심을 거부하고 내가 왕으로 삼고 있는 바로 그 사람, 바로 그 일, 바로 그것으로부터 심판의 불이 나오게 되어 있습니다. 세겜 사람들에게 심판의 불은 아비멜렉이었고, 아비멜렉에게 심판의 불은 세겜 사람들과 밀로의 집이었습니다(삿 9:20).

세겜의 배반

하나님께서 보내신 악한 영은 세겜 사람들이 먼저 아비멜렉을 배반하게 했습니다.

> **세겜 사람들이 산들의 꼭대기에 사람을 매복시켜 아비멜렉을 엿보게 하고 그 길로 지나는 모든 자를 다 강탈하게 하니 어떤 사람이 그것을 아비멜렉에게 알리니라 (삿 9:25).**

이 대목에서 우리는 아비멜렉이 세겜 사람들과 함께 거주하지 않는다는 사실을 알게 됩니다. 아마도 더 큰 야망을 품고 더 넓은 지역을 다스리기 위해서 아비멜렉이 수도를 정하고 이주한 것이 아닐까 싶습니다. 아비멜렉이 선택한 장소는 세겜에서 남동쪽으로 겨우 10마일 정도 떨어진 '아루마'(Arumah) 였습니다(삿 9:41).

거리는 얼마 떨어지지 않았지만, 그들 사이에 악한 영이 끼어들기에는 충분했습니다. 세겜 사람들이 아비멜렉을 '엿보게 했다'고 하는데, 이는 아마도 아비멜렉에게 바치는 세금을 가로채기 위한 것으로 보입니다.

왕은 백성들에게 세금을 부과할 수 있는 당연한 권리가 있습니다. 세겜 사람들은 그 문제에 관해서 아비멜렉이 자신들을 특별대우해줄 것을 기대했습니다. 그러나 기대했던 대로 되지 못하자 이에 감정이 상한 세겜 사람들이 아예 세금을 탈취하여, 초기에 아비멜렉에게 투자했던 정치자금을 회수하기로 작정했던 것입니다. 그리고 그 소식이 아비멜렉의 귀에 들어갔습니다.

그런데 아비멜렉과 세겜 사람들 사이를 결정적으로 갈라놓은 한 사람이 있었습니다.

> 에벳의 아들 가알이 그의 형제와 더불어 세겜에 이르니 세겜 사람들이 그를 신뢰하니라(삿 9:26).

아비멜렉이 없는 세겜에 '가알'(Gaal)이라는 사람이 들어와서 살기 시작했습니다. 그런데 여기에서 가알은 '에벳의 아들'로 소개되고 있을 뿐, 그 밖의 다른 어떤 정보도 주어지지 않습니다. 단지 '에벳'(ebed)이 히브리어로 '종'이라는 뜻인데, 이로 미루어서 과거에는 종의 신분이었지만 지금은 자유를 얻게 된 그런 사람이라고 추정할 수 있습니다.

가알이 그의 형제들과 함께 세겜에 들어와 살면서 점점 세겜 사람들의 신뢰를 얻게 되었습니다. 그러나 그들이 왜 세겜에 들어와서 살게 되었는지 또 어떻게 사람들의 신뢰를 얻게 되었는지는 설명되지 않습니다. 아마도 가알의 호쾌한 성격과 큰 씀씀이와 허세에 사람들이 현혹된 것이 아닐까 싶습니다. 그는 본격적으로 아비멜렉을 대적하는 말을 서슴지 않고 하기 시작했습니다.

> 27그들이 밭에 가서 포도를 거두어다가 밟아 짜서 연회를 베풀고 그들의 신당에 들어가서 먹고 마시며 아비멜렉을 저주하니 28에벳의 아들 가알이 이르되 아비멜렉은 누구며 세겜은 누구기에 우리가 아비멜렉을 섬기리요. 그가 여룹바알의 아들이 아니냐. 그의 신복은 스불이 아니냐. 차라리 세겜의 아버지 하몰의 후손을 섬길 것이라. 우리가 어찌 아비멜렉을 섬기리요. 29이 백성이 내 수하에 있었더라면 내가 아비멜렉을 제거하였으리라 하고 아비멜렉에게 이르되 네 군대를 증원해서 나오라 하니라(삿 9:27-29).

가알과 그의 형제들이 밭에 나가 포도를 수확하여 포도주를 만들고 잔치를 베풉니다. 이로 미루어 가알이 상당한 재력을 가지고 있었던 것으로 보입니다. 여기에서 '그들의 신당'(the house of their god)이라고 하는 이곳은 바로 '바알브릿신전'을 가리킵니다. 아마도 그들은 신생 '바알브릿' 종교에 대단히 헌신적이었고, 그것을 통해서 사람들의 신뢰를 얻었을 것입니다.

포도주에 취한 가알은 노골적으로 아비멜렉을 저주했습니다. 그의 논점은 아비멜렉은 기드온의 아들로서, 본래 세겜과 아무런 상관이 없다는 것입니다. 이는 아비멜렉이 자기의 어머니와 외가 친척을 앞세워서 세겜 사람들의 형제임을 증명하려고 했던 노력을 정면으로 부정하는 말입니다.

그러면서 아비멜렉을 섬기느니 차라리 '세겜의 아버지 하몰의 후손을 섬기라'(28절)고 선동합니다. '하몰'(Hamor)은 야곱이 고향에 돌아왔을 때 이곳 세겜을 다스리던 추장이었습니다(창 34:2). 여기에서 가알이 언급하는 '하몰의 후손'이 혹시 가알 자신을 가리키는 말이라면, 그는 세겜 추장 하몰의 몰락한 후손으로서 역시 아비멜렉처럼 세겜 사람들을 이용하여 다시 왕권을 회복하려는 의도를 가지고 세겜에 들어왔다고 할 수 있습니다.

자신이 만일 세겜을 다스리는 지도자라면, 아비멜렉을 제거하는 것은 아주 쉬운 일이라고 장담하는 것을 보면 그럴 가능성이 충분히 보입니다. 그러나 마치 자기 앞에 아비멜렉이 있는 것처럼 "네 군대를 증원하여 나오라"고까지 말하는 허세를 부립니다. 이를 보면 가알이 실제로 왕이 될 만한 재목은 아닐 듯싶습니다.

가알의 이야기는 아비멜렉의 심복 스불을 통해서 즉각 아비멜렉에게 보고되었습니다.

30그 성읍의 방백 스불이 에벳의 아들 가알의 말을 듣고 노하여 31사자들을 아비멜렉에게 가만히 보내어 이르되 보소서 에벳의 아들 가알과 그의 형제들이 세겜에 이르러 그 성읍이 당신을 대적하게 하니 32당신은 당신과 함께 있는 백성과 더불어 밤에 일어나 밭에 매복하였다가 ³³아침 해 뜰 때에 당신이 일찍 일어나 이 성읍을 엄습하면 가알 및 그와 함께 있는 백성이 나와서 당신을 대적하리니 당신은 기회를 보아 그에게 행하소서 하니…(삿 9:30-33).

여기에서 '방백'으로 번역된 히브리어 '사르'(sar)는 왕 다음으로 높은 권력을 지닌 지도자를 칭하는 표현입니다. 시스라가 가나안 왕 야빈의 '사르'였고(삿 4:2), 에브라임이 잡아 죽인 오렙과 스엡도 미디안의 '사르'(삿 7:25)였습니다. 마찬가지로 아비멜렉의 '사르'로서 세겜성읍을 관장하고 있던 스불(Zebul)이 가알의 선동을 아비멜렉에 대한 반역으로 판단하고 즉시 아비멜렉에게 보고합니다. 그리고 아비멜렉은 스불이 제안한 작전 계획에 따라서 세겜을 공격합니다(삿 9:34-38).

아니나 다를까 가알은 호기롭게 앞장서서 나갔지만, 결국 그의 말은 모두 허풍에 불과하였다는 것을 보여줍니다.

³⁹가알이 세겜 사람들보다 앞에 서서 나가 아비멜렉과 싸우다가 ⁴⁰아비멜렉이 그를 추격하니 그 앞에서 도망하였고 부상하여 엎드러진 자가 많아 성문 입구까지 이르렀더라. ⁴¹아비멜렉은 아루마에 거주하고 스불은 가알과 그의 형제들을 쫓아내어 세겜에 거주하지 못하게 하더니…(삿 9:39-41).

가알은 가까스로 세겜성으로 도망하기는 했지만, 많은 사람이 죽고 맙니다. 아비멜렉은 다시 아루마로 철수하였고, 스불은 가알과 그의 형제들을 세겜에서 추방해버립니다.

아비멜렉의 불

세겜 사람들은 그것으로 전쟁이 끝나는 줄 알았지만, 아비멜렉의 생각은 달랐습니다. 자신을 배반한 세겜 사람들을 그냥 내버려 둘 생각이 없었습니다.

> ⁴²이튿날 백성이 밭으로 나오매 사람들이 그것을 아비멜렉에게 알리니라. ⁴³아비멜렉이 자기 백성을 세 무리로 나누어 밭에 매복시켰더니 백성이 성에서 나오는 것을 보고 일어나 그들을 치되 ⁴⁴아비멜렉과 그 떼는 돌격하여 성문 입구에 서고 두 무리는 밭에 있는 자들에게 돌격하여 그들을 죽이니 ⁴⁵아비멜렉이 그 날 종일토록 그 성을 쳐서 마침내는 점령하고 거기 있는 백성을 죽이며 그 성을 헐고 소금을 뿌리니라 (삿 9:42-45).

세겜 사람들은 전쟁이 끝난 줄 알고 농사를 짓기 위해서 밭으로 나왔습니다. 그러나 아비멜렉은 그의 아버지 기드온이 미디안 연합군에게 사용하던 작전처럼 세 부대로 나누어 무방비 상태인 세겜 사람들을 공격합니다. 세겜 성은 결국 함락되었고 아비멜렉은 세겜 사람들을 무자비하게 죽였습니다. 그리고 마지막에는 '소금을 뿌렸다'고 합니다. 이것은 멸망시킨 적군의 땅이 황폐한 불모지가 되도록 저주하는 행위입니다. 그만큼 아비멜렉이 세겜 사람들을 증오했다는 증거입니다. 한때 서로의 필요에 따라서 동지가 되었던 사이였지만, 이제는 죽고 죽이는 철천지원수가 되고 말았던 것입니다.

아비멜렉의 잔인한 복수는 이것으로 끝나지 않았습니다. 가시나무 왕이었던 아비멜렉에게서 뿜어져 나오는 불은 이제 본격적으로 시작되었습니다.

> ⁴⁶세겜 망대의 모든 사람들이 이를 듣고 엘브릿 신전의 보루로 들어갔더니 ⁴⁷세겜 망대의 모든 사람들이 모인 것이 아비멜렉에게 알려지매…(삿 9:46-47).

세겜이 아비멜렉에 의해 초토화되는 동안 '세겜 망대'(the tower of Shechem)에 피해 있던 사람들은 목숨을 건졌습니다. 그렇지만 그곳도 안전하지 않다고 판단했는지, 그들은 '엘브릿 신전의 보루'로 자리를 옮깁니다. 이

'엘브릿'(El-Berith)은 '바알브릿'(Baal-Berith)과 동의어입니다. '보루'라고 번역된 히브리어 '체리아흐'(tseriach)는 본래 '내실'(chamber)을 의미합니다. 신전 안에 있는 어떤 안전한 공간을 말하는 것으로 보입니다.

세겜 사람들이 그리로 들어간 것은 아비멜렉이 적어도 '바알브릿신전'을 공격하지는 않을 것이라고 믿었기 때문입니다. 실제로 아비멜렉과 '바알브릿신전'은 처음부터 아주 밀접한 관계를 유지해왔습니다. 그가 정치자금을 얻게 된 것도 바알브릿신전으로부터이고, 왕으로 즉위한 것도 이 신전에서였습니다. 그 자신도 바알브릿 신을 믿는 신자였습니다. 그러니 바알브릿에 피신한 사람들까지 공격하지는 않을 것이라는 판단은 무리한 생각이 아닙니다.

그러나 그들이 제대로 알지 못했던 것이 하나 있었습니다. 아비멜렉은 자신의 야망을 성취하기 위해서라면 무엇이든 할 수 있는 사람이라는 사실입니다. 그에게는 사람들에 대한 의리나 신에 대한 믿음은 그리 중요하지 않았습니다. 오직 왕이 되기 위한 도구에 불과했습니다. 그러니 바알브릿신전에 몸을 피했다고 해서 아비멜렉이 가만히 놔둘 리가 없습니다.

> 48아비멜렉 및 그와 함께 있는 모든 백성이 살몬 산에 오르고 아비멜렉이 손에 도끼를 들고 나뭇가지를 찍어 그것을 들어 올려 자기 어깨에 메고 그와 함께 있는 백성에게 이르되 너희는 내가 행하는 것을 보나니 빨리 나와 같이 행하라 하니 49모든 백성들도 각각 나뭇가지를 찍어서 아비멜렉을 따라 보루 위에 놓고 그것들이 얹혀 있는 보루에 불을 놓으매 세겜 망대에 있는 사람들이 다 죽었으니 남녀가 약 천 명이었더라(삿 9:48-49).

요즘 같았으면 아비멜렉은 전범으로 기소되어야 마땅합니다. 신전에 피해있는 민간인을 어떻게 불에 태워 죽일 수 있을까요? 물론 이것은 아비멜렉의 잔혹한 범죄이지만, 또한 요담의 저주가 실현되는 장면이기도 합니다. 아비멜렉을 왕으로 세워서 그들의 사욕을 추구했던 세겜 사람들이 아비멜렉에게서 나온 불로 인해서 몰사하고 만 것입니다. 세겜 사람들에 대한 하나님의 심판이 성취된 것이지요.

밀로 집의 불

자, 그렇다면 아비멜렉에 대한 심판은 어떻게 성취될까요? 세겜 사람과 밀로의 집에서 과연 어떤 불이 나와서(삿 9:20) 아비멜렉을 사르게 될까요?

> 50아비멜렉이 데베스에 가서 데베스에 맞서 진 치고 그것을 점령하였더니 51성읍 중에 견고한 망대가 있으므로 그 성읍 백성의 남녀가 모두 그리로 도망하여 들어가서 문을 잠그고 망대 꼭대기로 올라간지라(삿 9:50-51).

아비멜렉은 세겜성을 초토화하고 난 후에 곧바로 인근의 데베스(Thebez)를 침공하러 갑니다. 그 이유가 무엇인지 본문은 말하지 않지만, 세겜 사람들의 배신과 어떤 밀접한 관계가 있을 것으로 추정할 수 있습니다. 그러니까 데베스 사람들은 세겜 사람들과 함께 아비멜렉에게 반기를 들었던 것입니다. 그것을 응징하기 위해서 아비멜렉이 곧바로 여기로 온 것입니다.

데베스가 '바알브릿의 리그'(the league of Baal-Berith)에 속한 도시 중의 하나였을 것으로 추측하는 학자도 있습니다. 오히려 한 걸음 더 나아가서 아비멜렉을 왕으로 세울 때 적극적으로 나섰던 '밀로 족속'(the family of Millo)이 바로 이곳 데베스에 살고 있었다고 이야기합니다(삿 9:6). 아비멜렉을 왕으로 세울 때 적극적으로 나섰던 것만큼, 반기를 드는 일에도 세겜 사람들과 함께 적극적으로 나섰던 것이지요. 게다가 요담의 예언이 성취되려면 '밀로 족속'에게서 불이 나와서 죽어야 하는데(삿 9:20), 아비멜렉이 여기에서 죽임을 당하는 것으로 미루어 이곳 사람들이 밀로 족속이어야 하지 않을까요?

아무튼 데베스에서도 세겜과 비슷한 상황이 연출됩니다. 사람들은 망대로 피해서 올라가 있고 아비멜렉은 그 망대에 불을 지르려고 합니다. 그러나 뜻밖에도 그곳이 아비멜렉에게 내린 심판이 완성되는 장소가 되었습니다.

> 52아비멜렉이 망대 앞에 이르러 공격하며 망대의 문에 가까이 나아가서 그것을 불사르려 하더니 53한 여인이 맷돌 위짝을 아비멜렉의 머리 위에 내려 던져 그의 두개골을 깨뜨리니…(삿 9:52-53).

이곳 데베스에서도 아비멜렉의 승리가 눈앞에 보이는 순간 망대에 불을 지르기 위해서 가까이 갔다가 성벽 위에서 한 여인이 던진 맷돌에 두개골이 깨지는 치명상을 입게 됩니다. 물론 여자에게 죽임을 당했다는 불명예를 피하려고 무기든 청년에게 부탁하여 그의 목숨이 끊어지지만, 결국 아비멜렉은 이름 없는 한 여인의 손에 죽임을 당한 것입니다.

재미있는 사실은 '여자'라는 히브리어 단어 '잇샤'(ishshah)는 '불'이라는 히브리어 단어 '에시'(esh)와 아주 비슷하다는 것입니다. 밀로의 집에서 나온 불, 그래서 아비멜렉을 살랐던 불은 바로 이 이름 없는 '여인'이었던 것입니다. 이렇게 요담의 저주는 성취되었고, 하나님의 심판은 완성되었습니다.

하나님의 회개

오늘 말씀의 결론입니다.

> 56아비멜렉이 그의 형제 칠십 명을 죽여 자기 아버지에게 행한 악행을 하나님이 이같이 갚으셨고 57또 세겜 사람들의 모든 악행을 하나님이 그들의 머리에 갚으셨으니 여룹바알의 아들 요담의 저주가 그들에게 응하니라(삿 9:56-57).

지금까지 길게 끌어온 아비멜렉 이야기의 결론은 '하나님이 갚으셨다'는 것입니다. 그런데 여기에서 '갚다'로 번역된 히브리어가 '슈브'(shub) 동사라는 점이 매우 의미심장합니다. '슈브'는 '회개하다'(repent) 또는 '돌이키다'(return)의 뜻이기 때문입니다. 이 동사가 어디에서 사용되었는지 혹시 기억나십니까? 기드온이 죽고 난 후에 이스라엘 자손들이 바알브릿을 섬기게 된 이야기에서 언급되었었지요.

> 기드온이 이미 죽으매 이스라엘 자손이 돌아서서 바알들을 따라가 음행하였으며 또 바알브릿을 자기들의 신으로 삼고…(삿 8:33).

여기에서 '돌아서서'가 바로 '슈브' 동사입니다. 그래서 이 부분을 "기드온이 죽으니까 이스라엘 자손들이 회개하고 바알을 섬겼다"라는 말로 설명했었지요. 그러니까 '하나님께로 회개'하는 것이 아니라 '우상에게로 회개'하고 다시 돌아갔다는 것입니다.

그러나 오늘 본문에서 하나님은 그것을 다시 되돌려놓으셨습니다. 하나님은 아비멜렉의 악행과 세겜 사람들의 악행을 심판하심으로써 '갚으신'(슈브) 것입니다. 그것이 바로 '하나님의 회개'입니다. 하나님으로부터 '우상에게로 회개'한 자들에게, 하나님은 그들의 악행을 '심판하심으로 회개'하십니다. 그 반대도 마찬가지입니다. 우상으로부터 '하나님께로 회개'한 자들에게, 하나님은 그들을 심판하지 않고 '구원하심으로 회개'하십니다.

하나님은 이 세상의 악을 모른 척 외면하지 않으십니다. 하나님의 주권적인 자유로 하나님이 정하신 타이밍에 하나님이 선택하신 방법으로 반드시 그 악을 갚으실 것입니다. 사람들은 하나님의 때를 더디다고 생각하겠지만 결코 더딘 게 아닙니다. 믿음으로 기다리면 결국 하나님이 갚아주시는 것을 보게 될 것입니다.

우리가 기다리는 그 시간은, 또한 하나님에게도 기다림의 시간입니다. 하나님은 회개하실 때를 기다리고 계십니다. 우리가 어떤 방식으로 회개하든지 하나님은 그에 따라 회개하실 것입니다. 하나님께로 회개하는 자들에게는 구원하심으로 회개하시고, 우상에게로 회개하는 자들에게는 심판하심으로 회개하실 것입니다. 그 기다림의 시간을 다른 사람이 망하는 것을 기다리는 일로 허비하지 말고, 우리 자신의 삶을 하나님께로 돌이키는 시간으로 삼아야 할 것입니다.

묵상 질문: 나의 삶은 지금 어디를 향하고 있는가? 하나님인가, 세상인가?

오늘의 기도: 우리의 시선이 주님을 향하게 하옵소서. 우리 삶의 방향이 주님을 향하여 돌이키게 하옵소서. 우상으로부터 하나님께 회개한 자들을 심판하지 않으시고 구원하신다고 말씀하셨사오니, 지금까지 우리가 어떻게 살아왔든지 이제라도 하나님께로 돌이키게 하옵소서. 그리하여 구원받은 하나님의 백성이 되게 하옵소서. 예수님의 이름으로 기도합니다. 아멘.

일어난 사람들

읽을 말씀: 사사기 10:1-5

새길 말씀: 1아비멜렉의 뒤를 이어서 잇사갈 사람 도도의 손자 부아의 아들 돌라가 일어나서 이스라엘을 구원하니라… 3그 후에 길르앗 사람 야일이 일어나서 이십이 년 동안 이스라엘의 사사가 되니라(삿 10:1, 3).

우리는 지금 사사기의 본론 부분을 계속 묵상하고 있습니다. 지금까지 우리가 살펴본 사사들은 모두 다섯 명입니다. 모범적인 사사 '옷니엘', 오른 손의 아들 왼손잡이 '에훗', 소 모는 막대기 '삼갈', 횃불의 여인 '드보라' 그리고 소심한 큰 용사 '기드온'이 그들입니다.

이 중에서 삼갈은 소(小)사사이고 나머지 네 명은 대(大)사사로 구분됩니다. 소사사와 대사사를 구분하는 기준은 성경에 기록된 분량의 차이라고 말씀드렸습니다. 예를 들어 삼갈의 경우에는 단 한 절만 기록되어 있습니다. 이에 비해서 기드온 같은 경우에는 그의 아들 아비멜렉 이야기까지 포함하면 모두 4장입니다. 이렇게 길게 기록되면 대사사이고, 짧게 기록되면 소사사라고 부르는 것이지요.

그러나 소사사라고 해서 그의 인생이나 사사의 역할이 보잘것없다거나 중요하지 않다는 뜻은 아닙니다. 기록된 분량과 상관없이 그들은 모두 하나님이 필요하실 때 꼭 필요한 곳에서 이스라엘을 구원하는 쇼페팀으로 사용하셨던 귀한 사역자들입니다. 그리고 성경에 길게 기록되었다고 해서 반드시 중요한 인물이라고 말할 수도 없습니다.

드보라 시대의 바락을 보십시오. 그의 이야기가 얼마나 깁니까? 앞 장에서 살펴본 기드온의 아들 아비멜렉 이야기도 아주 길게 기록되어 있습니다. 그러나 그들은 '사사'가 아닙니다. 하나님은 그들을 '쇼페팀'이라고 불러주지 않으셨습니다. 바락 같은 경우에는 하나님이 사사로 세우려고 했던 사람입니다. 그렇지만 그는 믿음이 없어서 기회를 놓쳐버리고 그 영광이 여인에게 돌아가지 않았습니까? 그러니 '사사'라고 불린다는 것 자체가 대단한 영광입니다.

오늘 우리가 살펴보게 될 사사는 한 사람이 아니라 두 사람입니다. 이들은 '돌라'(Tola)와 '야일'(Jair)인데요, 모두 소사사로 구분됩니다. 이들은 한꺼번에 묶어서 생각해도 좋을 만큼 기록이 각각 두 절, 세 절밖에 되지 않습니다. 그렇지만 이 두 사람은 모두 하나님께 쓰임 받은 '쇼페팀'입니다. 사사기에 기록된 12명의 사사에 당당히 포함될 수 있는 자격을 갖춘 분들입니다. 기록이 짧다고 이들의 인생이나 사역을 가볍게 생각하면 안 됩니다.

문제는 너무 짧은 기록 때문에 구체적으로 어떤 상황에서 어떤 사역을 했는지 충분히 알 수 없다는 것입니다. 성경에 기록되어 있다면 분명히 어떤 이유가 있을 텐데, 그 이유를 찾기가 쉽지 않습니다. 그러나 짧으면 짧은 대로, 길면 긴 대로 하나님은 그들의 인생을 통해서 우리에게 전하고 싶은 메시지가 틀림없이 있으실 겁니다. 그걸 찾아보는 것이 오늘 우리가 해야할 일입니다.

잇사갈 사람 돌라

먼저 '돌라'에 대한 이야기부터 읽어보겠습니다.

¹아비멜렉의 뒤를 이어서 잇사갈 사람 도도의 손자 부아의 아들 돌라가 일어나서 이스라엘을 구원하니라. ²그가 에브라임 산지 사밀에 거주하면서 이스라엘의 사사가 된 지 이십삼 년 만에 죽으매 사밀에 장사되었더라(삿 10:1-2).

이것이 '돌라'에 대한 기록의 전부입니다. 창세기에 보면 잇사갈의 아들 중에 '돌라'라고 하는 사람이 있었습니다(창46: 13). 그러나 오늘 본문에 등장하는 '돌라'는 그와 전혀 다른 사람입니다. 잇사갈 사람인 것은 똑같지만, 동일 인물은 아닙니다. 그리고 성경 다른 곳에서는 흔적을 찾을 수 없습니다. 그러니 '돌라'가 어떤 사사였는지 살펴볼 수 있는 자료는 오늘 본문이 전부인 셈입니다.

그렇다면 본문을 조금 더 자세히 들여다보겠습니다. 다른 사사들의 이야기에서는 사사가 등장하기 전에 먼저 이스라엘이 하나님 앞에 악을 행하고, 그로 인해서 하나님의 심판이 임하고 어려움을 겪는 이야기가 기록되어 있습니다. 그렇지만 돌라의 경우에는 그런 이야기가 전혀 없습니다. 단지 '아비멜렉의 뒤를 이어서…'라고 되어 있습니다.

자, 그런데 이것도 문제입니다. '아비멜렉의 뒤를 이어서'라고 해놓으면 마치 아비멜렉이 무슨 큰 업적을 남긴 사사처럼 들이기 때문입니다. 아비멜렉은 이스라엘을 구원한 사사가 아닙니다. 오히려 왕이 되려는 야망에 사로잡혀서 수많은 사람을 참혹하게 죽인 아주 잔인한 사람입니다. 그러니 '아비멜렉의 뒤를 이어서'라고 하면 불필요한 오해가 생깁니다.

이 부분을 히브리 원어로 읽으면 단순히 '아하레 아비멜레크'라고 되어 있습니다. 즉 '아비멜렉 후에'(after Abimelech)라는 뜻입니다. 앞 장에서 우리가 살펴본 것처럼 아비멜렉으로 인해 발생한 엄청난 비극의 소용돌이가 '지나간 후에'라는 뜻을 내포하고 있습니다. 그러니까 돌라가 사사로 등장하기 전에 이스라엘 백성이 당한 어려움을 '아비멜렉 후에'라는 말로 표현하고 있는 것입니다.

아무튼 아비멜렉 후에 잇사갈 사람 돌라가 일어나서 이스라엘을 구원했다고 합니다. 그런데 어떤 방식으로 무슨 일을 해서 이스라엘을 구원했다는 것인지 구체적인 내용이 없습니다. 단지 '아비멜렉 후에'라는 말로 미루어서, 아비멜렉 사건 이후에 므낫세 지파 사람들의 찢어진 마음과 상처와 그 혼란스러움을 어떤 식으로든 치유하고 수습했다는 정도로 짐작할 수밖에 없습니다.

그런데 여기에서 한 가지 눈에 띄는 것은 돌라가 '잇사갈 사람'이었다는 사실입니다. 잇사갈 지파 사람이 지금 므낫세 지파에 와서 '이스라엘'을 구원한 것입니다. 실제로 돌라가 23년 동안 사사로서 거주한 곳은 '사밀'(Shamir)입니다. 지도로 확인해 보면 아비멜렉이 침공한 '세겜'(Shechem)과 '데베스'(Thebez), 아비멜렉의 근거지 '아루마'(Arumah)에서 그리 멀지 않은 곳에 있습니다. 말하자면 아비멜렉이라는 소용돌이가 휩쓸고 지나간 그곳에 '돌라'가 들어와서 무언가 중심을 잡아주는 그런 역할을 했던 것이지요.

기드온과 아비멜렉의 이야기를 통해서 므낫세의 북쪽에 있는 '오브라'와 남쪽에 있는 '세겜' 사이의 정치적이고 종교적인 대립과 긴장 관계가 있었다는 사실을 알게 되었습니다. 세겜 사람들이 아비멜렉을 왕으로 세우게 되었던 것 역시 기드온이 세워놓은 오브라의 영향력을 견제하기 위해서라는 것도 우리는 알고 있습니다.

그런데 그 모든 것들이 아비멜렉이 만든 소용돌이로 인해 다 허물어졌습니다. 오브라에 있던 기드온의 아들들 70명은 이미 3년 전에 아비멜렉의 손에 학살되었습니다. 그로부터 3년 후에는 세겜마저도 아비멜렉에 의해 완전히 초토화되었습니다. 므낫세 지파 안에서는 이 혼란을 수습할 사람이 아무도 없었던 것입니다. 그 자리에 잇사갈 사람 '돌라'가 와서 그 혼란을 수습하고 안정을 되찾을 수 있는 중심이 되었던 것입니다.

그렇습니다. 압제의 고통에서 구원받아야만 구원이 아닙니다. 이와 같은 혼돈에서 질서를 잡아가는 것도 구원입니다. 하나님은 므낫세 지파를 구원하기 위해서 잇사갈 지파 출신의 돌라를 사용하셨던 것입니다. 이 대목에서 우리는 지금까지 살펴본 사사와는 아주 다른 역할을 하는 새로운 스타일의 '쇼페팀'이 등장하고 있음을 발견합니다. 그 이전에는 반드시 군사적인 행동을 거친 후에 사사가 되었지만, 이제는 굳이 그런 과정을 거치지 않아도 이스라엘을 다스리고 구원하는 역할을 하는 사사가 등장한 것입니다.

길르앗 사람 야일

이번에는 '야일'에 대한 이야기를 살펴보겠습니다.

3그 후에 길르앗 사람 야일이 일어나서 이십이 년 동안 이스라엘의 사사가 되니라. 4그에게 아들 삼십 명이 있어 어린 나귀 삼십을 탔고 성읍 삼십을 가졌는데 그 성읍들은 길르앗 땅에 있고 오늘까지 하봇야일이라 부르더라. 5야일이 죽으매 가몬에 장사되었더라(삿 10:3-5).

돌라와 마찬가지로 야일 또한 그가 등장하기 전에 어떤 상황이었는지에 대한 설명이 없습니다. 단지 '그 후'라고 되어 있는데, 이것은 앞에서 언급한 '돌라가 죽은 이후'라는 뜻입니다. 돌라는 23년 동안 사사가 되어 므낫세 지파의 중심을 잡아주었습니다. 그 이후 이번에는 야일이 등장하여 22년 동안 사사가 되었다는 것입니다.

본문은 야일에 대해서 '길르앗 사람'이라고 짧게 설명합니다. '길르앗'은 본래 이스라엘 열두 지파에 속한 공식적인 이름이 아닙니다. 므낫세 지파가 요단강 동쪽에 분배받은 땅을 가리킬 때 '길르앗'이라고 불렀습니다(수 22:9). 그러니까 서쪽 므낫세 지파의 땅에서 돌라가 사사의 역할을 한 이후에 동쪽 므낫세 지파의 땅에서 야일이 사사의 역할을 하게 된 것이지요.

사사로서 야일의 역할은 돌라와 마찬가지로 군사적인 행동을 하는 그런 리더십은 아니었던 것으로 보입니다. 그들이 처한 특별한 상황이 무엇인지는 알 수 없지만, 공동체의 중심을 잡아주는 사사의 리더십이 필요했고, 그 역할을 야일이 감당하게 되었던 것입니다.

한 가지 독특한 점은 기드온처럼 야일에게도 적지 않은 30명의 아들이 있었다는 사실입니다. 그리고 아들들이 모두 '어린 나귀'를 탔다고 합니다. 그게 무슨 자랑거리냐고 할지 모르지만, 당시의 나귀는 오늘날의 고급 외제차를 타고 다니는 것과 같은 부의 상징이었습니다.

또한 길르앗 땅에 있는 성읍 30개를 소유했다고 합니다. 30명의 아들이 각각 성읍을 하나씩 가지고 있었던 셈입니다. 그 성읍들은 '하봇야일'(Chavvoth Yair)이라고 불렸는데, 그 뜻은 '야일의 동네'(tent villages of Jair)가 됩니다. 이곳은 기드온이 살던 서쪽 므낫세의 오브라에서 거의 직선 방향으로 요단강 맞은편에 있습니다.

여기에서 우리는 본문이 야일과 기드온을 은근히 비교하려고 한다는 사실을 눈치챌 수 있습니다. 물론 그들이 동시대 사람은 아니었지만, 야일도 기드온처럼 유력한 집안 출신이었습니다. 야일에게도 기드온처럼 많은 자녀가 있었습니다. 게다가 사는 동네까지 거의 대칭에 가깝습니다. 그들은 모두 동쪽과 서쪽 므낫세 지파의 사사였습니다.

그렇다면 이와 같은 비교를 통해서 본문은 무얼 이야기하려고 하는 것일까요? 유력한 집안이 권력을 소유하고 그것을 자녀에게 세습하는 문제가 아비멜렉의 죽음으로 끝난 일이 아니라는 것입니다. 기드온이 사사의 지위를 백분 활용하여 왕처럼 누리고 살았지만, 다음 세대에 믿음을 계승하는 일에는 실패했지요. 야일에게도 같은 일이 반복되고 있는 것이지요.

실제로 야일의 이야기는 다음에 등장하는 입다 이야기(삿 10:6-12:7)의 도입 부분이 되고 있습니다.

일어난 사람들

아무튼 '돌라'와 '야일' 두 사사를 함께 묶어서 살펴보려고 하는 특별한 이유가 있습니다. 그것은 그들이 가지고 있는 한 가지 공통점 때문입니다.

돌라와 야일은 '일어난 사람들'이었습니다.

아비멜렉의 뒤를 이어서 잇사갈 사람 도도의 손자 부아의 아들 돌라가 일어나서 이스라엘을 구원하니라…(삿 10:1).

그 후에 길르앗 사람 야일이 일어나서 이십이 년 동안 이스라엘의 사사가 되니라 (삿 10:3).

여기에서 '일어난다'(와야캄, wayyaqam)는 단어는 이들에게만 사용된 독특한 표현입니다. 다른 사사들의 경우에는 하나님이 그들을 사사로 세웠지만 (2:16, 3:9), 돌라와 야일은 능동적으로 일어났던 것입니다. 무슨 차이입니까?

지금까지 하나님은 사사를 세우기 위해서 무척 애를 쓰셔야만 했습니다. 기드온을 보십시오. 그 소심한 성격 때문에 얼마나 주저하고 도망가려고 했습니까? 그런 기드온을 달래고 등 떠밀어서 '큰 용사'로 세우지 않으셨습니까? 그러나 돌라와 야일은 그렇게 애쓰실 필요가 없었던 것입니다. 하나님의 부르심에 그들은 능동적으로 '일어났기' 때문입니다.

그들에게 맡겨진 일이 그리 어렵지 않은 것이었다고 지레짐작하지 마십시오. 하나님이 맡기시는 일은 무엇이든 쉽지 않습니다. 잇사갈 지파 출신 '돌라'가 타향이었던 므낫세 지파에 가서 살면서 그 혼란을 수습하고 중심을 잡는 일이 쉬웠겠습니까? 그렇지 않습니다. 텃세를 극복하면서 리더십을 발휘하는 것은 결코 쉬운 일이 아닙니다. 그러나 그는 일어섰습니다. 그리고 하나님의 명령에 순종했습니다.

'야일'이 유력한 집안의 배경을 가지고 있었기 때문에 사사의 일을 하기가 쉬웠을까요? 아닙니다. 오히려 유력한 집안이었기에 쉽지 않았을 것입니다. 하나님이 맡기시는 일을 하지 않아도 그는 얼마든지 잘 먹고 잘살 수 있었습니다. 세상 사람들이 보기에 그가 해야 할 더 중요한 일들이 많이 있었을 것입니다. 그러나 그는 일어섰습니다. 그리고 하나님의 명령에 순종했습니다.

억지로 등 떠밀려서 하나님의 일을 하는 사람들은 많이 있습니다. 그러나 하나님의 부르심에 자원하여 일어서는 사람들은 그리 많지 않습니다. 어떤 사람의 헌신을 하나님이 더 귀하게 여기실까요? 어렵고 힘든 위대한 일을 해낸 사람도 물론 귀하지만, 어떤 일이든지 자원하여 일어서는 사람들, 기쁨으로 감사함으로 하나님의 명령에 순종하는 사람들을 더욱 귀하게 여기십니다. 돌라와 야일이 바로 그런 사람들이었습니다.

이들의 모습에서 우리는 하나님의 소명을 받아들이는 이사야 선지자의 모습을 발견합니다. 하나님께서 "내가 누구를 보내며 누가 우리를 위하여 갈꼬?" 하시니까, "내가 여기 있나이다. 나를 보내소서"(사 6:8)라고 응답하던 이사야 말입니다. 반드시 위대한 일을 해야만 위대한 사람이 되는 것이 아닙니다. 위대한 하나님의 부름 앞에 믿음으로 일어서는 사람이 바로 위대한 사람입니다.

묵상 질문: 나는 하나님의 음성 앞에 자원하여 일어서는가?

오늘의 기도: 우리는 하나님이 위대한 사람을 위대한 일에 사용하시는 줄로만 알았습니다. 그러나 이름 없는 평범한 사람도 하나님을 위해 일어설 때 얼마든지 그를 통하여 구원의 역사를 이루신다는 사실을 깨닫게 하시니 감사합니다. 우리도 하나님을 위해 일어서게 하옵소서. 특별히 아무도 나서려고 하지 않을 그때 말씀에 순종함으로 일어설 수 있게 하옵소서. 예수님의 이름으로 기도합니다. 아멘.

하나님의 근심

읽을 말씀: 사사기 10:6-16

새길 말씀: ¹⁵이스라엘 자손이 여호와께 여쭈되 우리가 범죄하였사오니 주께서 보시기에 좋은 대로 우리에게 행하시려니와 오직 주께 구하옵나니 오늘 우리를 건져 내옵소서 하고 ¹⁶자기 가운데서 이방 신들을 제하여 버리고 여호와를 섬기매 여호와께서 이스라엘의 곤고로 말미암아 마음에 근심하시니라(삿 10:15-16).

지금까지 우리가 살펴본 대로 사사 시대는 '배교'와 '심판'과 '부르짖음'과 '구원'이라는 역사의 사이클이 계속 반복되고 있습니다. 그런데 그냥 반복되는 것이 아니라 그 강도가 점점 더 심해지면서 반복됩니다. 이스라엘이 하나님을 배교하는 강도도 점점 심해지고, 그에 대한 하나님의 심판 또한 점점 더 강해집니다. 처음에는 국지적인 심판이었지만, 그 지역이 점점 더 넓어집니다.

그렇게 역사의 사이클이 반복되는 가운데 새로운 문제도 더해졌습니다. 그것은 하나님께서 구원자로 세우신 사사에게 나타났습니다. '사사'라는 역할에 주어진 공적인 권력을 사유화하면서 그 권력을 자녀에게 세습하는 문제가 불거진 것입니다. 그 문제는 '기드온'에게서 본격적으로 시작되었고, 앞 장에서 살펴본 '야일'에게도 계속 이어지고 있습니다. 앞으로 남은 부분에서도 이 문제는 계속해서 중요한 이슈로 등장하게 될 것입니다.

오늘부터 우리는 사사기 본론을 마무리하는 마지막 묶음(10:6-16:31)을 시작합니다. 이 묶음에는 대사사 입다와 삼손 이야기를 중심으로 하여 그사이에 소사사 입산, 엘론, 압돈 이야기가 끼워져 있습니다. 그리고 오늘 우리가 묵상하게 될 본문은 지금까지 반복되어온 사사기 역사 사이클을 다시 언급하면서 나머지 묶음을 시작하는 도입 부분과 같은 역할을 하고 있습니다.

여기에서 우리는 사사기의 역사 사이클에 아주 심각한 변화를 감지하게 됩니다. 그것은 이스라엘의 반복되는 배역을 하나님이 더는 참으실 수 없는 상태가 되었다는 사실입니다. 하나님의 인내가 이제 그 한계에 다다르게 된 것입니다. 하나님은 자비롭고 은혜롭고 노하기를 더디 하시고 인자와 진실이 많은 분이라고 생각해 온 우리에게 이것은 아주 충격적인 모습이 아닐 수 없습니다.

배교와 심판

항상 그래왔듯이 이스라엘의 배교로 역사의 사이클이 시작됩니다.

이스라엘 자손이 다시 여호와의 목전에 악을 행하여 바알들과 아스다롯과 아람의 신들과 시돈의 신들과 모압의 신들과 암몬 자손의 신들과 블레셋 사람들의 신들을 섬기고 여호와를 버리고 그를 섬기지 아니하므로…(삿 10:6).

지금까지 이스라엘 자손의 배교는 가나안의 바알 종교(Baalim)와 관련되어 있었습니다. '바알', '아스다롯', '아세라', '아낫'은 모두 바알 종교의 신들이었습니다. 거기에 아비멜렉 때에 '바알브릿'이라는 새로운 신이 등장하지만, 그것도 바알 신앙과 계약 신앙이 혼합된 것입니다. 그런데 이제는 이스라엘 주변에 있는 나라들이 섬기고 있는 모든 신이 등장합니다.

오늘 본문에서는 신들의 이름이 구체적으로 언급되고 있지 않지만, 성경 다른 부분의 기록을 통해서 우리는 이들이 섬기는 대표적인 신들의 이름을 알 수가 있습니다. '아람의 신들' 중에는 '담무스'(Thammuz)가 있고(겔 8:14), '시돈의 신들' 중에는 '아스다롯'(Ashtoreth)이 있고(왕상 11:5), '모압의 신들' 중에는 '그모스'(Chemosh)가 있습니다(왕상 11:7). '암몬 자손의 신들' 중에는 '밀곰'(Milcom)과 '몰록'(Moloch)이 있고(왕상 11:5, 7), '블레셋 사람들의 신들' 중에는 '다곤'(Dagon)이 있습니다(삼상 5:2).

이스라엘 자손들이 이와 같은 이방 민족의 신들을 동시다발적으로 섬기게 되었다는 것입니다. 그런데 이런 일이 지금 어디에서 벌어지고 있습니까? 하나님이 그의 백성에게 허락하신 '약속의 땅'에서 벌어지고 있습니다. 그것도 몇몇 지파나 몇몇 사람들의 배교가 아니라, 이스라엘 전체의 광범위한 배교가 되고 있다는 것이 더욱 심각한 문제입니다.

'다른 신들을 섬긴다'는 것은 단지 도덕적이거나 윤리적인 '죄'와는 전혀 다른 '악'입니다. 그것은 결국 '여호와 하나님을 버린다'는 뜻이기 때문입니다. 여호와 하나님과 계약을 맺은 백성이 하나님을 버리게 되었으니, 자신의 정체성이 그냥 조금 흔들리는 정도가 아니라 이제는 아예 뿌리째 뽑혀버릴 위기에 직면하게 된 것입니다.

이에 대한 하나님의 심판 또한 가중될 수밖에 없습니다.

> 7여호와께서 이스라엘에게 진노하사 블레셋 사람들의 손과 암몬 자손의 손에 그들을 파시매 8그 해에 그들이 요단 강 저쪽 길르앗에 있는 아모리 족속의 땅에 있는 모든 이스라엘 자손을 쳤으며 열여덟 해 동안 억압하였더라. 9암몬 자손이 또 요단을 건너서 유다와 베냐민과 에브라임 족속과 싸우므로 이스라엘의 곤고가 심하였더라 (삿 10:7-9).

이스라엘의 배교에 대한 심판의 도구로 하나님은 블레셋 사람들과 암몬 자손들을 동시에 사용하셨습니다. 블레셋 사람들은 이미 지중해 연안의 5개

거점 도시를 중심으로 그 세력을 확장하고 있었는데, 이제는 요단강 동쪽 길르앗까지 진출하여 이스라엘 자손을 괴롭히기 시작했습니다.

게다가 암몬 자손은 길르앗은 물론이고 요단강 서쪽으로 건너 들어가서 유다, 베냐민, 에브라임 족속을 괴롭혔습니다. 그렇게 18년 동안 양쪽에서 당했으니 그 고통이 얼마나 심했겠습니까? 앞으로 등장하게 될 남은 두 명의 대사사 중에서 '입다'는 암몬 자손과 '삼손'은 블레셋 사람들과의 문제를 다루는 사사로 각각 활약하게 될 것입니다. 이스라엘의 배교나 하나님의 심판이 이전과는 규모가 매우 다르다는 사실을 알 수 있습니다.

하나님의 선언

그러나 이것만 달라진 것이 아닙니다. 이스라엘의 부르짖음과 그에 대한 하나님의 반응 또한 달라졌습니다.

> **이스라엘 자손이 여호와께 부르짖어 이르되 우리가 우리 하나님을 버리고 바알들을 섬김으로 주께 범죄하였나이다 하니⋯(삿 10:10).**

이전에는 그냥 힘들고 고통스럽다고 여호와께 부르짖기만 했습니다(삿 3:9, 15; 6:6). 그러나 하나님께서 한 선지자를 보내셔서 심판의 이유나 알고 부르짖으라고 가르쳐주신 이후에(삿 6:7-10), 그 내용이 달라졌습니다. 그들은 이렇게 말합니다. "우리가 우리 하나님을 버리고 바알들을 섬김으로 주께 범죄하였나이다."

여기에서 이스라엘 자손은 하나님을 '우리' 하나님이라고 말합니다. 이것은 자신들의 잘못을 조금 더 심각하게 고백하면서 동시에 하나님이 자신들의 부르짖음에 적극적인 반응을 하시도록 은근히 압박하려는 시도입니다. 그러나 이런 압박은 아무런 소용이 없었습니다. 예전에는 그냥 부르짖기만 해도 하나님이 사사를 세우셔서 이스라엘을 구원해주셨지만, 이제는 달라졌습니다.

> 11여호와께서 이스라엘 자손에게 이르시되 내가 애굽 사람과 아모리 사람과 암몬 자손과 블레셋 사람에게서 너희를 구원하지 아니하였느냐. 12또 시돈 사람과 아말렉 사람과 마온 사람이 너희를 압제할 때에 너희가 내게 부르짖으므로 내가 너희를 그들의 손에서 구원하였거늘 13너희가 나를 버리고 다른 신들을 섬기니 그러므로 내가 다시는 너희를 구원하지 아니하리라. 14가서 너희가 택한 신들에게 부르짖어 너희의 환난 때에 그들이 너희를 구원하게 하라 하신지라(삿 10:11-14).

하나님은 먼저 지금까지 베푸신 구원의 역사를 상기시킵니다. 여기에 언급된 민족들의 순서는 출애굽에서 시작된 구원의 순서를 따르고 있습니다. 흥미로운 사실은 앞에서 이스라엘 백성이 배교하여 섬겼던 일곱 종류의 신들에 대응이라도 하듯이 여기에서 일곱 개의 이방 민족을 언급하고 있다는 것입니다. 12절에 언급되는 '마온 사람'은 아마도 가장 최근인 기드온 시절에 등장한 '미디안 족속'을 의미하는 것으로 보입니다. 여하튼 이스라엘의 배교가 가장 심한 상태인 것과 대조적으로 하나님의 구원 역사는 그만큼 완전하고 포괄적이었다는 사실을 말씀하십니다.

지금까지는 이스라엘이 부르짖으면 언제나 하나님이 구원해주셨습니다. 그러나 이제는 그렇게 하지 않으시겠다고 선언하십니다. "내가 다시는 너희를 구원하지 아니하리라!"(I will no longer save you, NIV). 이것은 성경 전체에서 만나는 가장 충격적인 장면 중의 하나입니다. 하나님은 죄를 고백하고 용서를 구하기만 하면 무조건 구원해주시는 그런 분이라고 알고 있는 사람들에게 특별히 충격적인 선언입니다.

이 말씀은 구원에 대한 사람들의 생각을 근본적으로 흔들어놓습니다. 사람들은 하나님의 용서와 구원을 '회개'라는 동전을 집어넣기만 하면 얻을 수 있는 자동판매기 물품처럼 간주합니다. 매번 똑같은 죄를 반복하여 지으면서 교회에 나와서 회개 기도를 하기만 하면 모두 용서받을 수 있을 것으로 생각합니다. 사실은 그렇기에 죄에 대해서 별로 심각하게 생각하지 않는 것입니다.

그러나 하나님은 거듭 반복되는 이스라엘의 죄에 대한 회개를 받아주시지 않겠다고 선언하십니다. 그 회개의 진정성을 인정할 수 없다는 뜻입니다. 대신 이스라엘이 택한 다른 신들에게 부르짖으라고 말씀하십니다. 딴 데 가서 알아보라는 것이지요. 이제 더는 이스라엘과 상관하지 않겠다는 뜻입니다. 그렇습니다. 이스라엘만 하나님을 버릴 수 있는 것이 아닙니다. 하나님도 얼마든지 이스라엘에 대한 사랑을 접으실 수 있습니다.

이스라엘의 반응

난생처음 하나님께 거절을 당한 이스라엘 백성이 어떤 반응을 보였을까요?

15이스라엘 자손이 여호와께 여쭈되 우리가 범죄하였사오니 주께서 보시기에 좋은 대로 우리에게 행하시려니와 오직 주께 구하옵나니 오늘 우리를 건져 내옵소서 하고 16자기 가운데서 이방 신들을 제하여 버리고 여호와를 섬기매 여호와께서 이스라엘의 곤고로 말미암아 마음에 근심하시니라(삿 10:15-16).

그들은 재차 자신의 범죄를 그대로 인정합니다. 그리고 하나님의 처분에 맡긴다고 합니다. 그렇지만 지금만은 제발 건져 달라고 호소합니다. 어떻게든 하나님의 도움을 얻으려고 애쓰는 그들의 절박함이 구구절절 묻어납니다. 그러고 난 후에 이스라엘은 지금까지 볼 수 없었던 행동을 합니다. 이방 신들을 제하여 버리고 하나님을 섬기기 시작한 것입니다. 이것은 사사기에 처음 등장하는 진정성 있는 '회개'입니다.

이스라엘이 보여준 회개의 노력이 통한 것일까요? "여호와께서 이스라엘의 곤고로 말미암아 마음에 근심하셨다"고 합니다. 그런데 '마음에 근심하셨다'에 해당하는 히브리 원어를 문자적으로 번역하면 사실 "마음(네페시)이 짧다(카차르)"가 됩니다. 이는 인내심이 한계에 다다른 상황을 묘사하는 숙어입니다.

이와 똑같은 표현이 삼손 이야기에 나옵니다. 들릴라가 삼손이 가지고 있는 힘의 비밀을 알기 위해서 계속 졸라대니까 삼손의 마음이 번뇌하여 죽을 지경이 되었다고 하는데(삿 16:16), 여기에서 '마음이 번뇌하여'가 바로 오늘 본문의 '마음에 근심하셨다'와 똑같은 표현입니다.

그러니까 '하나님의 근심'은 무언가를 몹시 걱정하신다는 그런 뜻이 아니라, 무언가를 더는 참을 수 없다는 그런 뜻입니다. 무엇 때문에 그러셨습니까? '이스라엘의 곤고' 때문입니다. 그렇다면 이렇게 하나님의 인내심을 한계에 이르게 한 '이스라엘의 곤고'는 구체적으로 무엇을 말하는 것일까요?

한자어 '곤고'(困苦)는 '괴롭고 쓰다'는 뜻입니다. 그래서 우리는 이스라엘 백성이 암몬 자손들과 블레셋 사람들로 인해서 당하는 괴로움을 가리키는 말로 이해합니다. 그렇지만 이것의 히브리 원어는 '아말'(amal)인데, 이는 성경에서 주로 '수고'(labor)로 번역되었습니다. 시편 90편에 보면 '우리의 연수가 칠십이요 강건하면 팔십이라도, 그 연수의 자랑은 수고와 슬픔뿐'(시 90:10)고 했을 때의 '수고'가 바로 '아말'입니다. 다시 말해서 '헛수고' 또는 '헛고생'을 의미합니다.

그렇다면 이스라엘이 지금 어떤 일에 '헛수고'를 하고 있다는 말일까요? 이것은 그들이 이방 민족에게 당하고 있는 '고통'을 가리키는 말이 아닙니다. 오히려 지금 하나님의 구원을 간곡하게 요청하고 있는 '수고'를 말하고 있는 것입니다. 바로 그 수고에 대해서 하나님은 참기 힘든 상태가 되셨다는 뜻입니다.

그런데 하나님의 번민은 삼손의 번민과 수준이 다릅니다. 이렇게 성심성의껏 행동을 하면서 끈질기게 떼를 쓰는데 들어줄 수도, 안 들어 줄 수도 없는 그런 차원의 번민이 아닙니다. 하나님은 이스라엘 백성이 또다시 자신을 배반할 것을 아시기에 번민하십니다. 그들의 회개가 '헛수고'가 될 것을 아시기에 그것을 참아내기 힘들어하시는 것입니다. 그것이 바로 '하나님의 근심'입니다.

하나님은 결국 사사를 세워 이스라엘을 암몬과 블레셋의 손에서 구원하기로 하십니다. 그래서 세워진 사사들이 입다와 삼손입니다. 그러나 '하나님의 근심'이 그친 것은 아닙니다. 이스라엘의 회개가 지금 당장은 진정성이 있는 것처럼 보여도 얼마 지나지 않아 그들은 또다시 하나님을 배반할 것입니다. 이런 식으로 구원해준다고 해도 계속해서 반복되는 그들의 습관적인 죄와 습관적인 회개를 고칠 수가 없습니다.

그래서 '하나님의 근심'은 그 이후로도 계속되었습니다. 그러다가 결국 독생자 예수 그리스도를 이 땅에 보내셔서 세상 죄를 지고 가는 하나님의 어린양으로 삼으심으로써 인간의 죄의 문제를 근본적으로 해결하기로 하셨던 것입니다. 하나님의 아들이신 예수 그리스도를 믿는 자를 의롭다고 칭해 주심으로써 구원을 얻게 하신 것입니다.

이 말을 우리는 잘 이해해야 합니다. 죄를 회개함으로 구원을 받는 것이 아닙니다. 예수 그리스도께서 우리의 죄를 온전히 대속해 주셨음을 믿음으로써 구원을 받게 하신 것입니다. 예수 그리스도를 통한 이와 같은 놀라운 구원의 역사가 바로 이 '하나님의 근심'으로부터 나온 결과입니다.

그런데 지금도 여전히 하나님을 근심하게 하면서 신앙 생활하는 사람이 많습니다. 사사 시대 이스라엘 백성처럼 습관적으로 죄를 짓고 또한 습관적으로 회개합니다. 하나님은 우리가 회개하면 반드시 우리를 용서해야 하는 의무가 있는 분처럼 생각합니다. 하나님은 우리의 필요를 채우기 위해서 우리가 필요할 때마다 마음대로 호출하여 이용할 수 있는 분으로 생각합니다. 만일 그런 식으로 하나님을 대한다면, 우리는 하나님을 근심하게 하는 자들입니다.

하나님은 우리가 겉모습만의 계약 백성이 되는 것을 원하지 않으십니다. 우리의 속사람이 계약 백성으로 온전히 거듭나기를 원하십니다. "내가 그리스도와 함께 십자가에 못 박혀 죽기" 전까지는 진정한 의미의 계약 백성이 될 수 없습니다. "내 안에 내가 사는 것이 아니요, 그리스도께서 사시는 것"이 되기 전까지는 계약 백성답게 살 수 없습니다. 그것이 바로 우리가 신앙 생활을 하면서도 습관적인 죄와 습관적인 회개의 사이클에서 벗어나지 못하는 이유입니다.

예수 그리스도의 십자가를 헛된 것으로 만들지 마십시오. 하나님의 은혜를 폐하는 자들이 되지 마십시오. 하나님의 마음을 근심하게 하지 마십시오. 반복되는 악순환의 고리를 끊는 유일한 길은 오직 십자가입니다. 그리스도와 함께 십자가에 못 박혀 죽는 것입니다. 그리고 다시는 종의 멍에를 메지 않는 것입니다(갈 5:1).

묵상 질문: 나는 하나님의 마음을 근심하게 하는가, 아니면 기쁘게 하는가?

오늘의 기도: 습관적으로 죄를 짓고 습관적으로 회개하는 우리를 불쌍히 여겨 주옵소서. 우리의 속사람이 온전히 거듭나지 못해서 죄의 악순환을 반복하고 있습니다. 위기를 모면하기 위한 얄팍한 회개에 매달리지 않게 하시고, 그리스도와 함께 십자가에 못 박혀 죽음으로 새로운 인생을 시작할 수 있게 하옵소서. 그리하여 이제부터는 하나님의 마음을 기쁘게 하는 진정한 의미의 계약 백성으로 살아가게 하옵소서. 예수님의 이름으로 기도합니다. 아멘.

기생의 아들 입다

읽을 말씀: 사사기 10:17-11:11

새길 말씀: 1길르앗 사람 입다는 큰 용사였으니 기생이 길르앗에게서 낳은 아들이었고 2길르앗의 아내도 그의 아들들을 낳았더라. 그 아내의 아들들이 자라매 입다를 쫓아내며 그에게 이르되 너는 다른 여인의 자식이니 우리 아버지의 집에서 기업을 잇지 못하리라 한지라. 3이에 입다가 그의 형제들을 피하여 돕 땅에 거주하매 잡류가 그에게로 모여와서 그와 함께 출입하였더라(삿 11:1-3).

앞 장에서 우리는 '하나님의 근심'에 대해서 살펴보았습니다. 하나님의 근심은 습관적인 죄와 습관적인 회개의 사이클을 벗어나지 못하면서도, 여전히 하나님의 구원을 바라는 이스라엘 백성의 헛수고에 대해서 하나님이 느끼고 계시는 '인내의 한계'라고 했습니다. 그들이 비록 지금은 진정성을 가지고 하나님께 회개하고 있는 것 같지만, 현재 당면한 문제가 해결되고 나면 여전히 하나님을 배신할 것을 아셨기 때문에 마음에 근심하셨던 것입니다.

물론 그 근심은 결국 예수 그리스도의 십자가를 통한 새로운 구원의 길을 열게 했습니다. 죄를 회개함으로 구원을 받는 것이 아니라, 예수 그리스도께서 우리의 죄를 온전히 대속해 주셨음을 믿음으로써 구원을 받게 하신 것입니다. 그러나 그것은 먼 훗날 신약시대의 이야기이고, 지금 당장 암몬 자손들에 의해서 고통당하고 있는 이스라엘 자손들을 어떻게 해야 할 것인지에 대해서 하나님은 아직 분명하게 결정을 내리지 않으셨습니다.

그와 같은 하나님의 근심은 이스라엘 백성을 구원할 사사를 세우는 일에 주저하는 모습으로 나타났습니다. 예전 같았으면 이스라엘 백성이 부르짖기만 해도 즉각 구원자를 세우시고 그를 통해 이스라엘을 구원하셨는데, 그것과는 아주 대조적인 모습입니다. 길고 긴 하나님의 침묵 속에 이스라엘 백성은 스스로 자구책을 찾아볼 수밖에 없었습니다.

미스바 모임

지난 18년 동안 암몬 자손과 블레셋 자손의 억압을 받아오면서(삿 10:8) 이스라엘 자손들은 하나님의 구원을 간구했지만, 하나님은 아무런 대답도, 아무런 행동도 하지 않으셨습니다. 하나님의 근심은 길고 긴 침묵으로 표현되었습니다. 그러는 동안 암몬 자손들은 또다시 대규모 병력으로 이스라엘을 침공하기 위하여 모였습니다.

> 17그 때에 암몬 자손이 모여서 길르앗에 진을 쳤으므로 이스라엘 자손도 모여서 미스바에 진을 치고 18길르앗 백성과 방백들이 서로 이르되 누가 먼저 나가서 암몬 자손과 싸움을 시작하랴. 그가 길르앗 모든 주민의 머리가 되리라 하니라(삿 10:17-18).

암몬 자손이 길르앗에 진을 치자, 이에 맞서 이스라엘 자손도 미스바에 진을 쳤습니다. 그러나 암몬 자손은 훈련된 군사들이 제대로 진용을 갖춘 것이고, 이스라엘 자손은 말 그대로 그냥 모인 것입니다. 이 문제를 어떻게 해결할 것인지 상의하기 위해서 일단 무조건 미스바에 모였습니다. 그러나 그들에게는 아무런 대책이 없었습니다.

"누가 먼저 나가서 암몬 자손과 싸움을 시작하랴?" 이 말은 사사기 1장 첫머리를 연상하게 합니다. "누가 먼저 올라가서 가나안 족속과 싸우리이까?"(삿 1:1) 하고 하나님께 물었지요. 그런데 지금 길르앗 사람들은 하나님께 묻지 않습니다. 그저 자기들끼리 서로 의논하는 중입니다. 그들은 왜 하나님께 묻지 않았을까요? 하나님이 오래 침묵하고 계셨기 때문입니다.

심지어 그들은 먼저 나가 싸우는 자에게 줄 보상까지도 스스로 정합니다. "그가 길르앗 모든 주민의 머리가 되리라." 여기에서 '머리'는 '왕'을 의미하지 않습니다. 오히려 '다스리는 사람', 즉 '쇼페팀'을 의미합니다. 지금까지 '쇼페팀'은 하나님이 세우셨습니다. 그런데 이제 그들이 스스로 사사를 세우겠다는 것이지요. 왜요? 하나님이 침묵하고 계셨기 때문입니다.

그러나 그들 중에 아무도 나서는 사람이 없었습니다. 먼저 나가서 싸움을 시작할 만큼 준비된 사람이 아무도 없었던 것입니다. 하나님은 침묵하시는데, 그들 중에는 이 문제를 해결할 사람이 하나도 없으니 참으로 답답한 노릇입니다.

'입다' 모셔 오기

하나님은 근심하고 계셨지만, 그렇다고 해서 이스라엘 백성을 외면하거나 포기하신 것은 아니었습니다. 오랜 침묵 속에서도 하나님은 이스라엘을 구원할 사람을 준비하고 계셨습니다. 그는 아이러니하게도 길르앗 사람들에게서 버림받은 사람이었습니다.

> ¹길르앗 사람 입다는 큰 용사였으나 기생이 길르앗에게서 낳은 아들이었고 ²길르앗의 아내도 그의 아들들을 낳았더라. 그 아내의 아들들이 자라매 입다를 쫓아내며 그에게 이르되 너는 다른 여인의 자식이니 우리 아버지의 집에서 기업을 잇지 못하리라 한지라. ³이에 입다가 그의 형제들을 피하여 돕 땅에 거주하매 잡류가 그에게로 모여와서 그와 함께 출입하였더라(삿 11:1-3).

드디어 '입다'(Jephthah)가 등장합니다. 본문은 '입다'를 상반되는 두 가지 특징으로 소개합니다. '큰 용사'와 '기생 아들'이 그것입니다. '큰 용사'(깁보르 하일)는 여호와의 사자가 기드온에게 나타나셔서 말씀하시던 바로 그 말입니다(삿 6:11). 기드온에게는 장차 그렇게 세워주시겠다는 하나님의 약속이었지만, '입다'에게는 이미 사람들 사이에서 불리던 별명이었습니다.

그러나 '큰 용사' 입다는 가슴 아픈 출생의 비밀을 가지고 있었습니다. 그것은 '기생 아들'이라는 두 번째 별명이 잘 설명합니다. 그런데 말이 '기생'이지, 여기에 해당하는 히브리어 '조나'(zownah)는 사실 '창녀'에 가깝습니다. 당시 사회에서 이들이 용인되기는 했지만, 동시에 심한 경멸을 받았던 것도 사실입니다. '기생 아들'로 태어났으니 입다가 사람들에게 어떤 대우를 받았을지 충분히 짐작할 수 있습니다.

그는 본처 아들들의 집단 따돌림의 대상이 되었고, 결국 그들에 의해서 추방되어 고향을 떠날 수밖에 없었습니다. 그래서 흘러 들어간 곳이 '돕' 땅입니다. 그런데 아이러니하게도 '돕'은 히브리어로 '토브'(tob), 즉 '좋은'(good)이라는 뜻입니다. 이곳은 이스라엘이 분배받은 약속의 땅에 포함되지 않았습니다. 그러나 그곳에서 입다는 '큰 용사'가 되었으니 분명 '돕 땅'은 그에게 '좋은 땅'이었습니다.

그런데 입다가 어떻게 '큰 용사'라는 별명을 얻게 되었을까요? 본문은 입다가 돕 땅에 거주하자 "잡류가 그에게로 모여 왔다"고 합니다. '잡류'(雜類)로 번역된 '아나심 레큄'(anashim reqim)은 아비멜렉 이야기에도 등장합니다. 기드온의 서자였던 아비멜렉이 어머니의 고향 세겜 사람들을 통해 바알브릿신전에서 정치자금을 받아서 '방탕하고 경박한 사람들'을 샀다고 했지요(삿 9:4). 그들이 바로 '아나심 레큄'입니다.

한 가지 차이가 있다면 아비멜렉은 그들을 돈 주고 샀지만, 입다의 경우에는 그들이 스스로 모여들었다는 사실입니다. 입다에게는 무언가 사람들을 끌어들이는 매력이나 지도력이 있었다는 뜻입니다. 마치 우리나라의 '홍길

동'이나 영국의 '로빈 후드' 같이 불의한 권력에 맞서는 의적의 모습이 느껴지는 대목입니다. 물론 실제로 그랬는지는 알 수 없지만, 입다는 그곳에서 많은 사람이 따르는 '큰 용사'(mighty warrior)로 이름을 날리게 되었습니다. 그리고 그에 대한 소문이 고향 길르앗에도 들렸습니다.

다시 첫 장면으로 돌아옵니다. 길르앗 사람들은 지금 미스바에 모여 있습니다. 암몬 자손들과 대적하기 위해서 모이기는 했지만, 그들을 이끌어 전쟁을 치를 지도자로 나서는 사람은 아무도 없는 그런 상황입니다. 이때 누군가가 '입다'의 이야기를 꺼냅니다. 그리고 길르앗 장로들은 입다를 데려오려고 서둘러서 갑니다.

> 4얼마 후에 암몬 자손이 이스라엘을 치려하니라. 5암몬 자손이 이스라엘을 치려 할 때에 길르앗 장로들이 입다를 데려오려고 돕 땅에 가서 6입다에게 이르되 우리가 암몬 자손과 싸우려 하니 당신은 와서 우리의 장관이 되라 하니…(삿 11:4-6).

우리말로는 '얼마 후에'라고 되어 있지만, 히브리 원어를 문자적으로 직역하면 "시간의 과정이 흘러갔다"(And it came to pass in process of time...)입니다. 이것은 이번에 암몬 자손이 진격해 들어온 이후의 시간을 말하는 것이 아니라, 입다가 돕 땅으로 가서 '큰 용사'로 명망을 얻기까지의 시간을 의미합니다. 그 기간이 얼마나 되었을까요?

적어도 18년 이상이 되었을 것으로 보입니다. 그러니까 암몬과 블레셋 사람들에 의해서 침략을 당하기 전에 입다는 길르앗 공동체에서 추방된 것이지요. 그가 떠나있는 동안 길르앗 땅은 일방적으로 압제를 받아왔고, 이제 드디어 이스라엘 자손들이 암몬 자손에 대항하여 무언가 행동을 취하려고 미스바에 모이게 된 것입니다.

그 오랜 시간 만일 입다가 길르앗 땅에 남아 있었다면 어떻게 되었을까요? 지금과 같은 리더십과 지명도가 생겼을까요? 그러지 않았을 것입니다. 그저 천박한 기생의 아들로서 사람들에게 가치 없는 인생으로 취급되었을 것이고, 기껏해야 '경박하고 방탕한 잡류'가 되어 누군가에게 이용당하면서 살았을 것입니다.

그러니 어떤 의미에서는 공동체에서 추방당하는 아픔이 입다에게는 오히려 약이 된 셈입니다. 이를 통해서 본문은, 비록 하나님께서 지금은 마음에 근심하며 침묵하고 계시지만, 이스라엘을 구원하기 위한 계획을 오래전부터 진행해 오셨음을 넌지시 알리고 있습니다.

여하튼 길르앗 장로들은 입다를 만나자마자 '우리의 장관'(our captain)이 되어 달라고 요청합니다. '장관'은 군사적인 지휘관입니다. 이 전쟁에서 이길 수 있도록 입다의 능력을 발휘하여 도와달라는 것이지요. 그러나 그들이 미스바에 처음 모였을 때 싸움을 시작하는 사람에게 내건 보상이 무엇이었습니까? '머리'가 되는 것이었습니다(삿 10:18). 그런데 입다에게는 '머리'가 아니라 '장관'이 되어 달라고 부탁하는 것입니다. 아마도 '기생 아들'이라는 그의 출신 배경으로는 감히 '머리'가 될 자격은 없다고 내부적으로 판단했던 것으로 보입니다.

입다는 그들의 얄팍한 계산을 알고 있었을까요? 과거의 일을 들추면서 그들에게 핀잔을 줍니다.

입다가 길르앗 장로들에게 이르되 너희가 전에 나를 미워하여 내 아버지 집에서 쫓아 내지 아니하였느냐. 이제 너희가 환난을 당하였다고 어찌하여 내게 왔느냐 하니라 (삿 11:7).

여기에서 우리는 입다를 만나러 온 길르앗 장로 중에 입다의 배다른 형제가 있었음을 짐작하게 됩니다. 그렇지 않다면 이렇게 사사로운 일들을 언급하면서 그들을 책망하지는 않았을 것입니다. 사실 입다의 말은 백번 옳습니다. 쫓아낼 때는 언제이고 이제 어려움을 당했다고 인제 와서 도와달라고 그럽니까? 도와주면 그들이 과연 입다를 공동체의 일원으로 받아들일까요?

싸움에 이용하고 버릴 게 뻔합니다. 그런데도 목숨을 걸고 그들을 도와줄 필요가 있을까요?

그런데 입다의 말속에서 우리는 오랫동안 침묵하고 계시는 하나님의 속마음을 읽을 수가 있습니다. 이스라엘 백성은 온갖 종류의 우상을 섬기느라 여호와 하나님을 버렸습니다(삿 10:6). 그들의 하나님을 그들의 삶에서 쫓아낸 것입니다. 그래 놓고 암몬 자손들로 인해 어려움을 당하니까 인제 와서 구원해달라고 그러는 것입니다. 과연 그들을 구원해줄 필요가 있을까요?

구원해준다고 해서 과연 그들이 하나님을 잘 섬길까요? 아닙니다. 일단 고비만 넘기면 또 옛날로 돌아갈 것입니다. 그런데도 그들을 구원해주어야 할까요? 바로 여기에 하나님의 깊은 고민이 있는 것입니다. 이런 하나님의 근심을 그들은 알고 있을까요?

하나님의 섭리

입다를 여전히 '기생 아들' 정도로 취급하여 적당히 부려 먹으려고 하던 길르앗 장로들은 그들의 속셈이 들키자 당황하지 않을 수 없었습니다. 다시 정중하게 부탁을 합니다.

> 그러므로 길르앗 장로들이 입다에게 이르되 이제 우리가 당신을 찾아온 것은 우리와 함께 가서 암몬 자손과 싸우게 하려 함이니 그리하면 당신이 우리 길르앗 모든 주민의 머리가 되리라 하매…(삿 11:8).

'장관'(captain)에서 '머리'(head)로 제안이 바뀌었습니다. 단순히 군사적인 리더가 아니라 전체 공동체의 지도자, 즉 '쇼페팀'으로 삼겠다는 것입니다. 겉으로 보기에는 입다와 길르앗 장로들 사이에 협상이 진행되는 것처럼 보이지만, 실제로는 하나님이 입다를 이스라엘을 구원할 사사로 세우고 계시는 것입니다. 그것은 입다의 입에서 나온 뜻밖의 말들로 확인할 수 있습니다.

⁹입다가 길르앗 장로들에게 이르되 너희가 나를 데리고 고향으로 돌아가서 암몬 자
손과 싸우게 할 때에 만일 여호와께서 그들을 내게 넘겨주시면 내가 과연 너희의 머
리가 되겠느냐 하니 ¹⁰길르앗 장로들이 입다에게 이르되 여호와는 우리 사이의 증인
이시니 당신의 말대로 우리가 그렇게 행하리이다 하니라(삿 11:9-10).

지금까지 길르앗 장로들의 입에서는 '하나님'이 단 한 번도 언급되지 않
았습니다. 물론 하나님은 침묵하고 계셨습니다. 그러나 아무리 그렇다고 하
더라도 만일 그들의 회개가 진정성을 담고 있는 것이고, 오직 하나님만 그들
을 구원하실 수 있다는 간절함이 있었다면, 매 순간 하나님께 묻고 또한 기도
하지 않을 수 없었을 것입니다. 그러나 그렇게 하지 않았습니다. 단지 인간적
인 필요와 계산으로만 이 일에 접근했을 뿐입니다.

그런데 이 일에 하나님이 개입하고 있음을 선포한 사람은 뜻밖에도 입다
였습니다. "만일 여호와께서 그들을 내게 넘겨주시면…." 무슨 뜻입니까? 이
전쟁은 입다 자신의 용맹스러움이나 전투기술에 달린 것이 아니라는 말입니
다. 이 전쟁은 하나님께 달려있습니다. 만일 하나님이 암몬 사람을 입다에게
넘겨주셔서 이기게 하시면 그것은 하나님이 자신을 '쇼페팀'으로 세우시는
일이요, 만일 이 전쟁에서 지게 되면 그것은 하나님이 자신을 '사사'로 세우
지 않으신다는 뜻이라는 겁니다.

입다가 하나님의 섭리를 온전히 이해하면서 이런 말을 한 것으로 보이지
는 않습니다. 그러나 부지중에 그는 하나님의 섭리를 선포하고 있는 것입니
다. 여기에는 분명히 성령의 감동이 있었을 것입니다. 그제야 길르앗의 장로
들도 그 사실을 인정합니다. "여호와는 우리의 증인이십니다!"

이것에 해당하는 히브리 원어를 직역하면 "여호와는 우리 사이의 청취자
입니다"(The Lord is a hearer between us)가 됩니다. 하나님이 그들의 대화를

들고 계셨고 또한 그 대화의 내용 그대로 실행하신다는 고백입니다. 자신들이 문제를 해결하기 위해서 입다를 찾아왔지만, 결국 이 일이 하나님께서 그들을 위해 '사사'를 세우시려는 섭리 가운데 진행되고 있음을 깨닫게 되었다는 고백입니다.

마침내 입다는 길르앗 장로들과 함께 고향으로 내려옵니다. 물론 그에게는 돕 땅에서부터 그를 따르던 무리가 동행하고 있었을 것입니다. '기생 아들'이라는 이유로 공동체에서 추방당했던 그가 이제는 '큰 용사'가 되어 당당히 지도자의 자격을 갖추어 금의환향하고 있는 것입니다. 그의 마음이 과연 어땠을까요?

> 이에 입다가 길르앗 장로들과 함께 가니 백성이 그를 자기들의 머리와 장관을 삼은
> 지라. 입다가 미스바에서 자기의 말을 다 여호와 앞에 아뢰니라(삿 11:11).

길르앗 장로들은 입다를 '머리'와 '장관'으로 세웁니다. 협상 과정에서는 입다가 먼저 '장관'이 되어 전쟁을 치르고, 그 전쟁에서 이기면 '머리'가 되도록 했는데, 전쟁을 치르기도 전에 '머리'와 '장관'으로 동시에 세워지고 있는 것입니다. 여기에서 우리는 길르앗 백성이 입다를 하나님께서 세워주신 사사로 인정하고 있다는 사실을 확인하게 됩니다.

그러자 입다는 미스바에서 "자기의 말을 다 여호와 앞에 아뢰었다"고 합니다. 입다가 이곳에 오기 전까지 미스바는 그저 길르앗 사람들이 어떻게 할까 걱정하며 모여 있는 장소였습니다. 그들은 하나님께 물을 생각도 하지 않았고, 하나님의 도움을 간구하지도 않았습니다. 그런데 입다는 미스바를 '하나님 앞에' 자신의 말을 아뢰는 자리로 삼았습니다. 무슨 뜻입니까? 하나님께 제단을 쌓고 기도하는 자리로 만든 것입니다.

어떤 학자들이 추측하는 것처럼 이곳에 굳이 성막과 법궤를 가져왔다고 생각할 필요는 없습니다. 그저 소박하게 토단을 쌓거나 다듬지 않은 돌로

제단을 쌓고 하나님께 예배하면, 그 자리에 임하셔서 복을 주시겠다고 분명히 약속하셨습니다(출 20:24-25). 입다는 미스바에서 그렇게 제단을 쌓고 기도하면서 길르앗 장로들과 약속한 그 모든 말들을 하나님께 아뢰었던 것입니다.

여기에서 우리는 '기생 아들' 입다가 오래전에 자신을 추방한 공동체에 다시 돌아와서 이제는 군사적, 정치적인 리더십뿐만 아니라 신앙적인 리더십을 가진 '큰 용사'로 받아들여지는 감격스러운 장면을 보고 있습니다.

"사람이 마음으로 자기의 길을 계획할지라도 그의 걸음을 인도하시는 이는 여호와시니라"(잠 16:9)라고 하셨습니다. 길르앗 사람들의 본래 계획은 '기생 아들' 입다를 데려와서 암몬 자손과의 전쟁을 치르는 데 적당히 이용하려는 것이었습니다. 그러나 하나님은 그들의 의도를 사용하셔서 이스라엘을 구원할 사사를 세우게 하셨습니다. 그들의 걸음을 하나님께서 인도하신 것입니다.

입다가 길르앗 공동체에서 추방당하여 멀리 돕 땅으로 가야만 했을 때 그의 마음에 얼마나 큰 분노와 상처가 있었겠습니까? 그러나 오랜 세월이 흐른 후에 그는 비로소 깨닫게 되었습니다. 그것 또한 하나님의 인도하심이었다는 사실을 말입니다.

마음먹은 계획대로 이루어지지 않는다고 낙심할 필요가 없습니다. 생각과 달리 먼 길로 돌아가게 되었다고 실망할 필요가 없습니다. 우리의 걸음을 인도하시는 분은 여호와 하나님이십니다. 하나님은 우리의 습관적인 죄와 습관적인 회개로 인해 마음에 근심하며 때로 침묵하시지만, 우리를 향하신 하나님의 기본적인 뜻은 '재앙이 아니라 평안'이요, '미래와 희망을 주는 것'입니다(렘 29:11).

따라서 우리가 해야 할 일은 우리의 삶의 자리를 하나님께 예배하는 자리로 만드는 것입니다. 하나님이 때로 침묵하실지라도 끝까지 하나님을 찾는 것입니다. 그러면 우리는 결국 구원의 하나님을 만나게 될 것입니다(렘 29:13).

묵상 질문: 하나님이 침묵하실 때도 나는 하나님께 기도할 수 있는가?

오늘의 기도: 우리가 때로 사람들에게 거절당한다고 하더라도, 하나님은 우리를 거절하지 않으심을 믿습니다. 우리가 때로 먼 길로 돌아간다고 하더라도, 하나님은 우리의 걸음을 인도하고 계심을 믿습니다. 하나님이 때로 침묵하신다고 해도, 여전히 우리의 구원을 위해 일하고 계심을 믿습니다. 우리의 희망은 오직 하나님에게 있사오니, 언제나 하나님을 향해 나아가게 하옵소서. 예수님의 이름으로 기도합니다. 아멘.

미신적 신앙의 비극

읽을 말씀: 사사기 11:12-40; 레위기 20:1-3

새길 말씀: ³⁰그가 여호와께 서원하여 이르되 주께서 과연 암몬 자손을 내 손에 넘겨주시
면 ³¹내가 암몬 자손에게서 평안히 돌아올 때에 누구든지 내 집 문에서 나와
서 나를 영접하는 그는 여호와께 돌릴 것이니 내가 그를 번제물로 드리겠나이
다 하니라 (삿 11:29-31).

입다는 '기생 아들'이라는 미천한 출신 배경에도 불구하고 나중에는 '큰
용사'가 된 그야말로 입지전적인 인물입니다. 그의 출중함은 이복형제들의
집단 따돌림을 피해 멀리 돕 땅으로 가서 살 때부터 이미 나타났습니다. 입다
에게는 무언가 사람들의 이목을 끄는 매력이 있었습니다(삿 11:3). 그래서 비
록 '잡류'(아나심 레큄)이지만 그들의 우두머리로서 지도력을 발휘하면서 '큰
용사'라는 별명을 얻게 된 것입니다.

입다가 가지고 있는 가장 큰 능력은 뛰어난 언변입니다. 이는 길르앗 장
로들과의 협상을 통해서 여실히 증명되었습니다. 그는 '장관'이 되어 달라는
길르앗 장로들의 제안을 '머리'가 되어 달라는 부탁으로 바꾸게 만듭니다.
처음에는 군사적 도움만 요청했던 장로들과의 협상을 통해서 입다는 군사적,

정치적 그리고 신앙적 권위를 획득해 냅니다. 그야말로 입다는 협상의 달인이었습니다. 그 뛰어난 능력으로 자신을 추방한 공동체의 지도자로 세워지는 입신양명의 길을 열었던 것입니다.

그러나 앞 장에서 우리가 살펴본 것처럼 이 모든 일의 배후에는 하나님의 섭리와 인도하심이 있었습니다. 이스라엘 백성에 대해서 '인내의 한계'를 느끼시던 하나님께서 "다시는 너희를 구원하지 않겠다"(삿 10:13)고 선언하신 후에 오랫동안 침묵하셨지만, 다른 한 편으로는 이스라엘을 구원할 계획을 진행해 오셨던 것입니다.

암몬 왕과의 협상

백성들이 모두 보는 앞에서 공식적으로 길르앗의 '머리'와 '장관'이 된 후에 입다는 자신의 장점을 활용하여 이번에는 암몬 왕과 외교 협상을 벌입니다.

> ¹²입다가 암몬 자손의 왕에게 사자들을 보내 이르되 네가 나와 무슨 상관이 있기에 내 땅을 치러 내게 왔느냐 하니 ¹³암몬 자손의 왕이 입다의 사자들에게 대답하되 이스라엘이 애굽에서 올라올 때에 아르논에서부터 얍복과 요단까지 내 땅을 점령했기 때문이니 이제 그것을 평화롭게 돌려 달라 하니라(삿 11:12-13).

암몬 왕은 지금 이스라엘이 점령하고 있는 '아르논에서부터 얍복과 요단까지'가 본래 자신의 것이니 이제 그것을 평화롭게 돌려달라고 요구합니다. 여기에서 그가 언급하는 것은 모두 강 이름입니다. 현재 르우벤 지파와 갓 지파 그리고 서쪽 므낫세 지파(길르앗)가 차지하고 있는 땅이 여기에 해당합니다. 그 모든 땅에 대한 소유권을 주장하고 있는 것입니다.

이에 대해서 입다는 역사적인 사실을 정확하고 구체적으로 제시하면서 그 주장의 부당성을 지적합니다. 그 이야기가 14-26절까지 자세하게 기록되어 있습니다. 그 이야기를 읽으면서 우리는 조목조목 따져 묻는 그의 언변과 이스라엘의 역사에 대한 해박한 지식에 다시 한번 놀라지 않을 수가 없습니다. 그는 비록 '기생 아들'로 태어나 '잡류'들과 야인 생활을 했지만, 인생을 함부로 살지는 않았다는 것을 이를 통해 확인하게 됩니다.

우선 입다는 이스라엘이 모압 땅과 암몬 자손의 땅을 점령하지 않았다는 것을 역사적인 사실에 기초하여 설명합니다(삿 11:15-22). 입다는 출애굽 당시에 이스라엘이 가데스에서 요단 동쪽으로 가기 위해서 에돔 왕에게 지나가도록 요청했지만 허락하지 않아서 남쪽으로 돌아가야 했다는 사실(삿 11:17)과 그 이후 모압 땅으로 통과하려고 했으나 그도 허락하지 않아서 그 지역 안으로 들어가지 않았다는 사실(삿 11:17-18)을 밝힙니다.

실제로 하나님은 모압을 괴롭히지도 그와 싸우지도 말라고 명령하셨습니다(신 2:9). 그리고 암몬 족속과도 역시 다투지 말라고 하셨는데, 이는 암몬 족속의 땅을 이스라엘에게 기업으로 주지 않았기 때문이라고 분명히 말씀하셨습니다(신 2:19). 그 명령에 따라서 이스라엘 자손들은 이리저리 우회하여 그 지역을 통과해야 했던 것입니다.

또한 입다는 암몬 왕이 자신의 것이라고 주장하는 땅은 본래 아모리 족속들이 살던 곳이라고 말합니다. 당시 그곳을 통치하던 시혼 왕에게 통과할 수 있도록 요청하였지만, 오히려 이스라엘을 공격해 옴으로써 할 수 없이 그 땅을 점령하게 되었다는 사실을 분명히 밝힙니다(삿 11:19-22). 그러면서 그 땅은 '하나님께서 주셨다'고 선언합니다.

이스라엘의 하나님 여호와께서 이같이 아모리 족속을 자기 백성 이스라엘 앞에서 쫓아내셨거늘 네가 그 땅을 얻고자 하는 것이 옳으냐(삿 11:23).

그러니까 암몬 왕이 자신의 것이라고 주장하는 땅은 본래 그들의 땅도 아니었을 뿐만 아니라, 하나님이 특별히 이스라엘에게 주신 것인데 그 소유권을 주장하는 것은 누가 보아도 부당한 일이라는 것입니다. 게다가 그 땅에 인접해있던 모압이 당시에 아무런 문제도 삼지 않았고(삿 11:25) 또한 지난 3백 년 동안 아무 일 없이 그 땅에서 잘 살아왔는데 왜 인제 와서 소유권 문제를 제기하느냐고 반박합니다(삿 11:26).

협상의 달인답게 입다는 논리적으로 설명했고, 그것에 대해서 암몬 왕은 마땅히 대응할 말을 찾지 못했습니다. 하지만 암몬 왕은 이런 말싸움에 굴복하지 않았고(삿 11:28), 결국 전쟁이 시작될 수밖에 없었습니다. 그런데 암몬 왕과의 협상 과정에서 입다는 아주 중요한 진술을 합니다.

> 내가 네게 죄를 짓지 아니하였거늘 네가 나를 쳐서 내게 악을 행하고자 하는도다.
> 원하건대 심판하시는 여호와께서 오늘 이스라엘 자손과 암몬 자손 사이에 판결하
> 시옵소서…(삿 11:27).

"심판하시는 여호와께서 오늘… 판결하시옵소서"를 문자적으로 번역하면, "그 사사이신 여호와께서 오늘… 사사가 되옵소서"(The LORD the judge be judge this day, KJB)가 됩니다. 사사기에 등장하는 많은 사사가 있지만, 오직 여호와만이 진실을 판결할 수 있는 참된 '그 사사'(the judge)라는 고백입니다.

이는 마치 베드로가 '주는 그리스도요 하나님의 아들'(마 16:16)이라고 고백한 것에 버금갈만한 대단한 신앙고백입니다. 그러나 그때 주님이 베드로에게 "이를 네게 알게 한 이는 하늘에 계신 내 아버지라"(마 16:17)고 말씀하신 것처럼, 입다의 고백 역시 하나님이 성령을 통해서 주신 말씀입니다. 베드로처럼 입다도 그 말의 의미를 다 이해하지 못했습니다. 오히려 입다의 입을 통해서 하나님은 당신의 속마음을 드러내셨다고 보아야 합니다.

아무튼 암몬 왕과의 외교 협상을 통해서 입다는 자신의 존재감을 확실하게 드러냈습니다. 그의 해박한 역사적 지식과 하나님에 대한 분명한 신앙고백까지, 그 협상 과정을 지켜보던 길르앗 사람들에게 군사적, 정치적, 신앙적

지도자로서 입다의 존재감을 각인시키기에 충분했습니다.

하나님과의 협상

그러나 말이 많으면 실수도 많은 법입니다. 입다는 버릇처럼 하나님과 협상을 시도했고, 그것은 치명적인 실수가 되었습니다.

> 29이에 여호와의 영이 입다에게 임하시니 입다가 길르앗과 므낫세를 지나서 길르앗의 미스베에 이르고 길르앗의 미스베에서부터 암몬 자손에게로 나아갈 때에 30그가 여호와께 서원하여 이르되 주께서 과연 암몬 자손을 내 손에 넘겨주시면 31내가 암몬 자손에게서 평안히 돌아올 때에 누구든지 내 집 문에서 나와서 나를 영접하는 그는 여호와께 돌릴 것이니 내가 그를 번제물로 드리겠나이다 하니라(삿 11:29-31).

'여호와의 영이 임한다'는 것은 하나님께서 입다를 사사로 인정해주신다는 증거입니다. 하나님께서 그를 사사로 인정해주셨으니 이번 전쟁에서 승리하는 것은 두말할 필요도 없이 확실한 이야기입니다.

그런데 이 대목에서 입다는 하나님이 시키지도 않은 서원을 합니다. 자신의 손에 암몬을 넘겨주시고 자신이 평안히 집에 돌아오면 맨 처음 마중 나오는 자는 누구든지 하나님께 번제물로 드리겠다는 것입니다. 자기 딴에는 이번 일이 자신의 모든 것을 걸 만큼 중요하다는 뜻으로 그렇게 서원했는지 모르지만, 입다의 서원은 명백히 하나님이 금지하신 '인신제사'였습니다.

> 1여호와께서 모세에게 말씀하여 이르시되 너는 이스라엘 자손에게 또 이르라. 2그가 이스라엘 자손이든지 이스라엘에 거류하는 거류민이든지 그의 자식을 몰렉에게 주면 반드시 죽이되 그 지방 사람이 돌로 칠 것이요 3나도 그 사람에게 진노하여 그를 그의 백성 중에서 끊으리니 이는 그가 그의 자식을 몰렉에게 주어서 내 성소를 더럽히

고 내 성호를 욕되게 하였음이라(레 20:1-3).

　　인신제사는 몰렉(또는 몰록) 종교에서 시행하고 있던 관습이었습니다. 그것은 하나님이 가장 싫어하는 우상 숭배의 관습이었습니다. 반드시 죽음으로 다스려야 하는 죄입니다. 그런데 더욱 큰 문제는 지금 입다가 싸우려고 하는 암몬 자손들이 섬기는 신이 바로 몰렉이었다는 사실입니다(왕상 11:7). 하나님의 이름으로 암몬과 싸우면서 몰렉 종교의 관습으로 인신제사를 하겠다고 서원하는 이런 희극이 벌어지고 있는 것입니다.

　　입다는 왜 이런 식으로 서원을 하는 것일까요? 두 가지 설명이 가능합니다. 그 하나는 입다의 '신앙적인 무지'(ignorance)입니다. 여호와 하나님을 그에게 익숙한 미신적인 신앙 방식으로 접근하고 있는 것이지요. 사실 입다가 길르앗 공동체에서 추방되어 가서 살던 '돕 땅'은 암몬 접경 지역에 있었습니다. 거기에서 사는 동안 자신도 모르는 사이에 암몬 사람들의 미신적인 신앙에 젖어 든 것입니다.

　　물론 그는 나름대로 여호와 하나님에 대한 신앙이 있었습니다. 계약 백성 이스라엘 역사에 대한 해박한 지식도 가지고 있었습니다. 그러나 하나님의 율법에 대한 정확한 지식이 없었던 것입니다. 그래서 자기가 경험하여 아는 방식대로 하나님을 섬기는 것이지요.

　　다른 하나는 입다의 '협상하는 못된 버릇'입니다. 전투를 목전에 두고 그는 하나님께 좀 더 확실한 결과를 보장받고 싶었습니다. 그래서 이런 방식으로 서원했던 것입니다. 자기도 큰 것을 걸 테니, 하나님도 큰 것을 달라는 식입니다. 사람들과 협상하듯이 하나님과도 흥정하려고 했던 것입니다.

　　이러한 서원은 믿음이 아니라 의심과 불신에서 나온 지극히 계산적인 행동입니다. 이러한 서원은 하나님의 뜻을 따르려는 동기가 아니라 자신의 욕망을 채우려는 동기에서 나온 것입니다. 사실 이번 전쟁은 평생 돕 땅에서 떠돌던 입다가 고향 길르앗의 우두머리가 될 수 있는 절호의 기회였습니다.

그 욕망이 너무 강한 나머지 하나님조차도 흥정의 대상으로 삼았던 것입니다.

협상의 달인이었던 입다는 그의 뛰어난 언변으로 지금까지 성공의 길을 달려왔지만, 또한 그 언변으로 인해 스스로 자기 딸의 무덤을 파고 말았습니다.

입다 딸의 죽음

암몬과의 전쟁은 성공적으로 끝났습니다.

> 32이에 입다가 암몬 자손에게 이르러 그들과 싸우더니 여호와께서 그들을 그의 손에 넘겨주시매 33아로엘에서부터 민닛에 이르기까지 이십 성읍을 치고 또 아벨 그라밈까지 매우 크게 무찌르니 이에 암몬 자손이 이스라엘 자손 앞에 항복하였더라 (삿 11:32-33).

입다가 암몬과의 전쟁에서 승리할 수 있었던 것은 여호와께서 그들을 그의 손에 넘겨주셨기 때문입니다. 그런데 하나님은 왜 그렇게 하셨을까요? 입다의 서원 때문입니까? 아닙니다. 그것은 하나님이 원하지 않는 것이었습니다. 그렇다면 무엇 때문입니까? 이스라엘을 구원하시기 위해서였습니다.

'다시는 너희를 구원하지 않겠다'(삿10:13)고 하셨지만, 그 말씀을 번복하시고 이스라엘을 다시 구원하신 것입니다. '하나님의 근심'과 그로 인한 '오랜 침묵'은 결국 구원의 사건으로 귀결된 것입니다. 그러나 이와 대조적으로 입다는 자신의 무지에서 비롯된 말을 번복하지 못해서 무남독녀 외동딸을 죽였습니다.

> 34입다가 미스바에 있는 자기 집에 이를 때에 보라 그의 딸이 소고를 잡고 춤추며 나와서 영접하니 이는 그의 무남독녀라. 35입다가 이를 보고 자기 옷을 찢으며 이르되 어찌할꼬 내 딸이여, 너는 나를 참담하게 하는 자요 너는 나를 괴롭게 하는 자 중의 하나로다. 내가 여호와를 향하여 입을 열었으니 능히 돌이키지 못하리로다 하니…(삿 11:34-35).

입다가 전쟁에서 승리하고 미스바에 있는 집으로 돌아올 때 그를 가장 먼저 맞이하며 나온 것은 그의 외동딸이었습니다. 그제야 그는 자기의 서원이 무엇을 의미하는지 깨닫게 되었습니다. 그리고 딸의 죽음을 기정사실로 받아들이면서 오히려 그 딸에게 책임을 돌립니다. "너는 나를 참담하게 하는 자로다!" 그러면서 하나님께 서원했으니 자신의 말을 번복할 수 없다고 합니다.

그러나 그것이 하나님과 아무런 상관없는 일이라는 사실을 우리는 이미 잘 알고 있습니다. 그런데도 자신의 말을 번복할 수 없다고 하는 것은 하나님에 대한 신앙 때문이 아닙니다. 사람들 앞에서 호언장담했기 때문입니다. 그리고 잘못된 서원은 얼마든지 취소할 수 있다는 율법을 알지 못했기 때문입니다(민 30). 아니 알고 있었다고 하더라도 자신의 성공과 자존심을 위해서 딸을 죽이는 희생은 불가피한 선택이라고 생각했을지도 모릅니다.

자신만을 생각하는 입다와 달리 그의 딸은 오히려 아버지를 위로합니다.

딸이 그에게 이르되 나의 아버지여 아버지께서 여호와를 향하여 입을 여셨으니 아버지의 입에서 낸 말씀대로 내게 행하소서. 이는 여호와께서 아버지를 위하여 아버지의 대적 암몬 자손에게 원수를 갚으셨음이니이다 하니라(삿 11:36).

이스라엘판 '심청전'을 보는 것 같습니다. 아버지를 위한 효심에다가 아버지를 위해 일하신 하나님의 역사에 대한 감사함까지, 정말 대단한 딸처럼 보입니다. 그러나 그렇게 감동하기에는 너무 이릅니다. 여기에서도 우리는 미신적인 신앙의 어리석은 '순진함'(innocence)을 봅니다.

입다의 딸은 아버지가 암몬 자손에게 이길 수 있었던 것은 아버지의 서원 때문이라고 생각합니다. 그리고 아버지의 서원이 하나님께서 원하시지 않는 잘못된 일이라는 사실을 아직 모릅니다. 잘못된 서원은 얼마든지 폐기 처분할 수 있다는 사실도 알지 못합니다. 그저 아버지를 위하는 이 어리석은 순진함이 자신의 생명을 어이없는 죽음에 이르게 한 것입니다.

입다의 딸은 아버지에게 두 달의 여유를 얻어 친구들과 산 위에서 애곡하다가 결국 인신제사의 제물이 되고 말았습니다(삿 11:37-40). 그런데 하나님은 왜 이처럼 말도 안 되는 상황이 그냥 벌어지게 하셨을까요? 하나님은 아브라함의 경우처럼 입다의 딸을 대신할 숫양을 보내면서 적극적으로 개입하지 않으셨을까요? 성경은 이에 대해서 아무런 설명을 하지 않습니다. 그냥 담담하게 기록하고 있을 뿐입니다.

아마도 인신제사라는 이교도의 풍습으로 하나님과 흥정하려고 했던 입다의 어리석은 시도에 대해서 그의 딸의 생명으로 심판하시는지도 모릅니다. 아니면 하나님은 자신의 말씀을 번복하면서까지 이스라엘을 구원하시는데, 자신의 무지에서 비롯된 말을 절대로 번복할 수 없다고 고집하면서 딸의 목숨을 희생시키는 인간의 치명적인 오만함을 책망하시는지도 모릅니다.

바로 그것이 계약 백성의 정체성을 잃어버리고 살아가는 사사 시대 이스라엘 백성이 스스로 만들어 내는 비극임을 공개적으로 드러내려고 하시는지도 모릅니다. 아니면 현대를 살아가고 있는 우리에게 사사 시대 사람들처럼 그렇게 똑같은 잘못을 범하며 살지 말라고 경고하시는지도 모릅니다.

사람들은 이것저것 따지지 말고 무조건 열심히 믿으라고 합니다. 그것이 진짜 믿음이라고 말합니다. 그러나 성경은 그렇게 말하지 않습니다. 오히려 하나님을 제대로 알라고 합니다.

나는 인애를 원하고 제사를 원하지 아니하며 번제보다 하나님을 아는 것을 원하노라(호 6:6).

만일 입다가 하나님을 제대로 알았다면, 처음부터 그런 식으로 서원하지도 않았을 것입니다. 만일 하나님이 무엇을 원하시는지 알았다면, 자기 딸을 희생제물로 바치면서 서원을 지킨다고 착각하지 않았을 것입니다. 만일 하나님이 제사보다 인애를 더 원하신다는 것을 알았더라면, 마지막 순간에라도 자신의 서원을 번복해서 딸의 생명을 살렸을 것입니다.

미신적인 신앙을 마치 열심 있는 신앙인 것처럼 착각하는 사람들이 여전히 많습니다. 주변의 사람들에게 끊임없이 상처를 주고 그들의 영혼을 죽음으로 이끌면서도 자존심 때문에 자신의 말을 번복할 수 없다고 고집하는 사람들이 있습니다. 감추어진 욕망이 있기 때문입니다. 하나님의 뜻을 이루는 것보다 더 중요한 개인적인 사사로운 욕망이 자신의 삶을 지배하고 있기 때문입니다.

나중에 가서 몰랐다고 변명해보아야 아무 소용없습니다. 하나님이 왜 그때 가르쳐주지 않았느냐고 항의해 보아야 더욱 큰 책망으로 돌아올 뿐입니다. 우리가 똑같은 실패를 반복하지 않으려면 제대로 배워야 합니다. "그러므로 우리가 여호와를 알자. 힘써 여호와를 알자"(호 6:3a). 계약 백성으로 살아간다는 것이 무엇인지 제대로 배우고 또한 실제로 그렇게 살아갈 수 있기를 간절히 소원합니다.

묵상 질문: 나에게 혹시라도 미신적인 신앙의 태도는 없는가?

오늘의 기도: 하나님의 뜻이 무엇인지 잘 분별하게 하옵소서. 무지한 신앙의 열심보다 하나님을 더욱 아는 열심을 품게 하옵소서. 하나님과 흥정하여 욕심껏 얻어내려고 하는 못된 습관에 물들지 않게 하옵소서. 오직 하나님의 말씀에 순종하며 겸손히 하나님을 섬기는 계약 백성으로 살게 하옵소서. 예수님의 이름으로 기도합니다. 아멘.

형제 지파 간의 전쟁

읽을 말씀: 사사기 12:1-7

새길 말씀: 입다가 길르앗 사람을 다 모으고 에브라임과 싸웠으며 길르앗 사람들이 에브
라임을 쳐서 무찔렀으니 이는 에브라임의 말이 너희 길르앗 사람은 본래 에브
라임에서 도망한 자로서 에브라임과 므낫세 중에 있다 하였음이라(삿 12:4).

입다 이야기를 읽다 보면 마치 롤러코스터(Roller Coaster)를 탄 것 같은
현기증을 느끼게 됩니다. 입다의 인생은 가장 밑바닥부터 시작합니다. '기생
아들'로 태어나서 천덕꾸러기로 살다가 고향에서 아예 추방당해서 멀리 돕
땅으로 쫓겨 가는 신세가 되지요. 그러나 그곳에서 그는 점점 '큰 용사'로
세워져 갔습니다. 그가 가진 특유의 매력과 탁월한 언변이 사람들을 끌어들
였고, 그들과 함께 출입하면서 조금씩 영향력을 키워나가게 됩니다.

마침 암몬 사람들로 인해 고통당하던 고향 길르앗 사람들에게 그의 소문
이 알려졌고, 길르앗 장로들이 직접 찾아와서 지도자가 되어달라고 부탁합니
다. 입다를 찾아온 장로 중에는 그를 쫓아냈던 배다른 형제들도 있었지요.
그렇게 금의환향한 후에 입다는 특유의 협상 능력을 발휘하여 그의 리더십을
키워나갑니다. 그리고 암몬 자손과 한판 대결로 18년 동안의 압제를 끝내버

립니다. 입다는 자기 인생에서 최고점에 다다르게 된 것입니다.

그러나 하나님조차 흥정의 대상으로 취급하여 아무 생각 없이 내뱉은 '인신제사' 서원이 그의 발목을 잡습니다. 하나님의 율법에 대한 무지와 그의 미신적인 신앙에서 비롯된 서원은 자신의 무남독녀 외동딸을 번제물로 희생시키는 비극을 낳습니다. 하나님도 당신의 말을 번복하면서 이스라엘을 다시 구원하시는데, 입다는 제대로 알지도 못하고 내뱉은 말을 번복하지 못하여 딸을 죽게 만든 것입니다. 그의 인생은 다시 내리막길을 걷게 됩니다.

정도의 차이는 있겠지만, 누구나 이처럼 롤러코스터 같은 인생을 살아갑니다. 하루아침에 인생의 정상에 올라갈 수도 있고, 본의 아니게 실수하여 넘어질 수도 있습니다. 그 어떤 경우에도 가장 중요한 것은 '정체성'입니다. 계약 백성으로서 자신의 정체성이 분명하다면 정상에 올랐다고 자만하지 않고, 넘어졌다고 절망하지 않습니다. 그러나 그 정체성이 흔들리면 다시는 회복할 수 없는 파국의 나락으로 빠지게 되는 것입니다.

에브라임의 시비

딸의 죽음으로 인해 입다의 심기가 불편할 때 분노의 불을 타오르게 하는 일이 벌어집니다. 때마침 에브라임 지파가 시비를 걸어온 것입니다.

> 에브라임 사람들이 모여 북쪽으로 가서 입다에게 이르되 네가 암몬 자손과 싸우러 건너갈 때에 어찌하여 우리를 불러 너와 함께 가게 하지 아니하였느냐. 우리가 반드시 너와 네 집을 불사르리라 하니…(삿 12:1).

지난번 기드온에게도 그러더니 이번에도 에브라임 지파가 시비를 걸어옵니다. 거의 같은 내용입니다. 기드온에게 이렇게 말했었지요. "네가 미디안과 싸우러 갈 때 우리를 부르지 아니하였으니 우리를 이같이 대접함은 어찌 됨이냐?"(삿 8:1) 미디안과의 전투에 처음부터 부르지 않은 것이 그들을 푸대접하는 일이라고 불평하고 있는 것입니다. 이번에도 마찬가지입니다. 암몬 자손과 싸우러 갈 때 왜 자기들을 불러서 같이 가지 않았느냐고 불평합니다.

그런데 이번에는 불평으로 그치지 않습니다. "너와 네 집을 불사르겠다"라고 하면서 협박을 합니다. 실제로 이때 에브라임 지파는 최소한 4만 2천 명 이상의 군사들을 동원했습니다(삿 12:6). 암몬 자손들과의 전쟁에 동참하기 위해서 준비하고 와보니 이미 그 싸움이 끝나버려 화가 났던 것일까요? 아닙니다. 그들은 전쟁 끝나기를 기다렸다가 길르앗 사람들에게 무력시위를 하려고 온 것입니다. 도대체 그 이유가 무엇일까요?

에브라임 지파의 말만 들으면 마치 그들이 언제라도 도와줄 준비를 하고 불러주기를 기다리고 있었는데, 길르앗 사람들이 의도적으로 그들을 소외시킨 것처럼 보이지만 실상은 전혀 다릅니다. 그들은 암몬 사람들로 인해 오랫동안 고통을 겪어온 또 다른 장본인이었습니다(삿 10:9). 마음만 먹었다면 길르앗과 암몬이 한동안 대치하고 있었을 때 얼마든지 참전할 수 있었습니다. 혹시라도 그들이 뒤늦게 왔는데 이미 전쟁이 끝났다면, 오히려 감사해야 할 일입니다. 그들이 겪어온 고통을 길르앗 사람들이 대신 해결해 주었기 때문입니다.

아니나 다를까 실제로는 입다가 에브라임 사람들에게 도움을 요청했었다는 사실이 밝혀집니다.

²입다가 그들에게 이르되 나와 내 백성이 암몬 자손과 크게 싸울 때에 내가 너희를 부르되 너희가 나를 그들의 손에서 구원하지 아니한 고로 ³나는 너희가 도와주지 아니하는 것을 보고 내 목숨을 돌보지 아니하고 건너가서 암몬 자손을 쳤더니 여호와께서 그들을 내 손에 넘겨주셨거늘 너희가 어찌하여 오늘 내게 올라와서 나와 더불어 싸우고자 하느냐 하니라(삿 12:2-3).

이런 경우를 우리는 적반하장(賊反荷杖)이라고 합니다. 도둑이 오히려 성을 내는 형편입니다. 에브라임과 므낫세는 요셉 자손으로 특별한 사이입니다. 길르앗 사람들은 요단 동쪽에 정착한 므낫세 지파로서, 다른 지파는 몰라도 형제 지파인 에브라임이나 요단 서쪽 므낫세 지파의 도움을 틀림없이 요청했을 것입니다. 그런데 그때는 모른 척하고 가만히 있다가 인제 와서 자기를 부르지 않았다고 화를 내면서 협박을 하고 있으니, 정말 적반하장도 유분수입니다. 어떻게 이렇게 뻔뻔할 수가 있을까요?

그런데 에브라임 지파는 매번 이런 식으로 자신의 존재감을 드러내려고 그럴까요? 기드온 때도 그렇고 이번 경우도 그렇고, 에브라임 지파에게는 어떤 특권의식 같은 것이 있었던 것으로 보입니다. 자신들은 다른 지파들과 달리 무언가 특별한 대접을 받아야 한다고 생각하는 것이지요. 그런 생각이 어디에서부터 시작되었을까요?

가깝게는 여호수아 시대부터라고 볼 수 있습니다. 가나안에 정착하던 초기에 에브라임 지파 출신 여호수아의 역할이 절대적이었지요. 그러다 보니까 자연스럽게 에브라임 지파의 영향력이 커질 수밖에 없었습니다. 이들의 특권의식은 약속의 땅을 분배하는 장면에서 드러났습니다. 요셉 자손들, 즉 에브라임과 므낫세 지파가 이미 다른 지파들보다 훨씬 더 많은 땅을 분배받았음에도 불구하고 또 다른 땅을 요구하고 나섰던 것입니다(수 17:14).

그때 여호수아가 그들에게 '산지를 개척하라'(수 17:15)고 지혜롭게 제안하여 수습했기에 망정이지, 만일 일방적으로 그들의 편을 들거나 했다면 이스라엘 공동체에 심각한 분열이 생겼을 것입니다. 실제로 그 당시 요셉 자손의 이기적인 요구에 대한 나머지 지파들의 반발로 인해 한동안 땅 분배 작업이 중단되기도 했었지요.

그러나 그것은 어디까지나 요셉 자손의 이야기이고, 에브라임 지파의 특권의식을 설명하려면 아무래도 야곱이 요셉의 두 아들을 축복하는 장면으로 거슬러 올라가야 할 것입니다. 우리가 이미 잘 알고 있듯이 야곱은 요셉의 장남 므낫세보다 차남 에브라임을 앞세워서 축복했습니다. 손을 어긋나게 하여 오른손을 에브라임에게, 왼손을 므낫세에게 얹어서 축복한 것입니다. 그러면서 아우가 형보다 더 크게 될 것을 예언했지요(창 48:10-20).

야곱의 예언에는 에브라임이 므낫세보다 더 크게 되어 있지만, 약속의 땅을 분배받는 장면에서는 므낫세 지파가 에브라임 지파보다 훨씬 더 많은 땅을 차지했습니다. 요단강 동쪽과 서쪽에 각각 한몫씩을 차지했으니 말입니다. 동쪽에 자리 잡은 므낫세 지파가 바로 길르앗 사람들입니다. 이는 아마도 장남이 두 몫을 차지하는 당시의 관습에 따른 것으로 보입니다. 그래서 요셉의 몫으로 주어진 세겜 땅을 서쪽 므낫세 지파가 상속받게 된 것입니다. 지극히 자연스러운 일입니다.

그러나 더 큰 축복을 약속받은 에브라임 지파에게는 분명히 못마땅한 일이었을 것입니다. 그 후에 기회가 있을 때마다 에브라임 지파가 어떻게든 자신의 존재감을 과시하려고 했던 것도 그들이 받은 특별한 축복 때문이 아닐까 싶습니다.

그러던 차에 암몬 자손과 길르앗 사람들 사이에 전쟁이 벌어진 것입니다. 에브라임 지파는 처음부터 참여할 수 있었지만, 오히려 그 전쟁이 끝나기를 기다렸습니다. 그러다가 이처럼 '왜 우리를 부르지 않았느냐?'며 길르앗 사람들에게 무력 시위를 하면서 나타난 것입니다. 그들은 여차하면 이번 기회에 요단 동쪽 므낫세 지파의 땅을 접수하려고 했는지도 모릅니다.

어떤 일이든 감사하지 않고 불평을 앞세우는 사람의 이면에는 반드시 이기적인 욕망이 감추어져 있습니다. 겉으로 드러나지 않은 아젠다(agenda)가 있기에 이런저런 불평을 늘어놓는 것입니다. 그러나 분명히 알아야 합니다. 정당하지 않은 불평은 반드시 화가 되어 돌아오게 되어 있다는 사실을….

형제간의 전쟁

기드온은 외교적인 수완을 발휘하여 에브라임 지파를 달래주었습니다. 그래서 문제가 더 크게 불거지지 않았습니다. 그러나 지금은 다릅니다. 입다는 기드온처럼 소심한 사람이 아니었습니다. 기드온은 겨우 300명의 군사로 전쟁을 수행하던 중이었지만, 지금 입다는 암몬과의 전쟁을 막 끝낸 데다가 전투 경험이 풍부한 군사들을 많이 가지고 있었습니다.

더군다나 자신의 유일한 후손인 외동딸을 희생제물로 바친 상황입니다. 거기에다가 "너와 네 집을 불사르겠다"면서 돌직구를 날렸으니, 마치 울고 싶었는데 뺨을 때려준 격입니다. 입다의 분노가 폭발합니다. "너희가 어찌하여 오늘 내게 올라와서 나와 더불어 싸우고자 하느냐!"라는 선전포고와 함께 입다는 곧바로 전쟁을 시작합니다. 형제 지파 사이에 전쟁이 터진 것입니다.

> 입다가 길르앗 사람을 다 모으고 에브라임과 싸웠으며 길르앗 사람들이 에브라임을 쳐서 무찔렀으니 이는 에브라임의 말이 너희 길르앗 사람은 본래 에브라임에서 도망한 자로서 에브라임과 므낫세 중에 있다 하였음이라(삿 12:4).

물론 입다의 개인적인 문제가 전쟁을 촉발하기는 했지만, 그보다 길르앗 사람들을 적극적으로 그 전쟁에 참여하게 했던 이유가 있었습니다. 다음과 같은 에브라임 사람들의 말이 길르앗 사람들의 분노를 불러일으켰던 것입니다. "너희 길르앗 사람은 본래 에브라임에서 도망한 자로서 에브라임과 므낫세 중에 있다."

여기에서 '도망한 자'(fugitives)라는 말은 본래 '도주한 노예 족속'(a race of runaway slaves)이라는 뜻입니다. 그러나 성경 어디에도 길르앗이 에브라임에서 도망했다는 이야기가 나오지 않습니다. 그리고 '에브라임과 므낫세 중에 있다'는 말은 '요단 서쪽에 정착한 에브라임과 므낫세 지파 그 어디에도 속하지 않는다'(who belong neither to Ephraim nor to Manasseh)라는 뜻입니다. 그러니까 길르앗 사람들을 자신의 친형제 지파로 인정할 수 없다는 것이지요.

아마도 길르앗이 요단 동편에 정착하여 주저앉았다는 이유로 평소에도 그들에 대해서 별로 좋지 않은 감정을 품고 있었던 것으로 보입니다. 여호수아 당시에 가나안 땅 분배를 마치고 돌아가던 요단 동편 지파들이 요단 언덕에 쌓은 제단으로 인해 요단 서편 지파들과 전쟁을 치를 뻔했는데(수 22:10-12), 그 이후에 계속해서 동서 지파들 사이에 이런 긴장 관계가 계속 유지되었던 것이 아닐까 싶습니다.

그러고 보면 지난번에 기드온이 300명의 군사를 이끌고 미디안의 왕들을 추격할 때에 숙곳이나 브누엘 사람들이 도와주지 않은 것이나 그로 인해서 돌아오는 길에 그 두 도시를 징벌하고 성읍 사람들을 죽인 것도 동서 지파들 사이에 존재하는 갈등과 긴장 관계로 설명할 수 있습니다. 그러나 형제 지파들 사이에 일어난 전쟁은 그 무엇으로도 정당화할 수 없습니다. 그들이 만일 서로를 '계약 백성'으로 인정하고 있었다면 형제 지파와 전쟁할 생각을 하지 않았을 것입니다.

신앙공동체의 정체성은 그 구성원들 사이의 평화와 직결되는 문제입니다. 동서 지파들 사이의 긴장과 갈등에는 공동으로 드리는 예배 경험의 부족이 가장 큰 원인으로 작용했다고 봅니다. 성소에서 거리가 멀다는 이유로 그동안 함께 예배하지 못했던 것입니다. 그것은 사실상 가나안 정착 초기부터 예견되어온 일이기도 합니다.

아무튼 자존심이 상한 길르앗 사람들이 죽기 살기로 덤벼들자 에브라임 지파 사람들은 힘도 써보지 못하고 도망하기 시작했습니다.

> 5길르앗 사람이 에브라임 사람보다 앞서 요단 강 나루턱을 장악하고 에브라임 사람의 도망하는 자가 말하기를 청하건대 나를 건너가게 하라 하면 길르앗 사람이 그에게 묻기를 네가 에브라임 사람이냐 하여 그가 만일 아니라 하면 6그에게 이르기를

쉽볼렛이라 발음하라 하여 에브라임 사람이 그렇게 바로 말하지 못하고 십볼렛이라 발음하면 길르앗 사람이 곧 그를 잡아서 요단강 나루턱에서 죽였더라. 그 때에 에브라임 사람의 죽은 자가 사만 이천 명이었더라(삿 12:5-6).

에브라임 사람들이 살던 곳으로 되돌아가려면 반드시 요단강을 건너야 합니다. 그런데 아무 곳에서나 건널 수가 없습니다. 그래서 지난번에 기드온이 에브라임 지파에게 나루턱을 장악해 달라고 부탁했던 것입니다. 그때는 에브라임 지파가 도망하던 미디안 사람들을 잡아서 죽였는데, 이번에는 같은 장소에서 에브라임 사람들이 도망가다가 잡혀 죽는 역설적인 상황이 벌어지게 된 것입니다.

요단강 나루턱을 먼저 장악한 길르앗 사람들은 발음을 들어보고 에브라임 사람인지 아닌지를 판단했습니다. '쉽볼렛'(shibboleth)이라 발음하지 못하고 '십볼렛'(sibboleth)이라고 하면 에브라임 사람이라고 판명한 것이지요. 경상도에서는 '쌀'을 '살'이라고 발음하듯이 이스라엘에도 그런 경우가 있었던 모양입니다.

그런데 '쉽볼렛'은 본래 '여울' 또는 '얕은 곳'(ford)이라는 뜻입니다. 그 발음을 제대로 하지 못해서 죽은 에브라임 사람이 자그마치 4만 2천 명이나 되었습니다. 사람의 생사가 그렇게 발음에 따라서 결정되다니 정말 웃지 못할 희극입니다. 문제는 그런 일이 하나님의 백성 이스라엘의 형제 지파들 사이에서 벌어졌다는 사실입니다.

입다의 마지막

입다의 인생에서 최고의 순간은 암몬 자손과의 전쟁에서 대승을 거둔 것입니다. 그런데 그 이후에 곧바로 내리막길을 걸어야 했습니다. 그 전쟁으로 인해 무남독녀 외동딸이 희생되었고, 에브라임 지파와의 전쟁에서 그렇게 많은 형제가 희생되었으니 말입니다. 입다의 나머지 생애는 그다지 행복하게 보이지 않습니다.

> **입다가 이스라엘의 사사가 된 지 육년이라. 길르앗 사람 입다가 죽으매 길르앗에 있는 그의 성읍에 장사되었더라(삿 12:7).**

입다가 사사로서 통치한 기간은 고작 6년입니다. 지금까지 등장한 사사들과 비교해도 그렇고, 앞으로 등장할 사사들과 비교해도 가장 짧은 기간입니다. 물론 얼마나 오래 사사로 통치했는가는 그리 중요한 일은 아닐 겁니다. 짧게 살더라도 행복하면 됩니다. 그런데 입다가 사사로 지내던 기간에 대한 설명에는 '평안'이 언급되지 않습니다.

무슨 이야기입니까? 평안도 없이 짧은 기간 동안 사사로 지내다가 자손도 남기지 못하고 죽은 것입니다. 그가 남긴 업적이라곤 결과적으로 동서 지파 간의 감정의 골을 더욱 깊게 만든 것뿐입니다. 이와 같은 이스라엘 동족 간의 전쟁은 사사기 20장 이후에 벌어질 내전과 그로 인해 베냐민 지파가 사라질 위기에 처하는 비극의 예고편이 됩니다.

에브라임과 길르앗 사람들 사이에 벌어진 불필요한 전쟁의 원인이 무엇입니까? 도대체 무엇이 이런 비극을 만들어 냈을까요? 에브라임 지파의 특권의식 때문일까요? 아니면 때마침 입다의 기분이 상했기 때문일까요? 아니면 상대방을 업신여기는 말투 때문일까요? 아니면 해묵은 지역감정 때문일까요?

믿음의 공동체 안에서 일어나는 갈등과 분쟁과 비극의 이유는 단 하나입니다. 계약 백성으로서의 '정체성'이 분명하지 않기 때문입니다. 내가 하나님의 백성이요 너도 하나님의 백성이라면, 나와 너 사이에는 싸움이 일어날 이유가 없습니다. 나도 하나님의 은혜로 구원받았고 너도 하나님의 은혜로 구원받았다면 그저 하나님의 은혜에 감사하며 찬송하며 살기에도 바쁩니다.

그러나 이 '정체성'이 흔들리면 그때부터 갈등과 분쟁이 일어납니다. 서로 자존심을 앞세우게 되고, 그러다 보니 다른 사람의 말에 쉽게 상처받고,

자신을 알아주지 않는다고 서운한 감정을 품게 되고, 내 편 네 편 나누어서 세력 다툼하게 되고, 결국에는 공동체의 평화가 깨지고 마는 것입니다.

그렇게 깨진 공동체에는 반드시 편을 가르는데 사용하는 '쉽볼렛'이 있습니다. 자기가 원하는 대로 하지 않으면 일단 적으로 생각하고 보는 '쉽볼렛', 발음 하나만 틀려도 평생 원수가 되어 살아가는 그런 '쉽볼렛'말입니다. 그런데 더욱 심각한 문제는 그 '쉽볼렛'이 한 가지가 아니라는 사실입니다. 그러니 매일같이 이 사람하고 부딪히고 저 사람하고 충돌하게 되는 것이지요. 우리의 가정에, 우리의 교회에 그런 '쉽볼렛'은 없습니까?

바울은 믿음의 공동체인 교회에 편지를 보낼 때마다 늘 하는 말이 있습니다.

우리 하나님 아버지와 주 예수 그리스도로부터 은혜와 평강이 있기를 원하노라(갈 1:3).

'은혜'와 '평강'이 바로 그것입니다. 하나님에게서 오는 '은혜'가 있으면 다른 사람과의 관계에 '평강'이 따라옵니다. 그러니 이제부터 우리는 '쉽볼렛'을 내세우는 대신에 '은혜'를 앞세워야 합니다. 구원받은 '은혜'의 감격이 없기에, 하나님의 자녀로서 '정체성'이 분명하지 않기에 우리의 삶에 그렇게 많은 '쉽볼렛'이 등장하는 것입니다.

묵상 질문: 편을 가르기 위해서 사용하는 '쉽볼렛'이 나에게는 없는가?
오늘의 기도: 어떤 상황에서도 계약 백성의 정체성이 흔들리지 않게 하옵소서. 언제나 구원받은 은혜로 만족하며 살게 하시고, 믿음의 형제와 평강을 누리면서 살게 하옵소서. 편을 가르는데 사용했던 모든 '쉽볼렛'을 십자가에 못 박아 버리게 하시고, 이제부터 오직 하나님의 은혜를 붙들며 그 안에서 살아가게 하옵소서. 예수님의 이름으로 기도합니다. 아멘.

별 볼 일 없는 사사들

읽을 말씀: 사사기 12:8-15

새길 말씀: ¹¹그 뒤를 이어 스불론 사람 엘론이 이스라엘의 사사가 되어 십 년 동안 이스라

엘을 다스렸더라. ¹²스불론 사람 엘론이 죽으매 스불론 땅 아얄론에 장사되

었더라(삿 12:11-12).

사사기에는 모두 12명의 사사가 기록되어 있습니다. 6명은 대사사이고 6명은 소사사입니다. 그중에서 지금까지 우리가 살펴본 사사는 다섯 명의 대사사(잇사갈, 에훗, 드보라, 기드온, 입다)와 세 명의 소사사(삼갈, 돌라, 야일)입니다. 마지막 남은 대사사는 삼손입니다. 삼손 이야기로 사사기 본론이 끝납니다. 그리고 삼손 이야기를 시작하기 전에 소사사 세 사람, 즉 '입산'(Ibzan)과 '엘론'(Elon)과 '압돈'(Abdon) 이야기를 한꺼번에 기록해놓고 있습니다. 오늘 우리가 살펴볼 내용입니다.

그런데 이미 말씀드린 것처럼 소사사와 대사사를 구분하는 기준은 성경에 기록된 분량의 차이이지, 그 역할의 경중이 아니라는 사실을 다시 한번 상기할 필요가 있습니다. 사실 '사사'라고 불린다는 것 자체가 이미 대단한 영광입니다. 짧으면 짧은 대로, 길면 긴 대로 하나님께서 그들을 '쇼페팀'으

로 세우셔서 이스라엘을 구원하는 일에 사용하셨기 때문입니다.

이와 동시에 우리가 또한 기억해야 할 것이 하나 있습니다. 그것은 사사는 결코 영웅이 아니라는 사실입니다. 그들의 인생에서 우리가 닮고 배워야 할 어떤 모범적인 답안을 찾으려고 해서는 안 됩니다. 그러면 반드시 실망하게 되어 있습니다. 오히려 소심하고 부족하고 실수투성이지만, 하나님이 그들을 사용하셨다는 사실에 우리는 주목해야 합니다.

그런데 사사기의 후반에 오면서 우리는 사사에 대한 새로운 본질적인 문제에 부딪히게 됩니다. '사사'라는 직분이 본래는 하나님께서 특별히 세우시는 공적인 리더십이었는데, 세월이 흐르면서 점점 사람이 선택하고 후대가 세습하여 물려받는 사사로운 권력처럼 변하게 되었다는 사실입니다.

그 조짐은 이미 기드온 때부터 나타났습니다. 그는 사사였지만, 실제로는 왕처럼 살았습니다. 그는 오브라를 정치와 종교의 중심지로 삼아 자신의 영향력을 극대화하려고 했습니다. 그리고 그의 서자 아비멜렉은 스스로 왕이 되었습니다. 물론 그 시도는 실패로 끝나고 말았지만, 그때부터 사사의 리더십이 점점 더 사적인 권력의 사유화와 세습에 관심을 두게 되었습니다. 그 절정이 바로 오늘 우리가 살펴볼 세 명의 소사사입니다.

별 볼 일 없는 사사

대사사이든 소사사이든, 기본적으로 쇼페팀에게 주어진 가장 중요한 역할은 하나님의 백성 이스라엘의 '구원자'입니다. 그것이 전쟁을 치러야 하는 일이든 아니면 혼돈과 무질서에서 중심을 잡아주는 일이든, 여하튼 이스라엘을 구원하는 역할을 하는 사람이 '쇼페팀'입니다. 그런데 그런 일은 조금도 하지 않으면서 그냥 '사사'로 불리는 사람들이 등장하기 시작했습니다.

그들에게는 '별 볼 일 없는 사사'라는 별명이 잘 어울립니다. 그런데 '별 볼 일 없다'고 해서 결코 그들의 인생을 비하하려는 의도는 아닙니다. 오히려 그들에게서 그 어떤 의미 있는 사사의 역할도 전혀 찾아볼 수 없다는 뜻입니다. 그 첫 번째 사사가 '입산'(Ibzan)입니다.

그 뒤를 이어 베들레헴의 입산이 이스라엘의 사사가 되었더라(삿 12:8).

여기에서 '그 뒤를 이어'라고 번역한 말은 사실 그냥 '그 후에'(after)라고 하는 것이 더 정확합니다. 물론 앞에는 입다가 사사가 된지 6년 만에 죽어서 장사 되었다는 이야기가 있습니다(삿 12:7). '그 후에' 입산이 새로운 사사로 등장하고 있는 것입니다. 그러니까 길르앗 사람이었던 입다의 대를 잇는 후계자로 입산이 등장했다는 식으로 이해할 필요는 없습니다.

입산은 '베들레헴' 출신입니다. 그런데 이 '베들레헴'도 우리가 잘 알고 있는 유다의 베들레헴이 아닙니다. 예수님께서 태어나신 그 베들레헴을 가리킬 때는 반드시 '유다 베들레헴'이라고 표현합니다(삿 17:7, 9; 룻 1:2; 삼상 17:12). 본문에는 그냥 '베들레헴'이라고 되어 있습니다. 이는 스불론 지파의 땅에 있던 베들레헴(수 19:15)을 가리키고 있는 것으로 보입니다.

사실 '베들레헴'이라는 지명은 '벧-레헴'(Beth-Lehem), 즉 '빵집'이라는 뜻에서 유래된 것입니다. 그러니 곳곳에 유명한 '빵집'이 있는 마을들이 많이 있었을 것입니다. 그중에 몇몇 군데만 성경에 등장하고 있는 것이지요. 아무튼 입산이 "이스라엘의 사사가 되었다"라고 합니다. 그러나 여기에 해당하는 히브리어 '와이쉬포트'(wayyishpot)는 '사사가 되었다'(he became a Judge)라고 하는 것보다 "그가 다스렸다"(he judged)라고 하는 것이 더 정확한 번역입니다.

여기에서 우리가 주목할 것은 이스라엘 백성이 처한 어려움과 같은 시대적인 배경이나 성령의 임재와 같은 하나님의 개입이 전혀 언급되고 있지 않다는 사실입니다. 다른 사사의 역할을 이야기할 때에 자주 등장하는 "이스라엘을 구원했다"(삿 3:9, 31; 10:1)와 같은 표현도 없습니다. 그냥 "베들레헴에서 입산이 다스렸다…"가 전부입니다.

그렇다고 입산에 대해서 다른 이야기를 하지 않는 것은 아닙니다. 그런데 오히려 그것이 더 충격적입니다.

> **9그가 아들 삼십 명과 딸 삼십 명을 두었더니 그가 딸들을 밖으로 시집보냈고 아들들을 위하여는 밖에서 여자 삼십 명을 데려왔더라. 그가 이스라엘의 사사가 된 지 칠 년이라. 10입산이 죽으매 베들레헴에 장사되었더라(삿 12:9-10).**

입산에게는 아들 30명과 딸 30명, 도합 60명의 자녀가 있었습니다. 그래 봐야 기드온의 70명에는 미치지 못하지만, 입산에게 그렇게 많은 자녀가 있었다는 것이 사사의 역할과 무슨 상관관계가 있습니까? 게다가 그들을 시집 장가보내는데, 배우자를 모두 '밖'에서 찾았다고 합니다. 여기에서 '밖'이 다른 지파를 의미하는지 아니면 다른 민족, 즉 이방인을 의미하는지 알 수는 없지만, 그것이 한 사사의 역사를 기록하면서 언급할만한 특별한 이야깃거리는 아닙니다. 그리고 만일 후자의 경우라면 더욱 심각한 문제입니다.

그 많은 자식을 시집장가보냈다는 이야기보다 입산이 사사로 재임한 기간이 겨우 7년에 불과하다는 사실에 주목할 필요가 있습니다. 이것은 입다 다음으로 아주 짧은 기간입니다. 그러니까 입산이 사사의 역할을 하기 시작했을 때 이미 살 만큼 살았다는 이야기입니다. 또한 그렇게 많은 자녀를 두고 모두 시집장가보낼 정도면 대단한 재력가였음이 분명합니다. 기드온이 오브라의 상속자였던 것처럼 아마도 입산 또한 베들레헴을 소유한 상속자였을 가능성이 큽니다.

그렇다면 무슨 이야기입니까? 입산은 그의 인생의 말년에 사사가 된 것입니다. 아니 그냥 나이가 많이 들었기에 사사가 되었다고 해야 합니다. 그리고 사사로서 별로 한 일이 없습니다. 사사로 불린지 칠 년 만에 죽어 장사 됩니다. 그렇다면 왜 사사가 되었을까요? 아니 누가 그를 사사로 세운 것일까요? 그 자신에게 또한 그 주변의 베들레헴 사람들에게 '사사'는 도대체 무슨 의미였을까요?

더 별 볼 일 없는 사사

입산 다음으로 사사가 된 사람은 '엘론'(Elon)입니다. 이 사람은 입산보다 더 별 볼 일이 없습니다.

11그 뒤를 이어 스불론 사람 엘론이 이스라엘의 사사가 되어 십 년 동안 이스라엘을 다스렸더라. 12스불론 사람 엘론이 죽으매 스불론 땅 아얄론에 장사되었더라 (삿 12:11-12).

히브리어 본문을 직역하여 읽으면 이렇게 되어 있습니다.

그 후에 스불론 사람 엘론이 이스라엘을 다스렸다. 그가 십 년 동안 이스라엘을 다스렸다. 스불론 사람 엘론이 죽었다. 스불론 땅 아얄론에 장사되었다.

그러니까 스불론 사람 엘론이 10년 동안 다스리다 죽어 장사 되었다는 것이 전부입니다. 입산의 경우와 마찬가지로 어떤 역사적인 상황이 있었는지, 사사로서 어떤 역할을 감당했는지 아무런 언급도 하지 않습니다. 입산은 자녀들 시집장가보낸 이야기라도 하지만, 엘론은 그런 이야기도 없습니다. 단지 입산보다 3년 더 길게 다스렸다는 것이 차이라면 차이입니다. 그는 왜 사사가 된 것일까요?

어떤 분은 이 사사들은 평화의 시기에 사사가 되었기 때문에 별로 기록될 것이 없었다고 말하면서, 그것이 오히려 축복이 아니겠냐고 합니다. 그러나 평화로운 시기라면 사실상 사사가 세워질 이유가 없습니다. 아무런 문제가 없는데 왜 사사가 필요하겠습니까? 사사가 된다고 해도 별로 할 일이 없는데 왜 굳이 그 자리에 앉아야 할까요?

그런데 본문을 자세히 들여다보면 엘론이 사사가 된 후에 한 일이 한 가지 있었습니다. 그것은 '아얄론'이라는 자기의 성읍을 만든 것입니다. 여호수아 19장에 보면 스불론 자손들이 분배받은 땅과 도시들의 이름이 자세히 기록되어 있습니다. 그중에 '베들레헴'은 있어도(수 19:15) '아얄론'은 없습니다. 그 이야기는 스불론이 약속의 땅을 분배받을 당시에는 아직 '아얄론'이 세워지지 않았다는 뜻입니다.

그렇다면 '엘론'이 '아얄론'을 세웠다는 것을 어떻게 알 수 있을까요? 바로 이름 때문입니다. '엘론'과 '아얄론'의 히브리어 자음이 똑같습니다. 이것은 일종의 '언어유희'(a play of words)인데요, 똑같은 말도 모음을 어디에 붙이느냐에 따라서 다르게 발음되는 그런 경우입니다. 그러니까 엘론이 자신의 이름을 따라서 성읍의 이름을 지었던 것입니다. 그것이 사사로 지내던 10년 동안 그가 한 일이었습니다.

입산은 이미 자신이 소유한 성읍을 가지고 있었고 그곳에서 사사가 되어 말년을 보냈습니다. 그렇지만 엘론은 사사가 되고 난 후에 그 리더십을 이용하여 자신의 성읍을 세웠습니다. 말하자면 사사로서 별로 한 일도 없이 권력만 사유화한 것입니다. 그런 사사가 왜 필요할까요?

정말 별 볼 일 없는 사사

마지막 소사사 '압돈'(Abdon)의 이야기를 살펴보겠습니다.

> ¹³그 뒤를 이어 비라돈 사람 힐렐의 아들 압돈이 이스라엘의 사사가 되었더라. ¹⁴그에게 아들 사십 명과 손자 삼십 명이 있어 어린 나귀 칠십 마리를 탔더라. 압돈이 이스라엘의 사사가 된 지 팔년이라. ¹⁵비라돈 사람 힐렐의 아들 압돈이 죽으매 에브라임 땅 아말렉 사람의 산지 비라돈에 장사되었더라(삿 12:13-15).

압돈은 에브라임 땅 '비라돈'(Pirathon) 사람이었습니다. 지도를 통해서 확인해 보면 비라돈은 므낫세 지파의 세겜에서 그리 멀지 않은 곳에 있습니다. 아비멜렉이 수도로 삼았던 '아루마'와 아비멜렉의 소용돌이가 지나간 후에 잇사갈 지파 출신이었던 돌라가 와서 근거지로 삼았던 '사밀'도 인근에 있습니다. 그곳에 마지막 소사사 압돈이 등장한 것입니다.

그런데 압돈은 입산보다 한술 더 뜹니다. 아들뿐만 아니라 손자까지 모두 합쳐서 70명이 있었고 그들이 모두 어린 나귀 칠십 마리를 탔다고 합니다. 당시의 나귀는 부와 권력의 상징이라고 했습니다. 지금으로 말하면 아들 40명과 손자 30명 모두 고급 외제 승용차를 타고 다녔던 것입니다.

이와 같은 자녀들의 숫자 경쟁은 이미 '야일'에서부터 시작되었습니다(삿 10:4). 그것이 '입산'을 거쳐서 '압돈'까지 계속 이어지면서 그 후손들이 점점 더 많아지고 있는 것입니다. 이들은 모두 기드온처럼 말은 '사사'라고 하면서 실제로는 왕처럼 살고 있었습니다. 압돈 또한 입산처럼 나이가 많이 든 후에 사사가 되었고, 겨우 8년 동안 다스리다가 자기의 성읍 비라돈에 장사 됩니다.

여기에서 우리는 똑같은 질문을 하지 않을 수 없습니다. 압돈은 이미 잘 먹고 잘살고 있었습니다. 많은 자녀 손들과 함께 누릴 만큼 누리면서 살 만큼 살았습니다. 그런데 왜 갑자기 인생의 말년에 사사가 되었을까요? 사사로서 특별한 역할은 하지 않으면서 왜 사사라고 불리는 것일까요? 누가 그를 사사로 임명했을까요?

정체성의 문제

'쇼페팀'은 이스라엘 백성이 약속의 땅에 정착하여 살던 초창기에만 등장하는 아주 독특한 리더십이었습니다. 왕정 제도의 왕처럼 사람 위에 군림하지 않으면서도 어떤 어려움이 생길 때 그 문제를 해결하도록 하나님께서 세우신 지도자들이 바로 '쇼페팀', 즉 '사사'였습니다. 그렇기에 '쇼페팀'은 결코 세습되어서는 안 됩니다. 오직 당대에만 한정되어야 했습니다.

처음에는 그 원칙이 어느 정도 잘 지켜졌습니다. 그런데 세월이 흐르면서 점점 흐지부지해졌습니다. 하나님에 의해서 세워지는 직분이 아니라 사람이 세우는 직분이 되었고, 사사의 리더십에 주어진 힘이 후대가 세습하여 물려받는 사사로운 권력으로 변하게 되었습니다. 그래서 사사의 역할이 필요하여 세워지는 것이 아니라, 그저 돈 많고 힘 있는 사람에게 주어지는 하나의 권력을 상징하는 직분으로 변질하고 만 것입니다.

이것 역시 '정체성'의 문제로 귀결됩니다. 사사로서의 정체성에 문제가 생긴 것입니다. 형식은 있는데 그 속에 담긴 내용은 없는 직분이 되었습니다. 타이틀은 있는데 그에 따른 역할은 없는 껍데기가 되었습니다. 사사로서 얼마나 한 일이 없었으면, 기껏 자녀 손들을 낳고 시집장가보냈다는 이야기만 기록하고 있을까요? 이스라엘 백성을 이렇게 저렇게 구원했다는 말은 없고, 기껏 자기 이름으로 성읍을 세워서 잘 먹고 잘살다가 죽었다는 것이 전부일까요?

자기 소견에 옳은 대로 살아가는 이스라엘 백성에게 하나님의 왕 되심을 보여주는 중심을 잡으라고 세워주신 사사의 직분이 그 본질을 잃어버리고 단지 후대에 세습하는 권력으로 전락하는 안타까운 현장을 지금 목격하고 있는 것입니다. 이런 모습을 통해서 우리는 사사 시대가 그 종말을 향해 다가가고 있다는 사실을 직감하게 됩니다.

그런데 그들을 향해서 '별 볼 일 없는 사사들'이라고 말할 자격이 과연 우리에게 있는지 의문입니다. '형식만 남은 직분'의 문제는 오늘날 믿음의 공동체인 교회가 직면하고 있는 아주 심각한 문제이기 때문입니다. 이른바 '중요한 직분'이 돈 많고 힘 있고 나이 많은 사람에게 주어지는 하나의 '명예'처럼 취급되고 있는 것이 우리의 현실입니다.

그래서 교회마다 집사님은 많은데 겸손하게 섬기는 사람은 찾아보기 힘들고, 권사님은 많은데 실제로 권면하고 위로하는 사람은 손꼽을 정도이고, 장로님은 많은데 모범적인 다스림의 리더십을 보이는 사람은 그리 많지 않습니다. 직분은 있는데 그 직분에 걸맞게 살아가는 사람들이 잘 보이지 않는 것이 오늘날 신앙공동체의 현실입니다.

목회자도 마찬가지입니다. 교회가 마치 자신의 사사로운 소유물이나 되는 것처럼 자녀에게 세습해주는 그런 목회자들이 얼마나 많이 있습니까? 그런 일이 벌어지지 않도록 교단마다 법을 만들어 제한하고는 있지만, 얼마든지 그 법을 빠져나갈 구멍이 있다는 것은 알 사람은 다 압니다.

이 또한 '정체성'의 문제입니다. 우리가 누구인지, 왜 여기에 서 있는지 또한 어디를 향해 가는지가 분명하지 않은 것입니다. 왜 신앙 생활을 하는 것인지, 왜 우리에게 직분이 주어졌는지, 그것을 통해서 하나님이 우리에게 무엇을 기대하고 계시는지 전혀 생각하지 않는 것입니다. 단지 사람들이 그렇게 불러주니 기분이 좋고, 뭔가 중요한 사람이 되는 느낌이고, 그렇기에 다른 사람이 받는 직분이 주어지지 않으면 시험에 들고, 아예 신앙 생활도 포기하고 그러는 것이지요.

감리교회를 시작하신 '존 웨슬리'(John Wesley) 목사님은 이렇게 말했습니다. "나는 감리교회가 사라지는 것이 두렵지 않다. 단지 감리교 정신이 사라지는 것이 두려울 뿐이다." 오늘날 교회의 위기는 '정신'이 사라진 '제도'만 붙들고 있다는 사실에 있습니다.

계약 백성으로서 우리의 위기 또한 마찬가지입니다. 만일 우리 인생의 목표가 단지 자녀들 잘 키워서 시집장가보내고 강남의 비싼 아파트에 살면서 고급 승용차 타고 다니게 하는 것이라면, 우리는 하나님의 계약 백성답게 살지 못하고 있는 것입니다. 우리가 신앙 생활 하는 이유는 그게 아닙니다. 우리 주님은 이렇게 말씀하셨습니다.

> 그런즉 너희는 먼저 그의 나라와 그의 의를 구하라. 그리하면 이 모든 것을 너희에게 더하시리라(마 6:33).

우리가 먼저 구해야 할 것이 있다는 겁니다. 그것은 '하나님의 나라'요 '하나님의 뜻'입니다. 그런데 실제로 우리는 어떻게 합니까? 무얼 먹을지, 무얼 마실지, 무얼 입을지 오직 그것만 구하지 않습니까? 그래서 우리는 스스로 세상 염려의 종이 되어 살아갑니다.

하나님의 자녀로서, 계약 백성으로서 우리의 자존심은 하나님의 나라를 구하며 사는 것입니다. 하나님의 뜻에 순종하며 사는 것입니다. 제도가 아니라 정신에 집중하는 것입니다. 다른 사람들에게 보이는 껍데기가 아니라, 하나님께서 살피시는 우리의 정체성에 목숨 거는 것입니다. 그것이 우리의 영적인 싸움이요 우리가 평생 짊어져야 할 십자가입니다.

묵상 질문: 나는 하나님의 계약 백성이라는 정체성을 분명히 드러내고 있는가?

오늘의 기도: 우리에게 어떤 직분이 주어지든지 그에 걸맞게 살아가게 하옵소서. 사람들에게 보이는 겉모습이 아니라 하나님이 살피시는 중심을 잘 다듬어가게 하옵소서. 오직 하나님의 뜻을 잘 분별하며 하나님의 말씀에 온전히 순종하게 하옵소서. 그리하여 우리를 통해 이 땅에 하나님의 나라가 확장되게 하옵소서. 예수님의 이름으로 기도합니다. 아멘.

한심한 사사 삼손

읽을 말씀: 사사기 13:1-15:20

새길 말씀: 그의 부모가 그에게 이르되 네 형제들의 딸들 중에나 내 백성 중에 어찌 여자
가 없어서 네가 할례 받지 아니한 블레셋 사람에게 가서 아내를 맞으려 하느
냐 하니 삼손이 그의 아버지에게 이르되 내가 그 여자를 좋아하오니 나를
위하여 그 여자를 데려 오소서 하니라(삿 14:3).

오늘부터 우리는 가장 마지막 사사인 삼손에 대해서 살펴보려고 합니다.
세상 사람들의 눈으로 보면 삼손은 정말 대단한 영웅입니다. 맨손으로 사자
와 싸워 이기기도 하고, 나귀 턱뼈로 천 명을 죽이기도 하고, 성 문짝들을
빼서 어깨에 메고 가기도 하는 괴력의 사나이입니다. 게다가 여인들과의 열
정적인 사랑, 음모와 배신 그리고 복수 이야기까지, 삼손에게는 아주 흥미로
운 에피소드들이 많이 있습니다.

그러나 우리가 사사기에서 실제로 만나는 삼손은 둘째가라면 서러울 만
큼 참으로 한심해 보입니다. 그는 모든 것을 가졌지만, 그것을 쓸데없는 일에
낭비하며 산 사람에 불과하기 때문입니다. 앞 장에서 우리가 살펴본 '별 볼
일 없는 사사들'이야 나이가 많아서 사사의 직분을 감투처럼 받았지만, 삼손

은 태어나기 전부터 하나님의 특별한 섭리와 인도하심 속에 사사가 되었습니다. 그런데 단 한 번도 사사다운 역할을 해보지 못했습니다.

오히려 괜히 엉뚱한 일에 휩쓸리거나 사사로운 복수심에 사로잡혀 자신의 인생을 낭비하다가 결국 비극적인 죽음으로 그의 생애를 마쳤습니다. "죽을 때에 죽인 자가 살았을 때 죽인 자보다 더욱 많았다"(삿 16:30)라는 평가도 그의 허무한 인생을 드러낼 뿐입니다. 삼손이야말로 영웅적인 사사가 될 수 있었는데, 무식하게 힘만 썼던 사사로 그 인생을 끝내고 말았던 것입니다. 그래서 그의 한심함이 더욱 돋보입니다.

그런데 어찌 된 일인지 삼손은 히브리서 11장에 기록된 위대한 믿음의 사람 명단에 당당히 그 이름을 올리고 있습니다(히 11:32). 우리가 알지 못하는 하나님의 역설이 여기에 있는 것일까요? 오늘 말씀을 묵상하면서 그 비밀의 열쇠를 찾아보려고 합니다.

출생의 비밀

성경은 삼손의 출생 기사를 아주 자세히 소개하고 있습니다(삿 13장). 사실 성경에서 출생 기사를 소개하고 있는 인물은 그리 많지 않습니다. 구약에서는 야곱이나 모세, 사무엘 정도이고, 신약에서는 세례 요한과 예수님뿐입니다. 믿음의 조상 아브라함이나 위대한 성군 다윗도 그 출생 기사가 성경에 기록되어 있지 않습니다. 이에 비하면 삼손은 처음부터 얼마나 많은 기대와 축복을 받으면서 태어났는지 성경은 이야기합니다.

> ²소라 땅에 단 지파의 가족 중에 마노아라 이름하는 자가 있더라. 그의 아내가 임신하지 못하므로 출산하지 못하더니 ³여호와의 사자가 그 여인에게 나타나서 그에게 이르되 보라 네가 본래 임신하지 못하므로 출산하지 못하였으나 이제 임신하여 아들을 낳으리라. ⁴그러므로 너는 삼가 포도주와 독주를 마시지 말며 어떤 부정한 것도

먹지 말지니라. 5보라 네가 임신하여 아들을 낳으리니 그의 머리 위에 삭도를 대지 말라. 이 아이는 태에서 나옴으로부터 하나님께 바쳐진 나실인이 됨이라. 그가 블레셋 사람의 손에서 이스라엘을 구원하기 시작하리라…(삿 13:2-5).

지금까지 우리가 살펴본 사사 중에 삼손처럼 태어나기 전부터 이스라엘을 구원할 자로 하나님이 미리 정해놓으신 그런 사람은 없습니다. 그만큼 삼손에 대해서 하나님은 특별한 기대를 품고 계셨습니다. 삼손이 이 세상에 태어난 것은 그에게 주어진 어떤 사명이 있었기 때문입니다. 그 사명이 아니었다면 삼손은 아예 태어나지도 못할 운명이었습니다.

그 사명이 무엇입니까? 바로 '이스라엘을 구원하기 시작하는 것'(5절)입니다. 그런데 이 말씀도 참 흥미롭습니다. '구원하는 것'이 아니라 '구원하기 시작하는 것'이라고 하니 말입니다. 구원에도 '시작'이 있고 '완성'이 있다는 뜻처럼 보입니다. 삼손에게 주어진 사명을 알려면 그 전의 상황을 읽을 필요가 있습니다.

이스라엘 자손이 다시 여호와의 목전에 악을 행하였으므로 여호와께서 그들을 사십 년 동안 블레셋 사람의 손에 넘겨주시니라(삿 13:1).

하나님은 이미 입다가 등장하기 전에 이스라엘 백성의 죄로 인해 "블레셋 사람들과 암몬 자손의 손에 그들을 파셨다"(삿10:7)고 했습니다. 암몬 자손의 손에서 이스라엘을 구원하기 위해서 하나님은 입다를 세우셔서 18년간의 압제를 끝내게 하셨습니다. 그리고 이제 블레셋 사람의 손에서 이스라엘을 구원하기 위해서 삼손을 세우고 계시는 것입니다.

이 일들은 거의 동시에 시작되었습니다. 입다가 놉 땅으로 추방될 즈음에 하나님은 마노아의 가정에 수태고지를 하셨습니다. 이 아이가 자라나서 사사 역할을 하려면 최소한 20년 이상 걸리지 않겠습니까? 그러니까 하나님은 한편으로는 이스라엘의 죄에 대해서 심판하시면서, 또 다른 한편으로는 구원의 역사를 준비하고 계셨던 것입니다.

그러나 삼손은 구원의 시작이었을 뿐입니다. 실제로 블레셋의 압제로부터 완전히 해방된 것은 다윗 시대의 일입니다(삼하 8:1). 그러니까 시작은 삼손이 하고 마무리는 다윗이 했던 것이지요. 하나님의 말씀은 일점일획도 없어지지 않고 다 이룬다고 하셨는데(마 5:18), 정말 그렇습니다.

그런데 이스라엘을 구원할 도구로 쓰임 받기 위해서 하나님이 삼손에게 요구하신 것이 하나 있었습니다. 그것은 바로 '나실인'이 되는 것입니다. '나실인'의 어원 '나지르'(nazir)는 '구별된 자'(one distinguished) 혹은 '헌신 된 자'(one devoted)라는 뜻입니다.

'나실인'은 본래 어떤 특별한 이유로 인해 일정 기간 구별하여 지내겠다고 본인이 서원함으로 시작됩니다. 그런데 삼손의 경우에는 삼손 자신도 아니고, 그의 부모도 아니고, 하나님이 그렇게 요구하심으로 나실인이 되었습니다. 그래서 삼손은 태어날 때부터 죽는 날까지(삿 13:7) 하나님께 바쳐진 나실인으로 살게 되어 있었습니다.

나실인은 몸을 구별하는 동안 세 가지가 금지됩니다. 첫 번째는 포도와 관련된 것은 무엇이라도 먹지 말아야 했고(민 6:3-4), 두 번째는 머리카락을 자르지 말아야 했고(민 6:5) 그리고 세 번째는 시체에 접촉하지 말아야 했습니다(민 6:6-7). 이렇게 함으로써 그의 모든 에너지를 오직 하나님께 예배하고 하나님이 맡기신 사명에 집중하는 것입니다.

삼손의 부모는 이와 같은 하나님의 조건을 받아들임으로써 기적적으로 아이를 낳게 되었습니다. 그들에게 있어서 가장 중요한 사명은 하나님과의 약속에 따라서 삼손을 양육하는 것이었습니다. 그래서 삼손의 아버지 마노아는 하나님의 사자에게 '이 아이를 어떻게 길러야 할지'에 대해서 몇 번이고 물어보았던 것입니다(삿 13:8, 12).

다음 세대에 대한 신앙 교육은 자녀들이 특별한 사명을 가지고 태어났다는 전제에서 가능한 일입니다. 삼손은 사명이 아니었다면 아예 태어나지도 못했다고 했습니다. 그런데 엄밀하게 말해서 아무런 사명이나 목적 없이 이 세상에 태어나는 사람이 과연 있을까요? 삼손처럼 그 부모를 통해서 하나님이 미리 알려주지 않았을 뿐이지, 누구에게나 사명이 있습니다. 그 사명이 아니었다면 우리는 이 세상에 태어나지 못할 운명이었던 것입니다.

그것이 바로 계약 백성으로서 우리의 정체성입니다. 나실인으로 구별되지는 않았다고 하더라도 우리는 하나님의 백성으로 구별된 것입니다. 그 정체성을 누가 가르쳐주어야 하겠습니까? 부모 세대가 자녀에게 가르쳐주어야 합니다. 그렇기에 우리도 마노아처럼 늘 기도해야 합니다. "이 아이를 어떻게 길러야 하겠습니까? 우리가 그에게 어떻게 행해야 하겠습니까?"(삿 13:12)라고 말입니다.

> 24그 여인이 아들을 낳으매 그의 이름을 삼손이라 하니라. 그 아이가 자라매 여호와께서 그에게 복을 주시더니 25소라와 에스다올 사이 마하네단에서 여호와의 영이 그를 움직이기 시작하셨더라(삿 13:24-25).

'삼손'이라는 이름은 '작은 태양'이라는 뜻입니다. 그것은 하나님으로부터 받은 그의 사명과 관련이 있습니다. 블레셋 사람들에게 억압당하던 이스라엘 백성에게 자유와 구원의 새로운 여명을 가져오기를 바란다는 그런 간절한 마음이 이름에 담겨 있습니다. 삼손의 부모는 하나님과의 약속에 따라서 그를 나실인으로 키우려고 애를 썼던 것입니다.

삼손의 성장에 가장 중요한 사건은 '여호와의 복'과 '여호와의 영'이 그에게 임하신 것입니다. '여호와의 복'은 특별히 삼손에게 강한 힘으로 부어졌습니다. 그리고 "여호와의 영이 그를 움직이기 시작하셨다"고 했습니다. 여기에서 '움직이다'라는 것은 본래 '휘젓다'(stir)는 뜻입니다.

그런데 어디에서 그렇게 되었다고 했습니까? '소라와 에스다올 사이 마하네단'입니다. '마하네단'은 본래 지명이 아니라 '단의 진영에서'(in the camp of Dan)라는 뜻입니다. 이곳을 기억해 둘 필요가 있습니다. 왜냐면 삼손이 그의 생애 마지막에 다시 돌아올 곳이기 때문입니다.

삼손은 하나님의 은혜로 이 세상에 기적같이 태어났습니다. 부모를 통해 나실인으로 성장했습니다. 하나님이 복을 듬뿍 주셔서 힘센 장사가 되었습니다. 하나님의 영이 그를 휘저음으로써 본격적으로 그의 삶을 시작했습니다. 그에게 주어진 사명이 무엇입니까? 블레셋 사람의 손에서 이스라엘을 구원하기 시작하는 것입니다. 그렇게 출발한 삼손은 20년 만에 다시 이곳으로 돌아옵니다(삿 16:31). 영웅이 아니라 비참한 시체가 되어서 말입니다. 그 20년 세월 동안 그에게 무슨 일이 벌어진 것일까요?

한심함의 시작

삼손의 삶은 딤나(Timnah)로 내려가는 일로 시작됩니다. 아마도 블레셋 사람의 손에서 이스라엘을 구원하기 위한 자신의 사명을 생각하면서 그 방법을 찾기 위해서 내려갔을 것입니다.

> ¹삼손이 딤나에 내려가서 거기서 블레셋 사람의 딸들 중에서 한 여자를 보고 ²올라와서 자기 부모에게 말하여 이르되 내가 딤나에서 블레셋 사람의 딸들 중에서 한 여자를 보았사오니 이제 그를 맞이하여 내 아내로 삼게 하소서 하매…(삿 14:1-2).

성령의 감동으로 출발했는데, 삼손은 첫 도시에서부터 정욕에 사로잡혔습니다. 블레셋 여인에게 그만 반해버린 것입니다. 그래서 당장에 그와 결혼해야겠다고 생각하고 부모를 조릅니다. 이런 한심한 일이 어디 있습니까? 물론 삼손의 부모는 말도 안 되는 일이라고 하면서 반대합니다.

그의 부모가 그에게 이르되 네 형제들의 딸들 중에나 내 백성 중에 어찌 여자가 없어서 네가 할례 받지 아니한 블레셋 사람에게 가서 아내를 맞으려 하느냐 하니 삼손이 그의 아버지에게 이르되 내가 그 여자를 좋아하오니 나를 위하여 그 여자를 데려 오소서 하니라(삿 14:3).

나실인은 하나님을 위해 구별된 자라고 했습니다. 그의 모든 에너지를 하나님을 예배하는 일과 하나님의 뜻을 이루는 일에 집중하기 위해서라고 했습니다. 삼손이 지금 집중해야 할 일은 이스라엘을 블레셋의 손에서 구원하는 것입니다. 그것이 자신의 정체성입니다. 그런데 블레셋 여자를 보는 순간 삼손은 그 정체성을 잃어버렸습니다.

부모의 반대에도 불구하고 삼손은 자신의 주장을 꺾지 않습니다. 그는 "내가 그 여자를 좋아한다"고 말합니다. 그런데 히브리 원어를 직역하면 "그 여자는 내 눈에 좋다"(She is right in my eyes)가 됩니다. 어디에서 많이 듣던 이야기입니다. 이와 똑같은 표현이 바로 '자기 소견에 옳은 대로'(삿 21:25)입니다. 삼손은 사사 시대의 이스라엘 백성과 똑같이 자신의 소견을 판단의 기준으로 삼아 행동하고 있는 것입니다.

사명자는 하나님의 뜻에 순종하여 살아가는 사람이어야 합니다. 그것이 바로 나실인이 된다는 의미입니다. 그런데 그 첫걸음부터 자기 소견에 옳은 대로 선택하겠다고 그럽니다. 바로 여기에서부터 삼손의 한심한 삶이 시작되었던 것입니다. 그다음 이야기를 우리는 잘 압니다.

삼손의 완강한 고집에 못 이겨 마침내 그의 부모는 결혼을 허락하기에 이릅니다. 부모와 함께 딤나로 내려가는 중에 한 포도원을 지나가다 사자를 만납니다. 삼손은 마치 새끼 염소를 찢듯이 그 사자를 손쉽게 죽입니다.

그러나 포도원을 지나가는 것도 그렇고 사자를 죽이는 것도 그렇고 나실인으로서는 부적절한 행동입니다. 만일 그가 나실인이라는 자의식이 분명했다면 이 모든 일을 부모에게 알리고, 정결 의식을 행해야 했습니다(민 6:9-12).

그러나 그러지 않았습니다. 오히려 부모에게 알리지 않았다고 합니다(삿 14:6). 왜 그랬을까요? 결혼이 더 중요했기 때문입니다.

얼마 후에 삼손은 블레셋 여인을 아내로 맞이하려고 그 포도원을 다시 지나가는데, 자기가 죽인 사자의 사체에 벌 떼가 모여들고 여기에 꿀이 고인 것을 봅니다. 삼손은 손으로 그 꿀을 떠먹은 후 부모에게도 갖다줍니다. 하지만 그 꿀이 죽은 사자의 몸에서 나왔다는 사실은 말하지 않습니다(삿 14:9).

그 후 삼손은 당시 혼인 풍습에 따라 신부인 블레셋 여자의 집에 내려가서 잔치를 베풉니다. 블레셋 사람들은 삼손을 보자 젊은이 삼십 명을 데려다가 그와 한자리에 앉게 합니다. 삼손은 이 사람들과 재미 삼아 내기를 합니다. "먹는 자(eater)에게서 먹는 것(food)이 나오고, 강한 자(the strong)에게서 단 것(sweetness)이 나왔다"(삿 14:14). 이것이 무엇인지 맞춰보라고 합니다.

해답을 얻기 위해 블레셋 사람들은 삼손의 아내를 협박하고, 아내는 삼손을 보채서 결국 답을 알려주고 내기에서 집니다. 화가 난 삼손은 블레셋 사람들이 살던 아스글론으로 내려가서 노략질하여 내기했던 약속을 지킵니다. 그리고 화가 나서 그 길로 자기 집으로 돌아갑니다. 그러자 블레셋 장인이 삼손의 아내를 다른 사람에게 줍니다. 그 사실을 알고 삼손은 여우 삼백 마리를 잡아서 꼬리를 메고 횃불을 달아 블레셋 사람들의 곡식밭과 포도원을 불살라버립니다.

그것이 삼손의 짓이라는 것이 알려지자, 그에 대한 보복으로 블레셋 사람들은 삼손의 장인과 아내를 불살라 죽입니다. 그러나 삼손은 그들의 원수를 갚겠다고 하면서 블레셋 사람들을 엄청 많이 죽이고, 유다에 있는 '레히'로 도망합니다. 블레셋 사람들이 유다에 진을 치고 모이니까 그들의 보복을 두려워한 유다 사람들이 삼손을 설득하여 밧줄로 단단히 묶어 블레셋 사람에게 넘깁니다. 그러나 삼손은 밧줄을 끊어버리고 나귀 턱뼈로 블레셋 사람 천 명을 죽입니다. 이것이 사사기 15장까지 계속 이어지는 이야기입니다.

삼손이 블레셋 사람들을 많이 죽였지만, 여기에는 오직 '사적인 동기'만 있었을 뿐, 자신에게 주어진 사명과는 아무런 관계가 없었습니다. 기분 나빠서 죽이고 원수 갚기 위해 죽이고 파괴했을 뿐입니다. 그렇게 삼손은 20년 동안 사사로 지냈습니다.

블레셋 사람의 때에 삼손이 이스라엘의 사사로 이십 년 동안 지냈더라(삿 15:20).

삼손이 사사로 있는 20년 동안에도 블레셋 사람들이 이스라엘을 다스렸습니다. 다른 사사들은 이방의 압제에서 이스라엘을 구원하고 평안한 시절을 가져왔는데, 삼손은 달랐습니다. 그가 사사였다는 사실이 블레셋 압제에 미친 영향은 거의 없었습니다. 삼손이 블레셋을 공격한 것은 개인적인 차원에 머물렀습니다. 다른 사사들처럼 이스라엘 사람들을 규합하여 함께 행동하지 않고, 오직 개인적인 이유로 블레셋과 충돌했을 뿐입니다. 그렇게 해서 승리한 몇몇 사건들을 제외하고 삼손은 사사로서 거의 유명무실했습니다.

그렇다면 무엇입니까? 오래전부터 준비해오신 하나님의 계획은 실패한 것일까요? 이와 같은 삼손의 한심함을 하나님은 모르셨던 것일까요? 나실인으로 키우라는 명령을 그 부모들이 제대로 수행하지 못했던 것일까요? 이렇게 한심한 사사의 이야기를 성경은 왜 그렇게 길게 기록할까요? 이런 사람이 어떻게 '믿음의 전당'에 이름을 올릴 수 있었단 말입니까?

하나님의 섭리와 인간의 책임

물론 삼손의 이야기가 아직 많이 남아 있습니다. 그것을 끝까지 읽어보면 무슨 대답을 얻을 수 있을지 모릅니다. 그러나 오늘 본문에서 하나의 실마리를 찾을 수 있습니다. 그것은 14장 4절에 기록되어 있습니다.

그 때에 블레셋 사람이 이스라엘을 다스린 까닭에 삼손이 틈을 타서 블레셋 사람을 치려함이 었으나 그의 부모는 이 일이 여호와께로부터 나온 것인 줄은 알지 못하였더라(삿 14:4).

삼손이 부모와 함께 딤나로 내려가던 대목에 나오는 말씀입니다. 그런데 우리말 성경은 "삼손이 틈을 타서 블레셋 사람을 치려 하였다"라고 번역하는데, 이것은 분명한 오역입니다. 삼손이 개인적인 욕정으로 블레셋 여인과 결혼하려는 게 아니라, 마치 블레셋을 치려는 큰 뜻을 속에 감추고 있었던 것처럼 오해하게 만들 수 있기 때문입니다. 우리가 이미 살펴보았지만, 삼손은 그런 '큰 뜻'을 품을 위대한 인물이 아닙니다.

그렇다면 이 말씀을 우리는 어떻게 이해해야 할까요? 이 부분을 히브리 원어에 따라서 문자적으로 번역하면 다음과 같습니다.

> "그러나 그의 아비와 그의 어미는 이것이 여호와께로부터 나온 것인 줄 알지 못했다. 왜냐면 그가 블레셋 사람들로부터 기회를 찾고 있었고, 블레셋 사람이 이스라엘을 다스리고 있었기 때문입니다."

여기에서 블레셋 사람들로부터 기회를 찾고 있었던 '그'는 '삼손'이 아니라 '여호와 하나님'을 의미합니다. 삼손은 그저 자신의 욕망 때문에 블레셋 여인과 결혼하고 싶어 했을 뿐입니다. 그런데 하나님은 그것을 블레셋 사람을 칠 기회로 삼으신 것입니다. 하나님의 섭리는 인간의 확신과 지식을 초월합니다. 하나님은 인간의 실수와 잘못된 행동을 통해서도 당신의 구원 계획을 진행하십니다.

그렇다고 해서 하나님의 주권이 인간의 책임을 없애는 것은 아닙니다. 하나님이 블레셋을 칠 기회를 찾고 계셨다 해도, 삼손이 자신의 사적인 욕망 때문에 블레셋 여인과 결혼하려 한 것은 분명한 잘못입니다. 아무리 하나님의 뜻을 이루는 통로가 되었다고 하더라도, 사람들의 책임은 여전히 중요하다는 것을 성경은 이야기합니다.

삼손은 지금까지 사적인 동기로만 행동했습니다. 아스글론에서 30명을 죽인 것이나(14:19) 블레셋 사람을 '크게 쳐서 죽인 것'(15:8)이나 나귀의 턱뼈로 천 명을 죽인 것이나(15:15) 모두 개인적인 이유로 인한 공격이었습니다. 그러나 그 사건들을 통해 하나님은 블레셋을 치고 계셨습니다. 삼손의 행동은 분명 한심한 것이었지만, 그 한심함을 통해서도 하나님은 당신의 뜻을 이루고 계셨던 것입니다.

자, 그렇다면 사사기는 왜 삼손의 한심한 생애를 이렇게 자세히 기록하고 있는 것일까요? 그것은 삼손 한 사람에게만 해당하는 일이 아니고 역사를 통해서 언제나 반복하여 일어나는 일이기 때문입니다. 삼손의 한심한 생애는 사실 우리의 생애이기도 합니다.

삼손이 하나님의 약속으로 잉태된 나실인이라면, 우리는 예수 그리스도를 통해서 하나님의 약속에 들어간 하나님의 자녀들입니다. 이를 구약의 용어로 표현하면 하나님의 계약 백성입니다. 우리가 예수님을 통해 구원받은 것은 너무나 분명한데, 그 이후의 삶은 삼손과 크게 다르지 않습니다. 지극히 개인적인 욕망의 동기로 우리의 삶이 경영됩니다. 복음을 알고 난 후에도 이렇게 한심하게 살고 있으니, 우리는 사실 삼손을 손가락질할 형편이 되지 않습니다. 오히려 삼손에게서 우리 자신을 발견해야 합니다.

그런데 이와 같은 한심한 생애를 통해서도 하나님은 당신의 뜻을 이루어 가십니다. 이스라엘을 구원하는 일을 '시작'하십니다. 물론 우리의 정욕적인 삶의 선택이 우리에게 큰 고통을 안겨줍니다. 그 책임까지 모면할 수는 없습니다. 삼손도 자신이 뿌린 씨앗을 고통으로 거두어야 했습니다. 그렇지만 이런 한심한 인생까지 하나님께서 품고 계신다는 사실은 변함없습니다. 우리가 바라보아야 할 분은 바로 하나님이십니다.

한심한 인생을 살았던 삼손의 이름이 위대한 믿음의 사람 명단에 올라간 것은 사실 말이 안 되는 이야기입니다. 그러나 그것이 우리가 경험하는 하나님의 구원입니다. 예수 그리스도를 통한 하나님의 구원이 삼손처럼 말이 안 되는 우리의 인생을 덮으셨습니다. 그 모든 좋은 조건에도 불구하고 자신을 망쳐버린 삼손같이 한심하게 살아가던 우리를 더 말이 안 되는 능력으로 덮으셔서 어린양 생명책에 우리의 이름을 기록하셨습니다.

우리 자신의 인생을 바라보면 아무런 희망이 보이지 않습니다. 그러나 눈을 들어서 하나님이 일하시는 것을 바라보면 희망이 생겨납니다. 그것이 우리의 한심한 삶을 의미 있는 삶으로 바꾸어나가는 능력의 시작입니다.

묵상 질문: 나는 계약 백성으로서 주어진 사명을 잘 감당하고 있는가?

오늘의 기도: 삼손의 인생이 우리의 인생과 크게 다르지 않음을 고백합니다. 하나님의 섭리와 계획 속에서 귀한 사명을 가지고 태어났지만, 세상의 헛된 욕망을 좇아서 살아가는 우리의 모습입니다. 그러나 한심한 인생을 위대한 인생으로 바꾸시는 하나님의 능력을 믿습니다. 더욱 큰 은혜로 우리를 덮으셔서 하나님의 뜻에 합당하게 살아가는 인생으로 바꾸어 주옵소서. 예수님의 이름으로 기도합니다. 아멘.

삼손의 죽음

읽을 말씀: 사사기 16:1-31

새길 말씀: 삼손이 여호와께 부르짖어 이르되 주 여호와여 구하옵나니 나를 생각하옵소
서. 하나님이여 구하옵나니 이번만 나를 강하게 하사 나의 두 눈을 뺀 블레셋
사람에게 원수를 단번에 갚게 하옵소서…(삿 16:28).

　앞 장에서부터 우리는 사사기에 등장하는 마지막 사사인 삼손에 대해서
살펴보기 시작했습니다. 그러면서 인생의 '위대함'과 '한심함'이 무엇인지 생
각하게 되었습니다. 무엇이 위대한 인생이며, 무엇이 한심한 인생일까요? 그
것은 그가 얼마나 많이 가졌는지, 얼마나 힘이 센지, 얼마나 높이 올라갔는지
가 아니라 그에게 주어진 본래의 사명과 목적에 얼마나 합당하게 살았는지로
판가름 납니다.

　삼손은 아이를 낳지 못하던 집안에 여호와의 사자를 통해서 탄생을 예고
받고 태어난 하나님의 특별한 선물이었습니다. 하나님께 구별된 나실인으로
서 하나님이 맡기신 특별한 일을 하게 될 것이라는 부모의 기대 속에 자랐
습니다. 하나님은 그에게 특별한 복을 주셔서 엄청난 힘을 가진 사람이 되었
습니다. 하나님의 영이 그의 인생을 휘저으셔서 이스라엘을 구원하는 사사로

서 멋지게 출발했습니다.

그러나 첫걸음부터 그는 블레셋 여인에게 정신을 빼앗기고 '안목의 정욕'
에 사로잡혀서 그에게 주어진 사명과 목적을 잃어버렸습니다. 괜히 엉뚱한
일에 휘말리면서 사사로운 복수심에 사로잡혀 자신의 인생을 낭비했습니다.
그는 모든 것을 가지고 시작했지만, 그 모든 것을 그저 불필요한 일에 허비하
며 살았습니다. 얼마든지 영웅적인 위대한 사사가 될 수도 있었지만, 그는
결국 한심한 사사가 되고 말았습니다.

물론 하나님은 삼손의 사사로운 동기와 그릇된 행동들을 사용하셔서 이
스라엘을 압제하던 블레셋을 심판하셨습니다. 삼손의 한심한 생애를 통해서
도 하나님은 이스라엘을 구원하는 일을 '시작'하신 것입니다. 그리고 삼손의
이름을 히브리서 11장의 명단에 올라가게 하셨습니다.

그러나 그것은 한심한 인생까지도 품으시는 하나님의 은혜를 드러내는
역설이지, 그렇다고 해서 삼손의 한심한 생애가 갑자기 위대한 생애로 바뀌
는 것은 아닙니다. 그는 자신이 선택한 삶의 결과로 비극적인 최후를 맞이하
게 됩니다. 오늘 우리가 살펴볼 내용입니다.

들릴라의 유혹

삼손의 일생에는 크게 세 가지 사건이 얽혀 있는데, 모두 여인과 관계되
어 있습니다. 처음에는 딤나에 내려가 블레셋 여인과 결혼한 일(삿 14:1-15:20)
이고, 그다음에는 가사의 기생에게 들어간 일(삿 16:1-3)입니다. 그리고 마지막
으로는 들릴라의 유혹에 넘어간 일(삿 16:4-31)입니다.

> 4이후에 삼손이 소렉 골짜기의 들릴라라 이름하는 여인을 사랑하매 5블레셋 사람
> 의 방백들이 그 여인에게로 올라가서 그에게 이르되 삼손을 꾀어서 무엇으로 말미
> 암아 그 큰 힘이 생기는지 그리고 우리가 어떻게 하면 능히 그를 결박하여 굴복하

게 할 수 있는지 알아보라. 그리하면 우리가 각각 은 천백 개씩을 네게 주리라…
(삿 16:4-5).

삼손은 또다시 한 여인을 사랑하게 되었습니다. 그 여인은 소렉 골짜기에 살던 '들릴라'(Delilah)였습니다. 사람들은 이 '들릴라'를 당연히 블레셋 사람일 것으로 생각합니다. 그러나 그렇게 생각할 필요가 없습니다. 우선 본문이 그렇게 말하지 않습니다. 이는 딤나에서 처음 만난 여인을 블레셋 사람이라고 밝히는 것과 아주 대조적입니다. 오히려 '들릴라'라는 이름은 셈족 계통의 이름입니다. 그리고 소렉 골짜기는 삼손이 살던 마을에서 그리 멀지 않은 이스라엘 영토 안에 있습니다. 그러니까 '들릴라'는 이스라엘 사람일 가능성이 더 큽니다.

그런데 왜 들릴라가 블레셋 사람들에게 삼손을 넘기는 일에 그렇게 협조하게 되었을까요? 물론 돈 때문이었습니다. 은 천백 개는 엄청나게 큰돈이었습니다. 여기에는 단위가 명시되어 있지 않지만, 학자들은 '세겔'로 보고 있습니다. 당시 노동자의 1년 평균 임금이 10세겔 정도라고 하는데, 그렇게 본다면 1,100세겔이면 노동자 연봉의 110배에 해당합니다. 이를 오늘날의 가치로 환산하면 수십억 원이 넘는 큰돈입니다. 그것도 한 사람이 아니라 각각 주겠다고 약속합니다. 그 엄청난 돈을 마다할 사람이 과연 있을까요?

무슨 이야기입니까? 삼손은 이스라엘을 구원할 사사로 부름을 받았습니다. 그런데 자신의 소명에 따라서 할 일은 하지 않으면서 여인과의 사랑놀이에 빠져있습니다. 그리고 그 여인은 삼손이 어떤 사람인지 잘 알고 있습니다. 자신의 동족 이스라엘 사람을 구원할 사사라는 것을 잘 알면서도 거액을 받고 블레셋 사람에게 팔아넘기려고 합니다. 하나님이 보실 때 이 얼마나 한심한 인생들입니까?

블레셋 사람들의 제안을 받은 들릴라는 삼손에게 그의 힘의 근원과 그를 묶어 이기는 방법을 집요하게 묻습니다. 그 자세한 내용은 여기에 굳이 언급하지 않아도 잘 아실 것입니다. 아무튼 삼손의 거짓말에 세 번 속고 난 후에 들릴라는 '사랑'을 무기로 최후통첩을 합니다. 삼손은 결국 자신의 비밀을 털어놓게 됩니다.

> 19들릴라가 삼손에게 자기 무릎을 베고 자게하고 사람을 불러 그의 머리털 일곱 가
> 닥을 밀고 괴롭게 하여 본즉 그의 힘이 없어졌더라. 20들릴라가 이르되 삼손이여 블
> 레셋 사람이 당신에게 들이닥쳤느니라 하니 삼손이 잠을 깨며 이르기를 내가 전과
> 같이 나가서 몸을 떨치리라 하였으나 여호와께서 이미 자기를 떠나신 줄을 깨닫지
> 못하였더라(삿 16:19-20).

그런데 삼손의 괴력은 과연 어디에서 나올까요? 사람들은 그의 머리털 일곱 가닥에서 나온 줄로 압니다. 그래서 머리털을 밀었기 때문에 그의 힘이 사라진 줄로 생각합니다. 정말 그럴까요? 삼손은 나실인으로 태어났지만, 나실인의 규례를 제대로 지키지 않았습니다. 포도원에도 제 마음대로 들어가고, 동물의 사체도 함부로 만지고, 성적으로 절제하지 못하고 방종하게 살아왔습니다.

그러면서 나실인의 신분에 대한 자부심은 있었습니다. 그 마지막 보루가 바로 머리카락이었습니다. 다른 규례는 거의 다 지키지 않으면서 그나마 지켜 온 한 가지 규례만으로 충분하다고 생각했습니다. 나실인으로서 자신의 삶을 구별하지는 않으면서 오직 머리카락 하나만 지켜왔던 것이지요.

자, 그렇다면 그의 힘의 원천은 정말 긴 머리카락이었을까요? 아닙니다. 그의 힘은 하나님의 영으로부터 오는 것이었습니다. 그동안 하나님께서 삼손에게서 그 힘을 거두어 가지 않은 것은 그저 '하나님의 은혜'였을 뿐입니다. 삼손이 그나마 머리카락 한 가지라도 붙들고 있었기 때문에 참고 기다리셨지, 하나님의 영은 진작 그를 떠나신 것이나 마찬가지입니다.

그래서 오늘 본문은 말합니다. "여호와께서 이미 자기를 떠나신 줄을 깨닫지 못하였더라"(20절). 머리가 밀리고 난 후에도 삼손은 그 사실을 깨닫지 못

하고 있었습니다. 자신이 가지고 있던 힘이 갑자기 없어졌다는 사실은 알았지만, 왜 그 힘이 사라졌는지 그 이유를 아직 깨닫지 못하고 있었던 것입니다.

어쩌면 우리에게도 '삼손의 머리카락'이 있는지 모릅니다. 거룩한 무리 '성도'(聖徒)로서 마땅히 지켜야 할 모든 도리는 무시하고 제멋대로 살면서, 자신이 택한 어느 한 가지만 집착하면서 그것이 성도로서 신분이나 정체성을 지켜줄 것이라 착각하는 그런 '머리카락' 말입니다. 그 머리카락이 주일에만 달랑 교회 와서 예배하는 것이 될 수도 있습니다.

삶이 구별되지 않는 머리카락이 우리에게 복을 가져다주는 것이 아닙니다. 이 세상을 넉넉히 이기며 살아가는 힘과 능력의 원천은 오직 하나님에게서 옵니다. 우리가 선택한 한 가지 머리카락만으로 그동안 그럭저럭 잘 지내 왔다면, 그것은 우리를 버리지 않고 오래 참으시는 하나님의 은혜입니다. 우리가 하나님의 계약 백성으로서 정체성을 빨리 회복하지 않으면, 그 은혜조차 조만간 우리를 떠나게 될지 모릅니다. 삼손을 보십시오. 단지 시간문제입니다.

삼손의 최후

하나님의 영이 떠나자 삼손은 말 그대로 '별 볼 일이 없는 사람'이 되고 말았습니다.

> 21블레셋 사람들이 그를 붙잡아 그의 눈을 빼고 끌고 가사에 내려가 놋줄로 매고 그에게 옥에서 맷돌을 돌리게 하였더라. 22그의 머리털이 밀린 후에 다시 자라기 시작하니라(삿 16:21-22).

마침내 블레셋 사람들은 삼손을 붙잡아서 그의 눈을 뽑아버립니다. 그리고 가사로 끌고 가서 감옥에서 맷돌을 돌리게 합니다. 맷돌을 돌리게 했다고 해서 동물의 힘으로 돌리는 커다란 회전식 맷돌을 상상하지 마십시오. 그런

맷돌은 아직 발명되지 않았을 때입니다.

당시의 맷돌은 크고 넓적한 아래짝에 밀대 비슷한 방망이 모양의 위짝을 굴려 곡식을 빻게 되어 있었습니다. 그렇게 하려면 맷돌로 곡식을 가는 사람은 쪼그리고 앉거나 무릎을 꿇어야 했습니다. 천하의 삼손이 감옥 안에서 쪼그리고 앉아서 곡식을 가는 비참한 노예 신세로 전락하고 말았던 것입니다. 이제 삼손에게 무슨 소망이 있을까요?

그런데 이것은 삼손의 마지막이 아니었습니다. 그의 머리털이 다시 자라기 시작한 것입니다. 그러나 머리털 자체에 무슨 마법적인 힘이 있다는 뜻이 아닙니다. 머리털은 그냥 상징입니다. 무슨 상징입니까? 나실인의 상징입니다. 하나님으로부터 받은 사명의 상징입니다.

따라서 머리털이 다시 자라기 시작했다는 것은 그에게 힘이 다시 생기기 시작했다는 뜻이 아니라 하나님과의 관계가 회복되기 시작했다는 뜻입니다. 사람의 눈에는 절망으로 보이는 상황 속에서 하나님은 새로운 소망의 싹을 틔우고 계시는 것입니다. 삼손을 향한 하나님의 기대는 아직도 끝나지 않았기 때문입니다.

우리에게도 '하나님의 기대'가 있다는 것을 알아야 합니다. 우리가 죄를 범함으로 자초한 심판일지라도, 그로 인해 세상은 우리를 향하여 절망을 선고할지라도 우리를 향한 '하나님의 기대'가 끝나지 않는 한 아직 우리에게 소망이 있는 것입니다. 우리가 하나님과의 관계를 회복하고, 그 안에서 우리의 정체성을 다시 찾기만 하면 됩니다.

삼손을 사로잡은 블레셋 사람들이 다곤 신전에 모여서 그들의 신에게 '큰 제사'를 드리는 날이 되었습니다. 그들은 흥을 돋우기 위해서 잔치 자리에 삼손을 불러들입니다. 그 자리에 끌려 나온 삼손은 다음과 같이 하나님께 기도합니다.

> 삼손이 여호와께 부르짖어 이르되 주 여호와여 구하옵나니 나를 생각하옵소서. 하

나님이여 구하옵나니 이번만 나를 강하게 하사 나의 두 눈을 뺀 블레셋 사람에게
원수를 단번에 갚게 하옵소서…(삿 16:28).

삼손은 자신에게 주어진 사명이나 목적을 이루는 것보다 여전히 원수를
갚는 것을 더 중요하게 생각하고 있습니다. 지금까지 그래왔던 것처럼 삼손
은 삶의 마지막 순간까지도 오직 사사로운 원한을 갚으려고 했을 뿐입니다.
그런데 하나님은 삼손의 기도를 들어주셨습니다. 그것은 삼손의 기도가 하나
님의 뜻에 합당한 것이었기 때문이 아닙니다. 하나님의 계획에 따라서 블레
셋 사람들을 심판하기 위해서였습니다.

삼손이 이르되 블레셋 사람과 함께 죽기를 원하노라 하고 힘을 다하여 몸을 굽히매
그 집이 곧 무너져 그 안에 있는 모든 방백들과 온 백성에게 덮이니 삼손이 죽을 때에
죽인 자가 살았을 때에 죽인 자보다 더욱 많았더라(삿 16:30).

이때 신전의 지붕에 있던 사람들만 '삼천 명' 정도였다고 합니다(삿 16:27).
그러니 그 신전 안에 있다가 죽은 사람들은 얼마나 많았을지 가늠할 수 있습
니다. 그런데 이 장면을 읽으면서 우리에게는 어떤 생각이 듭니까? 막판에
원한을 갚고 장렬하게 죽는 삼손의 모습에서 후련하다는 느낌이 듭니까?

아닙니다. 오히려 비통한 느낌이 듭니다. 그 사건은 최후의 승리가 아니라
최후의 비극입니다. 무엇보다 모태에서부터 나실인으로 선택되어 그렇게 좋
은 것을 많이 받고 태어난 삼손이 이렇게 비참한 최후로 한심하게 그의 인생
을 끝냈다는 사실에 비통함을 느낍니다. 그리고 마지막 순간까지 자신의 사
명보다도 오직 사사로운 원한을 갚으려고 했다는 사실에 비통함을 느낍니다.

그보다 "삼손이 죽을 때에 죽인 자가 살았을 때 죽인 자보다 더욱 많았다"
는 평가를 보면서 삼손의 인생이 단지 사람을 얼마나 많이 죽였는가로 가늠
된다는 사실에 더욱 비통함을 느낍니다. 요즘 지구 곳곳에서 자살폭탄으로

인해 수많은 사람이 한꺼번에 죽어 갑니다. 그렇다면 그와 같은 테러와 삼손이 다곤신전을 무너뜨린 것과 뭐가 다를까 하는 생각에 비통함을 느낍니다.

구원의 시작, 구원의 완성

하나님은 이스라엘 백성을 구원하기 위하여 사사를 세우셨습니다. 그 일을 위해 물론 이스라엘 백성을 억압하는 이방 민족들은 심판을 받아야 합니다. 그러나 그렇게 한다고 해서 이스라엘 백성이 과연 구원받았을까요? 블레셋 사람들을 한꺼번에 몇천 명, 몇만 명 죽인다고 해서 하나님의 구원이 이루어질까요? 얼마나 더 많은 사람을 죽여야 하나님의 백성이 구원을 받을 수 있을까요?

다곤신전이 무너져서 삼손을 비롯한 수많은 생명이 죽어가는 모습을 보면서 하나님 역시 비통함을 느끼셨을 것입니다. 이런 방식으로는 이스라엘을 온전히 구원할 수 없다는 사실에 하나님도 몹시 비통해하셨을 것입니다. 여기에서 우리는 하나님의 사자가 삼손의 어머니에게 수태고지를 하던 장면을 다시 떠올리게 됩니다.

그가 블레셋 사람의 손에서 이스라엘을 구원하기 시작하리라(삿 13:5b).

여기에서 '구원의 시작'은 블레셋 사람들에 대한 하나님의 심판을 의미합니다. 그 도구로 삼손은 사용되었습니다. 삼손이야 사사로운 원한을 갚기 위해서였지만, 어쨌든 하나님은 그를 통해서 블레셋 사람들을 심판하신 것입니다.

그렇다면 '구원의 완성'은 무엇일까요? 다윗 시대에 블레셋 사람들을 쳐서 항복을 받아낸 것(삼하 8:1)으로 과연 구원이 완성되었다고 말할 수 있을까요? 아닙니다. 하나님 백성의 구원은 그들의 죄의 문제가 완전히 해결되기 전까지 완성되지 않습니다.

그래서 하나님께서 당신의 독생자 예수 그리스도를 이 땅에 보내신 것입니다. 그 아들을 십자가에 달려 죽게 하심으로 인류를 구원하시는 새로운 길을 열어놓으신 것입니다. 십자가에 달리셔서 최후의 순간에 우리 주님은 이렇게 기도하셨습니다.

아버지, 저들을 사하여 주옵소서. 자기들이 하는 것을 알지 못함이나이다(눅 24:34).

주님의 마지막 기도는 삼손의 마지막 기도와 너무나 다릅니다.

하나님이여 구하옵나니 이번만 나를 강하게 하사 나의 두 눈을 뺀 블레셋 사람에게 원수를 단번에 갚게 하옵소서(삿 16:28b).

"원수를 갚게 해 달라"는 기도와 "원수를 용서해 달라"는 기도 중에 어느 기도가 더 명예로운 것인지, 어느 기도가 더 영광스러운 구원으로 이끄는 길이 되었는지 우리는 너무나 잘 압니다. 그런데 우리는 지금 어떻게 기도하고 있습니까? 삼손처럼 기도하고 있습니까? 아니면 예수님처럼 기도하고 있습니까?

예수님의 죽음은 삼손의 죽음과 극명한 대조를 보입니다. 삼손의 죽음은 모두와의 관계를 끊어버리는 허망한 죽음입니다. 삼손의 죽음은 그 누구에게도 책임감이 없었던 그의 삶을 드러내는 것이었습니다. 자기 하나 죽으면 그만인 인생을 살다가, 그 마지막 죽음마저도 보복으로 끝내버리고 만 것입니다. 지금 이 세상에 얼마나 많은 사람이 그런 식으로 죽어가고 있는지 모릅니다.

그러나 예수님의 죽음은 모두와의 관계를 끊어버리는 죽음이 아니라, 당신과 우리를 하나로 묶어내어 살리는 죽음이었습니다. 예수님의 죽음은 하나님의 백성을 구원하는 죽음이었습니다. 바로 그것 때문에 우리 주님께서 이 땅에 오신 것입니다. 삼손처럼 죽고 죽이는 허망한 인생을 살아가는 이 세상을 구원하기 위해서 죽음의 자리까지 찾아오셨습니다. 그렇게 구원을 완성하셨던 것입니다.

하나님의 백성으로서 우리는 이 세상을 구원하시려는 하나님의 거룩한 일에 부름을 받았습니다. 이제부터 우리는 죽이는 일이 아니라 살리는 일에 인생의 모든 에너지를 쏟아야 하겠습니다.

묵상 질문: 나는 어떤 일에 에너지를 쏟는가? 살리는 일인가, 죽이는 일인가?
오늘의 기도: 능력이 뛰어난 사람이 되기보다는, 그 능력을 하나님의 뜻에 사용할 줄 아는 사람이 되게 하옵소서. 불평으로 자신의 존재감을 드러내는 사람이 되기보다는, 희생으로 하나님의 뜻을 드러내는 사람이 되게 하옵소서. 다른 사람을 죽이는 부정적인 일에 인생의 에너지를 쏟는 사람이 되기보다는, 다른 사람을 살리는 긍정적인 일에 인생의 에너지를 쏟는 사람이 되게 하옵소서. 예수님의 이름으로 기도합니다. 아멘.

제 3 막

계약 백성의
정체성 문제

| 사사기 17–21장 |

하나님으로 포장한 욕망

읽을 말씀: 사사기 17:1-18:31

새길 말씀: 4미가가 그 은을 그의 어머니에게 도로 주었으므로 어머니가 그 은 이백을
가져다 은장색에게 주어 한 신상을 새기고 한 신상을 부어 만들었더니 그
신상이 미가의 집에 있더라. 5그 사람 미가에게 신당이 있으므로 그가 에봇과
드라빔을 만들고 한 아들을 세워 그의 제사장으로 삼았더라(삿 17:4-5).

사사기는 크게 세 부분으로 나누어집니다. '서론'(1:1b-3:6)과 '본론'(1:1a;
3:7-16:31), '부록'(17-21장)이 그것입니다. 여기에서 굳이 '결론'을 말하라고 한
다면, 사사기의 제일 마지막 절(21:25)이 결론에 해당한다고 하겠습니다. 아무
튼 사사기의 본론은 여섯 명의 대사사와 여섯 명의 소사사 이야기로 되어
있습니다. 삼손 이야기로 본론은 끝났습니다.

오늘부터 우리는 '부록'을 살펴보게 될 것입니다. '부록'(附錄)이란 말 그대
로 '붙여놓은 기록'입니다. 부록에 해당하는 영어 '어펜딕스'(appendix)가 '맹
장'이라는 뜻도 있는데, 사사기에서 이 부분을 뺀다고 해도 사실 크게 문제가
되지 않습니다. 오히려 앞 장의 삼손 이야기에서 부록 부분을 건너뛰어 그냥
결론(21:25)으로 넘어가서 사사기를 끝냈더라면 차라리 더 좋았을 듯싶습니다.

왜냐하면 부록에 실려 있는 이야기들이 너무나 어처구니없고 지나치게 잔인하기 때문입니다. 이런 이야기가 성경에 기록되어 있다는 자체가 몹시 불편하게 느껴질 정도입니다. 영화로 따지자면 '미성년자 관람 불가'입니다. 아니 성년이라고 하더라도 심신이 약한 분들은 특별한 주의가 필요합니다.

그렇지만 이것은 엄연한 역사적인 사실입니다. 약속의 땅에서 실제로 일어난 일입니다. 감춘다고 해서 감출 수 있는 이야기가 아닙니다. 그리고 성경에 기록된 말씀은 그 어떤 부분도 불필요한 것은 없습니다. 물론 특별히 조심해서 읽어야 할 부분은 있습니다. 오늘부터 우리가 묵상하는 '부록'이 바로 그 부분입니다.

처음에는 하나님의 계약 백성이 약속의 땅에 들어와서 만들어 낸 악한 일들에 대해서 크게 실망하겠지만, 조금만 지나면 우리의 눈에 보이는 것이 전부가 아니라는 사실을 또한 알게 될 것입니다. 사람들은 실패할지라도 하나님에게는 실패가 없습니다. 사람들은 '모든 것이 합력하여 악을 이루게' 할지라도, 우리의 하나님은 '모든 것이 합력하여 선을 이루게' 하시는 분이십니다.

포장과 다른 내용

사사 시대의 특징을 한마디로 표현한다면 '하나님으로 포장한 욕망'의 시대라고 말할 수 있습니다. 하나님의 이름을 언급하기는 하지만 실제로는 사사로운 욕망을 채우는 그런 내용이기 때문입니다. 말로는 하나님을 위한다고 하면서 실제로는 하나님이 가장 싫어하시는 것, 하나님이 금하시는 것을 행하는 그런 이율배반(二律背反)과 표리부동(表裏不同)이 바로 사사 시대의 특징입니다.

오늘 우리가 살펴볼 미가 이야기는 그러한 모순을 가장 잘 드러냅니다.

¹에브라임 산지에 미가라 이름하는 사람이 있더니 ²그의 어머니에게 이르되 어머니께서 은 천백을 잃어버리셨으므로 저주하시고 내 귀에도 말씀하셨더니 보소서 그 은이

내게 있나이다. 내가 그것을 가졌나이다 하니 그의 어머니가 이르되 내 아들이 여호와께 복 받기를 원하노라 하니라(삿 17:1-2).

우리말 성경에는 '미가'라고 이름이 소개되고 있지만, 히브리어로 읽으면 '미가여후'(Micayehu)라고 되어 있습니다. 이는 "누가 여호와와 같은가?"라는 의미로, 여호와 하나님은 다른 신들과 비교할 수 없을 정도로 위대하다는 고백을 담은 매우 신앙적인 이름입니다. 그러나 계속되는 이야기를 읽으면 그 이름과 전혀 어울리지 않는 행동을 하고 있다는 사실을 알게 됩니다.

먼저 그는 어머니의 돈 '은 천백'을 몰래 훔쳤습니다. 이 돈은 삼손의 이야기에서 블레셋 방백들이 들릴라에게 제안한 바로 그 금액입니다(삿 16:5). 오늘날의 가치로 환산하면 수십억 원에 해당합니다. 그런 돈을 잃어버렸으니 어머니의 입에서 저주가 나올 수밖에요. 어머니의 저주를 듣고 뜨끔했던지 미가는 자신이 훔쳐 갔다는 사실을 고백합니다.

그런데 이에 대한 어머니의 반응이 놀랍습니다. "내 아들이 여호와께 복 받기를 원하노라!" 저주가 금세 축복으로 바뀌고 있는 것입니다. 이것은 약과입니다. 그다음에 이어지는 말이 더욱 충격적입니다.

미가가 은 천백을 그의 어머니에게 도로 주매 그의 어머니가 이르되 내가 내 아들을 위하여 한 신상을 새기며 한 신상을 부어 만들기 위해 내 손에서 이 은을 여호와께 거룩히 드리노라. 그러므로 내가 이제 이 은을 네게 도로 주리라(삿 17:3).

미가가 훔쳐 갔던 돈을 내놓으니까, 어머니는 그것을 미가에게 도로 주겠다고 하면서 이렇게 말합니다. "내 아들을 위하여 신상을 부어 만들겠다. 그러기 위해서 이 은을 여호와께 거룩히 드리노라." 그런데 이 부분을 히브리 원어의 순서에 따라서 읽으면 더욱 충격적입니다. "이 은을 여호와께 거룩히 드리노라." 여기까지는 아무런 문제가 없습니다. 잃어버렸다가 도로 찾은 돈을 하나님께 거룩하게 구별하여 드린다고 하니 오히려 칭찬받을 일입니다.

그러나 그다음에 이렇게 되어 있습니다. "내 손으로부터 내 아들을 위하여, 새긴 신상과 부은 신상을 만들기 위해…." 바로 여기에서 '여호와께 드린다'고 했던 진짜 동기와 목적이 드러나고 있습니다. 누구를 위해서 은을 드리는 것입니까? '여호와 하나님'을 위해서가 아니라 '아들'을 위해서입니다. 그리고 이 돈으로 무엇을 하겠다는 것입니까? '새긴 신상'과 '부은 신상'을 만들겠다는 것입니다.

그렇다면 무슨 뜻입니까? 하나님의 이름을 들먹거리기는 하지만, 실제로는 하나님이 가장 싫어하시는 우상을 만들겠다고 선언하고 있는 것입니다. 이것이 바로 '하나님으로 포장한 욕망'이요 '이율배반'입니다.

미가 집의 나름대로 신앙

그렇게 해서 미가의 집에 신당(a house of gods)이 만들어집니다.

> 4미가가 그 은을 그의 어머니에게 도로 주었으므로 어머니가 그 은 이백을 가져다 은장색에게 주어 한 신상을 새기고 한 신상을 부어 만들었더니 그 신상이 미가의 집에 있더라. 5그 사람 미가에게 신당이 있으므로 그가 에봇과 드라빔을 만들고 한 아들을 세워 그의 제사장으로 삼았더라(삿 17:4-5).

미가의 어머니는 아들에게 돌려받은 돈 중에서 200만 사용하여 '한 신상'을 부어 만듭니다. 이 '신상'은 히브리어로 '페셀'(pesel)이라고 하는데, 이는 '조각해서 만든 형상'(a graven image)을 의미합니다. 하나님은 이스라엘 백성과 계약을 맺으실 때 분명히 그 어떤 형상으로도 "너를 위하여 새긴 우상을 만들지 말라"(출 20:4)고 분명히 명령하셨는데, 하나님을 위한다고 하면서 오히려 하나님의 명령을 정면으로 어기고 있는 것입니다.

한술 더 떠서 미가는 '에봇'과 '드라빔'을 만듭니다. '에봇'은 이미 우리가 기드온 이야기에서 살펴본 것처럼 대제사장이 입는 예복입니다. 특히 우림과 둠밈을 사용해 하나님의 뜻을 묻는 '판결 흉패'를 함께 만들었을 것입니다. 여기에다가 '드라빔'(teraphim)을 만들었다고 하는데, 이것은 우상 숭배자들이 집에서 점을 치는 데 사용했던 작은 신상들입니다.

이 드라빔이 성경에 가장 먼저 등장하는 대목은 야곱이 고향으로 돌아오는 장면입니다(창 31장). 야곱의 아내 라헬이 아버지의 집의 '신'을 도둑질하여 가져왔지요. 그것이 바로 '드라빔'입니다. 그 신상들은 하나님의 명령에 따라 벧엘로 올라가기 전에 모두 세겜 상수리나무 아래에 묻어버렸습니다(창 35:4). '에봇'을 만든 동기도 순수해 보이지 않지만, 이런 '드라빔'까지 만드는 것을 보니 그 동기가 더욱 수상쩍습니다.

그러나 이게 끝이 아니었습니다. 미가는 '한 아들'을 세워 제사장으로 삼았다고 합니다. 그 이야기가 뒤에 자세히 나오는데, 떠돌아다니던 한 레위인을 '은 열과 의복 한 벌과 먹을 것'을 주고 고용하게 됩니다(삿 17:10). 이렇게 하여 미가는 나름대로 자기 집 안에 하나의 사설 종교 시스템을 갖추게 됩니다. 요즘으로 바꾸어 말하면 집 안에 교회를 세우고 목사까지 고용한 셈이지요.

그런데 왜 그렇게 하려고 했을까요? 그 진짜 동기가 무엇일까요?

이에 미가가 이르되 레위인이 내 제사장이 되었으니 이제 여호와께서 내게 복 주실 줄을 아노라 하니라(삿 17:13).

미가의 어머니가 말했던 것처럼 미가 자신을 위한 것이었습니다. "이제 여호와께서 내게 복 주실 줄을 아노라!" 자신의 집에 신당을 짓고, 그 속에 신상도 세우고, 에봇과 드라빔도 구비하고, 제사장까지 고용했으니 이제는 복 받을 일만 남았다는 것이지요.

문제는 이렇게 해놓고서 '여호와 하나님'이 복을 주실 것이라 기대하고 있다는 사실입니다. 조각해서 만들어놓은 '그 우상'이 복을 준다고 하면 차라리 이해할 수 있습니다. 그런데 우상을 만들어놓고도 여호와 하나님께서 복을 주실 것이라고 하다니요! 그 이야기는 '그 우상'을 다름 아닌 '여호와 하나님'이라고 믿고 있다는 뜻입니다.

하나님의 계약 백성, 이스라엘 안에서 어떻게 이런 일이 가능할까요? 그에 대한 설명이 뒤에 나옵니다.

> 그 때에는 이스라엘에 왕이 없었으므로 사람마다 자기 소견에 옳은 대로 행하였더라(삿 17:6).

사사기 묵상 첫 번째 시간에 살펴본 결론(삿 21:25) 말씀이 여기에 그대로 반복되고 있습니다. 하나님의 계약 백성이라고 하는 사람들이 하나님께서 허락해 주신 약속의 땅에서 살아가면서 하나님을 그들의 삶을 다스리는 진정한 왕으로 모셔 들이지 않고, 오히려 제 소견에 옳은 대로 하나님을 사사로운 욕망을 채우는 수단으로 이용하는 그런 부끄러운 모습입니다.

그런데 진짜 문제는 이것이 바로 오늘 우리의 이야기라는 사실입니다. 사사 시대의 이야기를 읽으면서 어떻게 그럴 수 있느냐고 속으로 분노하지만, 사실은 우리가 지금 그렇게 살고 있다는 사실을 깨닫지 못합니다. 오늘날의 교회를 보십시오. 몇몇 사람들의 사유화된 재산으로 전락한 교회들이 얼마나 많이 있습니까? 자기가 개척하여 키웠다고 교회가 자기 소유입니까?

말로는 하나님을 믿는다고 하면서 하나님을 자신의 사사로운 욕망을 채우는 수단으로 삼는 사람들이 얼마나 많이 있습니까? 하나님을 섬긴다고 하면서 실제로는 우상 앞에 절하듯이 그렇게 복만 받겠다고 하는 사람들이 얼마나 많이 있습니까? 목회자를 얼마의 월급으로 채용할 수 있는 그런 사람들로 취급하는 교회들이 또한 얼마나 많이 있습니까?

이 모든 문제는 '나름대로 신앙'에서 시작됩니다. 자기 소견에 옳은 대로 행하는 것이지요. 어떻게든 교회를 부흥시키는 것이 성공이고, 어떻게든 자신의 소원을 성취하면 된다는 생각이 대세입니다. '포장 따로, 내용 따로'의 사사 시대가 오늘날에도 여전히 반복되고 있는 것입니다.

이러한 신앙적인 무지가 개인적인 차원에서만 머물러 있다면 그나마 다행일 것입니다. 그러나 실제로는 그러지 않는다는 것을 이스라엘의 역사가 우리에게 보여줍니다. 신앙적인 무지는 하나님의 이름으로 폭력을 행사하는 집단적인 악행을 정당화하게 합니다. 미가의 이야기에 이어지는 단 지파 이야기가 바로 그것을 말해줍니다.

단 지파의 나름대로 신앙

미가의 이야기는 단 지파 사람들이 등장함으로써 새로운 국면을 맞이하게 됩니다.

> 그 때에 이스라엘에 왕이 없었고 단 지파는 그 때에 거주할 기업의 땅을 구하는 중이었으니 이는 그들이 이스라엘 지파 중에서 그 때까지 기업을 분배받지 못하였음이라 (삿 18:1).

여기에서는 "그 때에 이스라엘에 왕이 없었다"는 말로만 끝나지만, 그다음에 "자기 소견에 옳은 대로 행했다"는 말이 생략되어 있다고 보아도 무관합니다. 실제로 사사기 18장은 단 지파가 자기 소견에 옳은 대로 행한 이야기입니다.

이때까지 단 지파는 '기업을 분배받지 못했다'고 하는데, 이 말은 정확한 표현이 아닙니다. 그들이 분배받은 땅에 들어가서 차지하여 살지 못했을 뿐입니다. 왜냐면 그 땅에 살던 아모리 족속들이 '단 자손을 산지로 몰아넣고 골짜기에 내려오기를 용납하지 않았기'(삿 1:34) 때문입니다. 그래서 그들이 머물던 곳이 바로 삼손 이야기에 나오는 '마하네단', 즉 '단의 캠프'(in the camp of Dan)였습니다(삿 13:25).

여하튼 단 지파가 새롭게 정착할 곳을 찾아서 다섯 사람의 정탐꾼을 보냅니다. 그들이 마침 에브라임 산지에 있는 미가의 집에 유숙하게 되었습니다. 그러면서 거기에 있는 '레위 청년', 즉 미가가 제사장으로 고용한 사람과 대화하면서 자초지종 이야기를 듣게 됩니다. 그리고 이번에 가는 길이 성공할 것인지 아닌지를 하나님께 물어봐달라고 부탁합니다. 물론 잘 될 것이라고 대답해줍니다(삿 18:6).

실제로 이 정탐꾼들은 가나안 땅 북쪽 끝에 있는 '라이스'라는 성읍을 발견합니다.

> 이에 다섯 사람이 떠나 라이스에 이르러 거기 있는 백성을 본즉 염려 없이 거주하며 시돈 사람들이 사는 것처럼 평온하며 안전하니 그 땅에는 부족한 것이 없으며 부를 누리며 시돈 사람들과 거리가 멀고 어떤 사람과도 상종하지 아니함이라(삿 18:7).

'라이스'(Laish)는 갈릴리호수 북쪽 헬몬산 밑자락에 위치합니다. 그 땅에 거주하는 사람들이 부족함 없이 평화롭게 사는 것을 보자, 단 지파 정탐꾼들은 돌아가서 지파 사람들을 다 불러 모아 정탐 결과를 보고하면서 넓고 평안해 보이는 그 땅을 빨리 차지하자고 합니다. 그러면서 이렇게 말합니다. "하나님이 그 땅을 너희 손에 넘겨주셨느니라"(삿 18:10).

사람들은 '하나님'이라는 말이 나오면 너무나 쉽게 속아 넘어갑니다. 그러나 '하나님'을 언급한다고 무조건 '아멘'하면서 동의하면 안 됩니다. 이들은 하나님과 아무런 상관이 없이 그저 '자기 소견에 옳은 대로' 말하고 있을 뿐입니다. 그런데 이들이 이렇게 확신하는 이유가 무엇일까요? 미가가 고용한 제사장이 그렇게 말했기 때문입니다. 사실 그는 하나님의 뜻을 알려주는 역할을 하는 사람이 아닙니다. 사람들이 듣고 싶어 하는 이야기를 해주는 사람입니다. 복만 빌어주면 됩니다. 잘 될 것이라고 하면 그만입니다. 그 이야기를 과연 하나님의 뜻이라고 말할 수 있을까요?

단 지파 사람들은 그 말을 찰떡같이 믿었습니다. 그리고 실제로 6백 명의 정예군이 무기를 들고 출전하게 됩니다. 이들이 가는 도중에 다시 미가의 집에 들러서 이번에는 미가의 신당에 갖추어진 모든 것들을 탈취합니다. 물론 제사장도 포함하여 말입니다. "한 집의 제사장 되는 것과 한 지파의 제사장이 되는 것 중에서 어느 것이 낫겠느냐?"는 말에 그 제사장은 두말하지 않고 따라나섭니다(삿 18:19-20). 미가가 항의해 보았지만 그들의 폭력 앞에 무릎 꿇을 수밖에 없었습니다.

단 지파 군사들은 미가가 만든 신상을 앞세우고 라이스를 공격하여, 평안히 살던 그 성읍 사람들은 완전히 도륙한 후에 자신들이 살아갈 땅으로 차지합니다. 그리고 그곳 이름을 라이스에서 단으로 바꾸고, 이후 포로로 잡혀갈 때까지 잘 먹고 잘살았다고 합니다. 그런데 거기에서 그들이 한 일을 한번 보십시오.

> ³⁰단 자손이 자기들을 위하여 그 새긴 신상을 세웠고 모세의 손자요 게르솜의 아들인 요나단과 그의 자손은 단 지파의 제사장이 되어 그 땅 백성이 사로잡히는 날까지 이르렀더라. ³¹하나님의 집이 실로에 있을 동안에 미가가 만든 바 새긴 신상이 단 자손에게 있었더라(삿 18:30-31).

여기에서 우리는 미가의 사립 신당에 제사장으로 고용되었던 사람의 구체적인 정보를 알게 됩니다. 그의 이름은 요나단이었고, 놀랍게도 모세의 손자였습니다. 물론 모세도 레위 지파였지만, 제사장 될 수 있었던 사람은 오직 아론 계열이었습니다. 그런 의미에서 모세의 손자가 떠돌아다니다가 미가에게 제사장으로 고용되었다는 사실이 놀랍습니다.

그래서 칠십인역(히브리어를 헬라어로 번역한 성경)에서는 '모세' 대신에 '므낫세'라고 바꾸기도 합니다. 물론 모세의 손자가 이 대목에 등장하는 것이 시간상 조금 어색해 보기도 합니다. 그렇지만 사사기 17-18장 내용이 사사기

16장 이후에 일어난 사건이 아니라는 점을 고려한다면, 크게 잘못되었다고 말할 수도 없습니다. 오히려 모세의 후손이지만 먹고살기 위해서는 얼마든지 우상 숭배의 제의에 참여할 수도 있습니다. 사사 시대는 그럴 수 있는 시대였습니다. 혈통은 아무런 의미가 없었습니다.

아무튼 단 지파 사람들은 폭력으로 빼앗은 땅에 미가가 만든 신상을 세우고 모세의 손자를 제사장으로 삼았습니다. 그러나 그들 자신은 우상을 섬긴다고 생각하지 않았습니다. 오히려 이러한 모든 행동을 여호와 하나님의 이름으로 하고 있습니다. 그렇게 하여 마침내 미가와 레위 청년과 단 지파의 모든 행위가 합력하여 '악'을 이루게 됩니다. 한 개인의 집에서 시작된 '하나님으로 포장한 욕망'이 단 지파 전체의 우상 숭배로 이어지게 되었던 것입니다. 바로 이것이 '자기 소견에 옳은 대로' 행하던 사사 시대의 종교적인 타락상이었습니다.

정체성의 문제

자, 그렇다면 이러한 이야기를 우리는 어떻게 받아들여야 할까요? 성경은 왜 이처럼 사사로운 욕망을 신앙이라는 이름으로 포장하고 살아가는 사사 시대의 부끄러운 민낯을 감추려고 하지 않고 오히려 있는 그대로 기록하여 우리에게 전하려고 할까요?

계약 백성이라는 정체성을 잃어버리면 우리도 얼마든지 이렇게 살게 된다는 것을 경고하기 위해서입니다. 정체성을 잃어버리기 때문에 사사로운 욕망을 추구하며 나름대로 신앙 생활을 하게 되는 것입니다. 그래서 말로는 하나님의 이름을 앞세우지만, 실제로는 하나님의 뜻과는 전혀 무관하게, 아니 오히려 하나님이 가장 싫어하시는 그런 일만 골라서 하게 되는 것입니다.

따라서 우리가 하나님 앞에 나올 때마다 우리의 필요나 요구가 무엇인지를 말하기에 앞서서 우리가 하나님 앞에서 누구인지를 먼저 고백해야 합니다. 우리 주님은 이렇게 말씀하셨습니다.

너희가 내 안에 거하고 내 말이 너희 안에 거하면 무엇이든지 원하는 대로 구하라.
그리하면 이루리라(요 15:7).

그렇습니다. 주님과 우리와의 관계가 먼저 확인되어야 합니다. 우리가 주님 안에 거하고, 주님의 말씀이 우리 안에 거하여 우리가 주님의 제자가 되고, 주님이 기르시는 양이 될 때, 주님께 무엇이든 구해야 합니다. 그리하면 무엇이든지 원하는 대로 이루어 주시겠다고 말씀하십니다.

그런데 실제로는 어떻게 합니까? 주님과의 관계는 뒷전이고 무조건 달라고만 하지 않습니까? 우리가 원하는 것을 받지 못하면, 다른 신을 만들어서라도 원하는 것을 받아내겠다고 그러지 않습니까? 그래서 이 땅에 교회가 그렇게 많고 그리스도인이 그렇게 많은데도 그보다 더 많은 '하나님의 이름으로 포장한 욕망들'이 곳곳에서 판을 치고 있는 것입니다.

예수님을 십자가에 달리게 했던 주동자들은 하나님을 모르는 사람들이 아니었습니다. 나름대로 하나님을 잘 믿던 사람들입니다. 그러나 그들은 '하나님으로 포장한 욕망'을 추구했습니다. 자신의 기득권과 사사로운 욕망을 채우는 목적에 하나님을 이용했습니다. 그래서 하나님의 아들을 십자가에 못 박을 수 있었던 것입니다.

따라서 하나님의 이름을 내걸기 전에 하나님 앞에서 계약 백성의 정체성을 분명히 해야 합니다. 그렇지 않으면 말로는 하나님을 섬긴다고 하면서 실제로는 하나님을 자신의 욕망을 성취하기 위한 포장으로 사용하는 사사 시대를 또다시 답습하게 될지도 모릅니다.

묵상 질문: 나에게 하나님은 수단인가 목적인가?

오늘의 기도: 나름대로 신앙 생활의 유혹에 넘어가지 않게 하옵소서. 하나님을 섬긴다고 하면서 실제로는 자신의 욕망을 추구하는 어리석음에 빠지지 않게 하옵소서. 하나님의 계약 백성의 정체성을 분명히 하고 오직 하나님의 말씀에 순종하며 따라가는 믿음의 발걸음이 되게 하옵소서. 예수님의 이름으로 기도합니다. 아멘.

옳음을 넘어서는 복음

읽을 말씀: 사사기 19:1-20:48

새길 말씀: … 이스라엘 자손들이 여쭈기를 우리가 다시 나아가 내 형제 베냐민 자손과 싸우리이까 말리이까 하니 여호와께서 이르시되 올라가라 내일은 내가 그를 네 손에 넘겨 주리라 하시는지라(삿 20:28).

앞 장에서 우리는 사사기의 부록 첫 번째 에피소드를 통해서 여호와의 이름으로 자신의 욕망을 추구하는 종교적 타락이 미가라는 한 개인의 집에서 시작되어 단 지파 전체의 우상 숭배로 이어지고 있는 것을 살펴보았습니다.

여기에 무명의 청년 레위 제사장이 아주 중요한 역할을 하고 있었지요. 후에 이 청년 제사장이 모세의 손자 요나단이라는 사실이 밝혀지면서(삿 18:30) 이스라엘의 위대한 지도자 모세의 후손조차도 사사로운 욕망으로 인해 하나님의 계약 백성이 우상 숭배에 빠지게 하는 일에 일조(一助)하고 있다는 사실에 우리는 큰 충격을 받지 않을 수가 없었습니다.

오늘 우리가 살펴볼 사사기의 부록 두 번째 에피소드에도 역시 한 레위 사람이 등장합니다. 이 또한 한 개인의 집안에 관한 이야기로 시작하여 이스라엘 공동체 전체의 균열로 이어지고 있습니다.

여기에서도 하나님의 계약 백성이라는 정체성의 혼란이 가져온 심각한 도덕적인 타락과 그로 인해 공동체 간에 벌어지는 씨를 말리는 전쟁이 우리에게 큰 충격으로 다가옵니다. 무엇보다도 차마 말로 담을 수 없을 만큼 잔인한 기브아 사람들의 폭력이 성경에 고스란히 기록되어 있다는 사실에 우리는 놀라지 않을 수가 없습니다.

기브아 사람들의 죄가 이스라엘 자손들에게도 얼마나 충격적이었는지, 호세아의 예언에 다음과 같이 등장하고 있을 정도입니다.

> **이스라엘아, 네가 기브아 시대로부터 범죄하더니 지금까지 죄를 짓는구나. 그러니 범죄한 자손들에 대한 전쟁이 어찌 기브아에서 일어나지 않겠느냐**(호 10:9).

여기에서 호세아는 기브아의 죄가 전쟁을 불러일으킨다는 점을 강조하여 말하고 있습니다. 이것은 오늘 우리가 살펴보게 될 사사 시대의 역사를 반영하고 있는 말입니다. 그런데 기브아 사람들이 과연 어떤 죄를 저질렀기에 그로부터 4백여 년의 세월이 흐르는 동안 지을 수 없는 기억으로 남아 호세아의 예언에 이렇게 다시 등장하고 있는 것일까요?

레위 사람의 첩

오늘 본문은 약속의 땅에서 펼쳐지는 이스라엘 백성의 삶의 모습이 하나님께서 본래 꿈꾸셨던 것과 얼마나 멀리 떨어져 있는지를 극단적으로 보여주는 이야기입니다. 이미 경고했듯이 '미성년자 관람 불가'의 충격적인 내용을 담고 있으니 마음을 단단히 하고 읽어야 할 것입니다.

> **이스라엘에 왕이 없을 그 때에 에브라임 산지 구석에 거류하는 어떤 레위 사람이 유다 베들레헴에서 첩을 맞이하였더니…**(삿 19:1).

우리는 이제 '이스라엘에 왕이 없을 그때'라는 표현을 만나게 되면, 자동으로 '자기 소견에 옳은 대로 행했다'는 말을 떠올리게 됩니다. 자신이 생각하기에 옳은 대로 행하면서 살아가는 것은 '하나님으로 포장한 욕망'을 품고 있기 때문이라는 사실을 우리는 또한 잘 압니다. 여기에 등장하는 '레위 사람'도 마찬가지입니다.

레위 사람이라면 어디에서든지 하나님을 섬기는 일을 하게 되어 있습니다. 그런데 이 사람은 "유다 베들레헴에서 첩을 맞이하였다"라고 합니다. '에브라임 산지 구석'에 살던 이 레위 사람에게 무슨 재력이 있다고 '유다 베들레헴'에서 첩을 맞이하여 데리고 살게 되었을까요? 만일 앞 장에서 살펴본 모세의 손자 요나단처럼 한 지파의 제사장쯤 된다면, 그럴만한 능력을 갖추게 될까요? 당시에 아무리 이런 일이 용인되었다고 하더라도, 레위 사람이 첩을 두었다는 말은 아주 어색하기 그지없습니다.

> ²그 첩이 행음하고 남편을 떠나 유다 베들레헴 그의 아버지의 집에 돌아가서 거기서 넉 달 동안을 지내매 ³그의 남편이 그 여자에게 다정하게 말하고 그를 데려오고자 하여 하인 한 사람과 나귀 두 마리를 데리고 그에게로 가매 여자가 그를 인도하여 아버지의 집에 들어가니 그 여자의 아버지가 그를 보고 기뻐하니라(삿 19:2-3).

아예 한술 더 떠서 '그 첩이 행음하고 남편을 떠나' 친정으로 갔다고 합니다. 이게 무슨 집안 꼴인지 도무지 알 수가 없습니다. 레위 사람이 첩을 데리고 살지 않나, 그 첩이 바람을 피우고 친정으로 갔다고 그러지 않나…. 그런데 레위 사람이 처가에 가서 '다정하게 말하고' 데려오려고 했다는 것에서 무언가 이상한 낌새가 느껴집니다. 음행하고 도망간 첩을 찾아오는 남편의 행동처럼 보이지 않기 때문입니다.

그래서 이 부분을 메시지성경은 "그 여자는 그와 다투고 나가 유다 땅 베들레헴에 있는 친정아버지 집으로 돌아갔다"(she quarreled with him and left, returning to her father's house in Bethlehem in Judah)고 풀이합니다. 그러니까 '행음하고' 도망간 게 아니라, 남편과 대판 싸우고 나서 친정으로 돌아갔다는 것입니다. 새번역성경도 역시 "무슨 일로 화가 난 그 여자는 그를 떠나 자기 친정집으로 돌아갔다"라고 번역합니다.

이 번역이 훨씬 더 현실에 가깝게 느껴집니다. 그렇게 본다면 첩이 지난 넉 달 동안이나 아버지의 집에서 지내는 동안 그 이유를 제공했던 남편이 그것을 무시하고 지냈다는 이야기가 됩니다. 그런데 이제 아쉬우니까 뒤늦게 찾아 나선 것이지요. 여기에서 우리는 레위 사람의 성격이 대단히 차갑고 상대방에 대한 배려가 부족하다는 것을 알게 됩니다. 이것은 앞으로 전개되는 기브아 사건을 통해서 그대로 드러납니다.

기브아 사건

아무튼 베들레헴 장인에게 환대를 받고 떠난 레위 사람 일행은 여부스 곧 예루살렘 맞은편에 도착합니다(10절). 이때 날이 저물려고 했고 레위 사람의 종은 더 늦기 전에 여부스에 머물자고 제안했지만, '이방 사람의 성읍에 들어갈 수 없다'면서 기브아까지 가자고 합니다(12절). 이 당시에 예루살렘은 여부스 족속의 성읍이었습니다. 그러니까 이방 성읍에 머물지 않고 이왕이면 이스라엘 자손이 거주하는 기브아로 가려고 했던 것이지요. 어쩌면 레위 사람으로서 바람직한 생각처럼 보이기는 합니다. 그렇지만 그의 고집은 결국 끔찍한 사건이 벌어지는 기브아로 오게 했습니다.

레위 사람 일행이 기브아에 도착은 했지만, 시간이 너무 늦어서인지 자신의 집으로 환대하는 사람이 아무도 없었습니다. 그때 한 노인이 등장하는데 그도 레위 사람과 같이 에브라임 산지 사람이었으나 기브아에 거주하고 있었습니다(16절). 말하자면 같은 고향 사람을 만난 것이지요. 그들은 그 노인의 집에서 하룻밤을 유숙하기로 하고 들어갔습니다.

그들이 마음을 즐겁게 할 때에 그 성읍의 불량배들이 그 집을 에워싸고 문을 두들기며 집 주인 노인에게 말하여 이르되 네 집에 들어온 사람을 끌어내라. 우리가 그와 관계하리라 하니…(삿 19:22).

어디에서 많이 본 듯한 장면입니다. 아브라함의 조카 롯이 살던 소돔에서 벌어진 일과 아주 흡사합니다(창 19:5). 천사들이 롯의 집에 들어갔을 때, 소돔 사람들이 몰려와서 "우리가 그와 관계하리라"고 말했지요. 기브아 불량배들의 말과 똑같습니다. 이 말은 문자적으로 "우리가 그를 알리라"(that we may know him, ESV)입니다. 물론 성적인 관계를 의미합니다. 그들은 레위 사람의 첩이 아니라 레위 사람을 요구하고 있었던 것입니다.

무슨 이야기입니까? 지금 기브아 사람들이 하나님으로부터 유황불의 심판을 받았던 소돔 사람들과 똑같은 행동을 하는 것입니다. 그런데 기브아 사람들이 누구입니까? 그들은 조금 전에 레위 사람 일행이 지나쳤던 여부스의 이방 사람들이 아닙니다. 기브아 사람들은 하나님의 계약 백성입니다. 베냐민 지파에 속한 이스라엘 자손입니다.

불량배들의 말도 되지 않는 요구에 집주인이었던 노인 역시 말도 되지 않는 제안을 합니다. 이 또한 소돔에서 롯이 한 말과 똑같습니다.

²³집 주인 그 사람이 그들에게로 나와서 이르되 아니라 내 형제들아 청하노니 이같은 악행을 저지르지 말라. 이 사람이 내 집에 들어왔으니 이런 망령된 일을 행하지 말라. ²⁴보라 여기 내 처녀 딸과 이 사람의 첩이 있은즉 내가 그들을 끌어내리니 너희가 그들을 욕보이든지 너희 눈에 좋은 대로 행하되 오직 이 사람에게는 이런 망령된 일을 행하지 말라 하나…(삿 19:23-24).

불량배들의 해코지로부터 손님을 보호하려는 노인은 자신의 딸과 레위 사람의 첩을 대신 내어주겠다고 제안하며 "너희 눈에 좋은 대로 행하라"고 합니다. 여기에서 우리는 또다시 사사 시대의 전형적인 특징, 즉 '자기 소견에 옳은 대로 행하는' 모습을 발견합니다. 당시 여성이 남성의 소유물처럼 여겨지는 시대라고 하더라도 자신의 딸 뿐만 아니라 손님으로 들어온 레위 사람의 첩까지 내어주겠다는 노인의 제안은 도무지 이해할 수 없습니다.

그리고 실제로는 자신의 딸을 내어주지 않습니다.

> 무리가 듣지 아니하므로 그 사람이 자기 첩을 붙잡아 그들에게 밖으로 끌어내매 그들이 그 여자와 관계하였고 밤새도록 그 여자를 능욕하다가 새벽 미명에 놓은지라 (삿 19:25).

여기에서 '그 사람'이 누구인지 명확하지 않습니다. 우리말 성경은 '자기 첩'이라고 하여 '그 사람'이 마치 레위 사람인 것 같은 인상을 주지만, 사실은 '그의 첩'이라고 번역하는 것이 맞습니다. 그렇게 되면 '그 사람'은 집주인인 노인이 될 수도 있습니다. 만일 레위 사람이 자기 손으로 첩을 내어주었다면, 나중에 그가 기브아 사람들의 악행을 비난할 근거가 많이 약해질 수밖에 없습니다.

아무튼 레위 사람의 첩은 기브아의 불량배들에게 밤새 집단 성폭행을 당했고 그로 인해서 목숨을 잃게 되었습니다.

> 27그의 주인이 일찍이 일어나 집 문을 열고 떠나고자 하더니 그 여인이 집 문에 엎드러져 있고 그의 두 손이 문지방에 있는 것을 보고 28그에게 이르되 일어나라 우리가 떠나가자 하나 아무 대답이 없는지라. 이에 그의 시체를 나귀에 싣고 행하여 자기 곳에 돌아가서 29그 집에 이르러서는 칼을 가지고 자기 첩의 시체를 거두어 그 마디를 쪼개어 열두 덩이에 나누고 그것을 이스라엘 사방에 두루 보내매…(삿 19:27-29).

이건 또 무슨 경우입니까? 레위 사람은 자기의 눈 앞에 펼쳐진 처참한 장면에도 불구하고 아주 냉정하게 "일어나라, 우리가 떠나가자"라고 말합니다. 아무런 대답이 없으니까 그냥 나귀에 싣고 돌아왔다고 합니다. 그런데 우리말 성경에는 '시체'라는 말이 들어가 있지만, 히브리 원문에는 그것에 해당하는 단어가 없습니다. 다시 말해서 그녀가 죽었는지 확인하지도 않은 상태입니다.

그러니까 어떻게든 치료할 생각은 하지 않고 집으로 돌아와서 몸을 토막 낸 것입니다. 그 여인을 거의 죽을 지경으로 만든 것은 기브아의 불량배들이었겠지만, 마지막으로 여인의 숨을 끊은 것은 레위 사람일 수도 있다는 이야기입니다. 그가 누구입니까? 하나님을 섬기는 일을 하는 '레위 사람'입니다. 그러나 그의 행동은 전혀 하나님을 섬기는 사람답지 않습니다. 만일 그랬다면 첩을 두는 일부터 하지 않았을 것입니다.

물론 기브아 불량배들의 행동은 변명의 여지가 없는 잘못입니다. 그렇지만 그 '레위 사람'의 잔혹하고 자극적인 행동 역시 그 어떠한 설명으로도 결코 정당화할 수 없습니다. 그는 자기가 당한 개인적인 일, 아니 정확하게 이야기하자면 여인이 당한 일을 공동체의 문제로 확대했습니다. 조각난 시체를 받은 이스라엘 지파들은 온통 큰 충격을 받게 되었고, 이로 인해 하나님의 계약 백성 사이의 내전이 벌어지게 된 것입니다. 이제 얼마나 더 많은 사람이 죽게 될까요?

베냐민과의 전쟁

사사기 부록의 첫 번째 에피소드와 마찬가지로 두 번째 에피소드 또한 한 집안에서 벌어진 남편과 첩의 갈등이 이스라엘 전체의 내전으로 확대되어 가고 있는 모습을 보여줍니다. 여기에는 당사자인 레위 사람의 냉정한 태도와 진실하지 못한 성품이 한몫합니다.

1이에 모든 이스라엘 자손이 단에서부터 브엘세바까지와 길르앗 땅에서 나와서 그 회중이 일제히 미스바에서 여호와 앞에 모였으니 **2**온 백성의 어른 곧 이스라엘 모든

> 지파의 어른들은 하나님 백성의 총회에 서고 칼을 빼는 보병은 사십만 명이었으며…
> (삿 20:1-2).

레위 사람이 보낸 토막 시체를 보고 모든 이스라엘 자손이 미스바에 모입니다. 이 미스바는 입다 이야기에서 나오는 길르앗의 미스바와 다른 요단 서쪽에 위치합니다. 기드온과 입다 이야기에서는 에브라임 지파와 갈등이 있었는데, 본문에서 드디어 '모든 이스라엘 자손'이 하나가 되었습니다. 그러나 그들의 일치는 가나안 민족과 싸우기 위한 것이 아니라 형제 지파를 공격하기 위한 것이었습니다. 이때 모인 보병이 40만 명이었는데, 출애굽할 때의 60만 명과 비교해 보면 엄청난 규모라는 사실을 알 수 있습니다.

이들은 먼저 레위 사람의 진술을 듣습니다. 그때 레위 사람은 자신에게 불리한 정보는 숨기고, 자신이 당한 위협은 과장하여 보고합니다. 아무리 죽은 사람이라 해도 그 시체를 토막 내는 것은 잔혹한 행동이며, 결코 정당화될 수 없음에도 불구하고 그 일의 책임을 '기브아의 불량배'가 아니라 '기브아 사람들'에게 돌립니다(삿 20:5). 레위 사람의 설명을 들은 모든 백성은 기브아에 대한 공격을 결정합니다(삿 20:8-11). 그러나 그 전쟁은 기브아 사람이 아니라 베냐민 지파와의 싸움으로 비화합니다.

> 12이스라엘 지파들이 베냐민 온 지파에 사람들을 보내어 두루 다니며 이르기를 너희 중에서 생긴 이 악행이 어찌됨이냐. 13그런즉 이제 기브아 사람들 곧 그 불량배들을 우리에게 넘겨주어서 우리가 그들을 죽여 이스라엘 중에서 악을 제거하여 버리게 하라 하나 베냐민 자손이 그들의 형제 이스라엘 자손의 말을 듣지 아니하고 14도리어 성읍들로부터 기브아에 모이고 나가서 이스라엘 자손과 싸우고자 하니라(삿 20:12-14).

물론 베냐민 사람들의 반응에도 문제가 있습니다. 무슨 이유 때문인지 기브아 사람들, 아니 그 불량배들을 감싸고 있으니 말입니다. 악행에 대해서 심판하는 것보다 자기 식구를 무조건 감싸는 것을 더 중요하게 여겼다는 설명 외에 다른 이유를 발견할 수가 없습니다. 만일 그들이 불량배들을 법의 심판을 받게 했다면 동족상잔의 엄청난 비극이 벌어지지는 않았을 것입니다.

그러나 이스라엘 지파들은 베냐민 지파와 전쟁하기로 했고, 그 일에 대해서 하나님께 묻고 싸우러 나갑니다.

이스라엘 자손이 일어나 벧엘에 올라가서 하나님께 여쭈어 이르되 우리 중에 누가 먼저 올라가서 베냐민 자손과 싸우리이까 하니 여호와께서 말씀하시되 유다가 먼저 갈지니라 하시니라(삿 20:18).

하나님의 답을 듣고 나가 싸웠지만, 오히려 이만 이천 명의 전사자만 남긴 채 패하고 맙니다. 이스라엘 자손은 다시 여호와께 묻습니다.

이스라엘 자손이 올라가 여호와 앞에서 저물도록 울며 여호와께 여쭈어 이르되 내가 다시 나아가서 내 형제 베냐민 자손과 싸우리이까 하니 여호와께서 말씀하시되 올라가서 치라 하시니라(삿 20:23).

그러나 이번에도 만 팔천 명이 전사하고 말았습니다. 무슨 뜻입니까? 이 전쟁은 하나님께서 원하시는 것이 아니었다는 뜻입니다. 그렇다면 왜 하나님은 '올라가서 치라'고 대답하셨습니까? 하나님의 대답은 그들의 승리를 약속한 것이 아니었습니다. 왜냐면 그들이 처음부터 하나님께 잘못 물었기 때문입니다.

처음에 뭐라고 물었습니까? "우리 중에 누가 먼저 올라가서 베냐민 자손과 싸우리이까?"라고 했지요. 그때 이 전쟁을 해야 하는지를 먼저 물었어야 했습니다. 그러나 그들은 베냐민과의 전쟁을 당연하게 여겼습니다. 그리고 하나님의 대답 또한 당연히 자신들의 승리를 약속한 것으로 생각했을 뿐입니다.

그다음에는 조금 달라지긴 했습니다. "내 형제 베냐민과 싸우리이까?"라고 물었으니 말입니다. 한 번 실패한 후에 이 싸움의 대상이 자신의 형제들임을 인식하게 된 것입니다. 그러나 여전히 하나님은 승리를 약속하지 않으셨습니다. 그냥 '올라가라'고 하셨을 뿐입니다. 이 과정을 통해서 이스라엘 자손들은 이 전쟁이 하나님의 뜻이 아닐 수도 있다는 생각을 하게 됩니다.

> … 이스라엘 자손들이 여쭈기를 우리가 다시 나아가 내 형제 베냐민 자손과 싸우리
> 이까 말리이까 하니 여호와께서 이르시되 올라가라 내일은 내가 그를 네 손에 넘겨
> 주리라 하시는지라(삿 20:28).

이전과 비교하여 어떤 차이가 보입니까? 마지막에 '말리이까'라는 질문이 추가되었지요. 지금까지는 이 전쟁을 당연한 것으로 생각해 왔지만, 어쩌면 이 전쟁이 하나님의 뜻이 아닐 수도 있다는 생각까지 하게 된 것입니다. 마침내 하나님은 이 전쟁을 허락하셨고, 이로 인해 베냐민 지파뿐만 아니라 동시에 다른 이스라엘 지파들까지 모두 징계하셨습니다.

> 46이날에 베냐민 사람으로서 칼을 빼는 자가 엎드러진 것이 모두 이만 오천 명이나
> 다 용사였더라. 47베냐민 사람 육백 명이 돌이켜 광야로 도망하여 림몬 바위에 이르
> 러 거기에서 넉 달 동안을 지냈더라. 48이스라엘 사람이 베냐민 자손에게로 돌아와서
> 온 성읍과 가축과 만나는 자를 다 칼날로 치고 닥치는 성읍은 모두 다 불살랐더라
> (삿 20:46-48).

이스라엘 사람들은 기브아 불량배의 악행을 심판하겠다고 전쟁을 시작했지만, 그것은 결국 광야로 도망간 6백 명을 제외한 모든 베냐민 지파의 씨를 말리는 비극을 만들고 말았습니다. 게다가 나머지 이스라엘 지파들도 막대한 인명의 손해를 입었습니다. 전사자들로만 따지면 베냐민 지파의 이만 오천

명보다 훨씬 더 많은 사만 명이 전사했습니다. 그렇다면 과연 이 전쟁의 승자는 누구일까요?

한 여인의 억울한 죽음에 대해서 원수를 갚겠다고 시작한 일이 이렇게 엄청난 결과를 가져올 줄 몰랐던 것일까요? 이 대목에서 우리는 온 이스라엘이 집중하여 관심하는 이 전쟁에 왜 하나님이 그렇게 성의를 보이지 않으셨는지 그 이유를 분명히 알아야 합니다. 하나님은 이스라엘이 베냐민을 치러 모인 것에 처음부터 시큰둥하셨습니다. 그 이유가 무엇일까요?

여기서 벌어진 잔혹한 사건 그 자체가 문제의 핵심이 아니기 때문입니다. 한 여인을 집단 성폭행하는 잔인한 폭력이든지, 그에 대한 반발로 시체를 열두 토막 내는 짓이든지 잘한 일은 하나도 없습니다. 또한 그 일에 책임을 묻겠다고 형제들끼리 전쟁을 벌이는 것 또한 문제의 본질에서 벗어난 잘못된 일입니다.

문제의 핵심은 자신의 정체성을 이해하지 못하는 것에 있습니다. 이 끔찍한 사건들은 자신들의 책임과 명예를 하나님과의 관계 속에서 이해하지 못한 데서 나온 결과입니다. 만일 그 레위 사람이 정말 레위인으로서 자신의 정체성을 분명히 하며 살았다면 과연 어떻게 했을까요? 기브아 사람들이 하나님의 계약 백성이라는 정체성을 가졌더라면 또한 어떻게 했을까요? 그리고 나머지 이스라엘 자손들은 또 어땠을까요?

오직 '옳음'만을 중요시하는 세상에서는 그것을 증명하기 위한 싸움과 죽음이 벌어질 수밖에 없습니다. 그래서 누군가 잘못하면 일단 죽이고 봅니다. 실제로 지금까지 인류 역사를 통해서 사람들은 그 일을 거듭 반복해 왔습니다. 자신의 옳음을 증명하기 위해서 서로 '죽고 죽이고' 하다 보니까 결국에는 '옳음'도 사라지고 '죽음'만 남게 되었습니다. 문화가 발전하고 세상이 변했다고는 하지만, 지금도 사람들은 여전히 똑같은 사망의 법칙 속에서 살아가고 있습니다.

그러나 우리는 인간의 삶에 다른 내용이 채워질 수 있다는 것을 잘 압니다. 이 죽고 죽이는 잔혹한 역사를 뚫고 한 줄기 생명의 빛으로 들어오신 예수 그리스도 때문입니다. 우리는 굳이 다른 사람을 이기거나 죽이지 않아도 얼마든지 살 수 있는 존재입니다.

우리는 물론 질 수 있습니다. 억울하게 죽임을 당할 수도 있습니다. 그러나 우리를 죽이겠다고 덤벼드는 원수를 용서하며 기도할 수 있습니다. 우리는 부활이요 생명이신 예수 그리스도를 믿는 그리스도인이기 때문입니다. 우리는 약속의 땅에서 살아가는 하나님의 거룩한 계약 백성이기 때문입니다.

예수 그리스도의 십자가는 옳음을 앞세워서 서로 죽고 죽이는 악순환의 고리를 끊어내는 생명의 역사였습니다. 이 생명의 역사는 지금도 수많은 그리스도인의 삶을 통해서 계속 이어지고 있습니다. 우리가 하나님의 자녀로서 또한 하나님의 계약 백성으로서 정체성을 분명히 드러낸다면, 우리가 사는 삶의 자리를 약속의 땅으로 회복할 수 있을 것입니다. 그 일은 '옳음'이 아니라 오직 '복음'으로만 가능합니다.

묵상 질문: 나는 옳음과 복음 중에서 무엇을 선택할 것인가?

오늘의 기도: 옳음을 앞세우다 결국에는 죽음으로 끝나는 이 세상을 본받지 않게 하옵소서. 한 알의 밀알이 썩어 많은 생명으로 부활하는 복음의 길을 선택하게 하옵소서. 설혹 사람들에게 억울한 일을 당하는 한이 있더라도 예수 그리스도의 복음, 그 생명의 길을 포기하지 않게 하옵소서. 예수님의 이름으로 기도합니다. 아멘.

도로 가나안 땅이 되다

읽을 말씀: 사사기 21:1-24

새길 말씀: 그들이 야베스 길르앗 주민 중에서 젊은 처녀 사백 명을 얻었으니 이는 아직
　　　　　남자와 동침한 일이 없어 남자를 알지 못하는 자라. 그들을 실로 진영으로
　　　　　데려오니 이곳은 가나안 땅이더라(삿 21:12).

　　지난 시간에 우리는 '왕이 없는 시대'의 악함을 온몸으로 받아낸 한 여인
의 억울한 죽음에 대해서 살펴보았습니다. 그녀는 한 레위 사람의 첩이었습
니다. '첩'이라는 말이 의미하는 것처럼 그녀는 당시 사회에서 가장 약자였습
니다. 그녀는 레위 사람이면서도 전혀 레위인답지 않은 남편의 냉혹함으로
인해 부부관계에 어려움을 겪었을 뿐만 아니라, 기브아 불량배들에게 내어주
어 밤새 집단 성폭행을 당하고 죽음을 맞았습니다.

　　죽은 후에도 그녀는 사람대접을 받지 못했습니다. 그녀의 주검은 산산조각
나서 이스라엘에 흩어져야 했습니다. 남편은 억울한 죽음에 원수를 갚겠다면
서 그렇게 했지만, 실제로는 자신의 화풀이에 그녀의 주검을 이용했을 뿐입니
다. 그렇게 시작된 이스라엘 공동체의 전쟁은 한 여인의 억울한 죽음에 대해
원수를 갚고 공의를 세우기는커녕, 또 다른 약자들의 더 많은 억울한 죽음을

만들었습니다. 베냐민 지파의 노약자들과 여인들이 모두 몰살하고 말았습니다.

이런 일들을 보면서 그들을 과연 하나님의 계약 백성이라 부를 수 있는지 의심하게 됩니다. 그들은 물론 하나님께 묻기도 하고 하나님께 예배하기도 합니다. 그러나 하나님의 뜻과 전혀 상관없는 일을 선택하고 결정합니다. 옳음을 앞세우고 정의를 부르짖지만 결국 서로 죽고 죽이기만 할 뿐, 문제는 하나도 해결하지 못합니다. 폭력으로 인해 생긴 문제를 해결하겠다고 또 다른 폭력을 행사합니다. 그리고 그 폭력에 또 다른 약자들과 여인들이 희생당합니다. 이곳이 과연 하나님이 허락하신 바로 그 '약속의 땅'일까요?

또 다른 보김의 눈물

베냐민과의 전쟁은 끝났습니다. 그런데 그 전쟁에서 승자는 없었습니다. 죽인 사람도, 죽은 사람도 모두 패자였습니다. 전쟁을 마치고 하나님 앞에 모인 이스라엘 백성은 하나도 기쁘지 않았습니다. 그들은 하나님 앞에서 큰 소리로 울었습니다. 그러나 그들이 흘린 눈물은 계약 백성의 정체성을 회복하기 위한 '회개의 눈물'이 아니라 또 다른 '보김의 눈물'이 되고 말았습니다.

> 2백성이 벧엘에 이르러 거기서 저녁까지 하나님 앞에 앉아서 큰 소리로 울며 3이르되 이스라엘의 하나님 여호와여 어찌하여 이스라엘에 이런 일이 생겨서 오늘 이스라엘 중에 한 지파가 없어지게 하시나이까 하더니 4이튿날에 백성이 일찍이 일어나 거기에 한 제단을 쌓고 번제와 화목제를 드렸더라(삿 21:2-4).

이스라엘 백성은 하나님 앞에 모여서 크게 울었습니다. 그것은 이스라엘의 한 지파가 없어지게 생겼기 때문입니다. 이는 베냐민과의 전쟁에서 이긴 것이 진정한 승리가 아니라는 사실을 스스로 인정한 꼴이며, 동시에 그 전쟁의 의미나 결과에 대하여 아무런 생각도 없이 마구 뛰어들었던 그들의 경솔

한 행동을 후회하고 있다는 뜻입니다.

그런데 우리말 성경은 "여호와여 어찌하여⋯ 한 지파가 없어지게 하시나이까"라고 번역하여 마치 이 전쟁의 책임을 하나님께 돌리는 듯한 인상을 줍니다. 그렇지만 히브리어 본문에는 그냥 단순하게 수동태로 되어 있어 "어찌하여 한 지파가 없어지게 되었습니까?" 정도로 번역하는 것이 좋겠습니다. 아무튼 이번 전쟁으로 이스라엘 중에서 한 지파가 없어지게 된 것에 대한 후회와 안타까움을 이런 식으로 표현하고 있는 것이지요.

그들은 하나님께 제단을 쌓고 '번제'와 '화목제'를 드립니다. '번제'는 그들의 죄에 대한 회개와 헌신을 다짐하는 뜻이요, '화목제'는 그들 사이에 깨어진 관계를 회복하는 뜻이 있습니다. 그런데 베냐민 지파와의 깨어진 관계는 어떻게 회복해야 할까요? 관계를 회복하려면 먼저 베냐민 지파가 남아 있어야 하는데, 이스라엘 자신의 손으로 그 씨를 거의 말려버렸으니 이제 어떻게 해야 할까요?

총회의 결정 사항

이스라엘 사람들은 미스바 총회의 결정 사항을 회상하면서 해결 방법을 찾으려고 했습니다. 그 결정 사항은 앞에서 읽은 본문(삿 21:2-4) 앞뒤에 놓여 있습니다. 미스바 총회는 베냐민 지파와 전쟁하기 위해서 모든 이스라엘 자손들이 한자리에 모일 때에 소집되었습니다(삿 20:1-2). 20장 본문에서는 그 당시에 어떤 결정을 내렸는지 언급하고 있지 않지만, 21장 본문에서 우리는 그들이 적어도 두 가지를 결정했다는 사실을 알게 됩니다.

이스라엘 사람들이 미스바에서 맹세하여 이르기를 우리 중에 누구든지 딸을 베냐민 사람에게 아내로 주지 아니하리라 하였더라(삿 21:1).

그 첫 번째 결정은 베냐민 사람에게 딸을 주지 않기로 했다는 것입니다. "딸을 아내로 주지 않는다"는 것은 단순히 베냐민 사람들과 혼인 관계를 맺지 않겠다는 뜻이 아닙니다. 오히려 베냐민 지파 사람들을 가나안 족속과 똑같이 여기겠다는 뜻입니다. 신명기 7장에서 하나님이 모세를 통해서 말씀하신 것을 살펴보면 그 의미를 정확하게 이해할 수 있습니다.

> 2네 하나님 여호와께서 그들을 네게 넘겨 네게 치게 하시리니 그 때에 너는 그들을 진멸할 것이라. 그들과 어떤 언약도 하지 말 것이요 그들을 불쌍히 여기지도 말 것이며 3또 그들과 혼인하지도 말지니 네 딸을 그들의 아들에게 주지 말 것이요 그들의 딸도 네 며느리로 삼지 말 것은…(신 7:2-3).

여기에서 '그들'은 가나안의 대표적인 일곱 족속(신 7:1)을 가리킵니다. 가나안 땅에 들어가서 가나안 족속들과 대면할 때의 행동 지침 두 가지는 '진멸법'과 '혼인 금지법'입니다. 이 두 가지는 상호보완적으로 서로 연결되어 있습니다. 미스바 총회에서 이와 같은 방식으로 베냐민을 가나안 족속과 똑같이 여기기로 한 것입니다. 그러고 보면 베냐민 군사들과의 전쟁에서 이기고 난 후에 이스라엘 자손들은 베냐민의 모든 성읍을 초토화하면서 진멸하는 과잉 행동을 하고 있는데(삿 20:48), 그것도 바로 이런 이유로 설명될 수 있습니다.

그런데 베냐민 지파를 이스라엘에 속한 공동체의 일원으로 취급하지 않기로 해놓고 인제 와서 한 지파가 없어지게 되었다고 후회하는 것은 또 무엇일까요? 앞뒤가 맞지 않습니다. 그들은 왜 이렇게 어리석게 행동하고 있는 것일까요? 말로는 "하나님 앞에 모였다"(삿 20:1)고 하면서 실제로는 하나님과 상관없이 자기 소견에 옳은 대로 결정하고 있다는 증거입니다.

또 다른 결정은 미스바 총회에 참석하지 않는 지파들에 대한 징계입니다.

> 이스라엘 자손이 이르되 이스라엘 온 지파 중에 총회와 함께 하여 여호와 앞에 올라

> 오지 아니한 자가 누구냐 하니 이는 그들이 크게 맹세하기를 미스바에 와서 여호와
> 앞에 이르지 아니하는 자는 반드시 죽일 것이라 하였음이라(삿 21:5).

그러나 한 레위 사람이 자기 첩의 시체를 조각내어 보냈다고 해서 이스라엘의 모든 지파가 반드시 한자리에 모여야 할 의무는 없습니다. 그 레위 사람이 이스라엘 지파를 소집할 대표성을 가지고 있는 사람도 아닙니다. 그런데도 그 자리에 참석하지 않았다고 '반드시 죽여야 한다'고 으름장을 놓는 것이 얼마나 우스꽝스러운 일입니까? 그런 어리석은 일을 하나님이 허락하셨을 리가 없습니다.

그런데도 이스라엘 백성은 그들이 내린 이 두 가지 잘못된 결정을 번복할 생각이 전혀 없습니다. 아니 오히려 이것을 적극적으로 이용하여 복잡해진 문제를 풀려고 합니다.

> 6이스라엘 자손이 그들의 형제 베냐민을 위하여 뉘우쳐 이르되 오늘 이스라엘 중에
> 한 지파가 끊어졌도다. 7그 남은 자들에게 우리가 어떻게 하면 아내를 얻게 하리요.
> 우리가 전에 여호와로 맹세하여 우리의 딸을 그들의 아내로 주지 아니하리라 하였도
> 다(삿 21:6-7).

베냐민 지파와의 전쟁을 시작할 때만 해도 그들은 베냐민 사람들을 자신들의 형제 지파라고 생각하지 않았습니다. 그저 싹 쓸어버릴 생각만 했습니다. 그래서 그들은 하나님께 "누가 먼저 올라갈 것인가"에 대해서만 물었던 것입니다. 두 번씩이나 전투에서 패하면서 하나님이 그 전쟁을 원하지 않으신다는 사실을 점점 깨닫게 되기는 했지만, 그들은 처음 계획을 수정할 생각이 없었습니다. 그래서 마침내 베냐민 지파를 초토화했던 것입니다.

전쟁을 끝낸 후에 비로소 뉘우치게 되었지만, 때는 이미 늦었습니다. 베냐민 지파에 남은 사람들은 지금 림몬 바위에 숨어 있는 6백 명이 전부였기 때문

입니다. 베냐민을 이스라엘의 형제 지파로 남게 하려면, 그 남은 사람들이 아내와 함께 정착하여 살게 하는 방법밖에 없습니다. 그런데 그들은 아내를 주지 않기로 하나님께 맹세했다고 하면서, 그 맹세를 번복하려고 하지 않습니다.

여기에서 우리는 '기생 아들, 큰 용사' 입다가 잘못된 맹세를 번복하지 않고 그의 딸을 번제물로 희생시켰던 것과 똑같은 오류가 반복되고 있는 것을 보게 됩니다. 사실 이스라엘 백성이 미스바 총회에서 내린 결정은 모두 잘못된 것이었습니다. 베냐민을 가나안 족속과 똑같이 취급하기로 한 것은 하나님의 뜻과는 상관없는 자기들만의 결정이었습니다. 그래서 그들에게 아내를 주지 않기로 한 것 아닙니까?

그렇다면 잘못된 결정을 번복하는 것이 맞습니다. 이제라도 그들의 딸들을 베냐민 사람들에게 아내로 주어서 그 지파를 회복하는 것이 맞습니다. 그러나 그렇게 하지는 않겠다고 합니다. 왜냐면 하나님께 맹세했기 때문이랍니다. 이것이 바로 전형적인 이율배반입니다. 한편으로는 베냐민 지파를 형제 지파로 인정하면서, 다른 한편으로는 자신의 딸들은 주고 싶지 않다고 하니 이런 앞뒤가 맞지 않는 희극(喜劇)이 어디에 있겠습니까?

폭력의 확대 재생산

그러면서 그들은 오히려 미스바 총회의 다른 결정에서 이 문제를 해결하는 방법을 찾았습니다. 즉, 미스바 총회에 불참한 지파들을 징벌하면서, 그중에서 베냐민의 남은 사람들을 위한 아내를 조달하게 하는 것입니다.

> 8또 이르되 이스라엘 지파 중 미스바에 올라와서 여호와께 이르지 아니한 자가 누구냐 하고 본즉 야베스 길르앗에서는 한 사람도 진영에 이르러 총회에 참여하지 아니하였으니 9백성을 계수할 때에 야베스 길르앗 주민이 하나도 거기 없음을 보았음이라(삿 21:8-9).

미스바 총회에 불참한 백성을 찾아보았더니 '야베스 길르앗'(Jabesh-gilead)
이 눈에 띄었습니다. 이들은 요단 동쪽 므낫세 지파의 땅에 살던 사람들이었
는데, 어찌 된 일인지 미스바 총회에 올라오지 않았던 것입니다. 이들이 베냐
민 지파와 특별한 친분이 있었던 것은 아닙니다. 단지 지리적으로 이스라엘
의 다른 지파 공동체와 조금은 느슨한 관계를 유지하고 있었기 때문입니다.

어쨌든지 미스바 총회 불참을 명분으로 그들을 노략질하여 베냐민 지파
문제를 해결하려고 한 것은 참으로 어리석은 결정입니다. 한 형제 지파를
유지하기 위해서 다른 형제 지파를 희생시키려고 하는 또 다른 이율배반을
우리는 지금 목격하고 있는 것입니다.

> ¹⁰회중이 큰 용사 만 이천 명을 그리고 보내며 그들에게 명령하여 이르되 가서 야
> 베스 길르앗 주민과 부녀와 어린아이를 칼날로 치라. ¹¹너희가 행할 일은 모든 남
> 자 및 남자와 잔 여자를 진멸하여 바칠 것이니라 하였더라. ¹²그들이 야베스 길르
> 앗 주민 중에서 젊은 처녀 사백 명을 얻었으니 이는 아직 남자와 동침한 일이 없어
> 남자를 알지 못하는 자라. 그들을 실로 진영으로 데려오니 이 곳은 가나안 땅이더
> 라(삿 21:10-12).

다시 처음으로 돌아가 봅시다. 이번 전쟁이 왜 시작되었습니까? 한 여인
에게 행해진 '말도 되지 않는' 폭력을 응징하기 위해서 시작되었습니다. 그러
나 그것은 결국 베냐민 지파의 노약자들을 학살하는 '말도 되지 않는' 폭력이
되고 말았습니다. 그래서 대를 잇지 못하게 된 베냐민 지파의 문제를 해결하
겠다고 하면서 그들이 기껏 생각해 낸 것이 무엇입니까? 또 다른 약자들에게
행하는 폭력이었습니다.

한번 생각해보십시오. 여자가 남자와 성관계를 가진 경험이 있는지 없는
지를 어떻게 확인하여 고를 수 있단 말입니까? 만일 여성의 신체를 눈으로
살펴 확인했다면 그것이야말로 극악하고 야만적인 행동이었을 것입니다. 야

베스 길르앗 사람들은 이방 민족이 아닙니다. 같은 이스라엘 자손입니다. 같은 계약 백성입니다. 그들에게 행해진 이런 '말도 되지 않는' 비열한 폭력으로 다른 형제 지파에게 보상할 수 있다고 생각하는 이들은 도대체 어떤 사람들일까요? 이들이 과연 하나님의 계약 백성 맞습니까?

여하튼 이 과정을 통해 젊은 처녀 400명을 데리고 실로로 돌아옵니다. 그러나 이 숫자로는 베냐민의 남은 자들에게 충분하지 않습니다. 그 나머지는 어떻게 해결해야 할까요?

> ¹⁹또 이르되 보라 벧엘 북쪽 르보나 남쪽 벧엘에서 세겜으로 올라가는 큰 길 동쪽 실로에 매년 여호와의 명절이 있도다 하고 ²⁰베냐민 자손에게 명령하여 이르되 가서 포도원에 숨어 ²¹보다가 실로의 여자들이 춤을 추러 나오거든 너희는 포도원에서 나와서 실로의 딸 중에서 각각 하나를 붙들어 가지고 자기의 아내로 삼아 베냐민 땅으로 돌아가라(삿 21:19-21).

이 당시에는 실로(Shiloh)에 성막이 세워져 있었습니다. 매년 이곳에서 '여호와의 명절'(a feast of the LORD)이 있었는데, 아마도 이는 토지 소산 거두기를 마치고 일주일 동안 지켰던 절기를 가리키는 것으로 보입니다(레 23:39). 이때 잔치를 베풀고 춤을 추곤 했는데, 그 기회를 잡아서 여자를 '붙들어 가지고' 아내로 삼으라고 베냐민 자손에게 명령한 것입니다.

그러나 말이 좋아 '붙드는 것'이지 이것은 '납치'나 '유괴'와 똑같은 말입니다. 이 세상에 순순히 납치당하고 싶어 하는 그런 사람이 과연 있을까요? 이들은 틀림없이 무력을 사용했을 것입니다. 그렇게 여자들을 강제로 데려다가 자신들의 기업을 유지하는 데 이용했던 것입니다. 그리고 이스라엘 장로들은 대낮에 이와 같은 악을 행할 수 있도록 공식적으로 허락해 준 것이지요.

> ²³베냐민 자손이 그같이 행하여 춤추는 여자들 중에서 자기들의 숫자대로 붙들어

아내로 삼아 자기 기업에 돌아가서 성읍들을 건축하고 거기에 거주하였더라. ²⁴*그 때에 이스라엘 자손이 그곳에서 각기 자기의 지파, 자기의 가족에게로 돌아갔으니 곧 각기 그곳에서 나와서 자기의 기업으로 돌아갔더라(삿 21:23-24).*

베냐민 사람들은 부족한 아내를 이런 식으로 해결하고 자신의 땅으로 돌아가 성읍을 건축하고 거기에 살았습니다. 그리고 나머지 지파들도 마치 아무 일도 없었다는 듯이 각자 자신의 기업으로 돌아갔습니다. 그렇게 모든 문제가 해결되었을까요? 아닙니다. 실로의 여인들은 자신들의 의지와는 상관없이 새로운 삶을 시작해야 했습니다. 강제 납치되어 간 삶이 행복하고 평안했을 리가 없지 않겠습니까?

사사기를 마무리하는 마지막 에피소드는 뭇 남성에게 유린당하고 그의 시신조차도 토막이 나서 이스라엘에 뿌려졌던 한 여인의 이야기로 시작했습니다. 그리고 하나님을 예배하기 위해 나왔던 여인들이 강제 납치되어 붙잡혀가는 이야기로 끝이 납니다. 이처럼 연약한 몸으로 시대의 악함을 오롯이 받아내야 했던 약자들의 아픈 이야기가 펼쳐지던 때가 바로 사사 시대였던 것입니다.

약속의 땅 vs. 가나안 땅

사사기를 읽으면 읽을수록 우리의 마음이 점점 더 무거워지는 것을 느낍니다. 무슨 이런 내용이 성경에 기록되어 있을까 싶습니다. 성경을 읽으면 은혜로운 말씀을 만나는 감동이 있게 마련인데, 사사기에서는 그런 말씀을 발견하기가 쉽지 않습니다. 도대체 이와 같은 이야기를 통해서 하나님은 우리에게 무엇을 말씀하려고 하시는 것일까요? 도무지 없을 것 같은 하나님의 메시지가 이 말씀 속에도 있습니다.

… 그들을 실로 진영으로 데려오니 이곳은 가나안 땅이더라(삿 21:12b).

물론 전통적으로 요단강 서쪽을 가나안 땅이라고 불러온 것에 비추어보면 '이곳은 가나안 땅'이라는 말이 문자적으로 틀린 말은 아닙니다. 그러나 이 대목에서 사사기는 이 말을 상징적인 의미로 사용하고 있다는 사실을 알게 됩니다. 동족끼리 죽이고 힘없는 약자들을 폭력적인 방법으로 다루는 이 땅을 더는 하나님이 허락해 주신 '약속의 땅'이라 부를 수 없다는 것입니다. 이 땅은 가나안의 폭력적인 문화가 여전히 살아 숨 쉬는 '가나안 땅'일 뿐입니다.

사사기 1장에서 유다가 가나안 땅의 문화를 모방하여 아도니 베섹의 엄지 손가락과 발가락을 잘랐던 것도 이곳이 가나안 땅임을 일러주는 사건입니다. 입다가 전쟁에 나가면서 인신제사를 서원한 것도 이곳이 가나안 땅임을 일러 주는 사건입니다. 집에 찾아온 손님의 아내를 불량배들에게 내어주어 집단적 인 성폭행을 당하게 하여 죽게 만드는 것도, 평안히 살던 마을을 쑥대밭으로 만들고 처녀들을 강제납치해 오게 하는 것도 이곳이 폭력의 문화가 판치는 가나안 땅임을 일러주는 사건들입니다.

하나님이 이스라엘 백성에게 주려고 계획하셨던 땅은 이런 곳이 아니었 습니다. 그곳은 '약속의 땅'이었습니다. 젖과 꿀이 흐르는 '축복의 땅'이었습 니다. 사람 위에 사람이 군림하지 않으며, 힘 있는 지파가 힘없는 지파를 억압 하지 않는 '자유의 땅'이었습니다. 서로의 자유를 침해하지도 침해받지도 않 으면서, 평등하고 평화롭게 살아갈 수 있도록 특별히 만들어놓으신 하나님이 통치하시는 나라였습니다. 그런데 왜 이런 말도 되지 않는 폭력이 판을 치는 땅이 되었을까요? '약속의 땅'이 왜 도로 '가나안 땅'이 되고 말았을까요?

그들에게 왕이 없었기 때문입니다. 하나님의 왕 되심을 온전히 받아들이지 못했기 때문입니다. 하나님의 계약 백성이라는 정체성이 없었기 때문입니다. 그래서 저마다 자기 소견에 옳은 대로 행했기 때문입니다. 하나님의 이름으로 포장하고 있지만, 실제로는 사사로운 욕망에 사로잡혀 있었기 때문입니다. 옳 음을 앞세우고 정의를 외치지만, 실상은 죽고 죽이는 세상 문화의 지배를 받고 있었기 때문입니다. 그래서 '약속의 땅'이 도로 '가나안 땅'이 되고 말았습니다.

그렇습니다. '약속의 땅'에 들어오는 것이 전부가 아닙니다. 그보다 더 중요한 일은 약속의 땅에서 계약 백성으로 살아가는 것입니다. 하나님의 왕 되심을 받아들인 하나님의 계약 백성으로서 우리의 정체성을 잃어버리지 않고, 하나님의 말씀에 온전히 순종하여 살아가는 것입니다. 그렇게 살지 않으면 '약속의 땅'은 도로 '가나안 땅'이 되고 맙니다.

지금 우리는 어디에 살고 있습니까? '약속의 땅'입니까? 아니면 '가나안 땅'입니까? 아니 처음에는 '약속의 땅'이었는데 지금은 도로 '가나안 땅'이 되었습니까? 하나님은 우리가 살아가는 삶의 자리를 '약속의 땅'으로 바꾸어 가도록 우리를 계약 백성으로 부르셨습니다. 그 사실을 절대로 잊어서는 안 됩니다.

묵상 질문: 나는 지금 약속의 땅에서 살고 있는가?

오늘의 기도: 약속의 땅에 들어왔다고 하더라도 하나님의 말씀에 순종하여 살지 않으면 도로 가나안 땅이 된다는 사실을 잊지 않게 하옵소서. 우리가 살아가는 삶의 자리를 '약속의 땅'으로 바꾸어 가기를 원하시는 하나님의 마음을 기쁘게 해드리는 계약 백성이 되게 하옵소서. 예수님의 이름으로 기도합니다. 아멘.

왕이 있는 백성

읽을 말씀: 사사기 21:25; 사무엘상 8:4-22

새길 말씀: 그 때에 이스라엘에 왕이 없으므로 사람이 각기 자기의 소견에 옳은 대로
행하였더라(삿 21:25).

사사기의 결론

사사기는 하나님의 계약 백성 이스라엘이 약속의 땅에서 살기 시작했던
초창기의 역사 기록입니다. 이 당시 주변 나라들은 모두 왕정 제도가 확립되
어 있었지만, 이스라엘에는 왕정 제도가 없었습니다. 그 대신 '쇼페팀'이 있
었습니다. '쇼페팀', 즉 '사사'는 위기의 순간에 이스라엘을 구원하기 위해서
하나님이 세우신 지도자들이었습니다.

이스라엘은 이방인들의 압제를 받을 때마다 사사들을 통해서 구원받습니
다. 그렇지만 계약 백성으로서의 정체성을 잃어버리고 살아가는 이 근본적인
문제는 해결되지 않고 더욱 악화했습니다. 그래서 사사 시대는 '배교'와 '심
판'과 '부르짖음'과 '구원'이라는 역사의 악순환을 반복할 수밖에 없었습니다.

그리하여 세월이 흘러갈수록 이스라엘 안에는 폭력과 살상이 더욱 난무하

게 되었고, 마침내 이스라엘 지파들의 손으로 다른 형제 지파의 씨를 말리는 공동체의 내분으로까지 발전하게 되었습니다. 사사기는 이와 같은 비극적인 실상을 담담하게 기록하면서 다음과 같이 사사 시대에 대한 결론을 내립니다.

> **그 때에 이스라엘에 왕이 없으므로 사람이 각기 자기의 소견에 옳은 대로 행하였더**
> **라**(삿 21:25).

'왕이 없어서' 그렇게 뒤죽박죽 제멋대로 행하며 살았다면, '왕이 있으면' 다시 말해서 왕정 제도가 세워지면 좀 더 나았을 것이라는 뜻일까요? 아닙니다. 우리가 이미 알고 있듯이 사사기가 말하고 있는 '왕'은 사람 위에 세워놓은 사람이 아닙니다. '이스라엘'의 뜻이 '하나님이여, 통치하소서!'이듯이 이스라엘은 여호와 하나님을 왕으로 모시고 살아가는 나라입니다. 그렇다면 '왕이 없었다'는 말은 하나님 백성이 하나님을 왕으로 모시지 않고 살았다는 뜻입니다.

그래서 사람들은 각기 자기의 소견에 옳은 대로 행했고, 개인의 욕망은 신앙의 이름으로 미화되었던 것입니다. 그 결과 이스라엘은 작은 폭력이 더 큰 폭력으로 확대 재생산되는 그런 악한 사회가 되었고, 그 속에서 약자들 특히 여성들은 시대의 악함을 온몸으로 받아내는 고통을 겪어야 했던 것입니다. 결국에는 하나님이 허락해 주신 '약속의 땅'이 도로 '가나안 땅'이 되어 버렸다고 사사기는 선언합니다(삿 21:12).

왕을 요구하는 백성

문제는 이러한 사사 시대의 역사를 통해서 이스라엘 백성이 배운 것이 하나도 없었다는 사실입니다. 아니 그들은 역사를 통해서 잘못 배웠습니다. 하나님을 왕으로 모시고 하나님의 계약 백성이라는 본래의 정체성을 회복하여 살아갈 생각은 하지 않고, 오히려 왕정 제도를 도입하는 것이 이 모든 문제를 해결하는 유일한 길이라고 생각하게 되었던 것입니다.

그리하여 마침내 이스라엘에 왕정 제도가 들어오게 됩니다. '왕이 없는 백성'에서 '왕이 있는 백성'으로 바뀌게 됩니다. 이제 표면상으로는 주변의 다른 나라들과 전혀 다를 바가 없게 되었습니다. 그러나 하나님은 이스라엘의 왕 되심을 포기하지 않으셨습니다. 왜냐면 바로 그것에 계약 백성 이스라엘의 정체성이 달려있기 때문입니다.

> 4이스라엘 모든 장로가 모여 라마에 있는 사무엘에게 나아가서 5그에게 이르되 보소서 당신은 늙고 당신의 아들들은 당신의 행위를 따르지 아니하니 모든 나라와 같이 우리에게 왕을 세워 우리를 다스리게 하소서 한지라(삼상8:4-5).

전통적으로 사사는 하나님이 필요하실 때에 세우셨습니다. 그런데 사사 시대의 막바지부터 그 전통은 서서히 깨지기 시작했습니다. 마침내 사무엘은 자신이 사사이면서도 스스로 아들들을 사사로 세우는 일을 합니다(삼상 8:1). 그러나 사무엘의 아들들은 아버지처럼 정직하지 않았고, 뇌물을 받고 판결을 굽히는 일을 했습니다(삼상 8:3). 그로 인한 반발로 사람들은 강력하게 왕을 요구하게 되었던 것입니다.

사무엘은 그것을 자신의 권위에 대한 도전으로 받아들여 매우 못마땅하게 생각했고, 그 문제로 하나님께 기도했습니다. 뜻밖에도 하나님은 그들의 요구를 들어주라고 하십니다. 그러면서 아주 중요한 말씀을 해주셨습니다.

> 여호와께서 사무엘에게 이르시되 백성이 네게 한 말을 다 들으라. 이는 그들이 너를 버림이 아니요 나를 버려 자기들의 왕이 되지 못하게 함이니라(삼상 8:7).

이스라엘 백성이 왕을 세워달라고 집요하게 요구하는 진짜 이유가 무엇인가? 그것은 하나님의 왕 되심을 거부하는 것이다! 그래서 하나님을 버리려고 하는 것이다!

아, 하나님은 알고 계셨습니다. '왕이 없는 백성'으로 있든지, '왕이 있는 백성'이 되든지 그들은 늘 하나님의 왕 되심을 거부하고 스스로 왕이 되어 살려고 한다는 사실을 말입니다. 하나님은 그들의 감추어진 욕망을 이미 꿰뚫고 계셨습니다. 그런데도 왕을 세워달라는 그들의 요구를 들어주신 것입니다. 그래서 세워진 이스라엘의 첫 번째 왕이 바로 '사울' 왕입니다(삼상 10:1).

그렇다면 무엇입니까? 하나님은 이스라엘 백성의 왕이 되기를 포기하신 것입니까? 이제부터 이스라엘 백성이 제멋대로 살도록 그냥 내버려 두실 건가요? 아닙니다. 하나님은 그렇게 쉽게 포기하는 분이 아니십니다. 사람들이 그러듯이 기분이나 감정에 따라서 쉽게 그만두시는 분이 아니십니다. 만일 그랬다면 여기까지 오지도 않았을 것입니다. 진작 포기하셨을 것입니다.

이제부터 하나님은 이스라엘에서 왕이란 어떤 존재여야 하는지 적극적으로 가르치실 것입니다. 그 왕들을 통해서 이스라엘을 다스리는 진짜 왕이 누구인지 드러내실 것입니다. 이스라엘의 필요를 채우시는 이는 오직 하나님밖에 없다는 사실을 왕들을 통해 보여주실 것입니다. 그리고 그 왕들을 통해서 마침내 인류를 구원하실 '왕 중의 왕'이 임하는 것을 보게 하실 것입니다.

이스라엘에서 왕이란 어떤 존재여야 하는지를 이해시키기 위해서 성경은 사울과 다윗을 대조하여 보여줍니다.

불완전한 순종

하나님은 왕이 된 사울에게 아말렉을 진멸하라는 명령을 내리셨습니다. 사울은 아말렉을 쳐서 항복시키지만, 하나님의 명령대로 순종하기보다는 전리품을 남겨 오지요. 이 일에 대해서 사무엘을 통해서 꾸짖자 사울은 이렇게 변명합니다.

> 20사울이 사무엘에게 이르되 나는 실로 여호와의 목소리를 청종하여 여호와께서 보내신 길로 가서 아말렉 왕 아각을 끌어 왔고 아말렉 사람들을 진멸하였으나 21다만 백성이 그 마땅히 멸할 것 중에서 가장 좋은 것으로 길갈에서 당신의 하나님 여호와께 제사하려고 양과 소를 끌어 왔나이다 하는지라(삼상 15:20-21).

사울은 하나님의 말씀에 온전히 순종하려고 했지만, '다만 백성이' 하나님께 제사하겠다고 하면서 가장 좋은 것으로만 끌고 왔다고 합니다. 사울은 백성들 뒤에 숨어서 자신의 '불완전한 순종'을 변명하고 있는 것입니다. 그러자 사무엘은 이렇게 대답합니다.

> 22사무엘이 이르되 여호와께서 번제와 다른 제사를 그의 목소리를 청종하는 것을 좋아하심 같이 좋아하시겠나이까. 순종이 제사보다 낫고 듣는 것이 숫양의 기름보다 나으니 23이는 거역하는 것은 점치는 죄와 같고 완고한 것은 사신 우상에게 절하는 죄와 같음이라. 왕이 여호와의 말씀을 버렸으므로 여호와께서도 왕을 버려 왕이 되지 못하게 하셨나이다 하니…(삼상 15:22-23).

무슨 이야기입니까? 이스라엘에서 왕이 될 수 있는 것은 오직 하나님의 말씀에 순종할 때에만 가능한 일이라는 것입니다. 이스라엘에서 왕의 역할은 하나님이 내리시는 결정을 수행하며 하나님이 만드시는 가치를 나누어주는 것이어야 합니다.

따라서 사울이 하나님의 말씀에 순종하지 않았다는 것은 그와 같은 자신의 역할을 소홀히 여겨 하나님을 버렸다는 뜻입니다. 왕은 하나님이 하라는 대로 해야 하는 사람인데 그렇게 순종하지 않았으니 이제 더는 왕이 될 수 없다는 것입니다. 벼락같은 선언에 사울은 사무엘을 붙잡고 하소연합니다.

사울이 사무엘에게 이르되 내가 범죄하였나이다. 내가 여호와의 명령과 당신의 말씀을 어긴 것은 내가 백성을 두려워하여 그들의 말을 청종하였음이니이다(삼상 15:24).

사울이 하나님의 말씀에 순종하지 못한 진짜 이유가 무엇입니까? 그렇습니다. 사울은 백성을 두려워하고 있었던 것입니다. 모든 것이 하나님에게서만 나오는데, 지금 사울이 두려워하는 대상은 하나님이 아니라 백성이었던 것입니다.

사실 이스라엘 백성이 왕을 세워달라고 그토록 집요하게 요구한 이유도 바로 이 때문이었는지 모릅니다. 하나님은 자기들 마음대로 흔들 수 없지만, 왕은 얼마든지 그럴 수 있기 때문입니다. 왕은 백성의 요구를 거절할 수가 없습니다. 그래서 왕을 앞세워서 자신들이 원하는 삶을 추구하고 싶었던 것이지요.

그러나 하나님은 분명히 말씀하십니다. 왕의 힘은 백성에게서 나오는 것이 아니라 오직 하나님에게서 나오는 것이라고 말입니다. 왕은 하나님으로부터 공급되는 힘을 받아서 백성에게 나눠주어야 합니다. 그것이 왕의 본래 역할입니다. 그런데 사울은 거꾸로 알고 있었던 것입니다.

은혜의 약속

자, 그렇다면 다윗은 과연 어땠을까요? 다윗은 사무엘을 통해서 일찍 왕으로 기름 부음을 받았지만, 실제로 왕이 되기까지 오랜 세월 참 많은 고생을 했습니다. 사울의 미움을 사서 도피 생활을 해야 했습니다. 목숨을 부지하기 위해서 별별 짓을 다 했습니다. 그러나 마침내 왕위에 오르게 되었고, 강성한 나라의 기틀을 다질 수가 있었습니다.

왕이 된 후에 다윗은 하나님을 위하여 성전을 지어야겠다는 마음을 먹습니다. 우리 생각에는 하나님께 칭찬받을 일처럼 보이는데, 하나님은 나단 선지자를 보내서 오히려 그를 꾸짖으셨습니다. 그리고 다음과 같이 약속해주셨습니다.

> 11전에 내가 사사에게 명령하여 내 백성 이스라엘을 다스리던 때와 같지 아니하게 하고 너를 모든 원수에게서 벗어나 편히 쉬게 하리라. 여호와가 또 네게 이르노니 여호와가 너를 위하여 집을 짓고 12네 수한이 차서 네 조상들과 함께 누울 때에 내가 네 몸에서 날 네 씨를 네 뒤에 세워 그의 나라를 견고하게 하리라(삼하 7:11-12).

무슨 이야기입니까? 다윗이 하나님을 위해서 해줄 수 있는 일은 없다는 것입니다. 모든 좋은 일은 하나님에게서만 나옵니다. 그런 일은 하나님만이 할 수 있습니다. 하나님의 집을 짓겠다는 다윗의 생각은 기특하지만, 하나님이 오히려 다윗의 집을 세워주실 것입니다. 다윗의 몸에서 태어날 자식을 뒤에 세워 그 나라를 견고하게 하실 것입니다.

이러한 하나님의 약속은 다윗이 사울보다 더 기특한 마음을 품어서 보상해주시는 것이 아닙니다. 오직 하나님의 신실하심으로 일방적으로 약속해주신 것입니다. 그것이 바로 '은혜'입니다. 그렇다면 다윗이 해야 할 일이 무엇입니까? 그저 은혜의 약속을 붙들고 살아가는 것입니다. 실제로 다윗은 그렇게 살았습니다. 그래서 이스라엘 역사상 가장 위대한 왕이 되었던 것입니다.

그 이후로 이스라엘의 왕들은 두 부류로 나뉘어 평가됩니다. 하나님께 순종하며 살았는지 아니면 하나님의 명령을 거역하여 우상을 섬겼는지로 구분됩니다. 예를 들어서 아비얌의 아들이었던 유다 왕 아사(Asa)에 대해서 다음과 같이 긍정적으로 평가합니다.

> 11아사가 그의 조상 다윗같이 여호와 보시기에 정직하게 행하여 12남색하는 자를 그 땅에서 쫓아내고 그의 조상들이 지은 모든 우상을 없애고… 14아사의 마음이 일평생 여호와 앞에 온전하였으며…(왕상 15:11-14).

아사왕에 대한 평가의 기준은 바로 '다윗'이었습니다. 다윗같이 하나님이 보시기에 정직하게 행했기에 아사는 긍정적인 평가를 받았습니다. 이와 대조적으로 아사의 아버지였던 유다 왕 아비얌(Abijam)은 부정적인 평가를 받습니다.

> 3아비얌이 그의 아버지가 이미 행한 모든 죄를 행하고 그의 마음이 그의 조상 다윗의 마음과 같지 아니하여 그의 하나님 여호와 앞에 온전하지 못하였으나 4그의 하나님 여호와께서 다윗을 위하여 예루살렘에서 그에게 등불을 주시되 그의 아들을 세워 뒤를 잇게 하사 예루살렘을 견고하게 하셨으니 5이는 다윗이 헷 사람 우리아의 일 외에는 평생에 여호와 보시기에 정직하게 행하고 자기에게 명령하신 모든 일을 어기지 아니하였음이라(왕상 15:3-5).

아비얌은 다윗의 기준에 미치지 못해서 그의 아버지 르호보암이 지은 우상 숭배의 죄를 행했습니다. 그렇지만 하나님은 그에게도 아들을 세워 뒤를 잇게 했습니다. 다윗에게 약속하신 것 때문입니다. 이처럼 긍정적인 평가이든지, 부정적인 평가이든지 기준은 똑같습니다. 모두 '다윗'입니다.

여기에서 우리가 주목해야 할 것은 부정적인 평가를 받은 경우에도 하나님은 그에게 '후사'를 세워주셨다는 사실입니다. 왜 이렇게 대를 잇는 일을 중요하게 생각하셨을까요? 왜냐면 다윗의 자손으로 예수 그리스도께서 이 땅에 오셔야 했기 때문입니다.

하나님이 다윗을 왕으로 세우신 것은 그의 후손으로 예수 그리스도를 보내시기 위해서였습니다. 예수 그리스도를 통해서 인류를 구원하시려고 다윗의 허물과 죄도 은혜로 덮어주셨던 것입니다. 바로 이 때문에 이스라엘 백성이 왕을 세워달라고 요구했을 때, 그들의 감추어진 욕망의 본질을 너무나도 잘 아시면서도 그것을 허락해 주셨던 것입니다.

인생의 결론

지금 우리는 왕정 제도와 상관없이 살아갑니다. 정치제도는 시대에 따라서 계속 변해왔고, 앞으로 또 어떻게 변해갈지 모릅니다. 그렇지만 이 세상이 아무리 바뀌어도 절대로 변하지 않는 한 가지 진리가 있습니다. 그것은 오직 하나님만이 우리의 진정한 왕이 되신다는 사실입니다. 만왕의 왕이신 예수 그리스도만이 우리를 구원하실 수 있다는 사실입니다.

따라서 이 세상에는 두 가지 종류의 인생이 있습니다. 하나는 하나님을 자기 인생의 왕으로 모시며 살아가는 '왕이 있는 백성'이요, 다른 하나는 하나님의 왕 되심을 거부하며 살아가는 '왕이 없는 백성'입니다.

'왕이 있는 백성'은 이 세상에 얽매이지 않습니다. 어떤 상황 속에서도 오직 하나님만 바라보며, 모든 것을 덮으시는 하나님의 은혜 안에서 감사하며 기뻐하며 살아갑니다. 그러나 '왕이 없는 백성'은 아무짝에도 쓸모없는 일에 인생의 모든 에너지를 낭비합니다. 자기 소견에 옳은 대로 행하면서, 단지 자신의 옳음을 증명하기 위하여 매일 목숨 걸고 싸우면서 살아갑니다.

어느 것이 과연 행복한 인생일까요? 우리는 어떤 인생으로 살기를 원합니까? 사사기는 우리에게 말합니다.

하나님의 계약 백성으로 살아가라! 하나님을 왕으로 모시고 살아가라! 어떤 인생, 어떤 경우도 하나님의 은혜가 품지 못할 자리는 없다! 하나님의 말씀에 순종하며 살아가는 그 자리가 바로 약속의 땅이다!

사사기 말씀에 담긴 이 메시지를 붙잡고 주님 오실 그때까지 늘 담대함으로 천성 길을 걸어가기를 소원합니다. 그리하여 마침내 이 땅에 하나님 나라가 완성될 때, '이기는 자'로 주님 앞에 서기를 간절히 소원합니다.

묵상 질문: 나는 하나님을 왕으로 섬기는 '왕이 있는 백성'인가?

오늘의 기도: 사사기 말씀 묵상을 통해 우리의 정체성이 무엇인지 깨닫게 하시니 감사합니다. 우리는 하나님을 왕으로 모시고 살아가는 하나님의 계약 백성입니다. 우리 인생이 어떤 상황에 놓이더라도 결코 이 정체성을 포기하지 않게 하옵소서. 그리하여 우리의 삶을 통해 하나님 나라가 더욱 확장되게 하옵소서. 예수님의 이름으로 기도합니다. 아멘.

유다 지파의 불완전한 순종
(사사기 1:1-7)

기적으로 퍼 올린 묵상

주안에서 사랑하는 성도님들에게,

바울은 디모데에게 보낸 편지에서 "모든 성경은 하나님의 감동으로 된 것으로 교훈과 책망과 바르게 함과 의로 교육하기에 유익하다"(딤후 3:16)라고 말했습니다. 대개의 그리스도인은 바울의 말에 별다른 이의를 제기하지 않습니다. 그리고 성경을 '하나님의 말씀'이라고 말하는 데 주저함이 없습니다.

그러나 실제로 성경을 주의 깊게 읽어보면 '좋은 말씀', '은혜로운 말씀'만 기록된 것은 아니라는 사실을 알게 됩니다. 오히려 하나님을 거역하고 제멋대로 살아가는 사람들이 만들어 내는 온갖 추잡한 이야기와 하나님을 대적하는 사탄의 불경스러운 말들까지 다수 성경에 포함되어 있습니다. 그런 이야기를 읽으면 마음에 감동이 되는 것은 고사하고 오히려 눈살을 찌푸리게 됩니다.

특별히 '사사기'가 그런 책입니다. 사사기는 이스라엘 역사의 비극적인 시대를 증언하는 책입니다. 거기에는 입에 담기에도 부끄러운 일들이 얼마나 많이 기록되어 있는지 모릅니다. 그런 말씀을 읽어나가기가 고통스럽습니다. 더군다나 그 속에서 복음(福音)을 발견해 내기란 정말 힘든 일입니다. 사사기를 묵상하던 사순절 특새 내내 제가 씨름하던 문제입니다.

참으로 놀라운 사실은 폭력이 난무하는 그 참혹한 현장에도 어김없이 하나님의 섭리와 은혜가 있었다는 것입니다. 물론 그 복음을 발견하기까지 거의 매일 초읽기에 몰려야 했습니다. 마치 얍복강에서 천사와 씨름하던 야곱처럼 매일 밤을 하얗게 새워가며 말씀과 씨름하며 지내야 했습니다. 그러나 하나님은 하루도 빠짐없이 말씀의 샘을 퍼 올리게 하셨습니다. 이 책에 담긴 한 편 한 편의 설교는 정말 '기적으로 퍼 올린 묵상'입니다.

그러면서 성경의 주인공은 하나님이시라는 사실을 새삼스럽게 확인하게 되었습니다. 사람들은 합력하여 악을 만들어 내지만, 그런 이야기 속에서도 주인공은 사람들이 아니라 하나님이셨습니다. 때로 뭐 이런 이야기까지 성경에 기록해야 했을까 싶은 대목에도 어김없이 하나님의 세미한 음성이 담겨 있었습니다. 그래서 성경은 '하나님의 말씀'입니다.

따라서 저와 같은 설교자가 해야 할 일은 '성경을 나름대로 해석하는 것'이 아닙니다. 오히려 '성경이 직접 말씀하게 하는 것'입니다. 설혹 우리의 상식으로 이해할 수 없는 부분이 있을지라도, 하나님은 그것을 통해서 지금 여전히 우리에게 말씀하시기 때문입니다.

다음은 사사기 묵상 마지막 시간에 나눈 말씀입니다.

이 세상에는 두 가지 종류의 인생이 있습니다. 하나는 하나님을 자기 인생의 왕으로 모시며 살아가는 '왕이 있는 백성'이요, 다른 하나는 하나님의 왕 되심을 거부하며 살아가는 '왕이 없는 백성'입니다.

'왕이 있는 백성'은 이 세상에 얽매이지 않습니다. 어떤 상황 속에서도 오직 하나님만 바라보며, 모든 것을 덮으시는 하나님의 은혜 안에서 감사하며 기뻐하며 살아갑니다. 그러나 '왕이 없는 백성'은 아무짝에도 쓸모없는 일에 인생의 모든 에너지를 낭비합니다. 자기 소견에 옳은 대로 행하면서, 단지 자신의 옳음을 증명하기 위하여 매일 목숨 걸고 싸우면서 살아갑니다.

어느 것이 과연 행복한 인생일까요? 우리는 어떤 인생으로 살기를 원합니까? 사사기는 우리에게 말합니다. "하나님의 계약 백성으로 살아가라! 하나님을 왕으로 모시고 살아가라! 어떤 인생, 어떤 경우도 하나님의 은혜가 품지 못할 자리는 없다! 하나님의 말씀에 순종하며 살아가는 그 자리가 바로 약속의 땅이다!"

사사기 말씀에 담긴 이 메시지를 붙잡고 주님 오실 그때까지 늘 담대함으로 천성 길을 걸어가기를 소원합니다. 그리하여 마침내 이 땅에 하나님 나라가 완성될 때, '이기는 자'로 주님 앞에 서기를 간절히 소원합니다.

사사기 묵상을 끝으로 '하나님 백성' 시리즈 삼부작(三部作)이 완성되었습니다. 그 첫걸음은 "내 백성을 보내라!"(Let My People Go!)라는 제목으로 출판된 『출애굽기 40일 묵상』이었습니다. 모세가 이끄는 출애굽 세대 이스라엘 백성이 '구원공동체'와 '계약공동체'와 '예배공동체'의 정체성을 가진 하나님 백성으로 탄생하는 이야기입니다.

그 두 번째 걸음은 "약속의 땅으로 들어가라!"(Step into the Promised Land!)라는 제목으로 출판된 『여호수아 40일 묵상』이었습니다. 여호수아가 이끄는 광야 세대 이스라엘 백성이 '가나안 땅'에 들어가서 그곳을 약속의 자녀가 살아가는 '약속의 땅'으로 만드는 이야기입니다. 그 마지막 걸음이 바로 『사사기 40일 묵상』, "계약 백성답게 살아가라!"(Live like the People of the Covenant!)입니다.

이 세 권에는 하나님 백성의 초기 실험과정이 담겨 있습니다. 하나님 백성의 정체성을 알기 원한다면 우리는 '출애굽기'를 묵상해야 합니다. 그들이 약속의 땅에 성공적으로 들어간 이유를 알기 원한다면 우리는 '여호수아'를 묵상해야 합니다. 그리고 그들이 결국 약속의 땅에서 쫓겨난 이유를 알기 원한다면 우리는 '사사기'를 묵상해야 합니다. 그러면 우리 인생의 마지막 순간까지 하나님의 백성답게 살아갈 수 있는 하늘의 지혜를 얻게 될 것입니다.

이 모든 묵상은 매년 사순절 40일 특새를 통해서 퍼 올린 하나님의 말씀입니다. 쉽지 않았을 묵상의 길을 저와 함께 묵묵히 걸어주신 한강중앙교회 모든 성도님에게 뜨거운 감사의 마음을 전합니다. 이렇게 좋은 믿음의 공동체를 허락해 주신 하나님의 은혜를 생각하면 제 가슴이 먹먹해 옵니다. 지난 40일, 힘들었지만 정말 행복했습니다.

2022년 5월 17일
사사기 40일 묵상의 길을 마치며
그리스도의 종 한강중앙교회 담임목사 유요한